Zu diesem Buch

Ra nannten die Ägypter die Sonne, den Sonnengott, den Stammvater der Pharaonen. Viele Grabbilder zeigen den irdischen Statthalter Ras, umgeben von Männern mit Vogelköpfen, auf einem Schilfboot. Ra hieß die Sonne bei der Urbevölkerung der Osterinsel. Hier wie im Peru der ersten Hochkultur bildeten der Priesterkönig des Sonnengottes, Schilfboote mit Segeln und Männern mit Vogelköpfen eine unzertrennliche Einheit auf Wandmalereien und Reliefs. In Peru, auf der Osterinsel, im alten Ägypten fügte man tonnenschwere Steinblöcke zu Pyramiden, die astronomisch nach der Sonnenbahn orientiert waren.

Dies sind einige von sechzig spezifischen Parallelen zwischen den vorkolumbischen Kulturen Südamerikas und den Altertumskulturen Ägyptens, Parallelen, an denen sich vor wenigen Jahren ein heftiger Wissenschaftsdisput entzündete. Erhielten Mexiko und Peru früher Impulse über das Meer oder entwickelten sich ihre Kulturen in der Isolation? Steckt historische Erinnerung in der altamerikanischen Sage, die einer Handvoll Spanier die Eroberung der mächtigen Inka- und Aztekenreiche ermöglichte: Daß weiße bärtige Männer den Vorvätern die Kultur gebracht und wiederzukehren versprochen hätten?

Die Beweislast gegen die «Isolationisten» war erdrückend, doch blieb die Frage offen, über welches Meer und mit welchen Booten die Kulturimpulse kamen. Thor Heyerdahl, seit seiner Kon-Tiki-Reise als Abenteurer-Forscher legendär, gab eine Antwort. Mit dem nach ägyptischem Muster konstruierten Papyrusboot «Ra» und internationaler Mannschaft segelte er von der Westküste Afrikas zur Ostküste Mittelamerikas. Heyerdahl ist ein ebenso glänzender Erzähler wie exakter Wissenschaftler. So versetzt sein Buch in gegenwärtiges Abenteuer und abenteuerliche Vergangenheit. Seine Fahrt erlaubt die Hypothese, daß die Phönizier als Erben ägyptischer Kultur bei der Ausweitung ihres Handelsimperiums bis nach Amerika gelangten und als die bärtigen Olmeken der Überlieferung einen Zivilisationsschub auslösten.

Thor Heyerdahl, geboren am 6. Oktober 1914 im norwegischen Larvik, studierte in Oslo Zoologie und Geographie. Seine erste Expedition in den Südpazifik faszinierte ihn derart, daß er die Zoologie aufgab und den Ursprung der polynesischen Kultur zu erforschen suchte. Dem diente auch seine Fahrt mit dem Balsaholzfloß «Kon-Tiki» von Venezuela nach Tahiti, die ihn 1947 weltberühmt machte, und Untersuchungen auf der Osterinsel, die er in «Aku-Aku» veröffentlichte.

Thor Heyerdahl

Expedition Ra

Mit dem Sonnenboot in die Vergangenheit

rororo

Rowohlt

Aus dem Norwegischen übersetzt von Heinz Kulas und Jette Mez
Umschlagentwurf Werner Rebhuhn
(Foto: Thor Heyerdahl)

1.–40. Tausend Juli 1974
41.–48. Tausend Juni 1976

Ungekürzte Ausgabe
Veröffentlicht im Rowohlt Taschenbuch Verlag GmbH,
Reinbek bei Hamburg, Juli 1974

Satz Garamond (Linotron 505 C)
Gesamtherstellung Clausen & Bosse, Leck/Schleswig
Printed in Germany
680-ISBN 3 499 16863 4

Für Yvonne

Inhalt

1

Ein Bilderrätsel, zwei Antworten und keine Lösung

Ein Schilfhalm bewegt sich im Wind. Wir brechen ihn ab. Er schwimmt. Er kann einen Frosch tragen.

Zweihunderttausend Schilfhalme bewegen sich im Wind. Eine ganze Wiese wogt wie ein grünes Feld das Ufer entlang.

Wir schneiden sie ab und binden sie wie große Hafergarben zum Erntefest zusammen. Die Bündel schwimmen. Wir gehen an Bord. Ein Russe, ein Neger, ein Mexikaner, ein Ägypter, ein Amerikaner, ein Italiener und ich, ein Norweger, mit einem Affen und einer Menge gackerndem Federvieh. Wir sind in Ägypten und wollen nach Amerika. Sand weht, es ist trocken: die Sahara.

Abdullah versichert mir, dieses Schilf könne schwimmen. Ich sage, es sei weit bis Amerika. Er glaubt, die Leute in Amerika mögen schwarze Haut nicht, aber ich versichere ihm, daß er sich irrt. Er weiß nicht, wo Amerika liegt, aber wenn der Wind in diese Richtung weht, werden wir es schon erreichen. Solange die Taue halten, sind wir auf dem Schilf sicher. Solange die Taue halten, sagt er. Aber werden sie halten?

Ich spürte, wie jemand an meiner Schulter rüttelte, und erwachte. Vor mir stand Abdullah. «Es ist drei Uhr», sagte er. «Wir fangen wieder mit der Arbeit an.» Auf die heiße Zeltleinwand brannte die Sonne. Ich setzte mich vorsichtig auf und blinzelte durch ein Loch in der Türöffnung. Von draußen schlugen mir die trockene Hitze und der blendende Sonnenschein der Sahara entgegen. Sonne, Sonne, Sonne. Eine sonnenheiße, durchglühte Sandwüste traf auf das tiefste Blau, das der Herrgott geschaffen hat, einen wolkenlosen Wüstenhimmel in der Nachmittagssonne, ausgerollt über der goldgrauen Sandwelt. Eine Reihe von drei großen und zwei kleinen Pyramiden war wie Haifischzähne gegen das Himmelsgewölbe gesetzt. So hatten sie unbeweglich und unveränderlich gestanden, seit Menschen die Natur mit natürlichen Mitteln gestalteten. Und vor den Pyramiden lag unten in der sanft abfallenden Talmulde etwas Zeitloses, gestern erbaut, vor fünftausend Jahren erbaut: ein Boot im Wüstensand, wie eine Arche Noah, die fern von Wellenrauschen und Seegras in der Einöde der Sahara gestrandet ist. Daneben standen zwei Kamele und käuten wieder. Käuten wieder, was sie gefressen hatten: Abgeschnittene Reste von diesem Boot. Es war aus Papyrus. Das goldene Schilf war zu Bündeln zusammengezurrt und nahm die Form eines Schiffes mit Bug und Achtersteven an, das wie eine liegende Mondsichel gegen den blauen Himmel ragte.

Abdullah war schon auf dem Wege dorthin. Und zwei pechschwarze Buduma-Neger in flatternden, weißen Gewändern kletterten an Bord, während Ägypter in bunten Kleidern neue Bündel Papyrusschilf herbeischleppten. Hier gab es Arbeit. «Bot! Bot!» schrie Abdullah. «Mehr Schilf!»

Ich taumelte in den heißen Sand hinaus, mir kam es so vor, als wäre ich aus einem tausendjährigen Schlaf erwacht. Die Männer arbeiteten für mich, denn ich hatte die absurde Idee gehabt, eine Bootsbauerkunst zum Leben zu erwecken, die Pharao Cheops und seine Dynastie schon allmählich aufgaben, als sie die mächtigen Pyramiden bauen ließen. Jetzt lagen sie dort wie eine unerschütterliche Gebirgskette und verbargen unseren zeitlosen Bauplatz vor dem Mahlstrom des 20. Jahrhunderts, der in Kairos hektischen Großstadtstraßen rotierte, unten im grünen Niltal auf der anderen Seite. Unsere Welt vor den Zelten bestand aus lauter Sand. Heißem Sand, Pyramiden, wieder Sand und riesigen Stapeln sonnengetrockneten Schilfs, spröden und brennbaren Papyrusschilfs. Jetzt schleppten es die Männer zu den lakritzefarbenen Negern, die auf der Mondsichel saßen und mit Hilfe von Händen, Zähnen und nackten Beinen die Tauverzurrungen anzogen. Sie bauten ein Boot, ein Papyrusboot. *Kaday* nannten sie es auf Buduma, und sie wußten, was sie bauten. Fleißige Finger und Zähne zogen die Schlingen um das Schilf fest, wie nur Fachleute es konnten. Ein «Papierboot», sagten die Leute vom Papyrus-Institut im Niltal. Sie weichten das Schilf dort in Wasser ein und klopften es zu sprödem Papier zusammen, um Touristen und Wissenschaftlern zu zeigen, worauf die ältesten Schriftgelehrten der Welt in Hieroglyphen ihre Memoiren gemalt hatten.

Ein Papyrushalm ist ein weicher und saftiger Blumenstengel, den ein Kind umbiegen und beschädigen kann. Im trocknen Zustand bricht er wie ein Streichholz und brennt wie Papier. Auf dem Hügel vor meinen Beinen lag ein knochentrockenes Papyrusschilf, das gewaltsam zu einer Spirale gedreht und im Zickzack gefaltet war. Ein verärgerter alter Araber hatte es am selben Vormittag weggeworfen. Er hatte es zwischen den Fingern gerieben, ehe er es in den Sand schleuderte, danach spuckte und verächtlich darauf zeigte. «Das da», sagte er, «das kann nicht mal einen Spieker halten; und wie soll man an so was Maste befestigen?» Der Alte war ein erfahrener Bootsbauer, der mit dem Bus von Port Sa'id heraufgekommen war, um einen Vertrag über Mast und Takelung für unser Fahrzeug abzuschließen. Er wurde so zornig, daß er den nächsten Bus zurück zur Küste nahm. Ob wir einen rechtschaffenen Handwerker zum besten halten wollten, oder wußten die Menschen heute überhaupt nichts davon, was dazu gehörte, eine anständige Schute zu bauen? Es nützte nichts, ihm zu erklären, daß hier in der Wüste solche Boote in großer Anzahl auf die Grabwände der alten Pyramidenbauer gemalt waren. Da fand man ja auch Menschen mit Vogelköpfen und Schlangen mit Flügeln abgebildet. Jeder sah doch, daß ein Schilf ein weicher Blumenstengel war, in dem man weder Nägel noch Schrauben befestigen konnte. Ein Heuschober. Ein Papierboot.

Jetzt standen wir da. Die Schute brauchte Masten. Unsere drei schwarzen Freunde vom Tschadsee im Herzen Afrikas beteuerten, der Bootsbauer sei ein Idiot und könne niemals einen anständigen *Kaday* gesehen haben, denn die waren immer aus solchem Schilf gebaut. Maste dagegen hätten auch sie noch nie auf einem *Kaday* gesehen, und sie seien auch ganz überflüssig; man benutzte Paddel, um sich auf dem Wasser fortzubewegen. Der Tschadsee war groß, und sie beteuerten, das Meer könne nicht größer sein. In stoischer Ruhe fuhren sie fort, die Papyrusbündel zusammenzubinden. Das war ihre Spezialität. Der Araber aus Port Sa'id war ja ein unwissender Angeber und hatte niemals einen *Kaday* gesehen.

Ich ging wieder zum Zelt hinauf und kramte aus der Tasche Skizzen und Fotografien von alten ägyptischen Modellen und Wandmalereien hervor. In Papyrusbooten gab es keine Nägel oder Spieker. Dort, wo der Mast stehen sollte, war eine dicke und breite Fußplatte mit Tauen auf den Schilfbündeln festgezurrt, und in den soliden Holzblock war der untere Teil vom Mast eingelassen und festgebunden. Ich schob die Zeichnungen beiseite und legte mich rücklings auf einen Hügel, wo Seile und Segeltuch an einer Zeltwand entlang gestapelt waren. Hier war es kühler, und ich konnte nachdenken. Worauf hatte ich mich eigentlich eingelassen, und welchen Grund hatte ich zu glauben, ein solches Fahrzeug sei außerhalb der Nilmündung zu gebrauchen? Ich gestand mir ein, daß mein Argwohn eher auf Intuition als auf konkreten Fakten beruhte.

Damals, als ich beschloß, das Kon-Tiki-Floß aus Balsastämmen zu bauen, hatte ich ganz andere Anhaltspunkte. Ich hatte noch nie ein Stück Balsaholz gesehen und noch nie ein Boot gesteuert, geschweige denn ein Floß. Aber ich besaß eine Theorie, solide Indizien und eine logische Folgerung. Dieses Mal hatte ich nichts von alledem. Damals besaß ich ein dickes Manuskript. Es war mit Annahmen gespickt, die ich als sichere Beweise dafür ansah, daß Perus ältestes Kulturvolk lange vor jedem anderen Volk mit seiner eigenartigen Kultur den Weg nach Polynesien gefunden hatte. Wir wußten, daß ein Balsafloß dem «Boot», wie es die Urbevölkerung Perus auf dem Meer benutzte, am nächsten kam. Ich schloß also daraus, ein Balsafloß müsse seetüchtig und imstande sein, Menschen und Kulturpflanzen von Peru nach Polynesien über das Meer zu befördern. Andere Argumente hatte ich nicht. Aber die Folgerung erwies sich als richtig.

Dieses Mal war es anders. Ich besaß keine Theorie darüber, daß die Ägypter ihre Kultur zu fernen Inseln oder Kontinenten gebracht hatten. Obschon viele Leute glauben, die Ägypter hätten lange vor Kolumbus Kulturimpulse in das tropische Amerika gebracht, so hatte ich doch nie einen Beweis dafür gefunden – allerdings auch keinen Gegenbeweis. Das Problem faszinierte mich, aber ich konnte keine befriedigende Lösung erkennen. Der Wissenschaft fehlten allzu viele Steinchen in dem Mosaik. In der Chronologie gab es große Lücken und unerklärliche Unstimmigkeiten, und es gab ein Meer, zehntausendmal breiter als der Nil.

Um sich auf dem Wasser fortzubewegen, hatten die Ägypter des Altertums ursprünglich nur Boote aus Papyrusschilf besessen. Später bauten sie lange Segelschiffe aus verzapften und vernähten Planken, auf hoher See lebensgefährlich, aber jedweder Fracht und dem Verkehr auf dem stillen Nil meisterhaft angepaßt. Einige hundert Meter von dem Zelt entfernt, in dem ich lag, setzte mein ägyptischer Freund Ahmed Josef am Fuße der Cheopspyramide eines der prachtvollen Holzboote des Pharao Cheops zusammen. Kürzlich hatten die Archäologen an jeder Seite der Cheopspyramide ein großes, vergrabenes Schiff entdeckt. Im ganzen lagen dort vier Schiffe in tiefen, luftdichten, mit riesigen Steinplatten hermetisch abgedeckten Kammern. Bisher war nur ein Grab geöffnet worden. Darin befanden sich Hunderte von dicken Plankenstücken aus Zedernholz, die noch ebenso gut erhalten waren wie an dem Tag vor rund 4600 Jahren – etwa 2700 v. Chr. –, als sie eingegraben wurden. Jetzt stand dort der ägyptische Chefkonservator, voller Lachfalten, bärtig, und zog neue Taue in die aber Tausende von kleinen Löchern, mit Hilfe derer das Schiff einst von Hanfseilen zusammengehalten wurde. Das Ergebnis war ein kräftiges, 43 m langes Schiff, so stromlinienförmig und elegant geschwungen, wie es die Wikinger nicht schöner und größer gebaut hatten, als sie einige Jahrtausende danach begannen, die Nordsee, den Atlantik und das Mittelmeer zu durchpflügen. Es gab nur einen wesentlichen Unterschied zwischen beiden Schiffstypen: Die Wikingerschiffe wurden gebaut, um einen harten Kampf gegen die Meereswellen zu bestehen, das Cheopsschiff, um auf dem stillen Nil großes Gepränge zu entfalten. Die Abnutzung des Holzwerks, dort, wo die Taue einst ihre Spuren eingegraben hatten, zeigte, daß es fleißig benutzt wurde und nicht nur ein sogenanntes «Sonnenschiff» für die letzte Reise des Pharaos war. Aber so, wie der Rumpf gebaut war, mußte er bei der ersten Begegnung mit hohen Wellen zusammenbrechen. Das war wirklich sonderbar. Denn die eigenartigen und vollkommenen Linien des Schiffes hatten nichts mit einem Flußboot gemein. Der vollendet geschwungene Rumpf ragte im Bug und Achtersteven hoch in den Himmel. Er besaß alle charakteristischen Züge von seetüchtigen Fahrzeugen, die extra angefertigt werden, um über Brandung und turmhohe

Wellen zu reiten. Das gab zu denken. Ein Pharao, der vor fast fünftausend Jahren am stillen Ufer des Nils lebte, hatte ein Boot gebaut, das in der Praxis nur den friedlichen Flußwellen widerstehen konnte. Dennoch hatte er dem Boot architektonische Linien verliehen, um die ihn die führenden Seefahrernationen der Welt beneiden konnten. Er hatte sein zerbrechliches Flußboot nach einem Modell gebaut, das von den Schiffbauern einer Nation mit langer, solider Seefahrttradition auf dem offenen Meer geschaffen war.

Jetzt konnte ich anfangen, zu raten. Es gab nur zwei Möglichkeiten. Entweder war diese seetüchtige Stromlinienform von ägyptischen Seefahrern derselben genialen Generation entworfen worden, die bereits die Schrift, den Pyramidenbau, Mumien, Gehirnoperationen und die Astronomie erfunden hatte – oder die Schiffbauer des Pharao waren im Ausland in die Schule gegangen. Gewisse Punkte deuten auf das letztere hin. In Ägypten wachsen keine Zedern, das Material für das Cheopsschiff hatte man aus den Zedernhainen des Libanon geholt. Im Libanon aber wohnten die Phönizier, erfahrene Schiffbauer, die mit ihren Schiffen das ganze Mittelmeer durchpflügten. Ihr wichtigster Hafen, Byblos, die älteste bekannte Stadt der Welt, importierte Papyrus aus Ägypten, denn Byblos war im Altertum ein Zentrum der Buchproduktion. Daher der Name Byblos oder Bibel, der Buch bedeutet. Damals bestanden zwischen Ägypten und Byblos lebhafte Handelsbeziehungen. Also hätten die Schiffbauer des Pharao Cheops hier ihre eigenartige Bootsform kopieren können. Vielleicht.

Leider wissen wir nur wenig oder gar nichts darüber, wie die Schiffe der Phönizier aussahen. Mit Sicherheit können wir nur sagen, daß sie kaum in Papyriform, nach dem Modell eines Papyrusboots, gebaut waren, weil sie Papyrus aus Ägypten herantransportieren mußten, das nicht im Libanon wuchs. Und hier wird es problematisch. Das Schiff des Pharao Cheops hatte die Papyriform, alle anderen großen, abgebildeten Holzschiffe der Pharaonenzeit ebenfalls; und alle hatten das Papyrusboot zum direkten Vorbild. Und hier sind wir beim Kern des Problems. Das Papyrusschiff war das Vorbild des Cheopsschiffes. Und eben dieses Vorbild aus Papyrus besaß alle charakteristischen Eigenschaften der Seefahrzeuge, Bug und Achtersteven schwangen sich höher hinauf als bei Wikingerschiffen, um Sturzseen und hohe Wellen abzureiten, und nicht, um auf flache Flußwellen zu treffen. Das Papyrusschiff hatte dem Holzschiff die Form gegeben, nicht umgekehrt. Und das Papyrusschiff besaß seine endgültige Form bereits, als die Pharaonen ihre mythischen Ahnen, die Götter, auf die Wände ihrer Gräber malen ließen. Der Sonnengott und die Vogelmänner, die legendären Ahnen des Pharaonen-Geschlechts, sind nicht als Passagiere auf dem phönizischen Holzschiff, nicht auf Flößen oder Prähmen abgebildet, sondern auf dem emporgeschwungenen Papyrusschiff in eben jener Form, welche die Bootsbauer des Pharao Cheops bis in das kleinste Detail kopierten, bis hin zu dem eigentümlich nach innen geschwungenen Achtersteven, der oben in die Becherform der Papyrusblüte ausläuft.

Wenn man ein Schiff bauen will wie die Ägypter – zur Zeit, als die Mittelmeerkultur an den Ufern des Nils in den Kinderschuhen steckte –, dann braucht man keine Axt und keine Zimmermannskenntnisse, sondern ein Messer, das Papyrusschilf schneidet, und Taue. Damit waren jetzt die Afrikaner Mussa, Omar und Abdullah am Fuße der Cheops-, Chephren- und Min-chaf-Ra-Pyramide beschäftigt. Sie bauten ein Papyrusboot in der Form der uralten Schiffe auf den Wänden der Gräber, neben denen wir unseren Bauplatz im Wüstensand gewählt hatten.

Warum? Was wollte ich beweisen? Nichts. Ich wollte nichts beweisen. Ich wollte etwas herausbekommen. Ich wollte herausbekommen, ob solch ein Boot auf dem Meer zu gebrauchen war oder ob die Phönizier, wie die Experten glauben, an den Nil kommen und den Papyrus holen mußten, weil die Ägypter mit ihren Schilfbooten nicht außerhalb der Nilmündung fahren konnten. Ich wollte herausbekommen, ob die alten Ägypter selbst Seefahrer waren, ehe sie sich zur Ruhe setzten und Bildhauer, Pharaonen und Mumien wurden. Ich wollte herausbekommen, ob ein Schilfboot eine Seereise von 400 km – die Strecke von Ägypten nach dem Libanon – bewältigen konnte. Ich wollte herausbekommen, ob ein Schilfboot noch weiter fahren konnte, von einem Kontinent zum anderen, herausbekommen, ob ein Schilfboot die Reise nach Amerika bewältigen konnte.

Warum? Weil niemand wußte, wer Amerika zuerst erreicht hat. Kolumbus, sagen die Schulbücher. Aber Kolumbus hat Amerika nicht entdeckt, er hat es wiederentdeckt. Kolumbus war ein äußerst kluger und mutiger Mann, der ins Unbekannte segelte, weil er wußte, daß die Erde rund war und er nicht am Rande abstürzen würde. Kolumbus markiert einen Wendepunkt in der Geschichte, er veränderte die Lebensweise einer ganzen Welt, verhalf mächtigen Nationen zum Leben, war die Ursache dafür, daß sich dort Wolkenkratzer erheben, wo früher nur Büsche und Gestrüpp wuchsen. Aber er hat Amerika nicht entdeckt. Er hat der übrigen Welt den Weg nach Amerika gezeigt, aber erst im Jahre 1492 nach Christus.

Wann ist Amerika entdeckt worden? Niemand weiß es. Der erste Mensch, der seine Füße auf amerikanischen Boden setzte, kannte überhaupt keine Zeitrechnung. Er besaß keinen Kalender und konnte nicht schreiben. Er hatte so begrenzte geographische Vorstellungen, daß ihm nicht einmal klar war, daß er einen neuen Kontinent erreicht hatte, den noch keines Menschen Fuß berührt hatte.

Der erste Vertreter des *Homo sapiens*, der in Amerika an Land ging, war ein heimatloser, umherziehender Jäger und hatte wie seine Vorfahren an den Küsten der eisbedeckten Wüsteneien des arktischen

Sibirien gelebt. Und eines schönen Tages befand er sich auf der Ostseite der völlig oder teilweise mit Eis bedeckten Beringstraße, ohne zu ahnen, daß hier nur die Tiere der Wildnis umherstreiften, bevor seine Füße über Tundra und Schneewehen wanderten. Wir wissen heute nicht, ob der Entdecker Amerikas die Beringstraße zu Fuß auf dem Eis überquerte oder ob er in einem primitiven Fahrzeug an einer nackten Tundrenküste entlangfuhr. Wir wissen einzig und allein, daß der erste Mensch, der auf amerikanischem Boden starb, im arktischen Asien geboren wurde. Wir wissen auch, daß dem Entdecker Amerikas sowohl Metall als auch die Weberei unbekannt waren; er kleidete sich in Tierfelle oder geklopfte Rinde, seine Waffen und sein Gerät bestanden aus Knochen und Stein, denn er lebte noch vollständig auf der Stufe des Steinzeitmenschen.

Niemand weiß mit Sicherheit, wann die Nachkommen der ersten Entdecker Amerikas sich in Alaska und langsam südwärts in ganz Nord-, Mittel- und Südamerika ausbreiteten. Manche behaupten, die Besiedlung der Neuen Welt habe etwa 15 000 Jahre v. Chr. begonnen, andere behaupten mit ebenso großer Überzeugung und soliden Argumenten, dieser Zeitraum könne mindestens verdoppelt werden. In einem sind sich aber alle einig: Die Einwanderung hat oben in den arktischen Einöden stattgefunden, und nur die primitivsten Steinzeitgeräte sind bei den unorganisierten Nomaden im Gebrauch gewesen, welche die Stammväter jener zahlreichen und allmählich völlig ungleichen Volksgruppen werden sollten, die wir gewöhnlich unter dem Namen «amerikanische Indianer» zusammenfassen. Die schmale Meeresenge zwischen dem arktischen Asien und Alaska ist schwerlich jemals für die Nomaden gesperrt gewesen, und viele Funde deuten darauf hin, daß die Familienverbände weiterhin ihren Aufenthaltsort abwechselnd in Sibirien und in Alaska hatten. Die Alëutische Inselkette und der Japanstrom im Süden bildeten auch für alle eine Brücke, die über Fahrzeuge verfügten. Von Alaska im Norden bis Feuerland im Süden ließen sich heranwachsende Generationen in Iglus, Zelten, Blatthütten und Höhlen nieder, denn hier waren Natur und Klima in allen Variationen vertreten. Durch Inzucht in der Isolation, durch neue Wanderungen und Vermischung entwickelte sich in Amerika allmählich eine Reihe verschiedener Indianerstämme. Sie unterschieden sich auffallend voneinander, nicht nur im Gesichtsausdruck und Körperbau, sondern sie redeten auch in verschiedenen Sprachen und entwickelten völlig andere Lebensgewohnheiten.

Da schließlich tauchte Kolumbus auf. Am 12. Oktober 1492 ging er mit Banner und Kreuz in San Salvador an Land, und in seinem Kielwasser kamen Cortez, Pizarro und die anderen spanischen Konquistadoren. Niemand wird Kolumbus jemals das Verdienst streitig machen können, Amerikas Tore für uns, die wir nicht über das Eis gewandert kamen, weit aufgerissen zu haben. Aber wir Europäer vergessen allzu leicht, daß ihn Tausende von Menschen an Land empfingen. Und auf dem Kontinent hinter den Inseln, auf denen er landete, gab es ein hochentwickeltes Staatswesen, das Besuch erwartete. Ihre Gelehrten erzählten den Spaniern, sie seien früher von weißen, bärtigen Männern besucht worden, die übers Meer gekommen wären und sie alle Geheimnisse der Zivilisation gelehrt hätten. Und die Ankunft der Spanier sei schon lange erwartet worden, weil die Kulturbringer ihren Vorvätern versprochen hätten, wiederzukommen.

Und wahrhaftig wurde dieser Teil Amerikas keineswegs mehr von primitiven Jägern und Fischern bewohnt, wie jene, die ursprünglich den Weg über Sibiriens Eisöden hergefunden hatten. Im Gegenteil, in den am wenigsten anregenden Tropengegenden – gerade dort, wo der Passatwind und der gigantische Meeresstrom die Spanier an Land führten – trafen sie auf kenntnisreiche Menschen, die selbst Bücher aus Papier herstellten und Geschichte, Astronomie und Heilkunde studierten. Sie konnten nach ihrem eigenen System lesen und schreiben. Sie besaßen organisierte Schulen und wissenschaftliche Observatorien. Ihr astronomisches und geographisches Wissen war so verblüffend, daß sie die Bewegungen der Himmelskörper ganz genau errechnet hatten und sowohl die Lage des Äquators, der Ekliptik als auch der Wendekreise berechnen konnten, während sie zwischen Fixsternen und Planeten unterschieden. Ihr kompliziertes Kalendersystem war genauer als das zu Kolumbus' Zeiten in Europa bekannte, und ihre exakte Zeitrechnung begann umgerechnet mit dem Jahr 3113 v. Chr. – dem Jahre Null der Maya. Die Methode ihrer Ärzte, hochstehende Personen zu mumifizieren, ermöglichte die Erhaltung in diesem Klima. Und ebenso wie die alten Ägypter öffneten sie Schädel, nahmen chirurgische Operationen der Hirnschale vor, ohne daß der Patient starb, was europäischen Ärzten noch jahrhundertelang, nachdem Kolumbus seine Segel gehißt hatte, unbekannt blieb. Gelehrte und einfache Menschen wohnten in geplanten Stadtgemeinschaften mit gepflasterten Straßen, Wasserrinnen, Kloakensystemen, Marktplätzen, Sportplätzen, Schulen und Palästen. Die Stadtbevölkerung bewohnte weder Zelte noch Laubhütten; sie stellten ziegelförmige Adobeblöcke aus sonnengetrocknetem Lehm und Stroh nach dem gleichen Rezept her wie in den Mittelmeerländern und bauten reguläre Häuser mit zwei oder mehreren Etagen. Bessere Gebäude besaßen Säle, deren Dächer von Säulengängen getragen wurden, und die Wände waren mit Reliefarbeiten und künstlerischen Fresken in schönen und haltbaren Farben ausgestattet. Die Webstühle wurden fleißig benutzt, und die Spanier bekamen Bildwirkereien und künstlerische Umhänge zu sehen, die in technischer Fertigkeit und Komposition alles übertrafen, was sie in ihrer Heimat gesehen hatten. Berufsmäßige Töpfer stellten Vasen und Schüsseln, Töpfe und Krüge und Keramikmodelle von Menschen und Tieren und allen Situationen des Lebens mit einem

Sachverstand her, der allem, was die klassischen Kulturen der Alten Welt hervorbringen konnten, in nichts nachstand. Und Gold- und Silberarbeiten der ansässigen Juweliere waren in technischer wie in künstlerischer Hinsicht so hoch entwickelt, daß die Spanier zum Schwert griffen, weil sie in der Begeisterung über ihre «Entdeckung» sowohl die Fassung als auch das Gewissen verloren. Gigantische stufenförmige Pyramiden, Säulentempel und Monolithe von Priesterkönigen in Überlebensgröße überragten die Adobedächer; gepflasterte Wege, komplizierte Aquädukte und Brücken prägten die Landschaft. Fast endlose künstlich bewässerte Terrassenfelder trugen verschiedenartige Hackfrüchte, reichlich einheimische Kornsorten, Gemüse, Früchte, Heil- und andere Kulturpflanzen und wilde, veredelte Baumwollsträucher, die in großen Mengen gezogen wurden. Sowohl Wolle als Baumwolle wurden gesponnen, gefärbt und gewebt, und das mit Fäden, die in der Masche oft dünner und feiner waren als europäische Gewebe vor dem 20. Jahrhundert.

Wer hatte wen entdeckt? Die Menschen auf den Booten die Landbewohner – oder die Menschen an Land jene auf den Booten?

Der Priesterkönig – der von seinen Vorvätern gelernt hatte, er stamme über die weißen, bärtigen Männer von der Sonne ab – zog in einer Sänfte mit Fächer und Sonnenschirm heran. Seine Musiker spielten Flöten und Trompeten, schlugen die Trommeln und rasselten mit Silberschellen. Er kam mit seiner Leibgarde und einem stehenden bewaffneten Heer von vielen tausend Mann. Seine Späher hatten eine Handvoll Spanier entdeckt, die an der Küste das Land betraten und sich auf die Wanderung in das Innere des Landes, in die Hauptstadt machten. Es geschah genau das gleiche mit dem mächtigen Aztekenreich in Mexiko wie mit dem gigantischen Imperium der Inka in Südamerika. Eine Handvoll Spanier mit weißer Haut und Bärten eroberte die enormen Imperien, sozusagen ohne einen Schuß abzufeuern. Weil die Schriftgelehrten und die Priesterschaft dort, wo die Spanier hinkamen, Hieroglyphen-Aufzeichnungen und religiöse Überlieferungen besaßen, die besagten, weiße, bärtige Männer hätten ihren Vorvätern die Segnungen der Kultur gebracht und seien dann, mit ihren Gelehrten und mit dem Gelöbnis wiederzukommen, weiter in unbekannte Gegenden gezogen. Den Indianern fehlte der Bartwuchs vollständig. Das war eine Eigenart des gelbbraunen Menschentyps, der im Norden hereingesickert war. Aber die Spanier kamen mit Bärten und weißer Haut, als sie von den Indianern an Land entdeckt und zu ihrer Rückkehr nach Mexiko und Peru von den mächtigsten Alleinherrschern dieser Zeit willkommen geheißen wurden.

Der übrigen Welt war nur ein kurzer Blick auf die Hochkulturen der Neuen Welt vergönnt, die einst wie Perlen auf einer Schnur aneinandergereiht waren, angefangen vom Reich der Azteken und Maya im Norden bis zum Inkareich im Süden.

Merkwürdigerweise hatten sie sich niemals außerhalb der tropischen Wendekreise bis zu den Teilen Amerikas ausgebreitet, in denen heute das Klima so anregend ist, daß die Menschen dort zu den unternehmungslustigsten und arbeitsamsten gehören. Jener Vorhang, den Christoph Kolumbus für seine Zeit einen kurzen Moment hob, wurde von seinen Nachfolgern rasch wieder heruntergelassen. Nur einige Jahrzehnte vergingen, bis Amerikas Kulturzentren in Trümmer fielen, zu funktionieren aufhörten und, teils ausgelöscht und teils vermischt, neue Formen annahmen. Wir Europäer hingegen glauben, uns um das «Kulturelle» verdient gemacht zu haben, während wir eventuelle exotische Schattenseiten als Erbe der Zeit vor Kolumbus betrachten. Den Eindruck haben wir erhalten, weil es die goldgierigen Konquistadoren mit dem Kreuz als Alibi eilig hatten, den Vorhang herunterzulassen, ehe jemand richtig begriff, was sie auf der anderen Seite der Erdkugel gefunden hatten.

Was war wirklich in Mexiko und Peru geschehen, ehe Kolumbus in Amerika auftauchte? Hatte der unwissende Steinzeitmann aus der arktischen Tundra eigenhändig und selbständig den Keim für all das gelegt, was die Spanier vorfanden? Oder hatten seine Nachkommen am Strand unbekannte Seefahrer empfangen, die ohne Rückfahrkarte über den Atlantik trieben? Vielleicht am Morgen der Zeiten, lange ehe sich die Zivilisation von Afrika und Kleinasien bis an die Küsten des barbarischen Europas verbreitet hatte? Ja, eben das war die Frage. Und die Antwort lautete nein. Entschieden nein. Oder? Ich fühlte eine Taurolle an meinem Rücken scheuern, und ein wenig beunruhigt setzte ich mich im Zelt auf. Oder? Die Frage quälte mich. Ich machte es mir auf dem Tauwerk bequem. Ich sah keine Lösung. Nachdenken half hier nicht. Ich wälzte immer nur die gleichen Gedanken. Falls sich die alten amerikanischen Zivilisationen in Mexiko oder Peru selbst entwickelt haben, müßten die Archäologen den Ort ausfindig machen können, wo die allmähliche Entwicklung geschehen war. Aber wo man auch in Mexiko oder Peru ein Zentrum der Zivilisation fand, stellte sich bei den Ausgrabungen heraus, daß es in voll entwickelter Form an diesen Ort gekommen war und sich nur in lokalen Varianten weiterentwickelt hatte. Nirgends war ein eindeutiger Anfang auszumachen. Also müßte die Antwort klar sein. Import. Import aus Übersee. Aber da blieb eine Frage offen: Zu der Zeit, als die großen Kulturen in der Neuen Welt zu blühen begannen, vielleicht einige Jahrhunderte vor Christus, hatten entsprechende Kulturen in der Alten Welt schon seit einigen Jahrhunderten zu existieren aufgehört und waren versunken.

Zum Beispiel in Ägypten. Und damit blieb die Antwort nach wie vor aus. Nun standen wir da!

Wozu also ein Papyrusboot bauen? Meine Gedanken schweiften wieder in die Ferne, über Amerika bis zum Pazifischen Ozean. Dort kannte ich mich aus. Dort hatte ich all meine Zeit der Forschung und der Feldarbeit gewidmet. Als ich vor vier Jahren die ersten Schilfboot-Malereien an den Wänden im Tal der Könige sah, war ich als einfacher Tourist nach Ägypten gekommen. Ich hatte den Bootstyp sofort wiedererkannt. Es war der gleiche gewöhnliche Typ, den die Pyramidenbauer in Nordperu auf ihre Keramikkrüge malten, als ihre Kultur in Südamerika erblühte, lange ehe Polynesien besiedelt wurde. In Peru sind die größten Schilfboote mit zwei Decks übereinander abgebildet. Auf dem unteren Deck stehen eine Menge Wasserkrüge und andere Lasten neben Reihen von kleinen Menschen, und auf dem oberen Deck steht gewöhnlich der irdische Statthalter des Sonnengottes, der Priesterkönig, in übernatürlicher Größe, umgeben von vogelköpfigen Männern, die oft an Tauen ziehen, um das Schilfboot über das Wasser zu bewegen. Auch auf den ägyptischen Grabmalereien steht der irdische Statthalter des Sonnengottes, der Priesterkönig mit dem Titel Pharao, wie ein mächtiger Riese von winzigen Menschen umgeben auf seinem Schilfboot. Und auch hier ziehen die gleichen Mythengestalten mit Vogelköpfen das Schilfboot an Tauen vorwärts.

Das Schilfboot und die Männer mit den Vogelköpfen gehörten aus irgendeinem unerklärlichen Grund eindeutig zusammen. Denn so hatten wir sie auch weit draußen im Pazifischen Ozean entdeckt, wo die Maske des Sonnengottes, Schilfboote mit Segeln und Männer mit Vogelköpfen ein unzertrennliches Trio bildeten, das in allen Wandmalereien und Reliefs im alten Zeremoniendorf mit dem Sonnenobservatorium auf der Spitze des höchsten Vulkans der Osterinsel vorherrschte. Die Osterinsel, Peru, Ägypten. Nichts konnte wohl weiter auseinanderliegen. Nichts konnte wohl einen besseren Beweis dafür darstellen, daß Menschen an weit voneinander entfernten Orten auf die gleichen Ideen kamen. Sonderbarer war es schon, daß die Urbevölkerung der Osterinsel die Sonne *Ra* nannte. *Ra* war auf allen polynesischen Inseln der Name für die Sonne, das war also kein Zufall. Auch im alten Ägypten hieß die Sonne *Ra.* Kein Wort in der alten ägyptischen Religion war wichtiger als *Ra,* die Sonne, der Sonnengott, der Stammvater der Pharaonen. Er, der von Männern mit Vogelköpfen umgeben auf einem Schilfboot fuhr. Riesenstatuen, haushohe behauene Monolithe wurden zu Ehren der irdischen Priesterkönige des Sonnengottes sowohl auf der Osterinsel, in Peru, als auch im alten Ägypten aufgestellt. An allen drei Orten schnitt man Steinblöcke in Größe von Eisenbahnwaggons wie Käse und fügte sie zu stufenförmigen, nach der Sonnenbahn astronomisch orientierten Pyramiden zusammen. Alles dem gemeinsamen Stammvater *Ra,* der Sonne, zu Ehren? Gab es da einen Zusammenhang, oder war es nur Zufall?

Als vor Jahrhunderten das Segel immer noch auf dem Meer vorherrschte, schrieb man den alten Kulturvölkern für gewöhnlich fast unbegrenzte Wanderungsmöglichkeiten zu. Magalhães, Captain Cook und zahlreiche andere hatten die Erdkugel mehrere Male nur mit Hilfe des Windes umrundet. Warum also sollten es die Alten nicht gekonnt haben? Aber dann haben wir Propeller- und Düsenflugzeuge erfunden, und weil die Welt für die heranwachsenden Generationen immer kleiner wurde, erhielten wir den Eindruck, sie sei in früheren Zeiten viel größer und in der Zeit vor Kolumbus endlos und unwegsam gewesen.

Das Jahr 1492 übt auf alle, die zur Schule gegangen sind, eine magische Wirkung aus. Da entdeckte Kolumbus Amerika. Da erst wurde die Erde rund. Vor dieser Zeit waren Erde und Meer flach, so daß alles, was Strom und Wind trieb, am Rande abstürzen mußte. Sicherlich, wir wissen heute, daß die Erde auch vor Kolumbus rund war, aber sie war sozusagen nicht kugelrund, eher eiförmig, und auf jeden Fall sollte alles abstürzen, was zu weit aufs Meer geriet.

Vor 1492 konnte man nichts über den Abgrund in das Unbekannte schwimmen lassen, nicht einmal eine Binse. Nachdem Kolumbus unseren Erdball abgerundet hatte, stürzte nichts mehr vom Rande ab. Alles, was über den Atlantik schwimmen konnte, trieb auf der anderen Seite an Land, an die neue Küste. Zu der Insel, an die Kolumbus selbst getrieben war, oder an die lange tropische Küste kurz dahinter. Kolumbus fuhr wie ein St. Peter mit den Schlüsseln zu der Neuen Welt. Nach ihm kamen Karavellen und Tausende von anderen kleinen Segelschiffen, und die Abenteurer des 20. Jahrhunderts haben den Atlantik sogar scharenweise mit Jollen, Schlauchbooten, Schwimmautos und Kajaks überquert.

Kolumbus hat das Patent für den Atlantik erhalten. Vor ihm konnte man Amerika nur barfuß oder mit Mokassins erreichen, indem man dem Eisrand folgte, der sich endlos über die Einöde Sibiriens, der allerkältesten Arktis, erstreckt. Hier oben konnte keiner Baumwolle pflanzen oder Städte mit Ziegelsteinhäusern bauen. Darin waren sich alle einig. Aber wie kamen fellbekleidete Zuwanderer auf die Idee, Baumwolle anzubauen und daraus Fäden zu spinnen und Kleider zu weben, als sie in die einschläfernden Tropen kamen? Und wie kamen sie in den warmen Breiten auf die Idee, Stroh mit Lehm zu mischen, Ziegelsteine herzustellen, um in richtigen Häusern zu wohnen? Hier hört die Einigkeit auf und beginnt der Streit zwischen allen, die eine Antwort gesucht haben.

Einer der letzten, der das Kulturvolk des Altertums ganz ungehemmt um die Erde segeln ließ, war der Engländer Percy Smith. Seiner Ansicht nach hatten die alten Kulturen in Mexiko und Peru so viele Züge mit den Kulturvölkern des alten Ägypten gemein, daß irgendeine Form von überseeischem Kontakt bestanden haben muß. Als er die gleichen eigentümlichen Übereinstimmungen auch auf der Osterinsel und auf den unmittelbar vor Peru liegenden Inseln entdeckte, nahm er sein Lineal und seine flache Weltkarte und zog einen

Strich von Ägypten durch das Rote Meer, den Indischen Ozean und den Pazifischen Ozean nach Polynesien und Südamerika. So sind die Sonnenanbeter nach Amerika gekommen, schrieb er. Über die Osterinsel.

Andere nahmen sich einen runden Globus vor und schüttelten den Kopf. Der runde Globus zeigte, daß der Pazifische Ozean eine vollkommene Halbkugel ist, die sich rund um den halben Erdkreis erstreckt. Wenn ägyptische Seefahrer 4000 km nach Osten gefahren wären, hätten sie sich allmählich Indien genähert. Dann hätten sie bis zur Osterinsel noch genau den halben Erdumfang vor sich gehabt. Wenn dagegen südamerikanische Seefahrer von der Küste des Inkareiches 4000 km nach Westen gefahren wären, hätten sie keineswegs mehr den halben Erdkreis vor sich gehabt, sondern wären schon längst auf der Osterinsel gewesen. Mit dem Kon-Tiki-Floß, das nach einem Inka-Vorbild gebaut war, fuhren wir von der Küste des Inkareiches 8000 km nach Westen und passierten die Osterinsel auf halbem Wege.

Die Osterinsel. Die einsamste bewohnte Insel der Welt. Sie liegt vor Peru und nicht vor Ägypten, dieser wellenumkränzte Lavaklumpen, auf dem fast tausend verlassene Riesenstatuen schweigend und breit in den Himmel ragten, als unsere Rasse schließlich in diese Gegend kam und 1722 die Insel «entdeckte». Wir nennen sie «Osterinsel», weil sie zu Ostern gefunden wurde. «Nabel der Welt», nannten sie die Polynesier, als sie in ihren ausgehöhlten Holzkanus zu der kleinen Insel paddelten und sie von den Nachkommen noch älterer Seefahrer bewohnt fanden, die in die Brust der Steingiganten große Schilfboote mit Masten und Segeln ritzten. Ihre mondsichelförmigen Schilfboote wurden dort an die Mauern der ältesten Tempelstadt der Osterinsel gemalt, wo die Felsen voller Sonnensymbole und Männer mit Vogelköpfen waren, wo die Sonne *Ra* beobachtet und verehrt wurde, wo sich die ganze Inselbevölkerung zum jährlichen Kult des Vogelmanns vereinigte, bei dem man mit Hilfe winziger Schilfboote zu den Vogelinseln hinausschwamm. Dieser Brauch bestand bis zu seiner Unterdrükkung durch die Missionare, die 1868 das Christentum einführten.

Schilfboote auf der Osterinsel. Hier entwirrten sich die Gedanken. Es war ganz deutlich. Hier war für mich der Ursprung der Schilfboote. Vielleicht endete hier in Wirklichkeit die Geschichte des Schilfbootes. Aber für mich hatte sie hier ihren Ursprung.

Schon lange bevor ich auf die Osterinsel kam, hatte ich Schilfboote gesehen. Ich hatte sie auf dem Titicacasee in den Anden benutzt, als ich andere riesige Steinstatuen studierte, die verlassen im Gelände um den großen Binnensee standen. Die Tragfähigkeit dieser Fahrzeuge imponierte mir, man hatte sie ja dazu benutzt, gigantische Blöcke von mehreren Tonnen über den See in die Ruinenstadt Tiahuanaco zu befördern. Aber ich hatte diesen eigentümlichen Bootstyp eher als

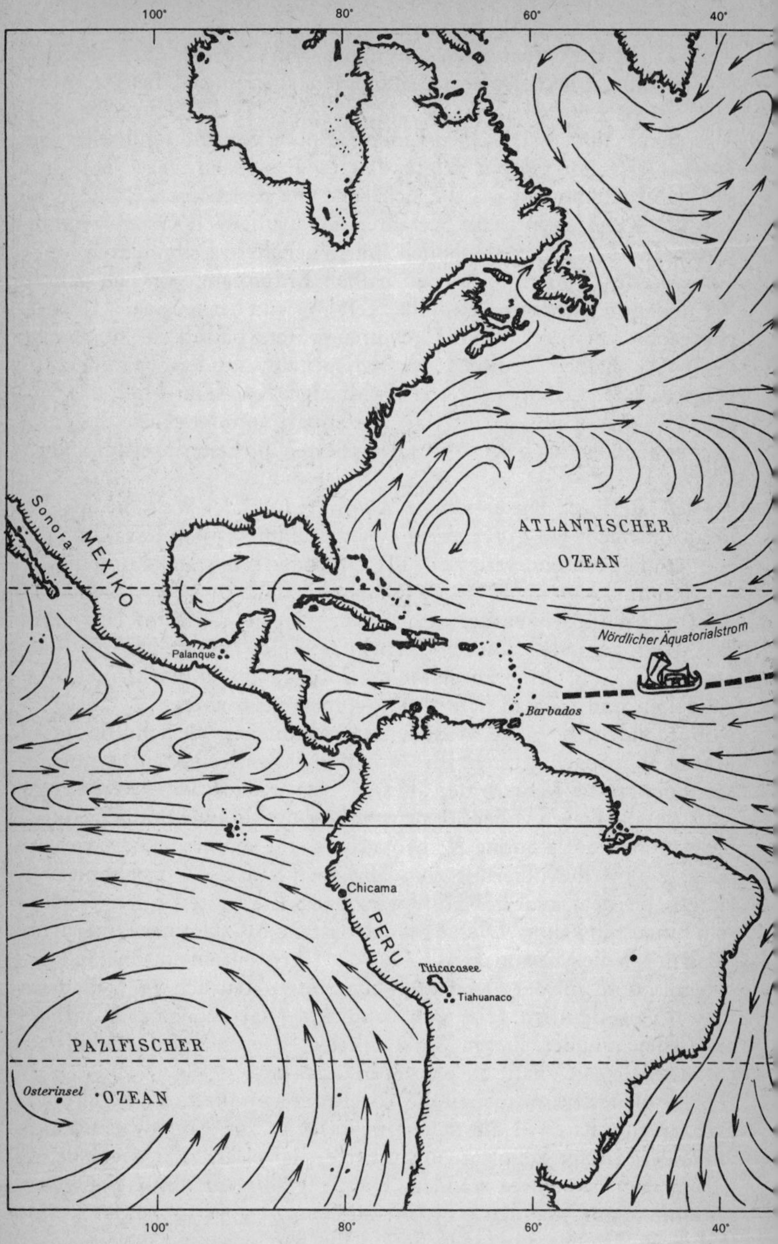
100°
80°
60°
40°
Sonora
MEXIKO
ATLANTISCHER
OZEAN
Nördlicher Äquatorialstrom
Palanque
Barbados
Chicama
PERU
Titicacasee
Tiahuanaco
PAZIFISCHER
OZEAN
Osterinsel

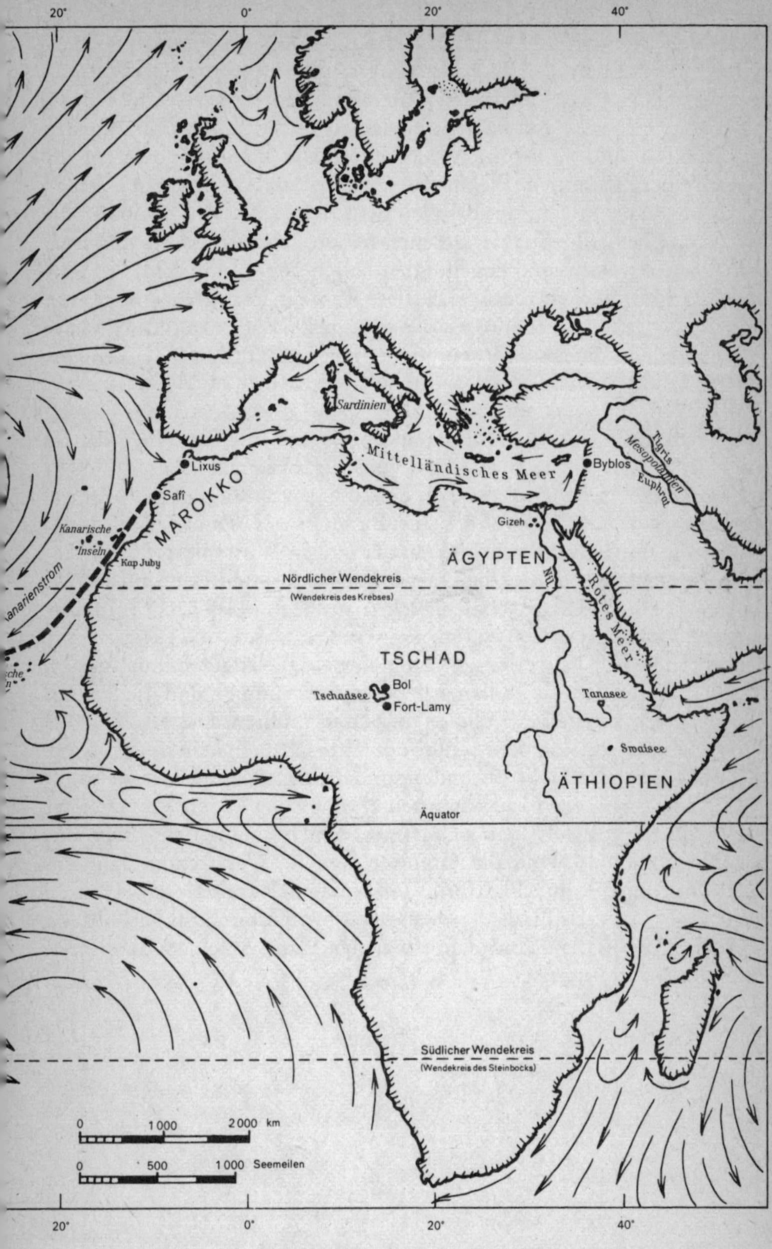
20°
0°
20°
40°
Sardinien
Mittelländisches Meer
Lixus
Safi
MAROKKO
Kanarische Inseln
Kap Juby
Kanarienstrom
Byblos
Tigris
Mesopotamien
Euphrat
Gizeh
ÄGYPTEN
Nil
Rotes Meer
Nördlicher Wendekreis
(Wendekreis des Krebses)
TSCHAD
Bol
Tschadsee
Fort-Lamy
Tanasee
Swaisee
ÄTHIOPIEN
Äquator
Südlicher Wendekreis
(Wendekreis des Steinbocks)
0 1000 2000 km
0 500 1000 Seemeilen
20°
0°
20°
40°

eine Kuriosität betrachtet. Wie alle, die sich in der Geschichte des Inkareiches auskennen, wußte ich, daß die Schilfboote auf dem Titicacasee nur Rudimente eines vorkolumbischen Bootstyps waren, der an der ganzen Küste des Pazifischen Ozeans allgemein verwendet wurde, als die Spanier ins Land kamen. Ja, damals waren sie sogar im Norden bis Mexiko und Kalifornien verbreitet. Die kleinsten besaßen die Form eines krummen Elefantenstoßzahns und konnten nur einen einzigen Mann tragen, der halb auf dem Boot lag und schwamm. Die größten, welche die Spanier gesehen hatten, besaßen 12 Mann Besatzung, und zwei zusammengebunden halfen den Kolonisten, ihr Vieh auf dem Meer zu befördern. Daß diese Boote in Peru ebenso alt waren wie das Balsafloß, ja ebenso alt wie die älteste Vor-Inkakultur, wußte ich auch, denn die ersten Pyramidenerbauer in Nordperu, das Mochica-Volk, unterließen es selten, Schilfboote auf dem Meere in ihrer vielseitigen Bildkunst darzustellen.

Als ich das Kon-Tiki-Floß baute, mußte ich mich entscheiden. Im alten Inkareich gab es drei Arten von Seefahrzeugen. Balsaflöße aus zusammengebundenen Balsastämmen, die gewöhnlich in Ecuador geschlagen wurden; Schilfboote aus Bündeln des *Totora*-Schilfs, das wild an Gebirgsseen wuchs und an der langen Wüstenküste des Inkareichs angebaut und künstlich bewässert wurde; und Pontonflöße aus zwei großen aufgeblasenen Schläuchen aus Seehundsfell, die pflugförmig zusammengebunden waren.

Der letztere Typ verlor gewöhnlich bei tagelanger Benutzung im Meer Luft, so daß die Indianer nebenherschwimmen und die Schläuche in gleichmäßigen Abständen aufblasen mußten. Das erschien mir wenig verlockend. Zu dem Schilfboot hatte ich auch kein übermäßiges Vertrauen. Schilf und Stroh sind besonders biegsam und zart, in bildlicher Rede klammert man sich an beide, wenn alles andere versagt, aber in Wirklichkeit liefert man sich damit nicht freiwillig dem Meer aus. Dachte ich damals. Und alle stimmten dem zu. Wennschon, dann das Balsafloß, eine solide Plattform aus leichten Rundhölzern. Und so geschah es auch. Das Balsafloß wurde ausprobiert und für verblüffend seetüchtig befunden. Und damit war der Plan von einem Schilfboot verworfen und vergessen. Vorläufig.

2

Warum ein Schilfboot? Die Osterinsel und Peru

Es war auf der Osterinsel. Die Brandung donnerte gegen die Ostküste. Vier alte Brüder, ihre Haut wie runzelige Tabakblätter, hüpften vom Strand in die Brandung, zwischen sich ein kleines, bananenförmiges Fahrzeug. Die Sonne spielte in den blauen Meereswellen und tauchte das Bananenboot in Gold. Die vier wendigen Alten schoben das Fahrzeug durch die Wellenkämme und sprangen mit wirbelnden Paddeln gerade rechtzeitig an Bord, um das Boot durch den Schaum einer zusammenbrechenden Sturzsee zu bringen. Flink wie ein Schaukelbrett tanzte es über die nächste Sturzsee und, indem es sich aufrichtete, über die nächste und befand sich dann auf den frei rollenden Meereswellen. Im Innern war es noch genauso trocken wie vorher, ehe die Sturzseen über das Boot hereinbrachen. Alles Wasser, das ins Boot hineinschoß, war in derselben Sekunde durch tausend Ritzen im Boden wieder verschwunden. Es gab keine Kanten an dem Boot, keinen hohlen Rumpf; die vier auf dem flachen Deck saßen direkt auf dem dicken Boden, und nur vorn und achtern lief das Boot in einer nach oben gebogenen, rüsselförmigen Spitze aus, damit es besser die Wellen abreiten konnte. Es ritt auf ihnen wie ein goldener Schwan.

Es war das erste Mal seit hundert Jahren, daß solch ein Schilfboot auf der Osterinsel zu Wasser gelassen wurde. Gebaut hatten es die Ältesten der Insel, die uns einen Bootstyp zeigen wollten, den ihre Großväter für den Fischfang auf dem Meer hergestellt hatten. Es war eine Miniaturausgabe der riesigen Fahrzeuge, die aus der vergangenen Blütezeit der Insel abgebildet waren; aber im Verhältnis zu den stoßzahnförmigen Einmannbooten, *Pora*, die vor Einführung des Christentums gegen Ende des vorigen Jahrhunderts von der Inselbevölkerung bei den Vogelmann-Wettbewerben benutzt wurden, war es von imposanter Größe. Die Eingeborenen der Osterinsel standen andächtig da, als sie die vier alten Fischer auf das Meer hinauspaddeln sahen, in einem Boot, das ihnen durch die Legenden der Väter so vertraut war und das für sie das gleiche bedeutete wie die Mayflower für den einfachen Amerikaner oder die Wikingerschiffe für uns im Norden. Das winzige Fahrzeug schlängelte sich wie eine Luftmatratze über die Seen, auf der die Mannschaft im Trocknen sitzt; auf und ab, über die Wellen und um sie herum, von welcher Seite sie auch kamen. Als die vier braunen Körper in dem goldenen Boot die Landzunge umrundeten, wo wir im Begriff standen, die erste umgestürzte Riesenstatue der Osterinsel wieder aufzurichten, munkelte mehr als einer der Alten am Ufer mit funkelnden Augen, die tote Vergangenheit der Insel sei dabei, wieder aufzuerstehen.

Für mich dagegen wurde die Erinnerung an Fahrzeuge hinter dem Horizont, weit draußen im Osten, wieder heraufbeschworen. Die Ähnlichkeit mit den Booten, die ich auf dem Titicacasee gesehen hatte, war auffallend, und noch größer war die Ähnlichkeit mit den mondsichelförmigen Schilfbooten, die das alte Mochica-Volk an der südamerikanischen Küste des Pazifischen Ozeans so häufig in seiner realistischen Töpferkunst abgebildet hatte. Das Wasser, das an diesem Strand gegen unsere Beine rollte, kam direkt von der südamerikanischen Küste. Ich war ja selbst von diesen ewig rotierenden Wassermassen hier vorbeigetrieben worden. Ich schöpfte Verdacht.

In dem erloschenen Krater des Vulkans Rano Raraku trieben sechs Männer einen acht Meter langen Stahlbohrer in den Boden, dort wo der Sumpf begann.

Rings um uns lag in der Kraterwand eine Menge unfertiger Steinriesen, die davon zeugten, daß die Bildhauer ihre Arbeit plötzlich abbrechen mußten. Bei einigen waren bis auf den Rücken, der noch als Teil der Kraterwand im Berg lag, alle Details fertiggestellt. Sie lagen mit geschlossenen Augen da und hielten die Hände über den Bauch verschränkt, wie in einem gigantischen Dornröschenschlaf. Andere waren schon ganz freigehauen und standen aufrecht, damit die Bildhauer den plumpen Rücken beenden konnten, der wie alle Teile des Riesen elegant und geschwungen werden sollte. Sie standen willkürlich verstreut auf den Felsvorsprüngen, einige bis zum Kinn durch Erdrutsche verschüttet. Sie standen mit schmalen verbissenen Lippen da und reckten sich in alle Richtungen empor, als ob sie kritisch abschätzten, womit die sechs Zwerge aus Fleisch und Blut unten am Ufer des Kratersees beschäftigt waren.

Zoll um Zoll glitt die lange Stahlspitze in den weichen Schlamm. Regen und zehntausendjähriger Schlamm hatten den Grund des tiefen roten Kraters wieder gefüllt, und jetzt lag er wie ein spiegelblanker blauer See da. Es sah aus, als ob auf der Fläche kleine weiße Passatwolken vorbeitrieben und in einem ewigen Zug von Osten nach Westen im grünen Schilf verschwanden. Drei solcher regengefüllter Kraterseen, von hohem Schilf umkränzt, waren der einzige Wasservorrat auf der Osterinsel. Hier holten die Inselbewohner schon ihr Trinkwasser, als sie damals den ursprünglichen Wald abbrannten und die Landschaft in offene Gras- und Farnebenen verwandelten, wo alle Bäche allmählich in dem porösen Lavagrund versickerten.

Der Schlamm, den wir mit dem langen Bohrer heraufholten, berichtete eben darüber sehr viel. Am unteren Ende der Spitze saßen ein rotierendes Messer und ein kleiner Hohlkörper mit einem Verschluß, der sich öffnete und Schlamm, Lehm oder Sand hereinließ, je nachdem, was wir in der Tiefe fanden. Je tiefer wir bohrten, um so tiefer drangen wir in die Vergangenheit ein. Der Sumpfrand lag wie ein geschlossenes Buch da, dessen erste Seite unten und dessen letzte Seite oben lag. Ganz unten gab es nur erstarrte Lava und vulkanische Asche aus der Zeit, als sich die Osterinsel feuerspeiend vom Meeresgrund erhoben hatte. Von dem Kraterrand waren allmählich Lehm und Schlamm auf den sterilen Grund hinuntergesickert, nachdem der Vulkan für alle Zeiten erloschen war, und nach und nach füllten sich die oberen Schlammschichten immer mehr mit hermetisch abgeschlossen aufbewahrtem Blütenstaub. Wenn ein Pollenexperte die Schichtung der verschiedenartigen Pollenkörner untersuchte, konnte er uns sagen, in welcher Reihenfolge die einzelnen Farne, Büsche und Bäume mit Strom, Wind, Vögeln und Menschen auf die neugeborene Insel gekommen waren. Jede Pflanze besitzt nämlich ihr individuelles Pollenkorn, das unter dem Mikroskop betrachtet phantasievollen Früchten und Beeren in sonderbarsten Formen und Gestalten gleicht.

Detektive verbergen sich hinter vielen Namen. Einige nennen sich Paläobotaniker, um sich der Neugier anderer Menschen zu entziehen. Sie sortieren Pollenkörner mit der gleichen Gründlichkeit, wie andere Fingerabdrücke identifizieren. Wir stopften unsere kleinen Schlammkuchen in numerierte Gläser, um sie später einem vegetabilischen Detektivbüro in Stockholm zu übergeben. So erfuhren wir etwas über Begebenheiten aus der versunkenen Vergangenheit der Insel, etwa über die Herkunft des ersten mystischen Kulturvolkes, das hier im Dunkel der Vergangenheit unbemerkt seine Riesenmonumente errichtet hatte.

Die Pollenkörner berichteten, diese Insel, die die Europäer nur unfruchtbar und nackt und voller Steinbrüche und Monumente erblickt hatten, sei ursprünglich von der Natur mit grünen Büschen und Bäumen und wiegenden Palmen bepflanzt worden. Aber dann waren plötzlich erfahrene Steinmetze ins Land gekommen, lange vor den Europäern. Sie brannten den Wald ab. Feuerrauch und Rußpartikel ihrer Verheerungen waren über den Kratersee hinabgeregnet und hatten sich in der Schicht abgelagert, wo die Pollen der Waldbäume plötzlich abnahmen. Die Neuankömmlinge rodeten den Wald, um Land für ihre zahlreichen Steintempel zu gewinnen, sie rotteten die Palmen auf den Vulkanabhängen aus und rissen Torf und Erde von den Kraterwänden, um aus den soliden Felsen der Vulkanwand gigantische Menschenfiguren meißeln zu können. So starben allmählich die Büsche und Bäume der Insel aus, zur selben Zeit, da Pollen von neuen importierten Gewächsen auftauchten. Die Ansiedler brannten den Wald ab, um Platz für große Kartoffeläcker zu gewinnen, die Süßkartoffel war ihre tägliche Nahrung. Sie benötigten Platz für ihre Wohnungen, die sie gewöhnlich nicht aus den Gewächsen des Waldes bauten, sondern aus Stein. Stein war ihr traditioneller Rohstoff, haushohe Blöcke, so schwer wie Eisenbahnwaggons, wurden von einem Ende der Insel zum anderen befördert, als Monolithe aufgerichtet, übereinandergestellt und zu megalithischen Mauern zusammengefügt, dergleichen die Welt niemals gesehen hat; außer in Peru, Mexiko und bei den Sonnenanbetern des Altertums am Mittelmeer, auf der genau entgegengesetzten Seite des Erdballs.

Die Detektive, die unsere Schlammkuchen untersuchten, wußten noch mehr zu erzählen. Die unermüdlichen Ansiedler hatten nicht nur den Wald niedergebrannt und die natürliche Vegetation der Osterinsel ausgerottet, sondern hatten auch die Süßkartoffel mitgebracht, die in der übrigen Welt unbekannt war, bis Kolumbus sie in Amerika entdeckte. Das wußten wir schon vorher, denn die Bevölkerung der Osterinsel hat bis heute hauptsächlich von dieser Pflanze gelebt. Sie nennen die Süßkartoffel *Kumara*, wie sie schon bei großen Teilen der Urbevölkerung des alten Inkareiches hieß. Aber in unserem Schlammkuchen befanden sich Überreste einer anderen, für eine Seefahrernation noch bedeutenderen Pflanze.

Schilf. Das *Totora*-Schilf.

Nach der Ausrottung des Waldes waren die obersten Schichten gelb von flachgedrückten Pollen des *Totora*-Schilfs, die mit einem Netzwerk aus zähen Fasern der Schilfstengel vermischt waren. Riesige Mengen verfaulten Schilfs bildeten über große Teile des Kratersees eine schwimmende Matte. Nur eine einzige andere Wasserpflanze hatte ihre Pollen bis hinunter in die aschehaltigen Schlammschichten mit diesem Brei vermischt. Weiter unten gab es keine Pollen von Süßwasserpflanzen. Bevor die Menschen kamen, wuchs nichts in den Kraterseen der Osterinsel, sie lagen ganz offen da und waren mit Regenwasser gefüllt.

Das war Material für einen Detektiv. Es war leicht zu begreifen, daß die beiden Süßwasserpflanzen mit den Menschen übers Meer gekommen waren. Beide waren begehrte Nutzpflanzen, die eine als Baumaterial, die andere als Heilpflanze, und beide gehören Arten an, die nur durch Setzen von Schößlingen verpflanzt werden können und nicht durch Meeresströmungen, Vögel oder Wind. Damit sie sich bis in die drei Krater der einsamen Osterinsel verbreiten konnten, mußten die Menschen lebende Wurzelknollen gepflanzt haben, die sie aus ihrer Heimat mitgebracht hatten. Und damit waren wir auf der richtigen Spur. Denn beide Pflanzen gehörten Arten an, die nirgendwo anders wachsen als auf dem amerikanischen Kontinent. Das *Totora*-Schilf, *Scirpus totora*, war eine der wichtigsten Nutzpflanzen für die Urbevölkerung an der Wüstenküste des Inkareiches; sie baute es in bewässerten Sümpfen an und benutzte es zur Herstellung von Schilfbooten, Dächern, Matten, Körben und Tauen. Die andere Wasserpflanze, *Po-*

lygonum acuminatum, wurde von südamerikanischen Indianern als Medizin verwendet. Beide Pflanzen dienten den Bewohnern der Osterinsel zu genau dem gleichen Zweck.

Ich hielt ein Stück des leichten, sonnengetrockneten *Totora*-Schilfs in der Hand und betrachtete die vier Polynesier, die auf den Wellenkämmen des offenen Meeres ebenso nonchalant umhertanzten, wie sie sonst auf der Felseninsel zu Pferde dahergaloppierten. Ich wußte schon lange, daß es eins der großen Mysterien der pazifischen Botanik war, zu verstehen, wie diese amerikanische Süßwasserpflanze auf einmal in den drei verborgenen Kraterseen auf der einsamsten bewohnten Insel der Welt wachsen konnte. Hier war die einfache Lösung. Vielleicht hatten die alten Seefahrer aus Peru nicht nur einen Typ ihrer Wasserfahrzeuge, das Balsafloß, über den Pazifischen Ozean mitgebracht, vielleicht hatten sie auch den Brauch, Schilfboote zu bauen, und lebende Wurzelknollen mitgebracht, um weiterhin über Baumaterial zu verfügen.

Als wir das mondsichelförmige Schilfboot an Land zogen, war ich nicht länger im Zweifel, daß das älteste Kulturvolk der Osterinsel die Kunst, solche eigentümlichen Fahrzeuge zu bauen, von den alten Pyramidenbauern Perus geerbt hatte.

Fünf Jahre später saß ich an einem großen Tisch mit den führenden Pazifik-Archäologen der Welt, die sich zu einem Kongreß in der Universität von Hawaii versammelt hatten. Fünf Jahre waren vergangen, bis das vielseitige Material der Ausgrabung auf der Osterinsel von Mitarbeitern, Spezialisten auf verschiedenen Gebieten der Wissenschaft, ausgewertet war. Skelette und Steingeräte, Blutproben, Pollen und Feuerreste, alles hatte seine Bedeutung in der wissenschaftlichen Detektivarbeit, deren Aufgabe es war, herauszufinden, was auf der Osterinsel geschehen war. Wer war hier an Land gegangen – lange ehe die Nachfolger des Kolumbus unserer Rasse den Weg nach diesen verborgenen Inseln über Amerika zeigten? Wann war das geschehen – und von woher?

Nun unterschrieben wir ein Dokument, eine sogenannte Resolution. Der Text stellte fest, daß Südamerika und Südostasien die wichtigste Heimat für jene Völker und Kulturen darstellten, die vor den Europäern den Weg nach den Inseln im Pazifischen Ozean gefunden hatten. Ich hatte nichts dagegen, zu unterschreiben. Mit der Floßfahrt von Peru hatte ich darum gekämpft, die Möglichkeit dieser zweifachen Besiedlung aufzuzeigen. Ich hatte den Verdacht schon lange vor der Kon-Tiki-Fahrt, damals, als ich ein Jahr lang wie ein Polynesier lebte und dem alten Tei Tetua am Feuer lauschte, während die Brandung an die Ostküste von Fatuhiva schlug und Wolken und Wellen Tag und Nacht aus derselben Richtung herantrieben und -rollten, aus Amerika. Die Resolution wurde den 3000 Wissenschaftlern des Kongresses vorgelesen und einstimmig angenommen. Ich verließ den 10.

Internationalen Pazifik-Kongreß mit dem Auftrag, auf jenen Inseln weitere Ausgrabungen zu fördern, deren Vorderseite gegen Südamerika vorgeschoben war. Gleichzeitig wurden die südamerikanischen Küstengebiete zum erstenmal in das archäologische Interessengebiet des Pazifischen Ozeans einbezogen. Das Tor zwischen Peru und Polynesien war aufgestoßen, der Pazifische Ozean hatte zwei Seiten bekommen.

Das Schilfboot dagegen geriet wieder einmal in Vergessenheit.

Doch plötzlich wurde es noch einmal auf unerwartete Weise und von einer ganz unerwarteten Seite ins Rampenlicht gezogen. Ein bekannter Forscher an der California-Universität wies in der Fachzeitschrift *American Antiquity* (Jan. 1966) darauf hin, daß die Schilfboote im alten Peru denen im alten Ägypten glichen. Und das Schilfboot war nicht der einzige seltsame Zug, der die beiden alten Kulturen auffallend ähnlich machte. Der Artikel umfaßte eine Liste von nicht weniger als sechzig verschiedenen ungewöhnlichen Eigenarten, die für die Altertumskulturen in Ägypten und im inneren Teil des Mittelmeeres charakteristisch waren und gleichzeitig in geschlossener Ordnung bei den vorkolumbischen Kulturvölkern Perus wiedergefunden wurden. Das Schilfboot war nur einer von sechzig verschiedenen Punkten der Liste.

Nun ist es in der Wissenschaft üblich, einen einzelnen Kulturzug oder zwei, die in der gleichen Form an weit voneinander entfernten Orten auftauchten, als Zufall zu erklären; die Menschen unter allen Himmelsstrichen ähneln sich so sehr, daß sie natürlich die gleichen Einfälle haben können. Aber wenn eine wirklich variierte und große Anzahl solcher Übereinstimmungen so speziellen Charakters ist, daß es außerhalb von zwei bestimmten Gebieten nichts Entsprechendes gibt, muß man mit der Möglichkeit rechnen, daß zwischen diesen beiden Kulturzentren Verbindungen bestanden haben. Die Liste der sechzig speziellen Parallelen war ein Schulbeispiel für die letztere Kategorie, hier wurde also Alarm geblasen: Vorsicht. Ich war nicht als einziger verblüfft. Nicht weil die Liste imponierend war und anregend. Das war sie. Sondern weil ein Isolationist sie aufgestellt hatte. Der Autor war als einer der eifrigsten Vorkämpfer der totalen Isolation Amerikas vor Kolumbus bekannt; nur das Eis im Norden hatte Menschen tragen können. Nichtsdestoweniger hatte er nun diese Liste angefertigt, um die ihn Percy Smith beneidet hätte. Sechzig Kulturparallelen zwischen dem alten Peru und Ägypten!

Dies konnte zu Schlüssen verleiten, und das war auch beabsichtigt. Der Autor des Artikels betonte, daß zwei lange Küsten und ein ganzer Atlantik zwischen Ägypten in Afrika und Peru in Amerika liegen. Zwei Kulturen, die lediglich Schilf zum Bootsbau verwendeten, könnten über ein offenes Meer nicht zueinanderkommen, also sei bewiesen, daß sechzig Kulturparallelen unabhängig voneinander zu entstehen vermochten, ohne das Resultat gegenseitigen Kontakts zu sein. Und das war die Moral: Liebe Diffusionisten, ihr glaubt, Amerika habe vor 1492 Impulse von außen erhalten, sucht nicht länger nach Kulturparallelen, denn hiermit ist bewiesen, daß solche Parallelen nichts beweisen.

Die wissenschaftlichen Gegner der Isolationisten, die Diffusionisten, wurden böse. Diese Logik konnten sie nicht schlucken. Sie waren sicher, daß Mexiko und Peru früher Impulse über das Meer erhalten hatten. Aber über welches Meer? Und mit welchen Booten? Die Wellen der Diskussion legten sich nicht. Die Antwort wurde nicht erteilt.

Im selben Jahr beschlossen die Organisatoren des 37. Internationalen Amerikanisten-Kongresses, Vertreter der beiden Glaubensgruppen zum wissenschaftlichen Duell zusammenzurufen. Der Kongreß, auf dem sich alle zwei Jahre Spezialisten für Amerikas Urbevölkerung versammeln, sollte dieses Jahr in Argentinien zusammentreten, und ich wurde gebeten, Redner zu einem Symposion für und wider den überseeischen Kontakt mit dem vorkolumbianischen Amerika einzuladen.

Die Versammlung war zusammengetreten, die Türen waren geschlossen. Der Autor der sechzig vergleichenden Punkte war eingeladen, erschien jedoch nicht. Die kontaktfreudigen Diffusionisten erschienen zahlreich und mit Rednern aus drei Kontinenten. Auch Isolationisten waren zahlreich vertreten, aber auf den Zuhörerbänken. Ihre Taktik war es, andere reden zu lassen und dann deren Argumente niederzumetzeln. Sie hatten sich immer in der Defensive befunden. Die Beweislast hatten sie auf bedächtige Art denen überlassen, die meinten, das Weltmeer sei vor Kolumbus überquert worden. Den Diffusionisten fehlte es niemals an Argumenten, aber ihnen fehlten immer die Beweise. Also, sagten die Isolationisten, ist das Weltmeer nicht überquert worden.

Die alten isländischen Sagas, lange vor Kolumbus von den Geschichtsschreibern der Wikinger in allen Einzelheiten niedergeschrieben, waren einer der Zankäpfel. Niemand konnte bestreiten, daß die norwegischen Wikinger zuerst Island und später das ganze südwestliche Küstengebiet Grönlands besiedelt hatten, wo sie fünfhundert Jahre ununterbrochen hausten, ehe Kolumbus die Segel aufzog, und wo sie Ruinen von zahlreichen Höfen, Grabstätten, sechzehn Kirchen, zwei Klöstern und einem Bischofssitz hinterließen, der über reguläre Schiffsverbindungen nach Norwegen mit dem Heiligen Stuhl in Verbindung stand. Die Kolonien entrichteten Steuern an den norwegischen König.

Von Norwegen über den Nordatlantik nach der Wikingerkolonie auf Grönland war es ebenso weit wie von Afrika über den Südatlantik nach Brasilien. Von Grönland nach der amerikanischen Festlandküste war es im Vergleich dazu nur noch ein Katzensprung. Aber eben dieses kleine Stück war nicht überquert worden, sagten die Isolationisten.

Es war überquert worden, stand in den alten Wikingersagas geschrieben. Bjarne Herjolfsson ist als erster verzeichnet, der ganz hinübergekommen war, weil sich sein Schiff im Nebel verirrte. Aber anstatt die langen unbekannten Küsten zu betreten, die er entdeckte, kehrte er um und fuhr nach Grönland zurück. Sein Schiff wurde von Leiv Eiriksson gekauft – einem Sohn Eirik des Roten, des Entdeckers Grönlands –, der um das Jahr 1002 mit fünfunddreißig Männern von der grönländischen Kolonie nach Südwesten segelte. Leiv und seine Männer betraten als erste die neue Küste. Sie tauften sie Vinland und bauten dort ein Haus und überwinterten, ehe sie nach Grönland zurückkehrten. Sein Bruder Thorvald Eiriksson segelte im nächsten Jahr hinüber und ließ sich mit seinen Männern in Leivs verlassenem Haus nieder. Als er zwei Jahre später auf Entdeckungsfahrt an den bewaldeten Küsten entlangsegelte, wurde er im Kampf mit der Urbevölkerung des Landes von einem Pfeil getötet, und seine dreißig Männer begruben ihn in Vinland und segelten nach Grönland zurück. Als nächste segelten Torfinn Karlsevne und seine Frau Gudrid mit zwei Schiffen und einer großen Anzahl Leute hinüber. Freydis, die Tochter Eirik des Roten, begleitete sie, und die Auswanderer brachten nun Vieh mit, um Vinland zu besiedeln. In ihrem neugegründeten Heim in Vinland gebar Gudrid ihren Sohn Snorre. Aber immer häufigere Überfälle von zahlreichen Indianern, *Skrälingen*, machten das Dasein in dem neuen Land unmöglich, und so verließen die Kolonisten nach blutigen Gemetzeln schließlich ihre Höfe und kehrten nach Grönland und Europa zurück. Die handgeschriebenen Sagas sind mit nüchternen Einzelheiten gespickt. Küsten und Reiserouten sind detailliert beschrieben. Es gab keinen Zweifel. Die Wikinger hatten tatsächlich Vinland entdeckt und versucht, das neue Land in den ersten 10–15 Jahren nach dem Jahr 1000 zu besiedeln.

Aber wo lag Vinland? Erst müßt ihr beweisen, daß Amerika auch Vinland ist, hatten die Isolationisten viele Jahre lang gesagt. Und jetzt kam die Sensation. Der Kongreß erhielt den Beweis.

Bei Lanse aux Meadows an der Nordspitze von Neufundland waren die Wikinger an Land gegangen und hatten um das Jahr 1000 kurzfristig eine Besiedlung versucht. Unter dem Torf waren die Grundmauern von einem Haufen Wohnplätzen im typischen Wikingerstil gut erhalten. Das Alter wurde bestimmt und durch die Radiokarbonanalyse von Holzkohleresten zehnfach kontrolliert. Die Häuser waren eben zu jener Zeit bewohnt, welche die Sagas angeben. Die Indianer kannten kein Eisen. Und hier fanden sich Reste von eisernen Türnägeln und Sumpfeisenstein einer primitiven Schmiede. Die Indianer im Norden konnten nicht weben. Und hier lag ein typisch altnordischer Spinnwirtel aus Seifenstein unterm Torf.

Die Entdeckung war von dem bekannten norwegischen Grönlandexperten und Geschichtsforscher Helge Ingstadt gemacht worden, der sich durch die alten isländischen Aufzeichnungen gearbeitet hatte. Die Ausgrabungen leitete seine Frau, die Archäologin Anne Stine Ingstad, unter Mithilfe von führenden amerikanischen Archäologen. Dies waren nüchterne Fakten. Niemand konnte protestieren. Niemand versuchte, länger Einwände zu machen. Die Wikinger waren in Neufundland gewesen. Sie hatten Amerika erreicht, indem sie den Atlantik vor allen anderen überquerten. Aber, sagten die Isolationisten, sie waren gekommen und wieder weggefahren, ohne andere Spuren als einige grasbewachsene Erdwälle zu hinterlassen. Ihr Besuch war für den Lauf der Geschichte ohne Bedeutung. Die Indianer im Norden hatten sie verjagt, ohne daß ihre eigene Lebensform beeinflußt worden war. Der Sage zufolge hatten die Wikinger ihnen nichts gegeben als einige rote Stoffstreifen, ehe wilde Blutbäder dem weiteren Tauschhandel ein Ende machten.

Im Südatlantik gewannen die Isolationisten die Schlacht. Hier entbrannte der große Streit. Die Kulturbringer der Vergangenheit mußten ja Amerika im Tropengürtel erreicht haben, um die Entwicklung in Mexiko und Peru zu beeinflussen. In dieser Hinsicht wurde der Angriff der Diffusionisten mit Leichtigkeit zurückgeschlagen, nach wie vor. Die Kulturparallelen in Ost und West blieben nicht sehr überzeugend. Nach beendetem Duell in der tropischen Zone blieben die Isolationisten unerschütterlich auf ihrer wogenumspülten Insel zurück. In einer wichtigen Überlegung mußte man ihnen recht geben. Das mindeste, was man von einem seefahrenden Kulturvolk verlangen konnte, das übers Meer kam und den Indianern beibrachte, mit Mauersteinen zu bauen und auf Papier zu schreiben, war doch, daß es ihnen auch beibrachte, seefähige Boote zu bauen. Keiner hat mit dem Wissen, wie man Pyramiden baut, einen ganzen Ozean überquert, ohne auch die Traditionen mitzubringen, wie man Schiffe baut. 2700 Jahre vor Christus hatten die Ägypter gelernt, reguläre Planken zu bauen, aber die Idee, einen Schiffsrumpf aus Planken herzustellen, war niemals zu den Indianern gelangt. Im Amerika vor Kolumbus hatte niemand gelernt, andere Fahrzeuge als Schilfboote, Flöße und Kanus aus Tierhäuten oder ausgehöhlten Baumstämmen herzustellen. Dies war eine Tatsache, die niemand bestreiten konnte. Schilfboote, Flöße und ausgehöhlte Holzkanus. Da waren sie wieder. Das Balsafloß war seetüchtig. Es konnte aber nur von Amerika wegsegeln, denn Balsaholz gab es vor der Ankunft der Spanier in keinem anderen Weltteil. Aber Schilf, verschiedene Schilfarten, gab es überall. Nicht zuletzt am Nil.

«Yvonne, wir müssen uns in den Anden noch einmal die Schilfboote der Indianer anschauen», sagte ich zu meiner Frau. Und das Ehepaar Ingstadt begleitete uns, um zu sehen, daß nicht allein die Wikinger elegante Fahrzeuge bauen konnten. Am selben Tag, als der Kongreß endete, saßen wir in einem Flugzeug auf dem Wege nach La Paz, und am nächsten Tag waren wir am himmelblauen Titicacasee auf dem Dach der Welt. 4000 m über dem Meer, um uns herum schneebedeckte Gipfel, die noch 2000–3000 m höher ins Blau ragten. Hinter uns lagen auf der Ebene die Ruinen von Südamerikas mächtigster Hauptstadt der Vor-Inkazeit, dem Kulturzentrum Tiahuanaco mit der zerstörten Akapanapyramide, megalithischen Mauern und Giganten-Statuen von unbekannten Priesterkönigen in Stein gemeißelt. In der starken Brise über dem See manövrierten Aymara-Indianer und fischten. Von weitem sah man nur das aufgeblähte Segel. Die meisten hatten zerlumptes Segeltuch aufgezogen, aber einzelne hielten immer noch an der Tradition fest und hatten eine große Matte aus goldenem *Totora*-Schilf an zwei schräggestellten Gaffelmasten aufgezogen. Drei von ihnen steuerten mit vollem Segel direkt auf uns zu, und bald sahen wir die Indianer mit ihren gestreiften Zipfelmützen hinter dem Segel hervorlugen, während der Bootskörper über den Wellenkämmen auftauchte. Prachtvoll. Sie waren meisterhaft gebaut. Jedes Schilf war mit der größten Genauigkeit gelegt worden, um perfekte Symmetrie und stromlinienförmige Eleganz zu erreichen, und die Bündel waren so fest zusammengezurrt, daß sie aufgeblasenen Pontons oder vergoldeten Baumstämmen ähnelten, die wie Holzschuhe vorn und achtern spitz nach oben zulaufen. Sie durchschnitten das Wasser mit großer Schnelligkeit und liefen genau in einer Rodung zwischen dem Schilf auf Grund, wo sie auf den Schlammboden gezogen wurden, während die Indianer mit ihren gefangenen Fischen an Land wateten. Boote dieses eigenartigen Typs wurden noch zu Tausenden an allen Ecken und Enden des mächtigen Binnensees gebaut. Genauso waren sie von den Eltern und Großeltern der Indianer gebaut worden. Genauso hatten sie vor vierhundert Jahren ausgesehen, als die Spanier hierherkamen und die verlassenen Ruinen mit der Pyramide und den Steinkolossen Tiahuanacos entdeckten, von denen die primitiven Aymara-Indianer erzählten, sie seien am Morgen der Zeiten vom Viracocha-Volk gebaut worden, weißen, bärtigen Männern unter der Leitung Con-Ticci-Viracochas, des Stellvertreters der Sonne auf Erden. Das Viracocha-Volk hatte sich zuerst auf der Sonneninsel im Titicacasee niedergelassen. Es baute mit Stein, aber der Sage zufolge hatte es auch die ersten Schilfboote gebaut. Diese Legende, von Spaniern vor 400 Jahren niedergeschrieben, ist bei den Indianern am See immer noch lebendig. Ich bin viele Male mit *Viracocha* angesprochen worden, dem Wort, das noch immer den «weißen Mann» bezeichnet.

Ich wußte nicht, was ich glauben sollte. Da stand ich aufs neue voller Bewunderung und betrachtete die riesigen, 50–100 Tonnen schweren Blöcke, die auf den Bruchteil eines Millimeters genau zugehauen und ohne Zement ineinandergepaßt waren, betrachtete die eleganten, kunstvollen Schilfboote, die heute den See pflügen, wie sie ihn damals pflügten, als die Steinblöcke für die nach der Sonne ausgerichtete Akapanapyramide vom erloschenen Kapia-Vulkan auf dem anderen Ufer mit Schilfbooten herübergeholt wurden. Ich bezweifelte nicht, daß ein Zusammenhang zwischen dieser verschwundenen Kultur und den anderen alten amerikanischen Kulturzentren bestand, die sich von den Dschungelgebieten Mexikos bis hinunter zu den windgepeitschten Hochebenen Perus und Boliviens ziehen, verlassen und überwachsen bereits zur Zeit der europäischen Entdecker. Tiahuanaco war einst die Hauptstadt eines der mächtigsten Reiche der Welt, sein Einfluß erstreckte sich über eine Küstenlinie von 2000 km Länge. Scherben vom Typ des Küsten-Tiahuanaco sind auf den Galapagos-Inseln ausgegraben worden, 900 km vor dem Festland. Die Osterinsel-Kultur war nur ein Nebenzweig davon, vielleicht der letzte Spitzentrieb am Baum. Wo aber war die Wurzel? In Amerika? Oder auf der anderen Seite des Atlantik? Wer hatte recht, die Isolationisten oder die Diffusionisten? Auf dem Kongreß hatte keiner so recht überzeugend gewirkt. Ich hatte mich als Leiter des Symposiums neutral verhalten. Aber einer Sache war ich mir gewiß: Sowohl die Isolationisten als auch die Diffusionisten unterschätzten die Fähigkeit jener Boote, die auf den blauen Wellen des Titicacasees kreuzten. Das Schilfboot hätte einem vierhundertjährigen Kontakt mit europäischer Kultur nicht standgehalten, wäre es ein minderwertiges Fahrzeug gewesen.

Mag sein, daß man Plankenschiffe nur auf einer Seite des Atlantiks kannte. Aber Fahrzeuge aus Schilf kannte man auf beiden Seiten des Atlantiks, das war ja gerade eine von den sechzig Übereinstimmungen. Die Kunst, Schilfboote zu bauen, war sowohl in Ägypten als auch in Peru altes Erbgut. Nur an diesen beiden Orten? Nein. Und gerade hier hatte ich einen winzigen Sprung in der Logik entdeckt, denn die Schilfboote waren nicht ganz so isoliert wie die übrigen neunundfünfzig übereinstimmenden Punkte der Liste. Nur wenige – oder keiner – hatten sich dafür interessiert, die frühere Verbreitung des Schilfbootes zu untersuchen. Aber ich hatte mir etwas gemerkt. Sie waren unter anderem früher in Mexiko, auf den Mittelmeerinseln und an der Atlantikküste Marokkos, direkt vor Gibraltar, verwendet worden. Der Sprung von Marokko nach Mexiko war nicht so erschreckend absurd wie der Abstand zwischen den äußersten Enden, Ägypten und Peru. Ich beschloß, ein Schilfboot zu bauen.

3

Zu den Indianern im Kakteenwald. Mexiko

DAS MEER. KAKTEEN. EIN KURZER BLICK DURCH DIE RIESENKAKTEEN auf die endlose See. Eine Märchenwelt. Da stand ich winzig und legte den Kopf in den Nacken, um die Spitzen der grünen, stachligen Riesenkakteen zu sehen, die sich wie Orgelpfeifen und verzweigte Leuchter in einer Welt aus dicken, überfressenen Pflanzen über mir türmten. Überfressen und verwachsen. Der Boden, auf dem ich ging, nur eine knochentrockene Kruste aus zusammengebackenem unfruchtbarem Sand, ohne Gras und ohne andere Blüten als jene roten und gelben, die zwischen den stachligen Haaren auf den Muskelbündeln der Kaktusriesen hervorschauten. Dies war der Planet der Kakteen. Auf dem Hügel zwischen den Riesen standen, lagen und krochen stachlige Pflanzen aller Formen, kugelrunde, wurstförmige, gegliederte. In der Abendsonne sahen einige wie Silhouetten von Tellern und Eßbesteck aus, die zu einem Balanceakt zusammengesetzt waren, während andere abgelaufenen Schuhsohlen voller Nägel ähnelten, krummen Stacheldrahtstoppeln oder langen, sich windenden Katzenschwänzen. Dieser Wald war lautlos und unbeweglich. Es raschelte nicht einmal in den Blättern der verkrüppelten Eisenbäume, die hier und dort verrenkt dastanden, als ob sie den Stacheln ihrer allgegenwärtigen Nachbarn im Kakteenwald entgehen wollten.

Ein Wüstenhase sprang lautlos aus dem Kakteenschatten in die Abendsonne, setzte sich mit langen Ohren auf und sah sich um, ehe er weitersprang und verschwand. Ein winziges, gestreiftes Erdhörnchen kreuzte trippelnd in rasender Geschwindigkeit den Weg des Hasen, hielt plötzlich mit erhobenem Schwanz inne und stob weiter wie ein kleiner buschiger Ball, der durch den Zauberwald rollte. Auf der höchsten Astgabelung eines dreiarmigen Kandelabergewächses, das alle anderen überragte, saß unbeweglich ein Adler. Er rührte sich nicht, bis ich ganz dicht an den Stamm gekommen war, da breitete er lautlos die Schwingen aus und strich über den Zauberwald davon. Er tat keinen Flügelschlag, und es war, als ob ich und der Wald zur Seite glitten, während er am Himmelsgewölbe hing, bis er aus meinem Blickfeld verschwunden war. Nur wenn ich meine Beine bewegte, hörte ich die Ledersohle die Erdkruste zerbrechen und ständig in versteckte Hohlräume einsinken, die Maulwürfe, Schlangen und anderes Wüstengewürm in den Sand gegraben hatten.

In dieser Stille vernahm ich plötzlich einen ganz schwachen Laut, der aber die gleiche Wirkung hatte wie das Gebrüll eines Löwen. Es klang, als würde eine halbvolle Streichholzschachtel vorsichtig, aber schnell geschüttelt. Das war eine hypnotische, erschreckende Warnung in einer Art Esperanto der Natur. Man braucht niemals eine Klapperschlange gesehen zu haben, um bei diesen leisen Geräuschen zur Seite zu springen. Mit spielender Zunge, leuchtenden Augen und leicht erhobener, wedelnder Schwanzspitze lag die Bestie dort und rasselte mit dem Schwanz, bereit, zuzuschlagen. Die trockenen plastikähnlichen Ringe der hellen Schwanzspitze bebten vor Wut, und ich suchte verzweifelt einen Stock oder Ast, um aus dem Kampf als Sieger hervorzugehen. Aber gerade hier gab es nur Kakteen mit fleischigen, stacheligen Verzweigungen, die wie grüne Gurken brachen, wenn ich damit nach der sich windenden elastischen Bestie schlug. Es wurde ein langer Rundtanz, ehe das vertrocknete Fiberskelett eines Kaktus sich als hart genug erwies, die Klapperschlange bewußtlos zu schlagen, und ehe sie erwachte, war der Sieg errungen, wenn auch der Schwanz noch lange weiter zitterte und rasselte.

In dieser Kakteenlandschaft wollten wir die Bootsbauer suchen. Es gab keinen einzigen Baum, an dem man hochklettern konnte, um den Weg zu finden. Mein mexikanischer Freund Ramon Bravo war, in der Hoffnung, einen Bergfelsen mit Fernblick zu finden, linkerhand in einem Kakteenwald verschwunden; währenddessen saßen seine Frau Angelica und German Carrasco in dem Jeep unten im Tal, wo wir wenigstens zum zwanzigsten Male die Radspuren aus den Augen verloren hatten, denen wir folgten. Wo ich jetzt stand, hatte ich den ersten Blick aufs Meer werfen können. Den Aussichtspunkt kennzeichnete ein lebendes Monument, ein Kaktus, der wie Neptuns Dreizack geformt war und einen so dicken Stamm besaß, daß ich mich hinter ihm verbergen konnte. Hier hatte der Adler gesessen. Dort oben konnte er bestimmt große Teile der Küste und die wilden, roten Berghänge sehen, zwischen denen wir mühselig mit dem Auto hindurchgeholpert waren, bis alle Radspuren sich verzweigten und im Kakteenwald verschwanden. Ich konnte nur einen silbernen Schimmer auf dem blanken Wasser erkennen und weit hinten auf der anderen Seite bläuliche Berge. Das genügte, um den Kurs zu bestimmen. Dann holperten wir vier weiter durch den Zauberwald, denn wir mußten uns beeilen, um unser Ziel vor Sonnenuntergang zu erreichen.

Auf einmal öffnete sich der Kakteenwald und machte niedrigen, immergrünen Staudengewächsen Platz, und direkt vor uns lag das Meer mit kleinen plätschernden Wellen und einem offenen, unberührten Strand. Fünf langgestreckte, schwarze Walrücken sausten an der Wasseroberfläche genau auf uns zu, und als sie tauchten und verschwanden, stieg ein ganzer Regen glänzender kleiner Fische vor ihnen herauf und schoß wie eine Fontäne aus dem Wasser dem Ufer zu, wo es blitzte und brodelte, bis sie sich verstreuten und verschwanden.

Dies war unverfälschte Natur. Vor uns erstreckte sich der Golf von Kalifornien, und hinter uns lag die Sonorawüste ausgebreitet. Die öden Berge, die sich auf der anderen Seite blau wellten, waren die über tausend Kilometer lange mexikanische Wüstenhalbinsel Baja California, Niederkalifornien. Wir mußten rückwärts aus dem Gesträuch und wieder in den Kakteenwald fahren; am ganzen Ufer waren keine Hütte und keine Spuren von Menschen zu sehen, wir mußten wahrscheinlich den Golf noch weiter hinauffahren. Dann lag das Indianerdorf vor uns, gerade als die Sonne hinter den Bergkonturen auf der anderen Seite versank und das Meer allmählich schwarz wurde. Die letzten Überlebenden des einst mächtigen Seris-Stammes hatten nicht gerade eine romantische Baukunst übernommen beim Kontakt mit dem weißen Mann und seiner Kultur. Etwa zehn Familien von zusammen fast sechzig Erwachsenen und Kindern hatten sich hier im Sand auf der nackten Punta Chueca-Landzunge niedergelassen, wo jeder Familienvater einen kleinen Schuppen aus Wellblech und Teerpappe errichtet hatte. Drinnen gab es kaum genug Platz, um sich auf dem Sandboden lang auszustrecken. Das Baumaterial und die Abfallhaufen an den Rückwänden voll von zerbrochenem Glas und Blechdosen waren das Resultat von eingetauschten Schildkröten, welche die Indianer lebend fingen und in einer kleinen eingezäunten Grube am Wasser herumkrauchen ließen.

Die Indianer reagierten so gut wie gar nicht auf unser Kommen. Die meisten ließen sich in ihrer Beschäftigung nicht stören, saßen in kleinen Gruppen zusammen oder gingen ruhig zwischen den Hütten umher, in eine Mischung von farbenfrohen Stirnbändern, selbstgemachtem Schmuck und langen bunten Gewändern im Zigeunerstil gehüllt, alles nach Indianergeschmack eingekauft und zusammengestellt. Die Männer trugen lange schwarze Zöpfe, die in Flechten bis auf die Lenden herabhingen. Die Frauen hatten ihre Gesichter mit Strichen und Punkten symmetrisch bemalt. Barbarisch pikant und zeitlos. Einst war das Mode, und einige Anzeichen deuten darauf hin, daß es als letzter Schrei wieder aus der Versenkung auftaucht. Eine recht hübsche Frau, in einem Kleid, das ihr bis zu den Füßen reichte, saß inmitten von anderen Frauen, die in kleinen Schalen Naturfarben mit Öl verkneteten; eine von ihnen hatte einen Lippenstift erworben, der sich als sehr geeignet erwies, senkrechte Striche auf das Kinn zu zeichnen. Sie winkte Ramons Frau energisch heran, die bewundernd zusah und sich jetzt in den Sand setzen und sich das Gesicht im gleichen Muster bemalen lassen mußte. Einige Greise und ein Haufen Kinder waren zu uns herübergekommen, und bald wurde Ramon wiedererkannt. Die Kinder sausten pfeilschnell zu einer Hütte und holten Chuchu und seine ganze Familie herbei. Er hatte Ramon beim letztenmal als Führer und Dolmetscher gedient, als dieser hier gewesen war, um Robben und andere Tiere im Golf zu filmen. Jetzt erst herrschte allgemeine Wiedersehensfreude.

Was, Ramon war mit einem Freund gekommen, der ihre Schilfboote sehen wollte? Aber kein Seris-Indianer baute jetzt noch *Askam*. Das Boot, das Ramon vor zwei Jahren gesehen hatte? Es war das letzte, das sie gebaut hatten. Nicht einmal das andere Seris-Dorf, weiter nach Norden an der Küste, benutzte heute *Askam*; die Regierung hatte jedem Dorf zu einem Holzboot mit Außenbordmotor verholfen. Ein kleines nacktes Kerlchen mit energischem Gesicht verschwand wie ein Blitz und kam entzückt mit einem kleinen Spielzeugboot zurück. Es war ein Zerstörer aus gelbem Plastik.

Die Nacht brach über uns herein, wir borgten uns einige Pappkartons, zerlegten sie und ließen uns auf ihnen in einem Fischergarnschuppen zum Schlafen nieder. Die ganze Nacht summte das monotone unverständliche Geschwätz der Indianer, ich hörte sie jedesmal, wenn ich mich im Halbschlaf umdrehte. Sie saßen um kleine Gluthaufen herum und argumentierten und krochen erst in die Betten, als die Sterne verblaßten, eine Stunde, bevor wir alle aufstanden.

Noch ehe sich die Sonne in den Kaktuskronen rötete, saßen wir vier inmitten der Indianer und sahen auf das Meer. Niemand sprach. Wir saßen und schauten. Langsam erhob sich Chuchu und schlenderte zu dem stillen Strand hinunter, wo er ein kleines Wurfgarn ins Wasser schleuderte. Mit zwei Würfen zog er direkt vor unserer Nase vier kräftige Fische heraus. Zwei winzige Kerlchen mit dreikantigen Wurfspeeren verdoppelten den Fang im Nu. Damit war genug zum Essen da. Alle saßen. Es sah nicht so aus, als würde an diesem Tag mehr geschehen.

«Wollt ihr für mich einen *Askam* bauen?» fragte ich vorsichtig.

«Mucho trabajo», antworteten sie beinahe im Chor. «Viel Arbeit.» Das war ungefähr ihr ganzer spanischer Wortschatz, für alles andere brauchten sie einen Dolmetscher. Chuchu vermittelte.

«Ihr werdet dafür bezahlt», versprach ich. «In Waren oder Pesos.»

«Mucho trabajo», wiederholten sie nur.

Das Angebot wurde erhöht. Sie schwiegen. Noch einmal wurde das Angebot erhöht.

«Bis zum Schilf ist es weit», sagte Chuchu zögernd.

«Wir kommen mit», antwortete ich und stand auf.

Vier Indianer standen auf, bereit mitzukommen. Chuchu mit zwei Brüdern und einem Neffen. Nur Caitano, der älteste Bruder, wußte, wo das Schilf wächst. Es steht an einem See auf der Isla Tiburón, der Haiinsel, von der wir eben die gratigen Konturen im Sonnenaufgang auf der anderen Seite des Sunds erblicken konnten.

Der Außenbordmotor der Regierung war uns nützlich. Bald bahnten wir uns den Weg durch die kleinen Wellen zum fernen Horizont. Ich war erstaunt, daß kein Schilf in der Nähe zu finden war.

«Es ist Süßwasserschilf», erklärte Caitano. «Es wächst nicht am Meeresufer längs der Wüste. Der Weg ist weit bis zum Süßwassersee.»

Die Haiinsel erhebt sich mit wilden Bergen aus dem Meer. Sie ist kein Inselchen; mit einer Fläche von über 1000 Quadratkilometern ist sie auf der Weltkarte verzeichnet. Als wir auf dem weißen Sandstrand an Land gingen, lag eine weite, mit niedrigem Staudengewächs und vereinzelten Kaktusbäumen bewachsene Ebene zwischen uns und den sich rötenden Bergen im Binnenland. Ein einsamer Berrendohirsch, den Nacken hoch erhoben und mit einem mächtigen, gezackten Geweih, stand unbeweglich am Strand und betrachtete uns. Lautlos holten wir die Kameras hervor, damit das Tier verewigt werden konnte, ehe es sich davonmachte. Es stand immer noch unbeweglich dort, und wir schlichen uns näher. Näher. Ich ging voran und war mit im Bild. Es kam darauf an, vorsichtig zu sein. Jetzt endlich begann der Hirsch sich zu bewegen. Er marschierte stolz und zielbewußt vorwärts, beugte den Nacken und stieß den Schädel freundlich, aber bestimmt gegen meinen Magen und schob sein Geweih unter meine Achselhöhlen. Vergebens versuchte ich den Hirsch von mir zu stoßen, damit wir eine vernünftige Aufnahme machen konnten, aber nein, er wollte so verewigt werden, und so sehr ich auch schubste und so sehr ich auch stieß, so sehr ich auch versuchte, mich aus der demütigenden Lage zu befreien, war doch alles umsonst, der freundlich gesinnte Hirsch folgte mir einfach, bald vorwärts, bald rückwärts, nahe genug, um mich mit dem Geweih festzuhalten, ohne zu stoßen und ohne mir etwas anzutun. Es war eine lächerliche Situation, das unerwartete Ergebnis einer Kamerajagd. Erst als ich den Hirsch am Hals und hinterm Ohr kraulte, war er so verblüfft, daß er den Kopf zurückzog, einfach stehenblieb und mit großen Augen glotzte, während ich mich langsam rückwärts zu der zweibeinigen Gesellschaft begab, mit der ich an Land gekommen war.

Wir zogen das Boot ein gutes Stück aufs Ufer und begannen unsere Wanderung in die Ebene. Ich erwartete, jeden Augenblick den schilfumwachsenen Binnensee zu erblicken. Aber nein, hier, wo wir uns durch ein Labyrinth von niedrigen immergrünen Pflanzen, Dornengestrüpp und vereinzelten Kakteen schlängeln mußten, gab es nur trokkenen Sand. Kein Pfad. Keine andere Spur als die von Hirsch, Hase, Eidechse, Schlange und Gewürm. Auf der Haiinsel wohnten keine Menschen, seitdem die letzten Seris-Indianer in Caitanos Jugend auf das Festland umgesiedelt wurden. Wir marschierten und marschierten, gingen nach rechts, nach links, geradeaus, je nachdem, wo sich in der unwegsamen Gegend ein Durchlaß zeigte; auf Umwegen, aber ständig auf die Berge zu.

«Wo ist der See?» fragten wir einer nach dem anderen.

«Da hinten», antwortete Caitano und deutete, ohne die Hand zu heben, mit der Nase vorwärts. Und wir gingen und gingen. Allmählich lag hinter uns, zum Meer hin, eine unendliche Ebene. Die Berge rückten näher. Bald standen wir an ihrem Fuß. Die Sonne brannte genau auf unsere Schädel, und wir waren ohne Wasser und Proviant.

«Wo ist der See? Ich habe Durst», murmelte German.

«Da hinten», wiederholte Caitano und deutete mit der Nase nach oben. Wir begannen, das Felsgeröll, das in einer Schlucht des roten Berges herunterlief, emporzuklimmen. Bisher hatten wir nur Eidechsen und Hasen gesehen, aber hier flohen Bergschafe und Hirsche die umliegenden Bergwände hinauf. Sie zeigten alles andere als Lust, uns willkommen zu heißen wie ihr Verwandter an der Küste. An einigen Stellen entdeckte ich Topfscherben, die von Indianern stammten. Hier mußten einmal Indianer mit ihrer Wasserlast vom See gestrauchelt sein. Immer höher. Unglaublich, daß hier oben in den schroffen, trokkenen Bergen, wo jetzt nur noch Kakteen wuchsen, ein See sein sollte.

Da blieb Caitano stehen, und diesmal zeigte er mit der ganzen Hand. Wir standen auf großen abgestürzten Felsblöcken und konnten auf eine steingefüllte Schlucht sehen. Hoch oben in den Abhängen auf der anderen Seite war der nackte rote Berg in eine Nebenschlucht gespalten, die von einem kleinen kesselförmigen Plateau kam, und dort oben schien die Sonne auf einen saftigen grünen Fleck, in seinem hellen Frühlingsgrün üppiger und saftiger als die Farbe eines Kaktus oder einer anderen Wüstenpflanze. Das Schilf!

Erschöpft und mit trockenen Kehlen eilten wir bergauf, das Tiefland mit der Ebene und dem Meer lag schon weit unter uns in der Ferne. Wir freuten uns nur noch darauf, uns in den Bergsee zu stürzen und das Wasser in uns hineinzuschütten. Ich bemerkte einige Felsüberhänge, die halb gemauert waren; hier waren Menschen am Werk gewesen. Wohlbehalten beim üppigen Grün angelangt, ergriff Caitano das Messer und schlug sich einen Weg hinein, bis sein brauner Rücken mit dem schwarzen Zopf in dem Schilf verschwunden war, das unsere Köpfe hoch überragte. Ich beeilte mich, nachzukommen.

«Wo ist der See?» fragte ich, als ich Caitano im Grün wieder einholte. Wir konnten nicht einmal einen Arm weit sehen. Er starrte auf den Boden zu seinen Füßen und zeigte mit der Nase direkt nach unten. Schwarzer, feuchter Humus. Wir anderen drängten und wollten weiter zum See. Caitano kroch zögernd voran in einen dunklen Tunnel, den Tiere auf dem Weg zur Tränke getreten hatten. Der Tunnel endete in einem zugewachsenen Hohlraum, der so groß war, daß wir fast alle darin Platz fanden, wenn wir uns bückten. Hier sickerte ganz deutlich eine Quelle. Moosbewachsene Steine fühlten sich wie kalte Schwämme an, und zwischen ihnen war eine kleine, seichte Vertiefung, waschschüsselgroß, aber ganz mit grüner Spirogyra bedeckt. Ich wollte gerade den Hosenboden hineinstecken, um mich abzukühlen, als ich Verdacht schöpfte und innehielt, ohne das Wasser berührt zu haben.

«Wo ist der See?» fragte ich.

«Dort», antwortete Caitano und zeigte auf die Stelle, wo ich mich setzen wollte.

Keiner äußerte etwas. Vorsichtig fischten wir das schwimmende Grün heraus und filterten durch geschlossene Finger so viel Wasser, daß sich alle wenigstens die Kehle anfeuchten konnten. Dann schmierten wir den restlichen Bodensatz über die brennende Haut und preßten die Füße in den Schlamm, um die letzten Tropfen Feuchtigkeit auszunutzen.

Trotz allem war es in der Schattenhöhle unglaublich frisch und angenehm, plötzlich war das Leben grenzenlos schön. Die größten Kontraste bringen die größten Freuden, etwas Schlamm und Schatten nach der Wüstenwanderung schenkten größeres Wohlbehagen als ein Sektfrühstück nach einer Straßenbahnfahrt. Die Indianer blinzelten zur Sonnenscheibe, die kaum durch die dichtgewachsenen Schilfkronen über uns hereinschimmerte. Sie dachten an den weiten Rückweg, und zwei von ihnen krochen mit ihren großen Messern hinaus und begannen die längsten Stengel an der Wurzel abzuschneiden, während wir einen Augenblick hingestreckt dösten und faulenzten.

Hier konnte man etwas lernen. Wie die meisten Forscher hatte ich vorausgesetzt, daß die Seris-Indianer natürlich Schilfboote gebaut hatten. Ich hatte es vorausgesetzt, weil es in der Sonora-Wüste um Holzmaterial schlecht bestellt war, während die Küste wahrscheinlich voller Schilf stand. Aber dann zeigte sich die Wirklichkeit ganz anders. Die Seris-Indianer hatten die Schilfboote nicht gebaut, weil ihnen das Schilf leicht zugänglich war, sondern sie waren bis hier oben in die Berge gezogen, um eine winzige Sickerquelle zu finden, wo sie Schilf als Rohmaterial für ihre Boote pflanzen konnten. Wäre das Bauen von Schilfbooten nicht eine Tradition gewesen, die sie mitgebracht oder von außen empfangen hatten, wären sie nie auf die Idee gekommen, zu diesem Wasserloch zu ziehen, um Schilf für den Bootsbau nach Hause zu tragen. Sie hätten sich bestimmt Bootsgerüste aus den soliden Ästen des Eisenbaums gebaut und mit Tierhäuten bezogen. Robbenfelle eigneten sich vorzüglich zum Bau von Kajaks, und die Küstenfelsen auf der Südseite der Haiinsel sind voller Robben. Die Seris-Indianer hatten von anderen gelernt, Schilfboote zu bauen. Von wem?

Bald waren wir auf dem Wege bergab, die vier Indianer voran. Und jeder trug ein großes Bündel Schilf auf dem Rücken. Wir anderen folgten mit Filmstativen und Ausrüstung hinterdrein. Beim Hinunterklettern merkte ich, daß die Indianer ab und zu einen Schilfhalm verloren. Auf der Ebene schließlich bewegten sich die Indianer in immer größeren Abständen zueinander vorwärts, und bald gingen wir vorn und sie hinten. Um uns nicht zu verirren, bevor die Sonne hinter den Bergen versank, suchte ich unsere alten Spuren und folgte ihnen im Zickzack, denn die Indianer bestanden darauf, hinten zu bleiben. Schließlich mußten sie sich ja mit der schweren Last plagen, wenngleich mir schien, daß sie sich beim Herunterklettern vom Berg etwas verringert hatte.

Die Sonne drohte unterzugehen, als wir das Boot wiederfanden; wir wußten, daß wir den Schein der Feuer auf Punta Chueca sehen würden, sobald es dunkel geworden war, und warteten deshalb auf die vier Indianer. Nacheinander erschienen sie endlich, trippelten harmlos auf den Strand heraus; Chuchu kam als letzter, lächelte schüchtern und trug drei, sage und schreibe drei Schilfrohre auf dem Rücken. Die anderen trugen gar nichts.

«*Mucho trabajo*», murmelte einer von ihnen, und Nummer zwei, der sich mit dem Zopf abtrocknete, stimmte ihm zu, während Chuchu seine drei Halme vorsichtig ins Boot legte. Der vierte war schon an Bord und wartete darauf, zurückbefördert zu werden.

Meine drei mexikanischen Freunde waren aufs bitterste enttäuscht und drückten ihre Enttäuschung über dieses Resultat unzweideutig aus. Drei Halme nach einer ganztägigen Wüstenwanderung auf der Insel, ohne etwas zu beißen oder zu trinken. Wir hatten damit gerechnet, das Schilf am Ufer zu finden. In meine Enttäuschung mischte sich Zufriedenheit. Drei Halme ergaben kein Boot. Aber sie sagten mir etwas Wichtigeres. Ich hatte erkannt, daß hier nicht die ursprüngliche Heimat des Schilfbootes war.

Im Dorf waren Chuchu und seine Helfer dem lauten Spott der Alten ausgesetzt, als er seine drei Schilfstengel neben die Hüttenwand warf. Ein uraltes Weiblein war besonders verdrossen und laut. Schließlich stolperte sie gebeugt zu ihrer Hütte und rief durch die Öffnung hinein, in der bald darauf ein runzliger indianischer Greis erschien und halb widerstrebend von der Frau nach draußen gezogen wurde. Er war blind und trug eine blaue Brille. Als er sich aufrichtete, sahen wir, daß er ein ungewöhnlich stattlicher Mann mit edlen Gesichtszügen gewesen sein mußte, fast ein Riese. Die Seris-Indianer unterscheiden sich von sämtlichen anderen Indianerstämmen Mexikos. Die Spanier, die sie zum erstenmal sahen, beschrieben die Bewohner der Haiinsel als Giganten. Der Alte stolperte mit der Frau um die Hütte herum, und dort, auf dem Abfallhaufen, lag ein Schilfboot. Das dünne bambusähnliche Schilf war vom Alter grau und spröde, und die Taue waren vermodert, aber das Boot war in seiner ursprünglichen Form erhalten. Wir halfen mit, es vor den Hütteneingang zu ziehen, denn der Alte gedachte uns zu zeigen, daß ein anständiger Seris-Indianer *Askam* bauen konnte.

Es stellte sich heraus, daß der alte Riese früher der Stammeshäuptling gewesen war. Als die Sonne aufging, zog er einen selbstgefertigten Tauring und eine Holznadel in der Länge eines Dolches hervor, die vom häufigen Gebrauch blankpoliert war. Der Blinde tastete mit den Händen sein altes Fahrzeug ab und nähte es mit seiner großen Nadel zusammen, während er sich bemühte, den eingesunkenen, spitzen Bug wieder zu einem eleganten Bogen zu krümmen. Wir hatten Glück. Der Abfallhaufen hatte uns genau das verschafft, was uns bewogen hatte herzukommen.

Nun wurde das letzte Schilfboot der Seris-Indianer, und damit vielleicht ganz Mexikos, ins Wasser getragen, und Caitano und sein Sohn kamen gelaufen und sprangen an Bord. Sie setzten sich mit einem Paar alter Paddeln und einem langen Holzspeer mit Laufleine zurecht. Paddeln konnten sie, und bald sahen wir die braunen Rücken mit den schwarzen Zöpfen seewärts über die kleinen Wellen auf dem langen, schlanken Schilfboot verschwinden. Als sie zurückkamen, lag eine große Seeschildkröte zwischen ihnen auf dem Schilfdeck und ruderte mit den Schwimmfüßen. Das trockene alte Schilf hatte viel Wasser gezogen, aber es schwamm.

Hier war Mexiko. Wo hatten die Stammväter der Seris-Indianer diese eigentümliche Bootsbaukunst erlernt? Von einem ihrer vielen Nachbarstämme. Einst wurden überall Schilfboote gebaut, vom Inkareich im Süden bis Kalifornien im Norden und außerdem auf den Binnenseen Mexikos. Noch zu Beginn des vorigen Jahrhunderts malte der französische Maler L. Choris drei Indianer, die vor der bewaldeten Küste am Hafen von San Francisco in einem Schilfboot saßen und paddelten. In Mexiko selbst sind in acht verschiedenen Teilstaaten Schilfboote beobachtet worden.

Wehmütig sah ich, wie Caitanos zappelnder Fang zu der Schildkrötengrube getragen wurde, während das leblose Wrack des letzten *Askam* des Seris-Volkes für immer auf den Abfallhaufen hinter der Hütte des Alten geworfen wurde. Dort lag es wie ein Schlußpunkt unter dem letzten Kapitel eines ungeschriebenen Buches über die für immer vergessene Geschichte des Schilfbootes in den zentralen Teilen Amerikas.

4

Unter Beduinen und Budumas im Herzen Afrikas. Auf der Suche nach Bootsbauern in der Negerrepublik Tschad

Afrika. Kein anderer Kontinent trägt einen so malerischen Namen. Wenn man das Wort hört, sieht man das Land vor sich. Eine grüne Urwaldmauer mit tropischen Riesenblättern, die zur Seite gebogen werden, und eine Negerkarawane, Lasten auf dem Kopf, kommt hervor und läuft hochaufgerichtet direkt in die Kameralinse. Giraffen und Paviane ziehen in langen Sprüngen über die Leinwand. Tamtam. Löwengebrüll. Ich war zuvor noch nie im Innern Afrikas gewesen, hatte es nur durch das Fenster im dunklen Kinosaal oder zwischen Buchdeckel gepreßt gesehen.

Aber jetzt saß ich dort. Mitten im Innern Afrikas. Direkt im Herzen von Zentralafrika. In einem kleinen Hotelzimmer in Fort-Lamy, der Hauptstadt der Negerrepublik Tschad. Ich hätte mich nicht weiter vom Meer entfernen können. Und das war etwas paradox, denn mein Besuch war die erste Etappe einer geplanten Fahrt mit dem Schilfboot über den Atlantik. Das einzige Gewässer in der Nähe war ein Fluß. Ich sah ihn durch das Fenster. Grüne Landschaft, rote Lehmbänke, braunes Dschungelwasser. Die Sonne spielte in diesen Farben. Eine Schar nasser Fischer, deren Haut wie Lackschuhe glänzte, kniete auf einer Lehmbank und zog an einem Netz. Sie hatten Fischfallen aus dichten Bambusstäben in den Flußgrund gesteckt. Gestern hatte ich weiter oben im Fluß, auf einer anderen Bank, sieben träge Flußpferde gesehen. In der Nähe der Hauptstadt standen sie unter Naturschutz. Krokodile sind so gut wie ausgerottet, weil ihre Haut ein wichtiger Exportartikel des Landes ist. Zu dieser Jahreszeit war der Verkehr auf flache Kanus aus ausgehöhlten Baumstämmen beschränkt. Seit vor einem halben Jahr die Regenzeit endete, hatte es keinen Niederschlag gegeben, weshalb der Wasserstand Motorbootfahrten nicht zuließ.

Der Chari-Fluß strömt gleichmäßig und beständig nach Norden, aber sein Dschungelwasser gelangt nie bis zum fernen Meer. Vom endlosen Urwald, nahe der Kongogrenze im Süden, durchquert er Savannenlandschaften und die Halbwüste auf dem Weg zu dem großen Binnensee Tschad an der Südgrenze der Sahara. Hier herrscht so brütende Hitze, daß das Wasser ebenso schnell verdunstet, wie es heranfließt. Der Tschadsee besitzt viele Zuflüsse, aber keinen anderen Abfluß als das blaue Himmelsgewölbe, das sich wolkenlos über die weite Oberfläche des Wüstensees spannt und den unsichtbaren Dunst unersättlich in sich einsaugt.

Zu diesem See wollte ich. Aber so leicht er auch auf der Karte zu finden ist, so schwer ist er zu erreichen. Auf allen Karten hebt er sich als das blaue Herz Afrikas hervor, aber keine zwei Karten geben dem See die gleiche Form; bald ist er kreisrund, bald gebogen wie ein Angelhaken und bald gelappt wie ein Eichenblatt. Die ehrlichsten Karten geben diesen großen Binnensee mit gepunkteten Konturen wieder, denn niemand kennt die Form des Tschadsees; er verändert sich. Tausende von schwimmenden Inseln treiben auf der Oberfläche umher, bald segeln sie hier, bald nehmen sie Kurs auf einen anderen Teil des Sees. Sie stoßen zusammen und vereinigen sich, sie treiben an Land und spielen Halbinsel, dann brechen sie auseinander und treiben einzeln unbekannten Zielen entgegen. Der See, der gewöhnlich eine Fläche von 25000 Quadratkilometern bedeckt (zum Vergleich: Bodensee knapp 340 Quadratkilometer), trocknet außerdem oft bis zur halben Größe ein, weil seine größte Tiefe nicht mehr als 6 m beträgt. Im Norden ist er vielerorts so seicht, daß das Papyrusschilf große Gebiete bedeckt, und Papyrus wächst auch auf den meisten Inseln, die in ewiger Regatta umhersegeln.

Die Republik Tschad besitzt keine Eisenbahn und auch keine Landstraße, die das ganze Jahr offen wäre. Der Tschad ist ein Paradies für Jäger und jene, die ein Fleckchen Erde sehen wollen, das nicht nur unsern immer gegenwärtigen Alltag spiegelt. Die Hauptstadt verfügt über erstklassige Hotels, Apotheken, Bars und eine Menge ultramoderner Verwaltungsbüros voll schwarzer Beamter, von denen die meisten parallele Narben auf Wange oder Stirn tragen, die ihren Stamm bezeichnen. Breite Asphaltstraßen zwischen kleinen Gärten mit französischen Bungalows aus der Kolonialzeit, die 1960 endete, werden holprig und exotischer, wenn sie im Vorort zwischen Reihen von Araber-Häusern in den Sand übergehen; und dann verschwinden sie als endlose Karawanenwege zwischen einzelnen Gruppen von runden Negerkralen in der Landschaft. Wenn man in der Regenzeit eine lange Reise durch das Land außerhalb der Hauptstadt machen will, muß man reiten oder fliegen. Aber dann ist der Fluß für kleine Boote bis hinunter zu den Verkaufsständen am Morastgürtel nahe der Mündung in den Tschadsee befahrbar.

Vor drei Tagen hatte ich das Mittelmeer und die ganze Sahara in einem französischen Flugzeug überquert, das einmal in der Woche auf dem Wege in südlichere Teile Afrikas in Fort-Lamy zwischenlandet. Alles, was in diese Republik transportiert werden soll und nicht wochenlang auf Kamelrücken befördert werden kann, muß eingeflogen werden. Autos, Bagger, Kühlschränke, Benzin. Ja sogar Hummer und zartes Rindfleisch für den Meisterkoch des «La Tchadienne». Alles kommt auf dem Luftweg.

Wir verließen das Flugzeug: drei Männer, beladen mit Filmausrüstung und Tauschwaren, die potentiellen afrikanischen Bootsbauern zugedacht waren. Meine Reisebegleiter waren zwei Kameramänner, der Franzose Michel und der Italiener Gianfranco. Wir wollten lokale Bootskonstruktionen studieren und filmen.

In einem Reisebericht über Zentralafrika war ich über ein Foto gestolpert. Das Bild zeigte einige Neger am Wasser mit einem eigentümlichen Schilfboot, das ich so gut von Südamerika und der Osterinsel her kannte. Es war am Tschadsee aufgenommen worden, und der Autor des Artikels betonte sehr stark die verblüffende Ähnlichkeit zwischen diesem Fahrzeug im Innern Afrikas und dem Bootstyp, der seit undenkbaren Zeiten von den Indianern am Titicacasee, im Hochland Perus, gebaut wird. In Ägypten war dieses uralte afrikanische Fahrzeug schon lange ausgestorben, aber hier im Herzen des Kontinents lebte es immer noch. Vom oberen Nilgebiet führte ein alter

Karawanenweg durch die Berge zum Tschad. In moderneren Zeiten war er als die transafrikanische Sklavenstraße bekannt. Ich wußte, daß die Anthropologen Gründe zu der Annahme gefunden haben, daß ein Teil der Bevölkerung im Tschad-Gebiet uralte Wurzeln im Niltal besitzt. Der Tschad ist ein afrikanischer Schmelztiegel; hier schickt die Sonne ihre glühenden Strahlen über ein Völkerwirrwarr, für das man Spezialist sein muß, um zwischen den verschiedenen Stämmen und Sprachen unterscheiden zu können. Aber eines war allen klar. Auf gleiche Weise, wie der Tschad den Übergang von der Sahara, die von Norden ihre Sanddünen über die Landesgrenze wälzt, zu den unendlichen Urwäldern des Tropengürtels bildet, die ihrerseits von Süden hereinwachsen, auf gleiche Weise sind im nördlichen Teil des Landes Beduinen und andere Araber eingedrungen, während im südlichen Teil ausschließlich Neger wohnen. Sie treffen sich auf den zentralen Ebenen und in der Hauptstadt Fort-Lamy, wo sie gemeinsam versuchen, aus dem zufällig festgelegten Gebiet der einstigen französischen Kolonie eine Nation zu bilden.

Nachdem wir in unserem Hotelzimmer mit Klimaanlage eine kalte Dusche genommen hatten, krochen wir in ein glühendheißes Taxi und fuhren zum Fremdenverkehrsamt des Landes. Die breite Hauptstraße wimmelte von Autos, Fahrrädern und Fußgängern. Vereinzelt sahen wir weiße Gesichter unter den Afrikanern. Das waren französische Beamte und Kolonisten, die sich nach der Befreiung entschlossen hatten, in der Hauptstadt zu bleiben. Einer von ihnen war der Vorsteher des Fremdenverkehrsamtes.

Wir erklärten, daß wir hergekommen seien, um zu erfahren, wie wir am besten zum Tschadsee kämen, da wir auf der Karte weder Eisenbahn noch Wege verzeichnet fanden. Der Amtsvorsteher breitete eine vielfarbige Karte und Bildmaterial von Löwen und allerlei wilden Dschungeltieren aus. Auf all das konnten wir als Teilnehmer einer Safari gegen einen angemessenen Preis schießen, aber dann mußten wir nach Süden reisen, in die entgegengesetzte Richtung vom Tschadsee. Wir erklärten, gerade an den See zu wollen, weil wir nur dort Papyrusboote sehen konnten. Der Amtsvorsteher faltete die Karte zusammen und sagte, er könne uns nicht helfen, wenn wir nicht zu den Orten wollten, die er uns als Ortskundiger empfohlen hatte. Gleichmütig drehte er den Bauch in Richtung Büroinneres und begab sich dorthin. Ich mußte aus meinem Paß ein mit vielen Stempeln versehenes Empfehlungsschreiben des norwegischen Außenministers hervorangeln und schickte es mit einer schwarzen Büroangestellten hinein. Der Bauch des Amtsvorstehers zeigte sich wieder in der Tür, und dieses Mal erklärte er freundlich, es sei unmöglich, an den Tschadsee zu kommen, solange der Fluß kein Hochwasser führe. Dazu kam, daß man bis zu dem Dorf Bol auf der nordöstlichen Seite um den See mußte, ehe man auf Papyrus stieß, und dahin könne man nur mit dem Flugzeug gelangen. Ob ich ein Flugzeug chartern wolle?

Das wollte ich, wenn es der einzige Ausweg war.

Der Amtsvorsteher griff zum Telefon. Es gab nur zwei einmotorige Flugzeuge im ganzen Land, und beide standen zur Reparatur im Hangar. Ein drittes Taxiflugzeug hatte zwei Motoren, brauchte aber 800 m zum Landen, und der Landestreifen bei Bol war nur 600 m lang. Der Amtsvorsteher fügte hinzu, daß es verboten sei, ohne Einwilligung der Regierung im Lande zu filmen. Außerdem gäbe es zur Zeit Unruhen in der Republik. Die arabische Bevölkerung im Gebiet innerhalb Bols war mohammedanisch und hatte begonnen, sich gegen die christliche Negerbevölkerung aufzulehnen, welche die Macht in der Regierung besitzt. Darum war es unsicher, gerade jetzt in den nördlichen Teil des Landes zu reisen. Um seine Freundlichkeit zu beweisen, stellte uns der Amtsvorsteher einen Wagen mit Fahrer zur Verfügung; wir könnten in Fort-Lamy hinfahren, zu wem wir wollten, und Leute ausfragen, die mit den Verhältnissen am See vertraut waren.

Er gab uns die Adresse eines lächelnden, stämmigen Franzosen mit tätowierten Armen, der hier die Möglichkeit studierte, wie man im Tschadsee den Fischbestand verbessern und moderne Fischereimethoden entwickeln könnte. Dieser erklärte, daß man zu den Papyrussümpfen bei Bol nur kommen könne, wenn man mit dem Jeep durch die Wüste an der Ostseite des Sees führe. Das bestätigte uns auch ein französischer Arzt, der sowohl Tierfänger als auch der eifrigste Jäger des Landes und Ortskundiger war. Beide wiesen auf das hin, was der Amtsvorsteher gesagt hatte, daß nämlich in diesem Teil des Landes zur Zeit Unruhe herrsche. Im übrigen kam heraus, daß es auf dem See ein großes Flußboot gäbe, das periodisch umherführe und eine Art einheimisches Getreide aufkaufe. Aber jetzt war es unmöglich aufzufinden.

Wenige Länder haben es für nötig befunden, in der Republik Tschad eine diplomatische Vertretung zu unterhalten, aber Frankreich besitzt in seiner früheren Kolonie eine Botschaft. Michel machte uns dort bekannt, doch der Botschafter war erst seit einem Monat im Land, und von seinem Stab war keiner jemals am See gewesen.

Das war unser dritter Tag in Fort-Lamy, und bisher hatten wir nicht mehr ausgerichtet, als von Büro zu Büro zu laufen, von Bungalow zu Bungalow, und freundliche Menschen kennenzulernen, die uns Kaffee, kaltes Bier oder Whisky anboten und uns Adressen von Leuten gaben, die vielleicht einen Ausweg wüßten. Und als wir die Adressen des Amtsvorstehers und all derer bekamen, die wir am ersten Tag um Rat gefragt hatten, standen wir wieder am Ausgangspunkt. Da beschlossen wir, uns auf eigene Faust mit dem Jeep nach Bol durchzuschlagen. Die formelle Erlaubnis der Behörden hatten wir erhalten. In Bol war das einzige Funkgerät des ganzen Seegebietes installiert, und zur Sicherheit sollte das Innenministerium den Scherif von Bol über unser Kommen unterrichten. Ich brauchte nur beim Informationsminister ein Dokument abzuholen, das uns das Filmen gestattete. Wie gewöhnlich waren auch hier fast alle öffentlichen Ämter von Negern besetzt, nicht von Arabern. Der Minister begrub die Finger in seinem krausen Haar und lachte roh, als er das Dokument durchlas, das die Sekretärin nach seinem Diktat ausgefüllt hatte.

«Der Mann ist Archäologe, Ar-chäo-loge», sagte er zu der Sekretärin und reichte ihr das Papier zurück, indem er in meine Richtung nickte. «Ändern Sie es in Ar-chäo-loge um, sonst machen ihn die Mohammedaner in dem Gebiet, das er durchqueren muß, einen Kopf kürzer!»

Ich schaute der kraushaarigen Schönheit vorsichtig über die Schulter. Französisch war die offizielle Sprache der Republik, die einzige gemeinsame Sprache der vielen verschiedenen Volksgruppen. Auf dem Papier war ich als «archevêque» eingetragen anstatt als «archéologue», statt Archäologe war ich also zum Erzbischof geworden.

Der Fehler wurde verbessert, und der Minister versicherte, daß es kein Spaß sei, auf seiten der Regierung in den Religionsstreit verwikkelt zu werden.

Mit den nötigen Dokumenten und zwei Negerfahrern, von denen einer, Baba, behauptete, schon in Bol gewesen zu sein, verließen wir Fort-Lamy am nächsten Morgen lange vor Sonnenaufgang über die Landstraße. Wir hielten es im Fall einer Panne in der Wüste für das sicherste, uns auf zwei Jeeps zu verteilen, und das sollte sich als höchst nützlich erweisen. Im ersten Auto hatten wir eine gelbe Karte ohne Konturen, auf der die Namen Fort-Lamy, Massakory, Alifari, Kairom, Ngouri, Isseirom und Bol rot unterstrichen waren. Die ersten Dörfer fanden wir ohne Schwierigkeiten. Die Strecke war ausreichend beschildert, und die Sandwege waren ziemlich fest, so daß wir mit über 100 Stundenkilometern durch die Ebene jagten, ohne jedoch den Staubwolken entfliehen zu können, die wir selbst gegen den Sternenhimmel emporwirbelten. Entlang der Strecke nach Norden schütteten Bagger und viele Arbeitsgruppen den Weg auf, um ihn auch für die Regenzeit befahrbar zu machen. Die ersten paar hundert Kilometer lagen hinter uns, als die Sonne über der Ebene aufging. Aber dann bogen wir auf immer kleinere Nebenwege ein, und bald war das 20. Jahrhundert hinter allen Horizonten verschwunden. Bereits unmittelbar hinter der Hauptstadt ging die Besiedlung in verstreute Gruppen runder strohbedeckter Negerkrale über, die meisten von ihnen verlassen; aber allmählich kamen wir in große, unbewohnte Wüstenstriche mit spärlichen Radspuren, die dem schmalen Karawanenweg durch die Dörfer folgten, wo Reihen von niedrigen Häusern aus sonnengetrocknetem Lehm Arabern, Ziegen, Eseln und Kamelen Unterkunft boten. Dann ging es in die Einöde hinaus.

Das war die Wüste. Die Südgrenze der Sahara. Das letzte Thermometer, das wir gesehen hatten, zeigte fast 50 Grad im Schatten. Aber da, wo wir waren, gab es meilenweit weder Schatten noch Thermometer. Hinter uns lag die Savanne mit Fächerpalmen und trockenen Bäumen, manchmal als reine Parklandschaft, in der Gazellen, Wildschweine und Affenherden zusammen mit vielfarbigen Tropenvögeln von der Fahrbahn sprangen, während fette Perlhühner nur eben aus den Fahrspuren watschelten. Hier lag jetzt der Sand wie Schnee auf nackten Gebirgszügen, in Verwehungen und Dünen über flachen, rollenden Anhöhen und Mulden der Landschaft, wo nur trockene Wüstensträucher die sonnengesättigte Unendlichkeit der Sandfläche ab und zu durchbrachen. Sonne. Sie stand jetzt senkrecht über uns und blitzte im Metall. Das Metall des Jeeps war so heiß, daß wir es nicht anfassen konnten, die Hitze stand und biß uns in der Nase, egal, wo wir die Luft einatmeten. Heiße Wüstenluft, von pulverigem Staub gesättigt, der überall hereinkroch.

Andauernd saßen wir in tiefen Sanddünen fest, und ein Jeep mußte den anderen mit Stahlseilen herausziehen, während glühendheiße Metallplatten als Laufplanken unter die Räder geschoben wurden. Unvermittelt brach bald der eine, bald der andere Jeep in der Wärme zusammen, und der Motor gab nichts mehr von sich, aber Baba und sein Freund waren ausgezeichnete Autoschlosser und wußten sich mit Universalschlüssel und Schraubenzieher immer zu helfen. Wo der Sand ausreichend fest war, fuhren wir in schwindelerregendem Tempo. Wiederholt verloren wir alle Radspuren und schlugen dann große Bogen, bis Baba meinte, daß wir wieder auf dem richtigen Weg seien. So kamen wir zu einem verlassenen Dorf, das auf unserer Karte nicht verzeichnet war. In einer Krümmung bei den ersten Lehmhütten fuhren beide Jeeps in tiefem Sand sich gründlich fest, und wir mußten aussteigen und sie freigraben.

Zum erstenmal hatten wir ein schlechtes Gefühl. Araber, in graue Lumpen und weiße Burnusse gehüllt, den Blick ihrer ausdruckslosen Gesichter auf uns geheftet, kamen langsam, auffallend langsam von allen Seiten auf uns zu; sie wichen unseren Blicken nicht aus und zeigten kein Interesse daran, zu grüßen oder uns zu helfen, die Räder freizugraben. Bald standen sie Schulter an Schulter und fixierten uns mit Adlerblicken, ohne daß sie unsere Versuche, zu lächeln oder zu grüßen, erwiderten. Keine Frauen. Ihre Haut war genauso dunkel wie die unserer beiden rabenschwarzen Neger, aber die scharfen Gesichtszüge, die krumme Nase und die schmalen Lippen verrieten, daß sie Araber waren, und das harte Leben in der Wüste hatte in Haut und Seele brutale Narben hinterlassen. Hier gab es keine Wohltätigkeit. Keine Gnade. Keine Telefonverbindung. Die Welt jenseits der Sanddünen wurde nur durch unsere beiden Jeeps vertreten, die im Sand festsaßen.

Endlich waren die Eisenplatten hinter den Rädern angebracht, und

Baba und sein Freund saßen hilflos hinter ihren Steuerrädern und gaben Gas, daß der Sand stob. Die Araber standen völlig unbeweglich, als ob sie auf etwas warteten, etwas mit sich herumtrügen, Spannung lag in der Luft. Etwas in ihren Blicken erinnerte an ein unsicheres Rudel Wölfe, das geschlossen losspringt, sobald sich der erste Räuber bewegt. Anscheinend mußte man sich beeilen, wenn man als erster handeln wollte. Ich stampfte zu einem der Männer, der wie ein Anführer aussah, und gab ihm höflich unsere beiden Spaten, indem ich ihm durch Zeichen bedeutete, er solle zwei von den anderen zum Graben bewegen. Er zögerte etwas verdutzt, nahm dann aber die Spaten und gab den Befehl wie ein gereizter Unteroffizier weiter. Und als wir dann den übrigen winkten, sie sollten schieben helfen, hatte ich sogleich den neuernannten Boss mit seiner kräftigen Schulter an meiner Seite, während wir fast von der helfenden Schar weggedrängt wurden, die sich mit den Ellbogen Platz zum Schieben erkämpfte. Wir schüttelten ihnen die Hände und bedankten uns, und dann jagten wir in einer wirbelnden Staubwolke weiter durch das Dorf und auf einer gekennzeichneten Kamelstraße davon, so schnell die Räder surrten.

Am späten Nachmittag kamen wir durch ein zweites, ähnliches Dorf, das in der Einöde völlig verborgen lag und in dem wir uns ebensowenig willkommen fühlten. Hier mußten wir uns auf einem Marktplatz inmitten der Adobehäuser durch dichte Menschenmassen und eng beieinander rastende Kamelherden, Esel und Ziegen drängen. Starrende, zornige Araber rückten heran, schweigend und ohne unseren Gruß zu erwidern, als versuchten sie in unseren Gedanken zu lesen, ob wir Abgesandte der Regierung wären, die das Christentum einführen oder Steuern eintreiben wollten. Was suchten Fremde wohl sonst in ihrem abgelegenen Wüstenreich? Es war ganz deutlich, daß wir keine gerngesehenen Gäste waren, und wir waren froh, als wir wieder in die Wüste hinausjagen konnten.

Es ging auf den Abend zu, aber die Hitze hielt uns weiter in ihrem erstickenden Würgegriff. Baba hatte Kopfschmerzen, und die beiden im hinteren Jeep hatten große Mengen Staub geschluckt und blieben immer weiter zurück. Unser Wasser, das wir in einer großen Kanne aufbewahrten, war Übelkeit erregend warm, es erfrischte nicht, weil es auf den Lippen brannte. In den Dörfern am Wege sahen wir keine Früchte, sondern nur Lehmkrüge und getrocknete Kalebassen mit erdfarbenem Oasenwasser und schmutziger Ziegenmilch. Den ganzen Tag waren wir gefahren, ohne eine leere Flasche, eine Blechdose oder ein Stück Papier in der Nähe unserer Radspuren zu sehen. Nur auf der Landstraße, unmittelbar vor der Hauptstadt, lagen ein einziges Mal Scherben einer zerschlagenen Flasche umher. Hier war alles selbst angefertigt; die Häuser, die Kleider, das Zaumzeug. Der Verkehr bestand aus langen Karawanen mit schwerbeladenen kleinen Eseln, Arabern, die sich oben auf ihren hohen Kamelen gegen den Himmel wiegten, und barfüßigen Frauen, die mit Krügen und Körben auf dem Kopf beinahe im Laufschritt hinterdrein trippelten. Was man selbst nicht brauchte, trug man im nächsten Dorf zu Markte. Dies war eine Welt neben der unseren, selbständig, unbeeinflußt, unabhängig. Unsere ganze Zivilisation konnte zu Grunde gehen, und sie würden ebensogut weiterleben, ebenso einfach, ebenso genügsam, ebenso traditionsverbunden.

Dann tauchte der See auf. Blau und blank wie kalter Stahl lag er da und spiegelte den Wüstenhimmel hinter einem Gürtel von saftigem, grünem Schilf, Papyrusschilf. Von einer Sanddüne aus sahen wir ihn wie eine unwirkliche Luftspiegelung, die uns dazu verlockte, aus den Jeeps zu laufen und wegzustürzen, uns einen Weg durch all das frische Grün zu bahnen und uns in das blaue, blaue Wasser zu werfen, zu trinken, zu tauchen, uns zu kühlen, die trockene gelbe Staubkruste aus Ohren, Nasenlöchern und Lidern zu spülen, alle Körperporen zu reinigen, uns zu waschen, mehr zu trinken, trinken. Dreizehn Stunden hatten wir in den Jeeps gesessen und wollten gerade mit steifen Beinen und schwindlig auf den Erdboden stolpern, als Baba uns zurückhielt. Hier war es nicht ratsam, den Jeep zu verlassen. Es war besser, bis Bol zu warten. Das Dorf lag am offenen Strand, und wenn wir uns beeilten, würden wir vor Einbruch der Nacht dort sein. Die Wüste war nachts nicht sicher.

Nur mit größter Mühe konnten wir uns zurückhalten. Wasser, so nahe, so himmelblau, verführerisch schön in seiner kühlen Nacktheit hinterm Schilfvorhang. Dann setzten wir uns wieder mit Staub im Mund und wurden geröstet und verbrannten uns im heißen Eisenjeep, während Baba ganz scharf einschlug, die Sanddüne hinunterpreschte und in noch mehr Sand, Sand und Wüste hineinfuhr.

Wir sollten Baba noch dafür dankbar sein. Als die beiden Jeeps kurz vor Sonnenuntergang auf die solide Karawanenstraße bogen, die von den Wüstendörfern im Osten nach Bol führt, sausten wir direkt durch den menschenleeren Marktplatz bis auf den Strand unterhalb der Häuser, wo wir uns gerade mit allen Kleidern ins Wasser werfen wollten, als eine laute Stimme uns warnte. Dort stand ein apathischer bärtiger junger Franzose; er war von dem Forscherteam an Land gesetzt worden, das auf einem Boot an anderen Stellen des Sees arbeitete. «Wenn ihr ins Wasser geht, seid ihr in wenigen Minuten von Bilharzia-Würmern durchbohrt», sagte er trocken. «Der ganze See wimmelt von ihnen.»

Wir sahen Baba an. Er zuckte die Achseln und setzte sich wieder staubbedeckt in den Jeep.

Der überirdisch schöne See wimmelte von Bilharzia, einer von Afrikas tückischsten Schädlingen. Die kleine Bestie ist ein beinahe unsichtbarer Wurm von einem Zentimeter Länge und so dünn, daß er sich mit großer Geschwindigkeit direkt durch die Haut des Menschen bohrt und im Körper Eier legt; bald ist der Körper von umherkrauchenden Würmern durchlöchert, die einen von innen auffressen.

Wir dankten dem Franzosen für seinen Rat und fragten, ob wir uns irgendwo waschen könnten. Er schüttelte betrübt den Kopf. Hier kommt alles Wasser aus dem See und muß entweder gekocht werden oder ungefähr 48 Stunden stehen, ehe man es gebrauchen kann.

Die Dorfbevölkerung wahrte im übrigen Abstand, bis ein riesiger Neger mit wiegenden Schritten aus einem weißgekalkten Haus trat; er wurde von einer kleinen Eskorte begleitet, und alle steuerten auf uns zu. Der Riese war eine echte Häuptlingsgestalt. Er war der diensthabende Scherif in Bol und vertrat einen anderen, der sich auf einer Reise ins Innere des Landes befand, und niemand in Bol hatte den versprochenen Bescheid über unsere Ankunft erhalten. Wer wir seien und wo unsere Papiere seien? Der Scherif Adoum Ramadan hatte Zahnschmerzen und war nicht gut aufgelegt. Außerdem hatte er auf die Bevölkerung von Bol, 2000 Araber und Neger, aufzupassen, von denen 200 Dorfhäuptlinge waren, folglich blieb ihm nicht sehr viel Zeit. Michel gab ihm eine Dosis Aspirin und erklärte ihm, daß wir ein Nachtquartier suchten, denn wir seien ununterbrochen gefahren, seit wir letzte Nacht Fort-Lamy verlassen hätten. «Dann seid ihr schnell gefahren», antwortete der Scherif trocken und überhörte die Pointe. Er wollte aufs neue wissen, warum Fort-Lamy unsere Ankunft nicht gemeldet hatte, das Funkgerät sei in Ordnung. Darüber hinaus könnten wir dem Schicksal danken, daß wir auf diesem Weg heil durchgekommen wären. Und jetzt erfuhren wir, Araber hätten in diesem Monat an den Karawanenstraßen zwischen Fort-Lamy und Bol fünf Jeeps in Brand gesteckt. Letzten Monat waren in dem Gebiet, das wir durchquert hatten, sechzig Rebellen erschossen worden. Kürzlich stellten die Behörden zwei abgeschlagene Negerköpfe zur Identifizierung aus, die man am Wegrand gefunden hatte. Wir bekamen die Auflage, in Bol zu bleiben, bis sich eine Möglichkeit zeigte, auf anderem Wege als durch die Wüste hinauszukommen.

Der Riese mit dem Zahngeschwür gab uns einen Mann aus seinem Gefolge mit, der uns den Weg zu einem einsamen Zementschuppen am Strand zeigen sollte, während er selbst in der Dunkelheit mit dem Rest seines Stabes ins Dorf verschwand. Der Schuppen bestand aus einem Korridor mit kleinen Zimmern in Form offener Boxen, wo wir über schlafende Männer und Frauen hinwegsteigen mußten. Dies war das öffentliche Gästehaus in Bol, in dem sich alle Reisenden schlafen legen konnten, und es waren nicht gerade Engelsgesichter, die sich hoben und uns ansahen, als wir über sie hinwegstiegen. In einer Ecke befand sich eine Dusche, aber Wasser gab es nicht außer einem schmutzigen Tümpel voller Seifenschaum in einer etwa 20 cm tiefen Grube am Boden. Wir versuchten zu pumpen, gaben es aber auf, als wir sahen, daß das Rohr direkt in den See führte und also voller

Bilharzia-Würmer war. Wir konnten nichts tun, als ganz gelb von der Wüste in die Falle zu kriechen.

Unser Führer hatte gerade den Boden gefegt, wo wir unsere Schlafsäcke ausbreiten sollten, als der Scherif hereingestürzt kam. Und jetzt strahlte sein großes gutmütiges Gesicht in einem einzigen Lächeln. Die Zahnschmerzen waren weg. Wenn er den Rest von Michels Medizin bekommen könnte, würde man uns drei Betten aus dem Haus des Scherifs bringen. Wir schliefen mit Moskitonetzen über dem Kopf und der Pistole unter dem Kopfkissen. Die ganze Nacht schlichen in der tiefen Finsternis unsichtbare Fremde umher, und mehrere Male hörte ich dicht neben meinem Ohr Atemzüge.

Als die Sonne über dem See aufging, wurden wir von dem Gemurmel mehrerer Araber geweckt, die an der Wand knieten und sich im Gebet gen Mekka verbeugten. Andere saßen schweigend da und kochten ihren Tee auf kleinen Feuern aus Schilfstückchen. Wir wurden zum Essen beim Scherif abgeholt, der in glänzender Laune war und uns verbot, unseren Proviant anzurühren; solange wir uns im Distrikt Bol aufhielten, sollten wir alle Mahlzeiten als seine Gäste einnehmen. In der Tat war seine Küche in ihrer Art ganz vortrefflich, man durfte nur die Zähne nicht ganz zusammenbeißen, sonst knirschte es unweigerlich – Wüstensand.

An diesem Tag sah ich mein erstes Papyrusboot. Langsam und ruhig fuhr es auf dem spiegelglatten Wasser des verzauberten Sees vorbei, der seit gestern seine Form völlig verändert hatte. Bei unserer Ankunft lag direkt vor unserem Schuppen eine große flache Insel, aber nun war sie spurlos verschwunden, und statt dessen waren an ganz anderer Stelle drei andere Inseln aufgetaucht. Die kleinste der drei veränderte langsam ihre Lage, während ich sie betrachtete. Sie trieb nach rechts, und hinter ihr zeigte sich auf der linken Seite eine schwache Kielwasserspur. Sie glich einem großen, wohlarrangierten Blumenkorb, einem dicken Strauß strotzender, goldener Papyrusblüten, haarfeiner buschiger Kronen, die größten in der Mitte und die kleinsten zierlich zur Seite gebeugt, wo sie ihre gelben Kronen und ihre grünen Stengel in dem himmelblauen Wasser spiegelten. Kleine Schlingpflanzen und Blumen und Blätter waren noch hinzugetan, um die Komposition ästhetisch zu vollenden; und auf einem Torfboden aus verfilzten Wurzeln und Pflanzenfasern schwamm die Insel ohne Motorlärm und Ruderschlag majestätisch davon. Das Papyrusboot trieb gleichmäßig und ruhig an dem schwimmenden Blumenkorb vorbei. An Bord standen zwei stattliche Neger aufrecht wie Zinnsoldaten in weißen Gewändern und stakten sich mit langen Stangen vorwärts. Auch das gelbe Boot mit den ranken Negern spiegelte sich im See, und das auf dem Kopf fahrende Spiegelbild rief mir andere Schilfboote in Erinnerung, die im Verhältnis zu uns tatsächlich auf dem Kopf fuhren, weil sie auf der entgegengesetzten Seite des Erdballes, auf dem Titicacasee in Südamerika, schwammen. Die Ähnlichkeit zwischen den Booten auf dem Titicacasee und denen, die wir hier sahen, war so verblüffend, daß die ersteren wohl das Spiegelbild ersetzen konnten.

Ich war sehr darauf erpicht, eins dieser Boote auf dem See auszuprobieren und zu lernen, wie man es baut. Denn kein Uneingeweihter würde ein Boot in dieser speziellen Form herstellen können, indem er das Papyrusschilf einfach nach eigenem Gutdünken zusammenband.

Der Scherif nahm uns zu einer feierlichen Audienz beim Sultan M'Bodou M'Bami mit, dem religiösen Oberhaupt des Bezirks und dem mächtigsten Mann in weitem Umkreis. Der Scherif und sein Stellvertreter waren Neger aus dem Süden, die Fort-Lamy hergeschickt hatte, um die politischen Interessen der christlichen Regierung wahrzunehmen, während der Sultan dem lokalen Buduma-Stamm angehörte und die ganze mohammedanische Bevölkerung des Bezirks hinter sich hatte.

Der Scherif war breit und von grober Gestalt wie ein gutmütiger Gorilla, während der Sultan ein dürrer, zwei Meter großer Mann war. Er hatte seinen Kopf und den unteren Teil des Gesichts in ein Tuch gewickelt und trug einen Mantel, der bis zu den Füßen reichte, so daß nur die krumme Nase und die Adleraugen zu sehen waren. Alle Dorfhäuptlinge streiften ihre Sandalen ab, ehe sie den lehmigen Hof vor dem einfachen Adobehaus des Sultans betraten, wo die Audienz stattfand. Danach wurden wir um die große Sandfläche mitten im Dorf aufgestellt, dem Paradeplatz, wo der Sultan den Gästen zu Ehren mit seinem sich aufbäumenden Vollblutpferd auftreten wollte. Während zwei Männer die Zügel hielten und das Pferd die ganze Zeit auf die Hinterbeine zwangen, saß der Sultan unbeweglich im Sattel, umgeben von einer Schar Mädchen in bunten Gewändern, die auf der Erde um ihn herumliefen und ihm mit duftigen Schleiern Kühlung zufächelten. Als der Aufzug, von Trommeln und Holztrompeten begleitet, den Rundtanz beendet hatte, erschien am Ende des Platzes eine geschlossene Reihe Reiter und donnerte mit gezogenen Schwertern und heiserem Gebrüll in rasendem Galopp an uns vorbei. Einer der Reiter war besonders zudringlich, immer wieder jagte er an uns vorüber, und während er sich heulend zu uns herunterbeugte, die wildesten Grimassen schnitt und das Schwert furchterregend nahe über unsere Skalpe schwang, berührten die Hufe fast unsere Stiefelspitzen. Ich fragte den Scherif vorsichtig, was dies bedeuten solle, und erfuhr, daß sich der Reiter nur hervortun wolle. Aber Baba fügte hinzu, daß er damit uns, die keine Muselmanen waren, seine Verachtung zeigen wollte. Der Sultan dagegen verriet keine Verachtung. Er zeigte im Gegenteil das größte Interesse, als er hörte, daß wir lernen wollten, Papyrusboote zu bauen, und schickte uns zu seinem Verwandten, dem prächtigen Buduma Omar M'Bulu, der eine große bienenkorbförmige Strohhütte bewohnte. Sie glich allen anderen, die zusammen das Buduma-Viertel in der Distrikthauptstadt Bol bildeten. Nur der Scherif und der Vizescherif besaßen eigene weiße Bungalows, an denen sich die rote Bougainvillea emporrankte. Die übrigen Gebäude neben den runden Strohhütten des Buduma- und Kanembu-Stammes waren niedrige Adobehäuser der überwiegend arabischen Bevölkerung aus sonnengetrocknetem, handgeformtem Lehm.

Omar war ein stattlicher Mann, groß, aufrecht, schwarz wie ein Ofenrohr, mit glattrasiertem Schädel und großen lächelnden Augen und Zähnen. Er sprach sowohl Buduma als auch Arabisch mit leiser, freundlicher Stimme und beendete jeden Satz mit einem angedeuteten Lächeln. Omar war Fischer. Er zögerte keinen Augenblick, als Baba ihn auf arabisch bat, ein Papyrusboot zu bauen, sondern zog eine lange Machete aus der Strohwand und ging uns voran zum See hinunter, seinen langen blauen Mantel über die Schulter geworfen. Seine schwarzen Muskelbündel spielten, als er sich niederbeugte und mit dem Messer das hohe Papyrusschilf abzuschlagen begann, und ein weiches langes Rohr nach dem anderen wurde auf einen Haufen in dem Sumpfrand geworfen. Sein Halbbruder Mussa Bulumi meldete sich freiwillig als Helfer, er war älter, kleiner, sein Kopf war ebenso glatt rasiert, aber er besaß nicht Omars königliche Haltung. Mussa verstand nur Buduma, doch machte er es damit wett, daß er zu allem grinste, ob Baba mit ihm arabisch sprach, Michel französisch, Gianfranco italienisch oder ich norwegisch. Aber Mussa konnte mit dem Schilf geschickter umgehen als Omar.

Es wurden ganze Berge von grünem Papyrusschilf geschnitten und am sumpfigen Ufer auf die Erde geworfen. Jetzt sollten wir lernen, wie man ein Boot baut. Zwei große Schilfboote, die je ein Dutzend Männer tragen konnten, lagen am Wasser vertäut. Wir zeichneten im Sand auf, daß wir ein kleines haben wollten, knapp vier Meter lang, das wir auf dem Dach des Jeeps mitnehmen konnten. Zwei andere Buduma-Neger wurden herbeigerufen. Sie setzten sich unter einem Baum in den Sand und begannen die fleischige Substanz aus lederartigen Dompalmenblättern zu kratzen, so daß die zähen weißen Fasern zum Vorschein kamen und sich wie dünnes Nähgarn spalteten. Diese Fasern wurden zwischen Handfläche und Schenkel gerollt, bis sie sich wie Bindfaden zusammendrehten, der dann zu einem soliden Seil geflochten wurde. Damit konnten Omar und Mussa das Boot zu bauen beginnen, während die anderen mit Hochdruck arbeiteten, um sie mit Tauen zu versehen.

Das Papyrusschilf ist gut zwei Meter lang und an der Wurzel vier bis fünf cm stark und hat einen abgerundeten dreieckigen Querschnitt. Es ist nicht gegliedert und hohl wie Bambus, sondern auf der ganzen Länge kompakt und schwammig wie weißer steifer Schaumgummi, den eine dünne glatte Haut bedeckt. Omar ergriff ein Schilfrohr und spaltete es der Länge nach in vier Streifen, die am dicksten

Ende zusammenhingen. In die Verzweigung steckte er vier ganze Stengel mit der Wurzel voran und zwischen diese vier eine immer größer werdende Anzahl, die er sogleich mit Tauzurrungen festzog, so daß der Umfang des Bündels immer größer wurde, wie die Spitze eines Projektils. Die beiden Bootsbauer nahmen jeder ein Knotenende in den Mund und zogen mit aller Kraft die Zurrung mit Fingern und Zähnen fest, so daß ihre Arm- und Halsmuskeln mächtig anschwollen. Es kam ganz deutlich darauf an, das schwammige Ende des abgeschnittenen Schilfs so zusammenzupressen, daß sich die Poren schlossen. Als das Bündel ungefähr einen halben Meter dick war, wurde es bei unverändertem Querschnitt weitergeflochten, einem riesengroßen Bleistift ähnlich. Zuletzt wurde das spitze Ende auf einen soliden Holzblock gehoben, während die Bootsbauer anfingen, auf dem Schilfbündel herumzuhüpfen und herumzutrampeln, bis es sich wie ein großer Stoßzahn krümmte. Damit war die Form des nach oben gebogenen Buges fertig, und zwei kürzere Schilfbündel, an jeder Seite eins, wurden mit vielen Schlingen an das erste angesetzt, jedes Schilfrohr einzeln, damit die Bündel dicht zusammenschlossen. Als das Boot die Länge erreicht hatte, die wir auf der Erde angezeichnet hatten, war das ganze Fahrzeug bis auf den Achtersteven in den symmetrischen Details fertig. Dort stand das Schilf immer noch wie die Borsten eines Reisigbesens ab und gab den Bootsbauern die Möglichkeit, das Boot ins Unendliche zu verlängern. Das Problem des Achterstevens lösten Omar und Mussa auf einfachste Weise. Sie nahmen die längste Machete und schnitten das überstehende Schilf wie einen Wurstzipfel quer durch. Jetzt besaß das Boot einen spitzen, nach oben gebogenen Bug und einen dicken abgeschnittenen Achtersteven und konnte zu Wasser gelassen werden. Das war das Werk eines Tages.

«Kaday», sagte Mussa und tätschelte grinsend sein fertiges Werk. Das war das Buduma-Wort für das Schilfboot, auf das sich das Dasein dieses Volksstammes am See seit dem Morgen der Zeiten gegründet hatte. Keiner weiß, wann das war. Keiner weiß auch, wer ihre Lehrmeister gewesen waren. Vielleicht waren sie es selbst. Vielleicht besaßen sie aber auch entfernte Ahnen, die über die Karawanenstraße aus dem Niltal hergezogen waren. Hier jedenfalls hatte der alte Bootstyp überlebt, an allen Teilen des Sees, wo Schilf wuchs, sogar an den fernen Ufern, die zu den Republiken Niger und Nigeria gehören; überall werden die sinnreichen Boote in der gleichen traditionellen Weise gebaut, und überall gleichen sie sich, abgesehen von unterschiedlicher Länge und Breite, aufs Haar. In der Öffnung im Schilf, durch die wir den grasgrünen *Kaday* hinaustrugen, lagen vier große, aus riesigen Dschungelbäumen ausgehöhlte Holzkanus vertäut. Sie mußten mit dem Hochwasser den Fluß heruntergekommen sein. Wir benutzten die Kanus als Steg, um trockenen Fußes an Bord zu kommen. Omar zeigte verächtlich auf die schlanken Boote, die wie lange

Badewannen halb voll Wasser waren. Es waren die Boote des Kanembu-Volkes, das keine *Kaday* bauen konnte wie die Budumas.

Ich war gerade im Begriff, in unseren eben fertiggestellten *Kaday* zu springen, der wie eine krumme grüne Gurke schwamm, als Abdullah auftrat. Er stand plötzlich vor uns, als wir ihn am meisten brauchten, wie ein Geist als Aladins Lampe.

«*Bonjour monsieur*», sagte er nur. «Ich heiße Abdullah und spreche Französisch und Arabisch; können Sie mich als Dolmetscher gebrauchen?»

Eben das konnte ich. Wie sollte ich sonst von Omar und Mussa etwas lernen, wenn wir drei mit dem kleinen Gemüseboot auf den See fuhren?

Abdullah trat wie ein gewandter Herr auf, eingehüllt in einen fußlangen weißen Umhang und mit der Haltung eines Cäsaren. Sein Gesicht war schwärzer als die Nacht, der Kopf glattrasiert wie bei Omar und Mussa, von der Stirn bis hinunter über den Nasenrücken war eine lange Narbe eingegraben. Seltsamerweise wirkte dieses Stammeszeichen eher pikant als störend, flankiert von zwei ungewöhnlich intelligenten Augen. Mit Lippen, die sich immer zu einem herzlichen Lächeln verzogen, und Zähnen, die sich schnell zu einem strahlenden Lachen öffneten, war Abdullah durch und durch ein echtes Naturkind, ein wachsamer Helfer, ein wirklich lustiger Gefährte. Abdullah Djibrine hatte schon zwei roh zurechtgehauene Paddel herbeigezaubert und gab mir das eine.

Als wir vier, einer nach dem andern, in unser schmales Papyrusboot sprangen und die Kameras surrten, um das Resultat zu verewigen, wurden wir Zeugen eines eigentümlichen Schauspiels. In Bol war Markttag, und mehrere Tausend buntgekleideter Menschen waren aus der Wüste und von den Inseln im See hierhergekommen. Der Marktplatz kochte förmlich vor Leben, man sah keinen Schimmer des Sandbodens zwischen den vielen Frauen, Männern und Kindern, die sich mit den Ellbogen durchdrängelten, auf dem Kopf Krüge, Körbe und gewaltige Bretter voll von duftenden Gewürzen, Stroh, Fellen, Nüssen, getrockneten Wurzeln, afrikanischem Korn. Narbige Fratzen, nackte Brüste, schreiende Kinder. Kluge Augen, mißtrauische Gesichter, flirtende Blicke. Der Gewürzduft mischte sich mit dem Geruch von frischem Eselmist, getrocknetem Fisch, Ziegen, Schweiß und Sauermilch. Die Sonne brannte auf alles hernieder; das Summen der Fliegen wurde völlig von plappernden, schreienden, murmelnden Menschenstimmen übertönt, die in drei verschiedenen Wüstensprachen feilboten und feilschten, während Hunderte von Rindern brüllten, und einige Tausend Esel, Ziegen und Kamele schrien, meckerten und trompeten, alles übertönt von den taktfesten Hammerschlägen der Waffenschmiede auf Dolchklingen und Speerspitzen aus klingendem Metall. Nun entfernte sich eine malerische Gruppe schwarzer Gestalten aus dem Chaos zum See hin, mit Geschrei und Stocksc jagten sie alle ihre Haustiere vor sich her, im wesentlichen afr. sches Vieh mit riesigen gebogenen Hörnern. Am Strand zogen sie nackt aus, schnürten ihre ganzen Habseligkeiten zu einem Bün zusammen, das sie auf dem Kopf balancierten, während sie die Herc in den See trieben und ihr hinterherzuschwimmen begannen. Im Gegensatz zu Europäern scheinen viele von ihnen gegen den Bilharzia-Wurm immun zu sein, wenngleich die Krankheit unter den Völkern am See grassiert und viele Menschen in Wracks verwandelt hat.

Die Leute, die hinter ihrem Vieh herschwammen, hatten sich auf stoßzahnförmige Schwimmer gelegt, einige aus einer balsaähnlichen Holzart, andere aus Papyrus, genau wie die Einmannschwimmer, die ich in Peru und auf der Osterinsel gesehen hatte. Bald sahen wir nur noch die schwarzen Köpfe, hohe Bündel balancierend, hinter den krummen Spitzen der Stoßzähne, die aus dem Wasser ragten; und vor den Köpfen wimmelte es von großhörnigen Tierschädeln, die auf eine langgestreckte Insel auf der anderen Seite der See-Enge zusteuerten. Dies sei eine Buduma-Familie, erklärte Abdullah, die auf dem Markt Vieh gekauft habe, und jetzt bringe sie es nach Hause auf ihre Insel. Ein weißer Sandstreifen und vereinzelte Dompalmen verrieten, daß die Insel festen Grund besaß. Zwei andere Inseln mit wiegenden Papyrusblüten, aber ohne Sand, waren gerade auf dem Weg über die See-Enge.

Während wir selbst hinauspaddelten, erfuhren wir von Omar, durch Abdullah als Dolmetscher, daß viele Buduma-Familien auch auf schwimmenden Inseln wohnen. Omar und Mussa waren selbst auf einer solchen Insel geboren worden, und Mussa wohnte immer noch dort draußen, er hatte nur Fische nach Bol gebracht. Es gab große Mengen Fisch im See, die größten von ihnen waren länger als Menschen. Es gab auch Krokodile und Flußpferde, aber jetzt waren nicht mehr viele übriggeblieben. Vieh und anderes Haustier fuhr mit seinen Besitzern auf vielen der schwimmenden Inseln umher, und für die Zöllner in Nigeria war es oft ein Problem, wenn eine Buduma-Familie mit Vieh und anderen irdischen Gütern aus der Republik Tschad in ihre Republik hineintrieb, ohne die Grenze des Weilers verlassen zu haben. Wenn eine Familie ihren Weidegrund von einer Insel auf die andere verlegte, schwamm sie gewöhnlich, aber wenn sie draußen fischte oder zu fernen Küsten über den großen See wollte, benutzte sie immer ein Papyrusboot. In Bol hatten wir gehört, einzelne Papyrusboote wären so groß gebaut worden, daß sie vierzig oder mehr Tonnen befördern konnten, und Mussa behauptete, er habe einmal mitgeholfen, einen großen *Kaday* zu bauen, der achtzig Stück Vieh zusammengepfercht über den offenen See beförderte. Ein anderer hatte zweihundert Mann an Bord gehabt.

Die Berichte über die Tragfähigkeit des *Kaday* klangen unglaublich;

s Mussa, Omar, Abdullah und ich auf unser kleines, in aller Eile ...tes Papyrusboot sprangen, begann ich es zu glauben. Es war so ...al, daß ich mich rittlings darauf hätte setzen können, wir standen ...recht und balancierten, ohne daß es im geringsten schwankte oder ...ch bog. Das Wasser, das von ferne so blau aussah, war bei weitem nicht klar, und ich hatte nicht die mindeste Lust, in die Würmersuppe zu fallen. Hier am Schilfrand war es besonders gefährlich, denn der kleine Wurm kommt von einer Schnecke, die am Schilf lebt. Die beiden Bootsbauer wechselten den Platz, balancierten hin und her, drückten sich an uns vorbei und hielten uns, damit wir nicht über Bord gestoßen wurden. Und was sie auch taten, das kleine Fahrzeug schwamm unerschütterlich ruhig wie ein aufgeblasenes Schlauchboot hoch über dem Wasser. Auf einer Insel fanden wir im Schilf ein altes, halbverfaultes Papyrusboot, das mit der Oberfläche in Höhe der Wasserlinie trieb. Die meisten Taue waren in Auflösung begriffen, aber das Wrack trug mich immer noch, als ich mich vorsichtig an Bord wagte. Wie alt mochte es sein? Ein Jahr, schlug Omar vor, aber das war nur eine Vermutung. Ein Neubau war das Boot jedenfalls nicht. Und es schwamm immer noch auf dem See.

Wir paddelten den ganzen Tag zwischen den herrlichen Papyrusinseln umher. Die anderen Männer folgten uns in einem der größeren *Kaday*, die jenseits der Holzkanus vertäut lagen. Und bald waren es vier Papyrusboote, die Netze auslegten, während im Wasser um uns herum große *Capitaine*-Fische planschten. Dann wurde es Abend. Unser erster Tag auf einem Papyrusfahrzeug war zu Ende.

Wir drei Europäer standen vor der Gästehütte und betrachteten den funkelnden Sternenhimmel. Die einheimischen Reisenden lagen bereits auf dem Boden und schliefen. Wir waren gerade von einer kleinen Hütte nach Hause gekommen, wo uns ein einzelner junger Mann, Bill Hallisey vom amerikanischen Friedenskorps, mit einer Dusche aus seiner selbstgemachten Brause an einem aufgehängten Benzinfaß bewirtet hatte. Bill war einer der ungeheuer wenigen, die allein in der Wüste umherzogen und mit sichtbarem Erfolg in den Religionskrieg eingriffen. Er bohrte Brunnen und versorgte die Orte mit Wasser, wo die Verhältnisse am kümmerlichsten waren. In Dörfern, in denen erst einmal Wasser rieselte, drängte es keinen Mohammedaner mehr, Christen zu erschlagen. Jetzt bohrte er hier in den Neger- und Arabervierteln.

Nach der Waschzeremonie fühlten wir uns wie neugeboren und genossen noch eine Weile mit tiefen Zügen die reine Luft, ehe wir in die schwüle Gemeinschaftshütte krochen. Am liebsten hätten wir im Freien im Sand geschlafen, aber wegen der Giftschlangen, die nachts dort auf Raubzug ausgingen, war das nicht ratsam.

Es war eine heiße, dunkle, mondlose Tropennacht, in der die Sterne voller Abenteuer und Romantik blinkten. Nur die Zikaden und unendlich viel Frösche zirpten, summten und quakten von fern und nah im Papyrusschilf. Die Wüste war tot, See und Dorf waren dunkel, lautlos, in der Nacht versunken. Wir warfen einen letzten Blick auf die Sterne und wollten uns gerade durch die Tür der Gästehütte zwängen, um uns hinzulegen, als ich etwas hörte und die anderen am Arm zurückhielt. Alle lauschten. Aus der Wüste kamen plötzlich ferne, fast unhörbare Trommelwirbel und der Schall eines pfeifenden, zitternden Blasinstruments. Der ganze Orient lag in diesen Tönen, als hätte der Wüstensand sie komponiert und als würden sie von der milden Nachtluft, die sie mit sich durch die Dunkelheit trug, gespielt. Kein Lichtschein war zu sehen. Ich konnte mich nicht hinlegen, ohne die fremdartige Erscheinung gesehen zu haben, die mit dem geheimnisvollen Nachtkonzert verbunden sein mußte. Aber die anderen verlockte es nicht. Sie wollten schlafen. Ich steckte die kleinste Taschenlampe zu mir. Hier war eine große Batterielampe fehl am Platz. Hier kam es darauf an, sich unauffällig zu verhalten, wenn man ungestört beobachten und selbst ungestört bleiben wollte. So ganz sicher fühlte ich mich nicht, nach allem, was ich gehört hatte. Die Lampe konnte einen leicht in die Klemme bringen.

Es war verdammt dunkel. Ich orientierte mich nach den Sternen, um den Weg über die Ebene zum Gästeschuppen zurückzufinden, der nach den ersten tastenden Schritten völlig in der schwarzen Nacht verschwunden war. Man mußte die Beine vorsichtig hochheben, um nicht zu stolpern, dann konnte man fast lautlos in dem Pulversand gehen. Ich war bereits einige Minuten gegangen – die Trommeln schienen noch genauso fern zu erklingen –, als ich auf eine Adobemauer stieß. Das Dorf. Ein arabisches Haus. Ich tastete mich ohne Schwierigkeiten an der Seite entlang, bog um die Ecke und bewegte mich den Lauten nach vorwärts. Es ging ohne Schwierigkeiten, bis meine tastenden Finger auf einen Schilfzaun stießen. Keine einzige Hütte warf auch nur einen Lichtschimmer. Hier führte eine breite Sandstraße zwischen zwei Schilfzäunen direkt auf die Musik zu. Jetzt wurde sie deutlicher. Ich konnte die Konturen konischer Dächer gegen die Sterne ahnen, aber darunter herrschte totale Finsternis. Ich versuchte, schneller zu gehen. Da stolperte ich über etwas Großes, Zottiges und Bewegliches, das einen durchdringenden, heiseren, kehligen Schrei ausstieß und mich über den Haufen und in den Sand warf. Ich hatte ein liegendes Kamel aufgescheucht. Es knackte in seinen trockenen Gelenken, als es unsichtbar davonwanderte. Ich stand still. Kein einziges Licht. Kein Laut aus den Häusern, nur die Musik, die ich jetzt ganz deutlich vernahm. Trommeln und Holzflöte, oder vielleicht war es eine Art Trompete. Ich tastete mich weiter, durch das ganze Dorf, und jetzt war die Musik ganz nahe. Nun sah ich auch den Schein einer Paraffinlampe. Ich hatte die Häuser auf der anderen Seite hinter mir gelassen und sah eine Menge Schatten, die ununterbrochen am Lampenschein vorbeiglitten, immer in derselben Richtung. Hier war ein offener Platz, wahrscheinlich der Anfang der Wüstenebene. Ich tastete mich um die letzte Ecke eines Lehmzaunes, an den ich mich lautlos anlehnen konnte. Allmählich konnte ich weitere Gestalten erkennen. Stehende und sitzende Zuschauer. Ich stieg über ein paar Kinder, die an derselben Mauer kauerten und hypnotisiert auf die Vorgänge im Lichtschein starrten. Niemand nahm in der Dunkelheit von mir Notiz. Hier hatten sich ganze Menschenmassen versammelt. Es war das beste, unbeweglich und ungesehen an der Mauer stehenzubleiben. Tatsächlich befanden sich überall verhüllte Gestalten, und alle starrten nur auf den endlosen Zug, der an der Lampe vorbeiwandelte, Leute, die das Licht im Kreis umtanzten, Scharen von Männern, die die Füße nachzogen und sich hoch- und niederbeugten, die Arme zur Erde senkten und gen Himmel hoben, immer wieder in einem großen Kreis herum, während die leidenschaftlichen Trommeln und das Blasinstrument ihre betörenden orientalischen Töne in die dunkle Nacht sandten. Ich konnte die Musikanten innerhalb des Ringes gerade noch sehen. Im Inneren geschah etwas Seltsames, das ich nicht richtig erkennen konnte. Manchmal erschienen unter den Tänzern zwei Frauengestalten, dann sah es so aus, als würden sie auf einer Art Stuhl wippen, ein andermal schien es, als würde sie jemand rückwärts an den Haaren herumziehen. Es war unmöglich, einen richtigen Überblick zu bekommen. Ich blinzelte und konzentrierte mich, um besser sehen zu können, als etwas meine Aufmerksamkeit ganz in Anspruch nahm. Ein tanzender Mann hatte den Kreis verlassen und schritt nun im gleichen Rhythmus direkt auf mich zu. In der Hand trug er ein kurzes Schwert, das er im Takt des Tanzes schwang.

Das mußte ein Zufall sein, in der Dunkelheit hatte er mich bestimmt nicht gesehen. Oder? – Nein, er hatte mich auf dem Korn, das war nicht länger zu verkennen. Das Schwert schwang und schwirrte zuletzt genau vor meiner Nase. Ich zwang mich dazu, den tanzenden Mann anzulächeln, um zu zeigen, daß ich einen guten Scherz wohl vertragen konnte, aber aus dem schwarzen Gesicht leuchteten keine weißen Zähne zurück. Düster und unbeirrbar setzte der dunkle Araber seinen rhythmischen Tanz und sein drohendes Schattenfechten fort. Ich sah, daß der Rundtanz im Hintergrund ungestört fortgesetzt wurde. Wenn nur dieser verdammte Kerl nicht gewesen wäre! Nach weiteren Versuchen, zustimmend zu lächeln, ging mir plötzlich auf, daß es hier nichts zu lächeln gab. Der Mann war unverschämt, beleidigend, die Situation im höchsten Grade demütigend. Und das Fechten war jetzt so zudringlich, daß die Schwertspitze dicht vor meinen Augen blitzte und bald erschreckend nahe an mir vorbei abwechselnd zu beiden Seiten meines Gesichtes in die Wand fuhr.

Ich dachte verzweifelt nach. Wenn ich das Schwert an der Klinge packte, würde ich mir die Finger zerschneiden. Den Mann hinter dem

Schwert konnte ich nicht erreichen. So wie er tanzte, wirkte er fast ein wenig unsicher auf den Beinen, wie in Trance. War er betrunken? Alkohol hatte ich nicht gesehen. Stand er unter Drogen? Ich wußte keine Antwort. Ich wußte gar nichts mehr. Ich mußte jetzt handeln, sonst würde mich das Schwert ins Gesicht treffen.

Und ich tat etwas. Rein intuitiv. Unwillkürlich dachte ich an die Meinigen und daran, daß sie mich für verrückt halten müßten, wenn sie mich jetzt sehen könnten. Ich begann zu tanzen, im selben Takt zu tanzen wie der Bandit mit dem Schwert. Auf der Stelle zunächst, um nicht direkt in das Schwert hineinzulaufen. Der Araber mußte überrumpelt werden, wenn er überhaupt reagierte. Und mir schien, als komme er einen Augenblick aus dem Takt. Dann tanzte er mit. Beide tanzten wir, er rückwärts und ich vorwärts im selben Takt, in den Lichtkreis hinein und weiter in den Ring um die Lampe. Man machte uns automatisch Platz, ohne daß auch nur irgend jemand die geringste Notiz genommen oder den Rhythmus verändert hätte. Und nun war ich so blind damit beschäftigt, mitzukommen und genau das gleiche zu tun wie die anderen, daß ich weder den Mann mit dem Schwert wahrnahm, der zum Tanz aufgefordert hatte, noch die Gestalten, um die wir in dem großen Ring herumtanzten. Als ich wieder mein volles Wahrnehmungsvermögen zurückgewonnen hatte, sah ich noch die vier Musikanten dicht um die Lampe herumstapfen, ich selbst aber war Teil eines tanzenden Ringes pechschwarzer Männer; Araber, Buduma und Kanemba, alle gleich schwarz bei Tageslicht wie bei Nacht. Der Tanz war verhältnismäßig einfach, er ergab sich von selbst, wenn man dem Rhythmus durch Nachziehen der Füße, Sprünge und Verbeugungen folgte wie die anderen im Ring.

Es währte lange, bis ich merkte, daß der Ring kleiner wurde. Die Leute schlichen fast unmerkbar davon. Bald waren wir ein enger Ring von einem Dutzend Männer, der die Lampe und die Musikanten umkreiste. Der Trompeter mußte von seiner frühesten Kindheit an geblasen haben, denn er besaß Pausbacken wie ein Posaunenengel. Wenn er in die Holztrompete blies, dehnten seine schwarzen Gummiwangen sich so, daß sie braun wurden. Vielleicht rief auch der Lampenschein diesen Effekt hervor. Aber eines war sicher, ihm rann der Schweiß über die Stirn, und auch den anderen strömte er das Gesicht hinunter, besonders den Tänzern. Nun sah ich auch, was ich zuvor nicht bemerkt hatte: Die anderen Tänzer hielten zwischen den Fingern eine kleine Münze, die sie auf und ab bewegten und dem Trompeter zusteckten, ehe sie allmählich fortgingen und in die Nacht schlüpften. Ich durfte keinesfalls weniger geben, wenn dies gut ausgehen sollte, und so tanzte ich denn mit einem Tschad-Geldschein zwischen den Fingerspitzen. Augenblicklich tänzelte der Trompeter, die Trommler auf den Fersen, heran und hielt mir sein schmetterndes Blasinstrument begeistert vors Gesicht. Der Takt wurde schneller, der Ring wurde kleiner, wir waren nur noch vier Männer, und die Musik konzentrierte alle ihre Anstrengungen deutlich auf denjenigen, der den größten Geldbetrag in der Hand hielt. Der Schweiß troff nur so, und zu meiner Verwunderung wirkten die Männer erschöpft, als hätten sie an einem Marathontanz teilgenommen, wenn er auch nicht schwieriger aussah als ein langer Twist oder Shake zu Hause. Vielleicht waren die Reiter der Wüste weniger an Beinbewegung und Ausdauer gewöhnt als die Skiläufer im Norden. Dies hier war ja das reine Vergnügen. Nun, vielleicht waren die anderen schon eine Ewigkeit dabeigewesen, während ich gerade erst dazugekommen war. Aber diesen Tanz konnte man wirklich unendlich fortsetzen, indem man nur Füße nachziehen, Füße nachziehen, hüpfen, beugen und streckten tanzte.

Aber nun wurde es schneller, immer schneller, die Musiker wollten der Sache ein Ende machen. Ein Mann ging fort und noch einer. Dies war offenbar ein Wettbewerb. Immer schneller. Ja, nun brauchte man wirklich Luft! Jetzt ging der letzte, ich tanzte allein. Der Trompeter hängte sich an meine Schulter und sicherte sich den Papierfetzen. Von allen Seiten drängten sich Leute heran, starrende weiße Augen in einem Gewirr von unbestimmbaren Ausdrücken, alle wollten näher, mich anstarren.

Angenehm erschöpft und erleichtert, daß ich dem Mann mit dem Schwert entronnen war, sog ich die Nachtluft ein. Ich sah ihn nicht mehr, aber ein beleibter Mann trat auf mich zu und zog zwei kräftige Frauengestalten aus der Dunkelheit. Verglichen mit den vielen wohlproportionierten Frauen tagsüber am Strand waren sie weder besonders jung noch besonders hübsch. Dazu glänzte auf der schwarzen Haut der Schweiß, er lief ihnen genau wie den Tänzern die Stirn hinunter. Wahrscheinlich waren es die Frauen, die mit irgend etwas im Wirrwarr innerhalb des Kreises aufgetreten waren. Nun würden sie diskret neben mir aufgestellt, als wären sie eine Art Pokal. Hunderte von Araber- und Negerfratzen drängelten sich in dem milden Lampenschein um uns herum. Was nun? Wie sollte ich aus dieser immer verwickelteren Situation herauskommen, aus diesem Gewimmel in der Nacht dorthin verschwinden, wo ich herkam?

Da fühlte ich, wie mir eine kräftige Hand auf die Schulter klopfte, Omar stand dort mit einem Gesicht, das wie eine Sonne im Lampenschein leuchtete.

«Monsieur brave tamtam», sagte er und entblößte zustimmend seine Zähne, damit war sein französischer Wortschatz erschöpft. Omar war die Rettung. Das einzig bekannte Gesicht. Dies war eindeutig ein Fest für die breiten Volksschichten, denn hier waren weder der Sultan noch der Scherif anwesend. Omar genoß Respekt, und als die Zuschauer sahen, daß ich mit dem Verwandten des Sultans befreundet war, öffneten sich die Reihen, und wir verschwanden zusammen durch das leere Dorf zur Musik der Zikaden.

Am nächsten Tag war mein Ansehen in Bol gestiegen. Das Gerücht von meinen Fähigkeiten im Tamtam-Tanz und von der riesigen Summe, mit der ich die Musiker belohnt hatte, verbreitete sich in Windeseile. Der Scherif dagegen hatte neue Meldungen von arabischen Terroraktionen und Unruhen in der Wüste erhalten und wollte unbedingt, daß wir seine Gäste blieben, bis wir mit dem Flugzeug sicher herauskämen. Es war hoffnungslos, über Funk mit Fort-Lamy Verbindung aufzunehmen, aber es gelang dem Negertelegrafisten, ein Telegramm abzuschicken, daß wir ein Lufttaxi wollten.

Wir hatten nun eine große Anzahl guter Freunde in Bol und genossen die Tage in dem Papyrusboot auf dem See. Eine Woche verging. Dann erscholl über den schwimmenden Inseln Motorlärm, und ein kleines Flugzeug überflog in geringer Höhe den Papyrus, drehte dicht über den Dächern der Hüttenstadt bei und landete auf dem planierten Sandstreifen, wo wir kurz darauf dem französischen Piloten begegneten. Er erklärte sich bereit, mit uns dreien auf einmal zu starten, aber das kleine Flugzeug konnte die schwere Filmausrüstung nicht tragen, nur unsere allernotwendigsten Kleidungsstücke. Das neue Papyrusboot wurde kieloben auf das Dach eines Jeeps gelegt und die ganze Ausrüstung bei Baba verstaut, denn sowohl der Scherif als auch der Sultan beteuerten, daß niemand die beiden Negerfahrer angreifen würde, wenn sie allein und ohne fremde Bleichgesichter an Bord die Wüste durchquerten.

Die letzten, von denen wir uns verabschiedeten, waren die beiden Bootsbauer Omar und Mussa und der Dolmetscher Abdullah. Der Scherif und der Sultan willigten mit sichtlicher Freude ein, als ich fragte, ob die beiden Buduma-Brüder mich später in Ägypten besuchen dürften, wenn ich Experten für den Bau eines Papyrusboots brauchte. Als Abdullah meine Frage für Omar aus dem Französischen ins Arabische übersetzte und Omar weiter für Mussa aus dem Arabischen ins Buduma, waren die beiden Brüder so entzückt, daß sie vor Lachen bebten und immer wieder nickten und mit beiden Händen meine Faust ergriffen, um ihre Zustimmung zu bekräftigen.

«Sie sagen ja», erklärte Abdullah feierlich, «und ich komme als Dolmetscher mit!»

Wir saßen schon im Flugzeug, das nicht anspringen wollte, deshalb merkte ich mir meine Antwort nicht richtig. Abdullah aber tat es.

Einige Kabel wurden von Babas Jeeps an das Flugzeug gehängt, und dann rollten wir los, schwangen uns in die Luft, über Buduma-Hütten, *Kaday* und Papyrusschilf. Wir sahen unendliche, gelbe Sandebenen hinter uns, durch die wir auf dem Weg nach Bol geholpert waren. Unter uns lag das merkwürdigste Inselreich der Welt, der Tschadsee. Außerhalb von Bol sah er wie ein grüngeflecktes Puzzlespiel auf blauem Grund aus, das gerade jemand durcheinandergeschoben hat. Die schwimmenden Inseln waren mit ihrer unendlichen Variation von gekrümmten Konturen die grünen Steinchen, und zwischen ihnen schlängelte sich ein endloses Chaos enger, blauer Kanäle hindurch, wie Risse in dem zerstörten Landschaftsbild. Auf einzelnen Steinchen waren winzige runde Negerhütten und Herden aus Spielzeugvieh, das sich bewegte und weidete, und hie und da leuchtete in den blauen Rissen ein kleiner gelber *Kaday* wie ein Senfkorn. Dann sahen wir bis zur Mündung des Chari-Flusses nur blau in blau. Wir flogen auf der geraden Luftlinie über den See nur eine Stunde bis Fort-Lamy. Und dort blieben wir und warteten auf die Jeeps. Einen Tag. Zwei Tage. Drei Tage. Die Funkverbindung mit Bol funktionierte, und der Scherif bestätigte, daß die Jeeps schon längst abgefahren waren.

Zusammen mit dem Autoverleiher schickten wir einen Jeep hinaus, der den halben Weg bis nach Bol fuhr und zurückkehrte, ohne anderes gefunden zu haben als unsere Radspuren von der Hinfahrt. So schickten wir das kleine Flugzeug aus, um einen besseren Überblick zu bekommen. Es kreuzte drei Stunden lang über der Route, fand aber keinen Jeep, der im Sand festsaß. Die Wissenschaftler, die ein Boot auf dem See hatten, schickten je einen Jeep nach beiden Richtungen zwischen Fort-Lamy und Bol. Als er zurückkam, hatte der Fahrer nichts zu berichten.

Wir zeigten es den Behörden an. Sie konnten nichts ausrichten. Der Polizeichef erklärte, dies sei kein Diebstahl, sondern Bürgerkrieg. Wir verpaßten unser Linienflugzeug, das Fort-Lamy nur einmal in der Woche anfliegt. Den beiden Kameramännern entging ein anderer Auftrag in Äthiopien; ohne ihre kostbare technische Ausrüstung konnten sie nicht fahren.

Da hatten wir eine Idee. Mit Michel als Wortführer gingen wir zum Hauptquartier der französischen Schutztruppen. Tschad war zwar eine selbständige Republik geworden, die Franzosen hatten sich diskret aus den Regierungsbüros zurückgezogen, und es gab jetzt kein weißes Gesicht mehr dort, aber sie waren leicht zu finden, wenn man sie brauchte. Wegen des Aufstandes unter den Araberstämmen im Norden und Osten hatten die Franzosen an strategischen Punkten in der Wüste Militärpatrouillen stationiert. Sie besaßen bewegliche Funkstationen und konnten französische Fallschirmtruppen herbeirufen, falls die Terroraktionen sich zu organisiertem Aufruhr ausweiten sollten. Dies geschah einige Wochen später. Daher dauerte es nur wenige Stunden, bis der Militärchef melden konnte, daß unsere gestohlenen Jeeps in einem entlegenen Wüstendorf im Schatten eines großen Baumes versteckt waren. Unsere beiden Fahrer hatten sich höchstpersönlich mit ihrem wertvollen Fang aus dem Staube gemacht und hatten versucht, ihre Beute an die Araber zu verkaufen. Das neue Papyrusboot, so wichtig es für uns war, bedeutete ihnen nichts, und so hatten sie es einfach in der Wüste weggeworfen. Zu ihrer Enttäuschung wollte niemand in der Einöde die Filmausrüstung kaufen, so konnten sie nur das Benzin loswerden, das sie aus beiden Tanks abgezapft hatten. Die Patroiuille, die die beiden Fliehenden ergriffen hatte, meldete über den Äther, daß wir einen Jeep mit Benzin herausschicken sollten, wenn wir die Wagen nach Fort-Lamy haben wollten.

Was mit dem falschen Baba und seinem Mitverschworenen geschah, haben wir nie erfahren. Jedenfalls saßen sie nicht in dem Jeep, der vor die Gangway steuerte und die gestohlene Ausrüstung ablieferte, während das große Linienflugzeug schon startbereit stand. Hingegen wurde unser treuer Dolmetscher Abdullah kurze Zeit danach von den örtlichen Behörden verhaftet und unter dem Verdacht ins Gefängnis gesteckt, mich beim versuchten Sklavenhandel nach Ägypten unterstützt zu haben! Aber das wußte noch keiner. Langsam glitt der faszinierende Schmelztiegel Zentralafrikas unter unseren Tragflächen hinweg, Urwald und Wüste, Neger und Araber. Und in der blendenden Sonne warf unser riesiges Flugzeug den Schatten des 20. Jahrhunderts mit großer Geschwindigkeit über die Unendlichkeit der Sahara, ohne auch nur eine Spur im Sand zu hinterlassen.

Auf Wiedersehen, Afrika.

5

Unter schwarzen Mönchen an der Quelle des Nils. Auf Papyrussuche in Äthiopien

Wenn man ein Schilfboot bauen will, braucht man Schilf. Ich brauchte Papyrusschilf. Wo findet man Schilf? In dem Wüstensee Tschad. Aber vom Herzen Afrikas führen keine Arterien in die Umwelt, weder Flüsse, Straßen noch Eisenbahnen. Die Bootsbauer könnte man leicht herausfliegen, aber nicht genügend Papyrus, um ein Schiff zu bauen. Es war sinnlos, an einen Transport von den Schilfsümpfen bei Bol zum Flugplatz vor der Hauptstadt auch nur zu denken.

In Ägypten? Gewiß. Der Pharao liegt in seiner Grabkammer, an deren Steinwände Schilfboote gemalt sind. Stein und Schilf. Stein in der Wüste und Schilf an den Nilufern. Stein und Papyrusschilf waren das Geschenk der Natur an das älteste Nilvolk. Und Schlamm, der auf der Flucht vor den Bergen Äthiopiens über die Flußufer gespült wurde. Auf dem Schlamm gründete der Bauer seine Existenz, aus dem Schilf machte der Fischer sein Boot, und der Pharao machte sich, besorgt um sein nächstes Leben, an den Fels. Auf Papier aus Papyrusschilf schrieben Ägyptens Schriftgelehrte Kapitel der ältesten Geschichte der Menschheit. Stein wurde auf Papyrus befördert, und das Papyrusboot wurde auf Stein verewigt. Die Papyrusblüte findet sich überall in der Kunst des alten Ägypten wieder. Sie war das Staatssymbol für Oberägypten, und in der Mythologie band sie der Vogelmann *Horus*, der Sohn des Sonnengottes *Ra*, mit der Lotosblüte Unterägyptens zusammen, als ganz Ägypten zu einem einzigen Reich vereint wurde.

Wenn man ein Balsafloß bauen will, muß man wie die Inkas in die Urwälder Ecuadors ziehen und frische Dschungelbäume voller Saft holen. Wenn man ein Papyrusboot bauen will, muß man wie die Männer des Pharao in die großen Papyrussümpfe an den Nilufern waten und frisches Schilf schneiden. Wenn ein Pharao ein Boot bauen wollte, hatte er keine besonderen Probleme. Seine spezialisierten Bootsbauer wußten nach der Erfahrung vieler Generationen alles über Papyrus und Papyrusboote. Er verfügte über einen unbegrenzten Arbeiterstab, und das Baumaterial wuchs in ungeheuren Mengen direkt vor dem Schloßtor. Die Papyrussümpfe erstreckten sich zu beiden Seiten des Nilufers von der Küste des Mittelländischen Meeres meilenweit in das Wüstenland Ägyptens.

Aber das war einmal.

«In Ägypten wächst kein Papyrus mehr», versicherte Georges Sourial. Georges war ein ägyptischer Froschmann und kannte den Nil genau. «Steine sind reichlich vorhanden, wenn du versuchen willst, eine Pyramide zu bauen, aber nicht mal genug Papyrus für ein Spielzeugboot», sagte er und steuerte unser Rennboot näher ans Ufer, damit ich mich mit eigenen Augen überzeugen konnte.

Der Nil war voller Segel und Maste, die zwischen Palmstämmen, Sandbänken und bestellten Äckern flußaufwärts und flußabwärts glitten, aber kein einziger goldhaariger Papyrushalm beugte länger seinen buschigen Kopf in dem Versuch übers Ufer, sich in dem braunen Nilwasser zu spiegeln. Schon im vorigen Jahrhundert war der Papyrus in Ägypten ausgestorben. Niemand wußte warum. Die Götter hatten eins ihrer ältesten Geschenke zurückgenommen. Sie mußten es förmlich mit der Wurzel ausgerissen haben. Der Stein war übriggeblieben, Felsen und Pyramiden, aber selbst der Schlamm war größtenteils verschwunden. Die neuen Herrscher des Landes haben ihn hinter den gigantischen Betonmauern des Assuandammes an der Flucht gehindert. Mit dem Papyrus an den Nilufern waren auch die letzten Ägypter ausgestorben, welche die Kunst beherrschten, Papyrusboote zu bauen.

Mit Kamel und Pferd, mit Auto, Zug und Boot zogen wir den malerischen Nil aufwärts und abwärts. Wir waren Gäste auf Fischerbooten und Frachtkähnen. Wir saßen auf sonnendurchglühten Decksplanken und aßen arabisches Fladenbrot und weichen alten Käse, der direkt auf Deck lag und den wir mit den Fingern abkratzten. Wir taten alles in der Hoffnung, den Flußschiffern, die nie Schuhe getragen hatten und selten oder nie einen Tag an Land verbrachten, weil sich ihre Frauen, Kinder, Haustiere und ihre irdischen Güter an Bord befanden, Informationen zu entlocken. Sie waren an Bord geboren. Das geflickte Holzboot mit der Zelthütte war das Zuhause des Nilfischers, sein Dorf, seine Welt. Wir lernten einiges darüber, wie Menschen auf einer Decksfläche zusammengepfercht, die kaum Ellbogenfreiheit bot, alle Verrichtungen des Lebens erledigen konnten. Wir lernten, wie man auf einem brennbaren Deck in einem Lehmofen mit offenem Feuer kochen konnte; und wir lernten getrockneten Proviant kennen, der sich in der Sonnenglut in einem offenen Boot hält. Aber wenn jemand etwas über Papyrus erfuhr, dann die Fischer von uns. Sie hatten noch nie eine Papyrusblüte gesehen, nicht einmal den kleinen Busch, der den Touristen zu Ehren im Springbrunnen vor der Treppe des Kairoer Museums angepflanzt war. Sie hatten noch nie eine Grabkammer von innen gesehen, nie von ihren Vätern gehört, und sie wußten nicht, daß auf dem Nil einst andere Boote benutzt wurden als der Typ, auf dem sie heute selbst lebten.

Aber der Nil ist lang. Er erstreckt sich quer durch Ägypten, den ganzen Sudan bis an seine fernen Quellen in Uganda und Äthiopien. An den Seen, wo der Nil entspringt, hat die Papyruspflanze überlebt, und man erzählt, daß sie dort immer noch so üppig wächst wie am Tschadsee.

Die Kulturvölker des Altertums müssen in alle Himmelsrichtungen gereist sein, denn mehrere der alten ägyptischen Pharaonen sind im fernen Äthiopien geboren worden, wo der Blaue Nil seine Quelle hat. Aber im Mittelalter geriet der lange Lauf des Nils völlig in Vergessenheit, und seine legendären Quellen wurden in das mystische und unbekannte «Mondgebirge» verlegt, bis Italiener und Portugiesen den oberen Flußlauf wiederentdeckten, als sich die Europäer schließlich zu Kolumbus' Zeiten zu rühren begannen. Erst da erfuhren wir Menschen der Moderne, daß der Blaue Nil in Tanasee, hoch über dem Meer im zentralen Bergmassiv Äthiopiens, entspringt.

Verglichen mit den Pharaonen war es ein Handikap, daß man bis zu den Quellen des Nil ziehen mußte, nur um Papyrus zu finden, denn der Nil ist der zweitlängste Fluß der Welt. In Marokko und auf Sizilien wächst auch Papyrus, aber in bescheidenen Mengen, die es nicht gestatten, sich damit für den Bau eines Bootes zu versehen. Im Sudan gab es innere Unruhen, und die Behörden waren Reisenden gegenüber zu mißtrauisch, um jemandem ein Visum zu erteilen, der behauptete, nur zu kommen, um ein Boot aus Papyrusschilf zu bauen. Äthiopien dagegen öffnete den Touristen Tür und Tor, und so landeten wir mit einer Linienmaschine in der Hauptstadt Addis Abeba, 3000 m über dem Meer, auf einem grünbewachsenen, mit gelben Feldblumen übersäten Felsplateau, mitten in dem alten stolzen Kaiserreich.

Auf dieser Fahrt begleitete mich Tosi, ein frischgebackener italienischer Kameramann. Er war dünn und zwei Köpfe größer als die meisten Leute; deswegen hatten wir Schwierigkeiten, ihn in dem kleinen Lufttaxi zusammenzufalten, das uns weiter zum Tanasee bringen sollte. Bald schwankten wir in einer Schaukel in den Windstößen über den grasbewachsenen äthiopischen Bergkuppen. Unter uns lagen auf Hügeln und Bergspitzen, in Gruppen verstreut, die malerischen runden Grashütten des Landes. Die Landschaft ähnelte lange einer welligen Golfbahn in allen Schattierungen des tiefsten Grün. Dann schlossen sich rissige Berge, wilde, tiefe Cañons an. Auf dem Grund brausten weiße Stromschnellen. Bald darauf schaukelten wir über dem oberen Lauf des Nil: rotbraunes Flußwasser zwischen schroffe Felswände gezwängt, in wilden Windungen tief unten auf dem Grund einer endlosen Zickzackschlucht. Die Windungen unter uns waren die mächtige Bilderschrift der Natur, die uns erzählte, daß sich dieser uralte Fluß seit dem Morgen der Zeiten durch diesen Berg gegraben hatte, sich hindurchgenagt und Millionen von Tonnen der Berglandschaft Äthiopiens als fertiggekauten Morast und Schlamm über die Abhänge in die Wüstenebenen des Sudans und Ägyptens gespien hatte. Seit den Tagen der Pharaonen hatte sich der Nil unaufhörlich mit äthiopischem Fels versorgt und die Massen als Dünger für ägyptische Kornfelder mit sich getragen. Die tiefen Windungen des Nil machten Geschichte, denn sie lieferten den Mutterboden für einen der vitalsten Schößlinge der Weltkultur.

Unsere Betrachtungen wurden jäh beendet. Plötzlich stürzte das Flugzeug direkt auf die Felswände zu, als der Pilot gewaltsam den Steuerknüppel ergriff, und wir strichen mit einer Tragfläche dicht über die Baumspitzen eines Bergkammes, der eine Windung der Schlucht ausfüllte. Der Nil verschwand, wir sahen nur Gestein und Baumkronen. In derselben Sekunde donnerte uns von allen Seiten ein ohrenbetäubendes Dröhnen entgegen, das den Lärm des kleinen Flugzeugmotors völlig übertönte. Wir suchten am Sitz Halt, während der Magen sich gegen den Unterleib preßte, und hielten den Atem an, als sich vor uns die Nilschlucht plötzlich in ein infernalisches Chaos öffnete. Der riesige Fluß war quer durchgerissen und hing brausend wie eine mächtige senkrechte Wand vor dem Kanzelfenster. Wilde Wassermassen stürzten die Felswände hinunter, vor uns, auf den Seiten, oben, unten, vertikal, horizontal. Es kochte weiß, donnerte, dröhnte und rauchte. Die Sonne verschwand hinter dunklen Steilabhängen rings um uns, dann ergriff der Pilot aufs neue den Steuerknüppel, und wir hielten uns weiter krampfhaft am Sitz fest, während uns das Höhenruder, von einem starken Luftstrom unterstützt, nach oben preßte; wir flogen in einen prächtigen Regenbogen hinein, der sich gegen den blauen Himmel abzeichnete. Dann strichen wir elegant dicht über den Rand des schäumenden Hexenkessels hin, wo uns blanke stürzende Wassermassen entgegenströmten und hinter uns in der Tiefe senkrecht zerbrachen. Wie durch Zauberei lag der Nil wiederum unter den Tragflächen, aber ein Stockwerk höher und in ganz neuer Gestalt, gemächlich still, morastbraun und lautlos hoch oben auf einem grünen Plateau, ohne jede Spur von Cañons oder versperrenden Wänden. Wir hatten freien Ausblick auf wellige Hügel, blinkendes Wasser und immergrünen Laubwald.

«Wollt ihr es noch einmal sehen?» fragte der Pilot und legte die Maschine, ohne eine Antwort abzuwarten, auf die Seite, zog sie herum und flog dicht über denselben Bergkamm zurück, und wieder hatten wir das gleiche gewaltige Erlebnis, als wir in die rauchende Schlucht hineinstürzten.

«Abbaifälle», bemerkte der Pilot trocken, als wir wieder unsere eigenen Worte verstehen konnten. «Hier stürzt der Nil in voller Breite das Hochgebirgsplateau hinunter. Die Leute hier nennen die Wasserfälle *Tis Abbai. Abbai* ist der Name des Nil, und *Tis Abbai* bedeutet ‹Rauchender Nil›.»

Wir drehten uns um und sahen, daß an der Stelle, wo der Nil in seiner ganzen Breite verschwand, ein feiner Regen aus der Unterwelt emporstieg, der sich wie der Rauch eines Riesenfeuers mit dem Luftstrom hoch in den Himmel schwang.

Kurz darauf landeten wir bei Bahir Dar, und gleich danach filmten wir vom Hügel aus den Wasserfall. Dies war die Grenze zwischen zwei Welten oder eine Welt in zwei Stockwerken. Wir wußten, daß hier irgendwo in der Nähe Menschen immer noch wie zur Zeit der Pharaonen in Papyrusbooten umherpaddelten. Hier hofften wir, Papyrus in unbegrenzten Mengen zu finden, denn es war nur ein Tagesmarsch von den Abbaifällen zum Ursprung des Nil im großen Tanasee. Wir befanden uns in dem legendären Mondgebirge des Mittelalters.

Als wir den Flußbeginn erreichten, lag der Tanasee silbrig und schwarz vor uns und reflektierte die letzten Strahlen von späten Abendwolken und Silhouetten von Bergen und Baumspitzen. Draußen in der Bucht bewegten sich langgestreckte Schatten, wie von schwimmenden Tieren mit geringeltem Schwanz, und fuhren lautlos über den Silberstreifen hin und her. Im Schatten des Waldes waren sie unsichtbar, aber wenn sie in den Silberschimmer hineinglitten, zeichneten sie sich als klare Silhouetten ab. Im ganzen waren es sechs. Sechs Papyrusboote glitten an der Stelle ziellos umher, wo sich der Tanasee zwischen zwei dschungelbedeckten Landspitzen öffnet und sich als

Nil allmählich auf die erste geruhsame Wanderung in Richtung der Abbaifälle begibt. In jedem Boot saßen eine, zwei oder drei Gestalten, jede hielt einen dünnen Stock in der Mitte und tauchte die Enden abwechselnd zu beiden Seiten des schmalen Fahrzeugs ein, wie man einen schmalen Kajak paddelt. Vielleicht fischten sie in der Trift, vielleicht vergnügten sie sich nach getaner Arbeit mit Spielen in den friedlichen Stromwirbeln, welche die Quelle des Nil kennzeichnen. Etwas weiter unten wirbelte ein einzelnes Papyrusboot in wilder Fahrt über weiße Stromschnellen, den großen Fällen gefährlich nahe, aber die schwarze Gestalt an Bord manövierte das kleine Fahrzeug behend aus den hellen schäumenden Wellen heraus und fuhr von den Schatten des ruhigeren Ufers verborgen zum See zurück.

Das Mondgebirge. Es ragt zum Mond empor. So mußte diese Landschaft den Wiederentdeckern des Mittelalters erschienen sein, die vom Roten Meer oder von der ägyptischen Ebene heraufgestiegen waren. Der Wasserspiegel des Tanasees liegt 1800 m über dem Meer, und die Berge, die in einem Kranz den See umgeben, sind bis zu 4000 m hoch. Trotzdem ist die Wasserfläche so groß, daß man die gegenüberliegende Küste nicht erkennen kann. Auf dem See haben die schwarzen Mönche Zuflucht gesucht. Sie halten sich auf üppigen Dschungelinseln weit draußen im See auf, und ihre einzige Verbindung zur Umwelt ist jahrhundertelang das Papyrusboot gewesen. Sogar aus der Entfernung konnte man in der späten Abendstunde eine interessante Beobachtung machen. Während die Papyrusboote auf dem abgelegenen Tschadsee achtern quer abgeschnitten sind und nur ihr Bug nach oben geschwungen ist, hatte dieser Typ, der an den Nilquellen überlebte, die uralte ägyptische Form bewahrt. Sowohl Bug als auch Achtersteven bogen sich hoch über das Wasser, und der Achtersteven war zu dem eigentümlichen altägyptischen Schnörkel über dem Boot gekrümmt. Dieser Anblick in der stillen Abendstunde an der Quelle des Nil war wie eine Vision über dem Fluß, ein Blick zurück durch die Zeiten in die friedlichen Morgenstunden der Geschichte.

Der letzte verbliebene Ausschnitt der Tropensonne versank senkrecht hinter fernen Baumkronen, und damit ging das Licht langsam wie in einem Kinosaal aus. Mit seinem Erlöschen waren die dunklen Berge und der See wieder in die Zeitlosigkeit versunken. Der milde Nachtwind trug angenehme würzige Gerüche und einen schwachen Hauch zeitloser Mystik mit sich, einen Hauch von den Inseln dort draußen, auf denen die Zeit stillstand und das Mittelalter noch lebendig war – beschützt und gehegt von traditionsverbundenen Mönchen, welche seit ungezählten Generationen Lebensweise, Bekleidung, Rituale und Glauben verewigten, die ihre heiligen Vorgänger im Mittelalter auf die Inseln gebracht hatten. Obgleich auf ihren Inseln gigantische Dschungelbäume wachsen, sind die Mönche nie dazu übergegangen, Kanus oder Plankenboote zu bauen; ihre Vorväter hatten das

Papyrusboot des Altertums ins Mittelalter gepaddelt, nun paddelten sie es unbeirrt weiter ins Atomzeitalter. Wir waren gekommen, um von den Mönchen zu lernen, wir wollten aus ihrer Erfahrung mit Papyrusbooten Nutzen ziehen. Und keiner würde besser wissen, wo wir genügend Papyrus für unsere Zwecke finden konnten.

Woher waren die Lehrmeister der Mönche gekommen? Papyrusboote und Pharaonen sind nicht als einzige im Altertum zwischen den Ländern an beiden Enden des Nil ausgetauscht worden. Sogar das aufstrebende Christentum des Altertums hatte den Weg von Ägypten nach Äthiopien gefunden, tausend Jahre bevor der lange Winterschlaf des Mittelalters den natürlichen Kontakt zwischen der Ebene an der Nilmündung und dem Hochland an den Nilquellen verschleierte. Schon um das Jahr 330, mehrere Jahrhunderte bevor das Christentum in den Norden Europas kam, breitete sich das koptische Christentum von Ägypten nach Äthiopien aus. Die ersten Christen ließen sich damals in dem alten Königreich Axum, mitten im äthiopischen Hochgebirge nördlich des Tanasees, nieder. Später flüchteten viele von ihnen südwärts bis zu den verborgenen Inseln in den großen Seen Tana und Swai, um Verfolgungen wegen ihres Glaubens zu entgehen. Die schwarzen Mönche, die sich auf dem Tanasee versteckt hielten, hatten sich nun 700 Jahre dort aufgehalten und neue Generationen geworben, indem sie junge Männer aus dem Land holten und in Papyrusbooten auf die Inseln paddelten.

Um die Mönche aufzusuchen und die Papyrusvorkommen des Sees zu erforschen, mieteten wir ein eisenbeschlagenes Motorboot, das ein Papyrusboot im Schlepp hatte. Zwei dieser Metallboote waren von einem ideenreichen Italiener an den Tanasee gebracht worden; er benutzte sie als Konkurrenz zu allen Papyrusbooten, die Korn von den kleinen Ladeplätzen am Ufer zu den großen Märkten im Norden und Süden des Sees befördern.

Auf der ersten Insel, die wir erreichten, waren die Abhänge dicht bewaldet, und die Wurzeln der Dschungelbäume bildeten bis weit in das Wasser hinein Palisaden und Netzwerk. Wir schlängelten uns mit dem leichten Papyrusboot durch die Stämme und sprangen unter Laubwerk an Land. Hinter den ersten Baumstämmen erwarteten uns zwei unbewegliche Mönche auf einem schmalen Pfad, als wären wir von ihnen bestellt worden. Sie waren barfuß und trugen fußlange Mäntel mit offener Kapuze; ihre Haut war dunkelbraun, ihr Bart schwarz. Ihre Finger spielten mit einem rautenförmigen koptischen Kreuz auf der Brust, und sie verbeugten sich schweigend mit einer eleganten Handbewegung, die uns den Weg über den Lehmhügel zum Heiligtum auf der Spitze zeigte. Hier standen kleine Papyrusboote hochkant an sonnigen Wänden und lag Papyrus in trockenen Bündeln aufgeschichtet. Die Kirche selbst befand sich auf dem allerhöchsten Punkt und sah wie eine größere Version der Mönchswohnungen aus, die weiter unten verstreut am Abhang lagen, kreisrund waren und Wände aus senkrechten Pfosten und dicke konische Strohdächer besaßen. Es wurde mit einer Keule gegen eine lange flache Steinplatte geschlagen, die als Gong aufgehängt war und einen tiefen melodischen Klang von sich gab, und daraufhin kamen mehrere Mönche angeschlendert. Viele von ihnen waren stolz und schön wie die meisten Äthiopier, mit schwarzer Haut, scharfen Gesichtszügen, gebogener Nase und schwarzem Spitzbart, aber nicht wenige wirkten unterernährt und abgestumpft. Es waren blutjunge Burschen, Männer im besten Alter und gebeugte Greise mit wallenden weißen Bärten. Alle waren bettelarm, in einfache Mäntel gehüllt, barfuß oder mit offenen Sandalen. Sie aßen, was ihre kleinen Ackerflecken ihnen gaben, und Fische aus dem See. Sie beteten, sangen und meditierten.

Wir fühlten uns willkommen. Hier würden wir schon wichtige Auskünfte bekommen. Zwei Greise mit Turban schleppten zwei tonnenförmige Felltrommeln herbei, die sie mit der flachen Hand schlugen, und leise gebrochene Stimmen sangen völlig fremdartige, uralte Kirchenlieder, die den traditionsverbundenen Mönchen von der ältesten christlichen Gemeinde Äthiopiens überliefert sein mußten. So hatten wahrscheinlich schon ihre Kirchenväter gesungen, als sie auf ihrer ersten Wanderung aus dem Königreich Axum über den See paddelten.

Die Insel hieß Covran Gabriel, und wir erblickten den Engel Gabriel mit dem gezogenen Schwert als ersten, als uns die Mönche in ihre strohbedeckte Kirche zogen. Er war in riesigem Format gemalt und von einer farbensprühenden Auswahl biblischer Motive umgeben, die alle Fassaden eines zentralen Heiligtums dekorierten, einer Art Altar, der den ganzen Mittelteil der Kirche vom Boden bis zum Dach ausfüllte und nur Platz für einen Rundgang mit Ausgängen in alle Richtungen übrigließ. So waren alle koptischen Kirchen am Tanasee. Hier sah man die ganze biblische Geschichte als Comic Strip, und die Mönche erzählten, was der bezaubernd naive Stil bestätigte, daß die Bilder zwei- oder dreihundert Jahre alt waren, einzelne vielleicht noch älter. Wir vermerkten besonders den Pharao, der gerade mit seinem ägyptischen Heer im Roten Meer ertrank, so daß nur noch blanke Ritterhelme und die Büchsenläufe der Armee über den Wasserspiegel ragten.

Wir wurden höflichst ersucht, auf Strümpfen einzutreten, und kamen mit mehreren hundert Flöhen heraus, die in den alten Kirchenteppichen gefastet hatten. Ich kam leicht davon, aber die heftigen Gebärden des Kameramannes verrieten, daß die Vortrupps bei ihm schon von den Beinen in die Armhöhlen und ins Haar gehüpft waren. Er befand sich in vollem Rückzug zum Boot, wo er zum Entsetzen der Mönche ein fast öffentliches Striptease mit der Flitspritze vollführte. Zu diesem Zeitpunkt hatte ich schon aus den Mönchen das Wenige herausgeholt, was sie über die Schwimmfähigkeit des Papyrus wußten. Obwohl das Papyrusboot für diese Inselbewohner das gleiche bedeutete wie Pferd und Kamel für die Reiter der Wüste, hatte doch keiner von ihnen die Schwimmfähigkeit länger als einen Tag erprobt. Nach Gebrauch zogen sie das Boot immer an Land und stellten es auf die Seite, sonst würde es Wasser ziehen. Vollgesogener Papyrus würde nicht sinken, sagten die Mönche, aber er würde seine Tragfähigkeit verlieren. Je größer die Boote waren, desto länger würden sie schwimmen. Es lohne sich nur nicht, sie groß zu machen, denn dann waren sie ja schwerer zum Trocknen an Land zu ziehen.

Jetzt war ich ebenso klug wie zuvor. Die nächste Insel, die wir erreichten, hieß Narga. Sie war flach, und in ihren seichten Buchten wuchs Papyrus, aber die Mönche brauchten ihn selbst, um ihre Boote regelmäßig zu erneuern. Papyrus verfaule, sagten sie. Und: «Wir müssen mindestens einmal im Jahr neue Boote bauen, auch wenn wir uns Mühe geben, sie nach jeder Fahrt zu trocknen.» In einem alten Steinturm saß ein einsamer Mönch und sagte kein einziges Wort. Er rührte sich auch nicht. Der Turm war vor 250 Jahren von der Kaiserin Mentuab gebaut worden, und der Mönch hatte sich erst vor wenigen Jahren in das offene obere Stockwerk gesetzt, aber er hatte seinem Gott gelobt, bis zu seinem Tode unbeweglich in dem Turm sitzen zu bleiben. Seine Klosterbrüder zur ebenen Erde betrachteten ihn als einen lebendigen Heiligen, wie er da als Silhouette vor den treibenden Wolken saß.

Wir beeilten uns, auf die Nachbarinsel zu kommen, die mit bewaldeten Höhenzügen massig emporragte. Sie war die heiligste aller Inseln des Tanasees, Daga Stefano, die Insel, die so heilig ist, daß keine Frau, nicht einmal eine Kaiserin, ihre Füße auf dieses Eiland setzen darf. Als letzte hatte es Mentuab, die mächtige Kaiserin Äthiopiens, versucht, und sie war höflich abgewiesen worden, als sie vor 250 Jahren mit ihrem Hof von einem großen Papyrusboot aus das Eiland betreten wollte.

Vom See aus gesehen, liegt die Insel in üppiger Schönheit da. Auf der Spitze sahen wir ein Grasdach mit einem Kreuz durch die Baumkronen schimmern. Ein zerlumpter Mönch mit starker Elefantiasis des Skrotums bewachte den einzigen Landeplatz der Insel, und hinter ihm stand eine Reihe kleiner Papyrusboote an die Bäume gelehnt. In gespannter Erwartung sprangen wir auf die Steine und gingen auf der heiligen Insel an Land. Der Mönch ließ uns die Boote untersuchen, und er hielt uns auch nicht zurück, als wir über den breiten Lehmpfad auf die Spitze zugingen. Gigantische Dschungelbäume, Strohhütten, Mönche. Sie verbeugten sich schweigend, murmelten Gebete, und ihre Finger spielten mit kleinen Kreuzen. Papyrus? Alle deuteten in die gleiche Richtung über den großen Binnensee. Dort wächst er in unbegrenzten Mengen. Von dort holten sie ihn selbst. Die Tragfähigkeit? Acht Tage. Vierzehn Tage. Wenn er nicht unter der Last versank, würde er verfaulen und in weniger als zwei Wochen in den Wellen brechen. Papyrus muß trocken gehalten werden, an Land getragen werden. Mehr wußten sie auch nicht.

Es gelang uns nicht, in den Tempel zu kommen. Mit seinen ovalen Wänden aus Stein, Bambus und Stroh sah er baufällig aus. Aber nebenan lag eine grottenartige Steinhütte voller Reliquien. Hier luden uns zwei lächelnde Mönche in das Dunkel in eine Art Gruselkabinett des Todes ein. Regale mit weißen Schädeln, alten Kreuzen und heiligen Besitztümern von toten Prälaten. Die größten Kleinodien waren gläserne, mit einem Tuch bedeckte Särge. Im Halbdunkel wurde das Tuch zur Seite gezogen und enthüllte die knochendürren eingeschrumpften Mumien von vier alten äthiopischen Kaisern, die einbalsamiert waren und mit runzligen Armen und über der Brust gefalteten Händen dalagen, um auf der heiligen Insel die Ewigkeit zu verbringen. Einst hatten die Leichengefolge diese Mumien in Papyrusbooten über den stürmischen Tanasee geleitet, so wie einst die Mumien der Pharaonen in schweigender Prozession nilabwärts gefahren wurden.

Wieder in der Sonne, bereiteten wir allen Mönchen eine große Überraschung, als sie ihre eigenen Stimmen aus einem kleinen Tonbandgerät hörten. Alle wollten reden. Alle wollten singen. Und bald saßen alle auf einer breiten Treppe und sangen im Chor ins Mikrofon. Uralte koptische Kirchenlieder. Und ich kauerte vor ihnen und nahm auf. Hinter mir stand der große Kameramann über sein Filmstativ gebeugt. Da erdröhnte ein Brüllen und ein so kräftiger Fluch, daß der Zeiger des Tonbandgerätes ganz ausschlug und dann auf Null stehenblieb. Plötzlich saßen die Mönche wieder mit geschlossenem Mund und großen Augen da. Und hinter mir erblickte ich den Kameramann im wildesten Kriegstanz. Er hatte das Stativ mit einem Fußtritt umgestoßen und war dabei, das Hemd über den Kopf zu ziehen. Es flog beiseite, und dann griff er an den Gürtel.

«Stopp», zischte ich entsetzt und war wirklich wütend, «bist du vollständig übergeschnappt?»

Es half nichts. Auch die Hose flog im wildesten Striptease zur Erde, während sich der zappelnde Kameramann mit beiden Händen an das blanke Hinterteil faßte.

«Wespen», brüllte er, «Wespen in der Hose!»

Es war nicht ganz leicht, ihm unseren traurigen Abgang von Daga Stefano zu verzeihen, wenn er auch Qualen litt und nicht sitzen konnte, als wir wieder im Boot waren. Als ich mich zur Treppe umdrehte, waren nur noch wenige Mönche da, von denen wir uns hätten verabschieden können, aber die Übriggebliebenen bedankten sich freundlich für einen kleinen Betrag, den wir aus Dank für die Hilfsbereitschaft und als Ablaß für den Kameramann spendeten.

Der Besuch bei den Mönchen hatte uns insgesamt den unangenehmen Eindruck vermittelt, für sie wäre es das Wichtigste, ein Papyrusboot so klein zu bauen, daß man es zum Trocknen bequem an Land ziehen kann. Diese Methode war für den Atlantik höchst ungeeignet. Um sie bequem an Land ziehen zu können, werden alle größeren Schilfboote am Tanasee faktisch in zwei Teilen gebaut, die man einzeln aufs Trockene tragen kann; eine dünne, bootsförmige Schale mit hochgezogenem Bug und Achtersteven und in diesem Rumpf eine Art dicke, zusammengebundene Papyrusmatratze, die in den Hohlraum hineinpaßt. Die Boote am Tschadsee waren viel robuster. Die Mönche am Tanasee legten es darauf an, die Schilfboote leicht zu machen, ohne die uralte Form zu verändern, während die Budumas am Tschadsee vor allem auf eine kompakte, solide Bauweise achteten.

Auf dem Weg zum anderen Ufer kamen wir an einigen seichten Flußinseln vorbei, wo es von Flußpferden wimmelte, die ins Wasser wateten, verschwanden und rings um uns wieder auftauchten. Die Bootsmannschaft versicherte uns, daß die Tiere Papyrusboote haßten und sie bei jeder Gelegenheit umstürzten, denn seit grauer Vorzeit seien die Flußpferde von solchen Booten aus harpuniert worden. Das hörten wir immer wieder, sowohl im Tschad als auch in Äthiopien. Wir schoben unser Papyrusboot leer ins Wasser, aber die Flußpferde streckten nur den Kopf neugierig auf allen Seiten heraus, prusteten, schnaubten und glotzten interessiert.

An der Südwestseite des Sees erhebt sich die Küste kaum über den Wasserspiegel, und hier fanden wir die großen Papyrussümpfe. Die Bootsmannschaft erzählte, Räuber würden diese Gegend unsicher machen. Manche nennen sie Freiheitskämpfer, sagte Ali, der «Skipper» des Motorboots. In Wirklichkeit seien sie nur gewöhnliche Räuber, erklärte er, die einen in Frieden lassen, wenn man nur bezahlt. Einer der Schlimmsten, der 25 Jahre lang am See gewütet und 49 Menschen getötet hatte, war gerade von den Behörden erschossen worden, erzählten die Männer. Sie selbst hatten nie Schwierigkeiten, denn Ali entrichtete Tribut.

Inmitten der endlosen Sumpfflächen sahen wir ein trübes Rinnsal zwischen den Papyrusstengeln hervorsickern und wie einen breiten rotbraunen Streifen durch den See ziehen. Hier endet ein kleiner Fluß, dessen Mündung im dichten Schilf versteckt liegt. Weil er sich in den Tanasee ergießt, die Quelle des Blauen Nils, trägt er den Namen Kleiner Nil. Vielerlei große Sumpfvögel saßen unbeweglich im hohen Schilf. Gewöhnlich ist der Kleine Nil so seicht, daß man ihn nur einige hundert Meter mit dem Motorboot befahren kann, aber jetzt stand das Wasser ungewöhnlich hoch, so daß wir den schmalen roten Fluß drei Kilometer bis zu einem Dorf aus runden strohbedeckten Hütten hinauffuhren. Hier wohnte der Abaydar-Stamm. Männer und Frauen stellten sich in dichten Reihen am Ufer entlang auf, um das Metallboot anzustarren. Ali erklärte, es gebe nur dieses und ein zweites, noch größeres Metallboot auf dem Tanasee. Beide gehörten seinem Boss, und keines von beiden hatte bisher den Weg flußaufwärts gemacht. Mehrere kleine Papyrusboote wurden von Hüttenwänden heruntergehoben und teils zu uns herausgepaddelt, teils herausgestakt. Die kleinsten waren nur Schwimmer in der Form eines dicken Stoßzahns, und wir erfuhren, daß sie *Koba* heißen. Sie werden genauso gemacht und benutzt wie am Tschadsee, in Peru und auf der Osterinsel. Ein etwas größeres Modell, in dem eine Person sitzen kann, heißt *Marotscha*, während der gewöhnlich zweiteilige Typ, der zwei oder mehr Paddler faßt, *Tanqua* heißt. Der größte *Tanqua*, den wir sahen, hatte neun Mann an Bord, aber wir erfuhren, daß viele sogar bis zu zwei und drei Tonnen Korn über den Tanasee beförderten. Es kam vor, daß ein *Tanqua* im Wind abtrieb und über eine Woche draußen lag, ehe die Mannschaft mit dem Korn, das dann zu keimen begonnen hatte, wieder das Ufer erreichte. Das Abaydar-Volk glaubt, wie die Mönche, ein *Tanqua* würde sich nach zwei Wochen vollgesogen und in den Wellen aufgelöst haben. Der hohle Rumpf des *Tanqua* ist so dünn, daß sich das Boot der Länge nach auf den kleinen Wellen wie ein Wurm windet.

Der Verdacht war bestätigt: Selbst wenn die Form des *Tanqua* vom Tanasee stark an die Boote des alten Ägypten erinnert, fehlt ihm jedoch die kompakte Stärke, die den *Kaday* vom Tschadsee kennzeichnet. Darum hieß die Lösung: den Papyrus vom Tanasee holen, die Bootsbauer aus dem Tschad und die Wandmalereien des alten Ägypten als Modell für die geplante Rekonstruktion des altertümlichen Bootes benutzen.

Unweit des Dorfes war es völlig menschenleer. Ich war als einziger auf dem Sumpfrand an Land gegangen, als sich plötzlich ein ungewöhnlich stattlicher Äthiopier im Schilfdickicht aufrichtete. Er war in einen ärmellosen Überwurf gehüllt, einen langen Speer trug er wie eine Angel über der Schulter. Mit seiner stolzen Haltung, spitzem schwarzem Bart und scharfem Profil erinnerte er mich sehr an Kaiser Haile Selassie, und als sich zeigte, daß sein kleiner Sohn ebenso malerisch war – wie er mit einem geflochtenen Fischkorb an einem Stock über den Rücken aus dem Schilf hervorgetrollt kam –, postierte ich die beiden freundlich als Vordergrund für eine lange Serie Papyrusaufnahmen, die der Kameramann machte. Als ich dem Mann zum Dank eine Münze zusteckte und wieder an Bord springen wollte, lächelte er hintergründig nachsichtig und bedeutete mir höflich, daß er mitfahren wolle. So wurden das Fotomodell und sein Sohn Teilnehmer unserer kleinen Expedition flußabwärts in die endlosen Schilfsümpfe zum See zu. Hier bedankten sich beide artig und wollten an Land gehen. Aber Ali war nervös geworden und bewog mich dazu, aus der Gesäßtasche Geld zu ziehen, wovon er sich unbefangen einen größeren Schein – soviel betrug hier ein Wochenlohn – herauspickte und dem bärtigen Mann zusteckte, der bescheiden lächelte und sich elegant verbeugte,

Das Anbieten von Geld . . .

... ist die verständlichste Versöhnungsgeste der Welt. Mit dem Geldschein in der Hand kommt man durch das ganze Land, im Schwarzwald wie im Urwald. Und selbst zu Wasser hat Geld seine treibende Kraft, denn wie schrieb schon Petronius Arbiter vor fast zweitausend Jahren: Quisquis habet nummos, secura navigat aura – wer Geld hat, segelt unter sicherem Wind.

ehe er mit seinem Sohn ebenso spurlos im Schilf verschwand, wie sie beide aufgetaucht waren.

«Das ist der größte Räuber an diesem Ufer», erklärte Ali erleichtert, «ich gebe ihm immer etwas, dann ist er ganz verträglich.»

In dieser Nacht stürzte ein wahrer Wolkenbruch herab. Wir banden das Boot an einem Baum am Ufer fest, drehten unseren kleinen Papyrus-*Tanqua* auf den Kopf und benutzten ihn als Dach. Die Donnerschläge dröhnten, wie sie nur dröhnen, wenn Wolken tief über offenem Wasser treiben, und der gewaltige Knall und der blendende Schein der Blitze verrieten, daß das Gewitter direkt über uns stand. Der Blitz schlug in den See und in den Waldrand ein. Ein Grollen und ein Lichtmeer zugleich. Wir spürten den Druck, und dicht neben der Vertäuung zersplitterte auf dem Ufer ein großer Dschungelbaum. Der Regenguß spritzte wie die Strahlen von fernen Gartenschläuchen herein. Unsere Habe schwamm mit den Fischen, die wir im Laufe des Tages gefangen hatten, im Boot umher. Der Kameramann schlief, bei solchem Wetter brauchte er nicht mit der Insektenspritze zu wachen.

Im Süden Äthiopiens erstreckte sich das Rift Valley zwischen zwei Bergketten von Norden nach Süden in Richtung Kenia. Die Geologen erklären, daß dieses Tal durch die langsame Verschiebung Afrikas gegen Westen im Laufe von Millionen von Jahren parallel zum Roten Meer entstanden ist. In diesem breiten Gebirgstal liegt eine Reihe großer Seen wie Perlen an der Schnur. An einem, dem Swaisee, werden Papyrusboote gebaut. Durch das Tal führt eine ausgezeichnete Autostraße, und die anderen Seen sind beliebte Ausflugsziele für Weekend-Touristen aus der Hauptstadt Addis Abeba, die hier zum Jagen, Fischen und Baden herkommen. Nur zum Swaisee, dem schönsten von allen, kommen sie nicht. Denn dorthin führt kein Weg, und auf dem Papyrus des Swaisees lebt die Schnecke, die den Bilharziawurm aufzieht, so daß kein Badegast seine Füße in diesen See taucht.

In Addis Abeba erzählten mir zwei Schweden von diesem See. Einer war Ethnologe und hatte deshalb alles über die Inselbevölkerung gelesen, der andere ernährte sich als Vogelfänger in Äthiopien und war deshalb selbst am Seeufer gewesen. Mit Proviant und Feldausrüstung verließen wir in einem geliehenen Jeep unser Hauptquartier in der Hauptstadt und sausten auf besonders guten, guten, weniger guten und schließlich elenden Wegen dahin, bis wir in einer gastfreien schwedischen Missionsstation hoch oben am Abhang, östlich vom Rift Valley, Nachtquartier bekamen. Mit dem scharfsinnigen äthiopischen Lehrer Aseffa als Dolmetscher und einem jungen Galla-Neger, der «den Weg kannte», starteten wir am nächsten Morgen den Jeep, um uns zum Swaisee aufzumachen. Eine tiefe Schlucht mit einer schäumenden Stromschnelle versperrte den Zugang zur Ebene nach Westen in Richtung See, und um einen Übergang zu finden, mußten wir erst 25 km südwärts über aufgeweichte, erst im Bau befindliche

Straßen. Dann kamen wir über eine imposante Steinbrücke und fuhren 50 km nach Nordwesten, ohne Weg oder Radspur. Wir folgten schmalen Reitwegen, Wildwechseln und Lichtungen zwischen den verstreuten Bäumen im Wald, bald hier, bald dort, und die ganze Zeit mußten wir vor dem Jeep herlaufen, um eine Durchfahrt zu suchen. Der «Führer» war kleinlaut und machte den Mund nicht auf, und wenn er doch einmal die Richtung bestimmte, führte er uns in die Irre. Es gab keine wilden Tiere, aber viele alte Grabhügel, und oft sahen wir Galla-Neger auf Streifzug im Wald, einen Speer über der Schulter und einen Hund dicht auf den Fersen. Einer erschrak und hob den Speer zur Selbstverteidigung, als wir mit dem Jeep auf ihn zufuhren, um nach dem Weg zu fragen. Dann lief er, so schnell er konnte, in den lichten Akazienwald.

Am späten Nachmittag erreichten wir einen hohen Berggipfel, der in den Swaisee hineinragt und von dem man einen guten Ausblick auf das östliche Ufer und zwei der fernen Inseln hat. Oben auf der Landspitze lagen eine winzige Bretterhütte und ein großes Zelt, die schwedische Missionsklinik. Die Station wird von einer Krankenschwester allein betrieben, und sie war in Schweden auf Urlaub, aber ein Wächter vom Galla-Stamm wohnte mit seiner Familie nebenan in einer Grashütte und ließ uns das Zelt benutzen. Auf beiden Seiten sahen wir die Schilfsümpfe sich vom Fuße des Berges nach Norden und Süden erstrecken, und tief unten schien die Abendsonne auf ein gelbes Korn, das sich über den See zu bewegen schien, ein kleines, langsames Papyrusboot auf dem Rückweg zur nächsten Insel.

Wieder erlosch der Tag so schnell, wie er nur acht Grad entfernt vom Äquator erlischt. Und dann begann die Vorstellung. In den umliegenden Bäumen schwatzten Affen. Flußpferde watschelten auf die Ufer und begaben sich schmatzend in die Maisfelder der Neger. Geheul und Gejammer von immer mehr Hyänen kam immer näher. Am See, weit, weit entfernt, schlugen Trommeln. Vom Zelt aus sahen wir auf der Insel Feuer brennen. Aseffa sagte, daß dort die Kopten den Beginn ihres großen Maskal-Festes feierten. Ich wollte hinauskriechen und mich umschauen, als ich gegen zwei dunkle speerbewehrte Gestalten stieß. Sie standen fast unsichtbar dicht vor der Zeltöffnung. Es war der Wächter aus der Grashütte mit einem Verwandten, der uns fragte, ob wir die Hyänen ansehen wollten. Sie hatten ihr Maultier tot aufgefunden, und nun waren die Hyänen dabei, sich gütlich zu tun. Wir schlichen in das Wäldchen. Vor uns hörten wir herzzerreißendes Schreien, Kläffen, Knurren und Schnappen. In den umliegenden Gebüschen leuchteten wachsame Hyänenaugen, als hätten sie warnende Parkleuchten im Schädel. Als wir die Taschenlampe anknipsten, war der Spuk lautlos und unsichtbar wie auf einen Zauberschlag verschwunden. Nur das Maultier blieb blutig und zerrissen zurück. Wir machten die Lampe wieder aus und warteten. Dann wurden alle Augen wieder angeknipst, ein Paar nach dem anderen, überall, und die Bestien heulten, jammerten und zeterten. Wir hörten es im Gebüsch brechen, und Zweige knackten. Wir knipsten die Lampe aufs neue an. Nur das halbe Maultier war noch übrig, die Hyänen hatten es zerlegt, und das ganze Hinterteil war spurlos verschwunden. Wir durchsuchten alle Büsche, die voller Blutspuren waren, aber eine Hälfte mit beiden Hinterbeinen hatte die Nacht für immer verschluckt.

Am nächsten Morgen kletterten wir zum Papyrussee hinunter. Ein einzelnes Flußpferd hatte das Maisfeld am Fuße des Berges teilweise niedergetrampelt und im Laufe der Nacht Hunderte von Maiskolben gefressen. Der Nachbar verscheuchte gerade Affen, die einheimsten, was der Riese aus dem See übriggelassen hatte. In der Ferne sahen wir auf dem Wasser einige kleine Papyrusboote von den Inseln direkt auf uns zusteuern. Wir warteten auf einer kleinen Anlegestelle, die in einer künstlichen Schilfgasse auf dem schwankenden Sumpfrand stand, denn hier führte ein schmaler Fußpfad zum See hinunter. Wir waren mit Axt und Tau versehen und hatten zwei armdicke, mannshohe Äste zugehauen, die wir für unseren Plan brauchten. Jetzt warteten wir nur darauf, daß die Papyrusboote anlegen würden.

Dort kamen sie. Sie ähnelten mit ihren quer abgeschnittenen Achtersteven und dem zu einer Spitze hochgebogenen Bug den Booten vom Tschadsee. Aber sie waren klein. Jedes bot nur einem Mann Platz.

Die beiden ersten kamen von den Inseln, um mit den Galla-Negern an Land Waren zu tauschen. Einer brachte in einem Tonkrug und in der getrockneten Schale eines Flaschenkürbisses graubraunes Maisbier. Der andere hatte frisch gefangene Fische. Kurz darauf kam auch der dritte und begann, sein Papyrusboot an Land zu ziehen. Wir hielten sie an. Wir wollten ein Geschäft vorschlagen, und bald hatten wir die drei kleinen Boote von ihnen gemietet. Wir legten sie nebeneinander und banden sie mit unserem mitgebrachten Tau und den beiden soliden Ästen, die wir querlegten, zusammen. Das war unser Schlachtplan. Wir wußten, daß dies der einzige Weg war, um auf die Insel zu kommen. Denn dort draußen wohnte das Laki-Volk. Es allein besaß Boote auf dem Swaisee und baute sie aus alter Gewohnheit so klein, daß keine unerwünschten Landratten den Zugang zu seinem uralten Versteck auf den Inseln erzwingen konnten.

Das Laki-Volk ist nicht mit den Galla-Negern verwandt, die das Festland rund um den See bewohnen. Die Galla-Neger sind typische Afrikaner und ernähren sich ausschließlich von Ackerbau und Viehzucht. Sie sind fest der Erde des Kontinents verwurzelt und haben nie versucht, Boote oder Flöße zu bauen, um sich auf das Wasser zu wagen. Das Laki-Volk gründete dagegen sein Dasein auf die Papyrusboote, weil es nicht nur die Erde bebaut, sondern auch fischt und Handel treibt. Trotz seiner schwarzen Haut ist das Laki-Volk bei weitem nicht negroid. Wie die meisten Äthiopier besitzt es scharfe, schmale Gesichtszüge und Profile, die an die Bevölkerung der biblischen Länder erinnern. Wie die Mönche auf dem Tanasee waren sie aus dem Gebiet der Nilquellen eingewandert, und wie jene hatten sie auf ihrer Flucht in die Isolation der entlegenen Inseln die Kunst mitgebracht, Papyrusboote zu bauen. Erst um die Zeit zwischen 1520 und 1535 hatten sie sich auf ihre lange Wanderung zum Rift Valley begeben, wo sie sich mit all ihren Kirchenschätzen und alten koptischen Manuskripten auf den Inseln im Swaisee ansiedelten. Dort draußen sollten die Manuskripte noch vorhanden sein, trotz vierhundertjähriger Feindschaft mit dem Galla-Volk auf dem Lande hatte es nie ein Landbewohner geschafft, auf die Inseln vorzudringen. In den letzten Jahren war die Feindschaft erloschen, der Tauschhandel hatte die Oberhand gewonnen, und einzelne Laki-Familien waren auf das Festland gezogen. Aber traditionsgemäß wurden am See nur Boote gebaut, die höchstens eine Person neben dem Paddler tragen konnten. Und selbst ein armer einzelner Passagier hatte auf dem schmalen Schilfbündel so wenig Platz, daß es umkippte, wenn er nicht still saß, die Knie gestreckt hielt oder die Beine links und rechts vom Bündel ins Wasser steckte und balancierte.

Deshalb betrachteten wir triumphierend unser vollendetes Werk, ein stabiles Floß von drei zusammengebundenen Fahrzeugen. Wir sammelten die Ausrüstung zusammen und machten uns bereit, an Bord zu gehen, um auf die verlockenden Inseln überzusetzen. Da entdeckten wir, daß ein Laki-Mann seelenruhig die Knoten auflöste und sein Boot herauszog. Er erklärte Aseffa, daß er von der Insel gekommen sei, um Brennholz für das Maskal-Feuer zu holen, aber nun sei ihm eingefallen, daß es woanders besseres Brennholz gebe. Er grüßte höflich und beeilte sich, mit seinem für uns unentbehrlichen Drittel unseres kleinen Floßschiffes davonzukommen.

Erst am späten Nachmittag gelang es uns, einen anderen Laki-Mann heranzurufen. Er paddelte am Schilfrand entlang und warf Netze aus. Fast jedesmal, wenn er das Wurfnetz einholte, blinkte es darin wie zappelndes Silber. Wir kauften den Fang, einundzwanzig delikate *Tulumu*-Fische, und brieten für jeden einen auf glühender Kohle, den Rest schenkten wir dem Fischer. Bei diesem Geschäft war das Mieten des Bootes eingeschlossen, und dieses Mal legten wir behende ab, sobald das Floß fertig war. Mit drei Mann und der Filmkamera auf schwankendem Stativ schwamm es ganz bequem. Und so kroch Aseffa doch zögernd an Bord, um als Dolmetscher mitzufahren.

Das Ufer war dicht mit kurzen Binsen bewachsen, aber wir sahen keinen Papyrus. Mit vereinten Kräften paddelten wir durch kleine Wellen, bis das Festland in der Ferne lag und sich die grünen Höhen der nächsten Insel über uns erhoben. Wir waren so nahe gekommen, daß wir malerische runde Strohhütten, die den Abhang hinauf zwischen dem Laubwerk verstreut lagen, deutlich erkennen konnten. Da kam eins der zwergenhaften Papyrusboote hinter einer Landzunge hervor und steuerte entschlossen und ohne Umwege auf uns zu. Rittlings auf dem Papyrusboot, die Beine im Wasser, paddelte zu unserer Verwunderung ein todernster Mann in einem uniformähnlichen Anzug. Er schlug einen Bogen und hielt behende genau vor uns. Durch Aseffa verstanden wir, daß sich der Mann als eine Art Scherif oder Verwalter dieser Insel, Tadecha, ausgab und daß er unsere Papiere zu sehen verlangte, ehe er uns an Land ließ. Die Zeremonie wirkte ohne Zweifel komisch, wie der barsche Beamte mit nassem Hintern auf dem Papyrus balancierte, die Uniformhosen bis zu den Knien im Wasser. Aseffa fragte, ob ich irgendein Papier besaß, irgendeins. Ich zog aus der Brusttasche einen französischen Brief, den mir der norwegische Außenminister einmal für die Republik Tschad gegeben hatte. Aseffa verstand kein Wort Französisch, aber auf unserem Floß stehend, las er laut und mit Pathos einen langen ununterbrochenen Wortschwall in der Galla-Sprache vor, wovon ich als einziges Kaiser Haile Selassie verstand, dessen Name immer wieder vorkam. Was Aseffa zusammenbraute, wußten nur er und der Scherif, aber der barsche Mann machte eine Art verwirrter militärischer Ehrenbezeigung, fuhr mit seinem schaukelnden Fahrzeug rückwärts und verschwand in Richtung einer Landzunge der grasbewachsenen Insel, während wir die nächste offene Bucht ansteuerten.

Es war eine wunderbar schöne Insel, üppig grün mit wogenden Höhenzügen und Maisfeldern. In der Bucht angelten nackte Kinder, Frauen in selbstgewebten Gewändern trugen Krüge auf dem Kopf zur Anlegestelle hinunter, ein Mann ging mit seinem Papyrusboot auf der Schulter hügelan, und überall flatterten Hühner und viele schöne Vögel. Auf dem Hügelkamm lag eine Gruppe zuckerhutförmiger Hütten in einem kleinen, offenen und gepflegten Dorf, sie trugen hohe komische Strohdächer, und die niedrigen kreisrunden Wände waren aus Stein und Fachwerk gebaut, mit Lehm bedeckt und mit einfachen Mustern bemalt worden. An den meisten Hütten stand ein krummschnäbliges Schilfboot, oft waren es sogar zwei oder drei, zum Trocknen gelehnt. Wir wurden von einem netten und bescheidenen Ehepaar hereingewinkt, das uns eine Schale frisch gebrautes *Aidar*, Maisbier, anbot. Er hieß Dagaga, sie Helu. Hartgestampfter Lehmboden, aufgeräumt und sauber. Ein Webstuhl und große versiegelte Lehmkrüge unbekannten Inhalts. Behälter aus Flaschenkürbissen und einfache Geräte hingen vom gebogenen Pfahlwerk der Wände herab, das Bett bestand aus Fellen, und das Kopfkissen war ein kleiner gebogener Nackenschemel aus geschnitztem Holz, wie er im alten Ägypten üblich war. Dagaga und Helu hatten keine Sorgen, sie hatten ein Minimum an Besitz, aber ein Maximum an Zeit, ihn zu genießen. Sie hatten keinen Kühlschrank, aber auch keine Stromrechnung. Sie hatten kein

Auto, aber auch keine Eile. Was ihnen fehlte, würden wir vermissen, sie aber nicht. Sie hatten alles, was sie brauchten und worauf wir das Dasein in unserer ersehnten Urlaubsflucht aus dem Büro beschränken wollen. Wenn die moderne Welt sie in naher Zukunft erreicht haben wird, werden sie viel von uns lernen und wir von ihnen nichts. Aber das ist beider Tragödie, denn beide nehmen an, daß wir, die am meisten besitzen, auch am weisesten, edelsten und glücklichsten sind. Aber sind wir das?

Ich saß im Schatten der Türöffnung und philosophierte, während die schöne Helu mit den klugen Augen ihre fremden Gäste graziös bewirtete und Dagaga ein Zicklein in den Händen hielt und sich sichtlich darüber freute, uns Bier und warmen gerösteten Mais anbieten zu können. Es schmeckte uns ausgezeichnet. Es war unglaublich schön, aus der Tür auf die grünen Bergkuppen zu sehen. Ich hätte gern auf den Fellen gelegen und das Farbenspiel im See genossen, wenn die Sonne unterging und die letzten Schilfboote zurückkehrten. Da erblickte ich ein Blitzen am Horizont und vernahm ein schwaches Grollen. Schwarze Wolken waren im Anmarsch. Die Filmausrüstung! Und alles, was offen im Zelt auf der anderen Seite lag! Wenn wir am anderen Ufer sein wollten, ehe das Unwetter hereinbrach, mußten wir uns beeilen. Die Sonne stand tief. Die Armbanduhr erschreckte uns. In dem Haus, das wir verließen, gab es keine Uhr, Zeit war keine Mangelware und brauchte hier nicht gemessen zu werden. Wir liefen in langen Sätzen den Abhang hinunter und stießen das dreifache Papyrusboot von Land ab. Bald verschwand die Insel achtern undeutlich in der Dämmerung; das letzte, was wir erkennen konnten, ehe die ersten Tropfen uns jede Sicht nahmen, waren kleine schwache Lichter hoch oben auf dem Höhenkamm. Dort oben saßen unsere Laki-Freunde sicher in ihren geschützten Hütten und zündeten die Dochte in der Schale ihrer Öllampen an.

Am nächsten Tag war das Maskal-Fest der Kopten, der wichtigste Tag des Jahres. Beim Maskal-Fest feiern alle christlichen Äthiopier das, was sie die «Entdeckung des wahren Kreuzes» nennen, und wir sahen von unserem Berggipfel aus überall auf den Inseln dort draußen große Feuer. Wir hatten vorgehabt, uns wieder hinauszubegeben, um das Laki-Volk weiter über seine Erfahrungen mit Papyrusbooten auszufragen, aber daraus wurde nichts. An diesem Tag zeigte sich kein Laki in einem Schilfboot auf dem See, und am nächsten Tag sahen wir nur ein paar Boote, die sich in gebührendem Abstand mitten auf dem See hielten. Vielleicht hatte der Scherif diese Lösung gefunden, um einen zweiten Besuch zu vermeiden.

Wir beluden den Jeep und machten uns auf den Rückweg. Die Rückfahrt war einfach. Obwohl es in Strömen geregnet hatte, fanden wir immer noch unsere alte Spur. Wir hatten schon den größten Teil der Ebene hinter uns gelassen, als wir zwischen den Bäumen einen anderen Jeep fahren sahen. Er kam uns auf unserer alten Spur entgegen. In dem Jeep saßen dunkle Äthiopier, von denen ein breitgebauter Riese die anderen überragte, als wir alle ausstiegen und uns die Hände schüttelten. Sein elegantes, besticktes Gewand war bis zur Brust unter einem buschigen weißen Bart verborgen, und ein großes koptisches Kreuz baumelte vor seinem Bauch. Aseffa küßte das Kreuz und erklärte, der Riese mit dem gutmütigen Gesicht sei Bischof Lukas, der höchste Prälat der koptischen Kirche. Jetzt war er auf dem Weg zum Swaisee, um seine Glaubensgenossen, das Laki-Volk, zu besuchen. Er erklärte vergnügt, auf seine spezielle Art von dem Inselvolk abgeholt zu werden. Er wollte uns auf Devra Zion, der wichtigsten der Inseln, empfangen, wenn wir nächste Woche wiederkämen. Dann sollten wir uns von der entgegengesetzten Seite des Tals an den See begeben, denn dort besaß eine kleine Leprastation ein kleines Kunststoffboot.

Dann ging es wieder zurück nach Addis Abeba. Der Jeep wurde neu ausgerüstet, und einige Tage später fuhren wir über die Touristenstraße auf der Westseite des Rift Valley nach Süden. Von hier war es einfach, an den großen See zu kommen, aber es war die falsche Seite, wo es weder Papyrus noch Inseln gab. Wir fanden die kleine Leprastation verschlossen, vor den Fenstern hingen Läden. Ein Galla-Neger mit elefantiasischen Beinen saß auf der Treppe und erzählte, das Kunststoffboot werde in Addis Abeba repariert. Abgesehen von kleinen *Yevella* aus Papyrus, die nur das Laki-Volk besaß, gab es keine Boote am Swaisee.

Wir versuchten, mit dem Jeep am Ufer entlang nach Norden zu fahren. Unbefahrbar. Auf einem grasbewachsenen Pfad kamen wir bis zu einer kleinen Klosterschule ein kurzes Stück nach Süden. Auch verschlossen. Die Weiterfahrt verhinderte ein tiefer Fluß, der in wilde Stromschnellen überging. Ein schläfriger Mönch saß verhüllt auf der Grasbank und starrte ein faulenzendes Flußpferd an, das auf der anderen Seite im Schatten der Riesenbäume den Kopf halb aus dem Wasser streckte.

Ein Boot? Gab es nicht. Keiner an diesem Ufer würde ein Schilfboot bauen, wo die Jäger hier so viele Flußpferde von Schilfbooten aus verletzt hatten. Ein Europäer und mehrere Laki-Neger waren im letzten Jahr wegen der Flußpferde ertrunken. Einen Weg für den Jeep? Gab es nicht. Nicht auf dieser Seite des Sees.

Zurück zur Landstraße. Weiter nach Süden auf der Touristenstrekke. In der offenen Landschaft tauchte der Langana-See auf, Stein und Kies, keine Inseln, kein Papyrus, keine Bilharzia, Badewasser, Touristenhotels, Bier und Brause. Ein Kunststoffboot. Seinetwegen waren wir hergekommen, es zu mieten und zum Swaisee mitzunehmen. Aber es wurde ebenfalls in Addis Abeba repariert. Zurück auf der Landstraße. Nacht und tropischer Wolkenbruch. In dem Dorf Adamitulla fanden wir Obdach. Eine Galla-Frau verkaufte in einer Bretterbude Bier und äthiopisches Fladenbrot mit Pfefferbrei und Fleischfüllung. In dem Hinterhof gab es zwei kleine Schlafkämmerchen, ein tiefes Erdloch für die Notdurft aller, ein Wasserfaß und eine leere Blechbüchse für jene, die sich auch waschen wollten.

Der Kameramann öffnete seine Tür einen Spalt weit und streckte den Arm mit einer großen Flitspritze hinein. Als er die Tür wieder aufmachte, fegte er eine ganze Museumssammlung von leblosen Insekten heraus. Er schlief auf dem Bettzeug mit der Flitspritze in der Hand. Ich fand einen Galla-Neger und drückte ihm eine Taschenlampe in die Hand, damit er auf den Jeep aufpaßte. Nachdem ich alles aus dem Raum hinausgeworfen hatte bis auf die nackten Eisenstäbe des Metallbettes, zündete ich mit dem Räucherholz der Wirtin auf dem Boden ein Feuer an. Es glomm die ganze Nacht und schickte wohlriechende Rauchwolken samt allen Sechsbeinern durch die kleine Fensteröffnung hinaus. Kurz darauf erklangen vom Nebenraum ein Fluch und Gepolter, als der Fotograf zur Tür hinausstürzte und in die Nacht verschwand. Am nächsten Morgen lag er zusammengerollt und völlig von Wanzen aufgefressen auf dem Gepäck im Jeep, er hatte kein Auge zugemacht, denn ein fremder Neger hatte ihm die ganze Nacht direkt ins Gesicht geleuchtet. Der Wächter meldete stolz, er habe aufgepaßt, daß der lange Kerl, der mitten in der Nacht aus seinem Bett gestiegen sei, nichts aus dem Jeep stehlen konnte.

Der Wächter war ein Prachtkerl. Zufällig wohnte sein Stamm auf der Südseite des Sees, und er beteuerte, es wäre leicht, dort hinzukommen, wenn er mitfahren dürfte. Wir holperten mit dem Führer und Dolmetscher durch Wäldchen und über spärliche Weiden, bis wir eine Fortsetzung der wilden Stromschnellen erreichten, die uns gestern aufgehalten hatten. Einige krumme Bäume, mit Steinen und Erde bedeckt, waren als Viehbrücke über einen Wasserfall gelegt, und hier fuhren wir Zoll um Zoll vorsichtig den Jeep hinüber. Dann folgten wir Reitwegen, Bachläufen, Waldlichtungen und lehmigen Maisfeldern von einem idyllischen Galla-Dorf zum anderen. Kilometerweit liefen die Dorfkinder uns hinterher. Sie rissen freudestrahlend alle möglichen Einzäunungen nieder, um uns den Weg zu bahnen, und füllten die tiefsten Gräben mit Steinen und Ästen. Die Natur war abwechslungsreich und schön, die Vogelwelt wie in einem Zoo. Der Galla-Stamm südlich vom Swai lebt sein eigenes Leben in seiner eigenen Welt. Die Galla bitten um nichts, bekommen nichts und haben es auch nicht nötig. Sie leben vollständig ungestört, unbeschwert, unverbessert und unverdorben. Sie sind erdverbundene Menschen, und kein einziger von ihnen ist je in die Versuchung geraten, am Strand ein Boot zu bauen.

Am selben Nachmittag waren wir so weit gekommen, daß wir die größte Laki-Insel genau vor uns hatten. Ihre grünen Berge erhoben sich höher in die Luft als jeder andere Hügelkamm an der Küste. Bald trennte uns nur noch eine breite See-Enge von Devra Zion, wo sich Bischof Lukas aufhalten sollte. Wir kamen zu einem Galla-Dorf auf einem offenen Plateau. Niemand besaß ein Boot, aber alle wußten, daß sich Bischof Lukas jetzt auf der Insel befand. Er war in einem besonders großen *Obolu* geholt worden. So nennt das Laki-Volk ein Papyrusboot, das extra breit ist, weil auf jeder Seite pflugförmig ein kürzeres Schilfbündel festgezurrt ist. Bisher hatten wir nur gewöhnliche Fahrzeuge gesehen, die so schmal sind, daß sie bei dem kleinsten Fehlgriff kentern. In der Laki-Sprache heißen sie *Shafat*, während das Galla-Volk sie *Yevella* nennt.

Wir dankten für die Auskunft und fuhren auf steilen Windungen zur Küste hinunter. Dort hupten wir so lange, bis ein neugieriger Laki in seinem kleinen *Shafat* über die See-Enge paddelte. Von der Landspitze bis zur Insel waren es nur zwei Kilometer. Wir schickten den Mann mit dem Bescheid zurück, Bischof Lukas habe uns eingeladen, und wir bräuchten ein *Obolu.* Kurz darauf saßen der Kameramann und der schwarze Dolmetscher mit einem Laki-Paddler im breiten Papyrusboot des Bischofs, und ich befand mich in einem gewöhnlichen *Shafat*, Rücken an Rücken mit einem Laki-Mann, der das Schilfboot mit dem Paddel balancierte und mir erklärte, ich solle die Knie strecken und den Rücken gegen den seinen drücken, wenn wir nicht kentern wollten. Die Filmausrüstung wurde von einem dritten Laki-Mann auf einem extra *Shafat* befördert.

Der Papyrus unseres *Shafat* war nachlässig mit Rindenstreifen zusammengebunden, die halb verfault waren, wie sich später zeigte. Als ich versuchte, mich mit der Handfläche auf dem Papyrus zu stützen, um den Hintern etwas anzuheben, der nach meinem Gefühl unangenehm tief in das bilharziaverseuchte Wasser eingesunken war, rissen zwei der Rindenzurrungen, und damit war der ganze *Shafat* in Auflösung begriffen. Die Paddler auf allen drei Booten zeigten sich ernsthaft bestürzt, sie brüllten sich und uns unverständliche Befehle auf Laki zu und hielten dicht zusammen, für den Fall, daß sich unser Boot ganz auflösen sollte. Dann konnten wir uns leicht ausrechnen, daß es vergeblich wäre, sich auf die anderen Boote retten zu wollen, sie würden beim ersten Versuch kentern.

Die Insel war so nahe und schien plötzlich doch unendlich weit entfernt zu sein; ich saß stocksteif da und hielt mich an jeder Seite des Papyrusbündels fest, um zu verhindern, daß noch mehr Rindenstreifen platzten. Ich fühlte den Hintern immer tiefer in die lauen kleinen Wellen sinken, das Paradies der mikroskopischen Seewürmer. Vielleicht waren sie schon auf dem Weg durch die dünne Khakihose. Selten sind zwanzig Minuten so lang gewesen.

Die Tage unseres *Shafat* waren gezählt, als wir das aufgelöste Papyruswrack am anderen Ufer ins Gras zogen, aber wir waren jetzt auf Devra Zion, und das war wohl die Mühen wert. Vom Schilfgürtel erstreckten sich bis zu den Berggipfeln offene Grasflächen, wie eine Parklandschaft mit uralten Riesenbäumen. Im Innern erhoben sich verwitterte Felsen wie abgeschliffene Säulen und Terrassen einer eingestürzten Schloßruine, überwachsen von blühendem Immergrün, Schlingpflanzen, Kakteen und fremdartigen Bäumen. Wir machten kleine Sprünge und liefen im Eiltempo über einen beinahe unsichtbaren Felspfad, wo das einzige Lebenszeichen Affen und bunte Vögel waren. Wir hatten einen großen Teil der Insel umrundet, ohne Äcker, Hütten oder Menschen zu sehen, als wir endlich auf dem Rand eines Felsens standen und in ein tiefes hufeisenförmiges Tal hinunterschauten. Der ganze Grund war eine grasgrüne, von Papyrus und anderem Schilf bewachsene Sumpfebene, und es wimmelte von großen Sumpfvögeln und langschwänzigen Affen.

Auf einer trockenen Sandbank am See fanden wir Bischof Lukas, er leitete etwa zwanzig Laki-Männer beim Bau eines merkwürdigen Hauses an. Es war zweistöckig und glich einem großen Vogelkäfig aus frisch abgeschnittenen Ästen, aber der Bischof, der uns in einer Mischung aus Herzlichkeit und Erstaunen empfing, erklärte, daß man die Äste mit Lehm bedecken wollte und daß in diesem Haus das Laki-Volk in Zukunft seinen Besuch vom Festland empfangen würde. Wir sahen uns auf der Sumpfebene um. Es war ein unbewohntes und ödes Tal. Es dampfte von einer warmen Quelle, die gleich nebenan in den See floß.

Der Bischof hatte es sichtlich eilig, sein eigenes Proviantpäckchen zu öffnen. Zu unserer Verzweiflung verlangte er, wir allein sollten uns das beste von den Keksen und Früchten einverleiben, die für ihn bestimmt waren. Gleichzeitig machte er uns mit kaum verhohlener Unruhe klar, wir müßten uns sofort nach dem Essen auf den Rückweg begeben, denn in der Nacht seien die Flußpferde im See lebensgefährlich. Wir erklärten, daß wir gern auf der Insel schlafen wollten. Das wäre ganz unmöglich, versicherte der Bischof, und nun war er im Ernst höflich darauf versessen, uns loszuwerden.

Die Pergamentbücher? Ob wir sie sehen dürften?

Der Bischof beratschlagte schnell mit einem großen dünnen Mann, der kluge Augen besaß, eine Adlernase und einen Spitzbart trug. Sie nickten. Aber dann müßten wir dem großen Mann im Schnellauf zum Tempel hinauf und anschließend gleich zurück zu den Booten folgen. Es war ein rascher, aber herzlicher Abschied. Unser neuer langbeiniger Führer stellte sich als Bru Machinjo vor, der oberste Häuptling des ungefähr 2500 Seelen zählenden Laki-Volkes auf den fünf Inseln im Swaisee. Mit Häuptling Bru voran und Laki-Männern als Nachhut liefen wir über Felder, zwischen Feldsteinen und kaktusähnlichen Bäumen hindurch, bis uns die Luft ausging, und wankten völlig erschöpft die letzten paar Kilometer im Gänsemarsch zum höchsten Gipfel der Insel. Die Landschaft öffnete sich zu einer prachtvollen

Aussicht über den See, die Inseln, ferne Küsten und Berge. Unter uns sahen wir in einer Höhe von ungefähr 300 Metern über dem See die runden Strohdächer eines Dorfes, das terrassenförmig am Berg lag. Über uns befand sich eine winzige blau und grün gestrichene Bretterhütte, und Bru erzählte, daß sie das neue Kloster sei, in dem Bischof Lukas wohnte. Dort ließ uns ein Mönch ein. Auf einem schäbigen Bretterregal lag in dem leeren Raum eine große Menge uralter Pergament-Manuskripte und -Bücher, vom Alter vergilbt, mit und ohne Buchdeckel, kreuz und quer, ohne Ordnung oder System. Bru erklärte stolz, dies hätten die Ahnen des Laki-Volkes vor Hunderten von Jahren auf ihrer langen Wanderung von Norden mit sich gebracht. Ich griff aufs Geratewohl in den Haufen und zog das größte Buch hervor. Die Seiten waren einen halben Meter hoch, aus präpariertem Ziegenleder, und prachtvolle Originalillustrationen zeigten alte Kirchenväter mit bunten Umhängen und winzigen Beinen. Allein der Text war ein Kunstwerk, unverständliche äthiopische Schriftzeichen, mit zierlichen Schnörkeln und Verzierungen in Rot und Schwarz gemalt. Jede Bibliothek würde ein solches Werk als unersetzliches Kleinod hinter Glas und Rahmen verschließen.

Der Mönch zog zwei große antike Silberschüsseln hervor, auf deren Boden die Apostel eingraviert waren, auch sie hatte man auf der Wanderung mitgebracht. Hier wurden wir durch die Aufforderung, weiterzulaufen, unterbrochen; zur Anlegestelle hinunter, die Sonne stünde tief am Horizont. Wir wollten übernachten und zogen die Zeit in die Länge. Wir schlugen vor, einen *Shafat* nach Essen und Schlafsäkken zum Jeep hinüberzuschicken. Unmöglich. Kein Laki würde in der Dunkelheit zurückfinden. Wir mußten beim Galla-Volk auf dem Festland schlafen und morgen wieder auf die Insel kommen.

Jetzt wurde ich wirklich neugierig. Was ging hier draußen vor, daß kein Fremder außer Bischof Lukas auf der Insel schlafen durfte? Es dämmerte. Ich murmelte etwas zum Kameramann und schlich mich in der Verwirrung, als alle im Galopp über die Terrassen verteilt waren, hinter eine große Steinplatte und blieb dort sitzen, während das ganze Gefolge weiter bergab sprang und verschwand. Es wurde still. Nur der Wind rauschte in den Baumkronen. Ich saß allein und hatte das Gefühl, auf Afrikas Dach zu sitzen. Tief unten sah ich undeutlich unsere beiden Schilfboote, die von der Insel wegpaddelten, als sich die Schatten über das Tiefland senkten. Der See löschte die Sonne aus, und eine Weile glühte die Wasserfläche wie warmes Metall, ehe sie abkühlte, tiefblau und später nachtschwarz wurde, während die Dunkelheit vom Ufer über endlose Wälder weiterrollte, bergauf, bergab, in einem ununterbrochenen Wellengang dem Ende der Welt zu. Afrika bei Nacht. Ich sah die runden Strohdächer des Dorfes nicht mehr unter mir, ich sah nichts. Ich lauschte einem merkwürdig trillernden Jodeln, das mit Klängen eines frommen Chors irgendwo unten im

Dorf vermischt war. Es war zu dunkel, um sich fortzubewegen. Ich mußte sitzen bleiben und die Eindrücke mit Ohren und Nase einsaugen. Fledermäuse. Es raschelte im Gras. Plötzlich fühlte ich eine Hand auf meiner Schulter. Häuptling Bru faßte mich schweigend unter den Arm und bedeutete mir, ihm zu folgen. Er hielt mich mit einem freundlichen Griff fest und führte mich wie einen Blinden auf einem unsichtbaren Pfad zwischen Riesensteinen und Mauerterrassen hinunter. Wir sprachen nicht, denn wir hatten keine gemeinsame Sprache. Nachdem der Dolmetscher über die See-Enge zurückgekehrt war, konnte ich mit keinem Menschen auf der ganzen Insel ein Wort wechseln. Der Häuptling kannte jeden einzelnen Absatz und paßte wie ein Luchs auf, daß ich mit heiler Haut hinunterkam. Es wurde deutlich, daß ich als hochgeehrter Gast behandelt werden sollte, wenn ich nun schon einmal beim Laki-Volk geblieben war.

Wir gingen an den ersten Hütten vorbei und einige Terrassen weiter zu einer Versammlungshütte, die größer als alle anderen war. Ein Lichtschein fiel aus der niedrigen Türöffnung, und von dort kam der eigentümliche Gesang. Bru zog mich zu den Stammesältesten hinein, die dicht an der Tür auf niedrigen Schemeln und Baumstümpfen saßen. In einer Schale brannte ein Öldocht und warf flatternde Riesenschatten von vielen Männern an die runden lehmbedeckten Wände, und ganz hinten stand eine Reihe junger Frauen in weißen Gewändern und verbeugte sich und klatschte den Takt mit den Händen, während eine Frau jodelte und die anderen monoton und ohne Instrument sangen. Im Halbdunkel erkannte ich hinter den weißgekleideten Nymphen einige kolossale runde Krüge, so groß, daß jeder mühelos mehrere ausgewachsene Männer fassen konnte. Es glomm in einem Lehmofen, aber kein Rauch war unter dem hohen Dach zu sehen, das ein Pfosten mit schirmrippenartigen Verzweigungen stützte. Bru und ich mußten zusammen mit dem Alleraltesten, einer wahren Mosesgestalt mit langem weißem Bart, auf eleganten geschnitzten Schemeln im Halbkreis der Männer Platz nehmen. Dann wurde uns nach altem äthiopischem Brauch ein kleiner Tisch vorgesetzt, auf dem ein Korbdeckel lag. Unter dem Deckel befand sich ein riesiges *Wat*-Fladenbrot, so dick wie doppelt gelegter Schaumgummi. Über das ganze Brot waren kleine Fischhappen verteilt, und in der Mitte lag ein großer Haufen kakaofarbenes Pulver, gegen das Pfeffer wie Zuckerwerk geschmeckt hätte. In das Pulver sollte man die Bissen tauchen, die man sich abbrach. Alle bekamen Gelegenheit, sich die Hände zu waschen, ehe wir uns mit den Fingern an das gemeinsame Mahl machten, und Bru brach fortwährend die besten Stücke ab und legte sie seinem unbekannten Gast vor. Auf einen Wink hatte der Wirt einen stummen blinden Passagier zum Ehrengast gemacht. Während der Frauenchor sich ununterbrochen wiegte und uns mit seinem merkwürdigen Psalmengesang unterhielt, ging ein Mundschenk umher und füllte allen die

Krüge mit süßem Maisbier und schließlich mit dem stärksten Zuckerbranntwein. Den meisten löste sich die Zunge, und einer nach dem anderen hielten sie ernste Ansprachen auf Laki. Ich selbst saß stumm dazwischen, als mir mein Tonbandgerät einfiel, das ich über der Schulter trug. Anfangs entstand große Verwirrung, weil der Frauenchor auf einmal im Raume zu jodeln begann, während die Frauen doch schwiegen und eine Pause machten, und die Männer verschluckten sich, weil sie sich reden hörten, während sie in Wirklichkeit doch tranken. Der Abend war gerettet, das Tonbandgerät war mein Bauchredner, der mit allen Laki schwatzte und in die Lachsalven einstimmte, als ob er alle Witze und alles, was in der Versammlungshütte gesungen und gesagt wurde, verstünde.

Zum Schluß erhob sich der Älteste, als er es an der Zeit fand, aufzubrechen. Erst marschierten die Frauen in einer Reihe hinaus und jodelten, als sie uns verließen, im Chor mit trillernden Tönen wie die Nachteulen, und dann erklangen draußen die Eulenrufe der einzelnen, bis alle in ihren Hütten verschwunden waren. Der Häuptling faßte mich unter den Arm und führte mich zu seinem eigenen Haus, das genau der Versammlungshütte glich, aber kleiner war. Im schwachen Licht des Öldochts erkannte ich Gestalten, die Kleiderbündel zusammenpackten und hinaustrugen, damit ich über das einzige Bett der Hütte verfügen konnte. Es half nichts, sich zu weigern, Bru setzte seinen Gast auf das Bett, das mit einem Netzwerk von schmalen Lederstreifen als Boden den altägyptischen Pharaonenbetten im Kairoer Museum ähnelte. Bru und die Frauen trugen ihre eigenen Decken und Nackenschemel hinaus, um sich in einer anderen Hütte auf den Boden schlafen zu legen, während sie über ihr eigenes Bett saubere Felle und eine selbstgewebte Decke breiteten und mir bedeuteten, ich solle mich hineinlegen. Ich schnürte meine Langschäfter auf und streifte sie ab, während sich der Häuptling an den Bettrand setzte und seinem Sohn auftrug, eine Schüssel zu holen und meine Füße zu waschen. Sie wurden sehr gründlich gewaschen und abgetrocknet, worauf sich der Junge tief verbeugte und meine Zehen küßte, ehe er und die anderen Bescheid erhielten, die Hütte zu verlassen. Hier auf Devra Zion lebte die biblische Tradition wirklich fort.

Angezogen, aber mit nackten sauberen Beinen, wälzte ich mich auf das Bett, wo ich darüber nachgrübelte, warum Bru und die Frau an einer Seite des Fußendes stehenblieben und miteinander flüsterten. Sie beratschlagten zögernd mit gedämpften Stimmen und schauten ständig zu dem Gast im Bett herüber; sie schienen nicht genau zu wissen, ob ich mich wohl fühlte, oder ob noch mehr geregelt werden mußte. Da sah ich, daß sie gar nicht allein waren. Auf der anderen Seite des Fußendes stand im Dunkeln eine undeutliche Gestalt. Der Öldocht hinter dem Dachpfosten brannte so niedrig, daß gerade die Konturen zu erkennen waren. Es war eine junge Frau. Sie drehte sich fast unmerklich, und es fiel ein schwacher Lichtschein hinter ihr Profil, sie war schön. Sie mußte eine von Brus Töchtern sein. Lange standen die drei zusammen, dann verbeugten sich die Eltern und verschwanden zur Türöffnung hinaus. Die Lampe gab kaum noch Licht, und ich war eine Weile unsicher, ob die Gestalt auf der anderen Seite des Fußendes immer noch dort stand. Aber dann sah ich die Konturen wieder, sie stand dort fast unbeweglich. Was nun? Hier lag ich im Bett des Häuptlings, sein Sohn hatte meine Füße gewaschen, und seine Tochter stand nun wie ein schützender Engel am Bettrand. In diesem Augenblick hörte ich die Stimme des Kameramannes weit entfernt in der stillen Nacht. Er rief meinen Namen. Ich antwortete nicht, um nicht den Zauber zu brechen. Aber der Kameramann gab nicht auf, und seine Rufe kamen immer näher, bald stand er mit Bru und der Frau in der Tür. Er hatte sich meinetwegen Sorgen gemacht, erzählte er, und er und der Dolmetscher waren mit dem *Obolu* des Bischofs allein auf die Insel zurückgekehrt. Für die Neuankömmlinge wurden Maisbier und Fischfladenbrot aufgetischt und ein Fellager auf dem Boden bereitet.

Am nächsten Tag waren wir weiterhin die Gäste des Häuptlings, und mit Hilfe des Dolmetschers erfuhren wir alles, weswegen wir gekommen waren. Der Papyrus am Swaisee wuchs an einer so unwegsamen Küste, daß es zwecklos war, ihn in großen Mengen vom See zu holen. Unsere einzige Rettung waren die Sümpfe am Tanasee. Aber wir lernten etwas anderes vom Laki-Volk. Ihre *Shafat* und *Obolu* erinnern mehr an die Schilfboote im Tschad, in Mexiko und Peru als an die *Tanqua* vom Tanasee, die von ihren äthiopischen Verwandten gebaut werden. Sie bauen nicht Schilfboote, weil es ihnen am See an Bauholz fehlt. Im Gegenteil, sie bauen Schilfboote, obwohl ihnen Holzmaterial viel leichter zugänglich ist. Unsere Anstrengungen, vom Galla-Gebiet auf die Inseln zu kommen, zeigten auch, daß es nicht allen Völkern gegeben ist, Papyrusboote zu bauen, selbst wenn sie zufällig am gleichen See wohnen. Die Kunst, Papyrusboote zu bauen, wurde vererbt; sie war ein alter Brauch, der die besondere Fähigkeit besaß, die Nomaden als Teil ihrer Tradition zu begleiten. Aber das Laki-Volk hatte die gleichen traurigen Erfahrungen gemacht wie die Mönche vom Tanasee. Der Papyrus mußte nach täglichem Gebrauch getrocknet werden. Wenn ein *Obolu* oder ein *Shafat* im Wasser liegen bleiben, sind sie nach acht, zehn oder höchstens vierzehn Tagen unbrauchbar.

Mit gemischten Gefühlen reiste ich nach Ägypten zurück. War es ratsam, sich mit einem Papyrusboot auf den Atlantik zu wagen?

6

In der Welt der Pyramidenbauer. Eine Werft im ägyptischen Sand

«Sie wollen hinter der Cheopspyramide ein Stück Wüste einzäunen, um ein Papyrusboot zu bauen . . .»

Der stämmige ägyptische Minister rückte seine Hornbrille zurecht und betrachtete mich mit einem neugierigen Lächeln. Er sah halb zweifelnd zum norwegischen Botschafter, der auch ein höfliches Lächeln zeigte, wie er gerade und weißhaarig neben seinem Landsmann als eine Art Garantie dafür stand, daß dieser Fremdling aus dem Norden auch alle fünf Sinne besaß.

«Papyrus sinkt nach zwei Wochen – diese Worte stammen nicht von mir, sondern vom Präsidenten des ägyptischen Papyrus-Instituts», sagte der Minister. «Und die Archäologen sagen, Papyrusboote könnten sich niemals außerhalb der Nilmündung begeben haben, weil der Papyrus sich im Meerwasser auflöst und in den Wellen bricht.»

«Gerade das möchten wir in der Praxis nachprüfen», erklärte ich.

Einen besseren Grund wußte ich angesichts einer so außergewöhnlichen Runde nicht anzugeben. Auf eine Bitte der norwegischen Botschaft waren der Kultusminister und der Minister für Tourismus aufs Ganze gegangen. Sie hatten die führenden Autoritäten als Berater eingeladen, und nun setzten wir uns mit Museumsdirektoren, Archäologen, Historikern und Papyrusexperten um einen großen Konferenztisch zusammen. Der Präsident des Papyrus-Instituts hatte sein Urteil im voraus abgegeben. Er wiederholte es. Aber er räumte lächelnd ein: Da ich als einziger der Anwesenden ein Papyrusboot in Wirklichkeit gesehen hätte, wollte er die Idee gern unterstützen, wenn ich fest entschlossen wäre, ein Experiment zu unternehmen.

Der Direktor des Kairoer Museums meinte, es sei absurd, sich ein Papyrusboot auf dem Meer vorzustellen. Im Altertum hätte Ägypten Papyrus für die Buchproduktion nach Byblos exportiert, aber selbstverständlich hätten die Phönizier ihn geholt, denn nur Holzboote konnten das östliche Mittelmeer überqueren. Ein Papyrusboot auf dem Atlantik wäre damals wie heute undenkbar. In einer langen technischen Diskussion kamen wir auf Papyrus, Pyramiden und Hieroglyphen beiderseits des Atlantiks zu sprechen. Sie endete damit, daß Dr. Gamal Mehrez, dem Generaldirektor der archäologischen Sammlungen Ägyptens, das letzte Wort erteilt wurde. Wenn jemand ein Papyrusboot nach den Wandmalereien in den alten Grabkammern

Ägyptens rekonstruieren und in der Praxis ausprobieren wolle, dann sei das ein wertvolles Experiment, stellte er fest. Und dabei blieb es.

Der Kultusminister erteilte dem Direktor der Gizehpyramide die Vollmacht, uns die erforderliche Fläche für ein Zeltlager und einen Bauplatz mit Tauen absperren zu lassen. Dafür mußten wir garantieren, nicht im Sand zu graben, weil wir uns hier mitten im Gräberfeld des alten Pharaonengeschlechts befanden.

Unten im Treppenhaus hatte man, wie überall in Kairo, eine Barrikade aus Ziegelsteinen errichtet und vor allen Fensterscheiben Sandsäcke aufgestapelt. Hier verabschiedeten wir uns von dem stellvertretenden Minister für Tourismus, Adel Taher, der mir mit breitem Lächeln die Hand schüttelte, ehe er wieder über die Treppe verschwand.

«Sie müssen das Boot bauen», sagte er, «Sie werden von uns jede mögliche Unterstützung erhalten. Es ist sehr nützlich, die Welt daran zu erinnern, daß Ägypten nicht nur Krieg führt.»

Ich blieb mit dem lächelnden Botschafter zurück und dankte ihm aufrichtig für seine unschätzbare Hilfe. Peter Anker war mir von der ersten Begegnung an ein guter Freund geworden. Langjähriger Dienst als UN-Delegierter und norwegischer Gesandter im Mittleren Osten, und Altertumsgeschichte als persönliches Hobby, hatten aus ihm ein wandelndes Lexikon für alle Fragen gemacht, die Handelsverbindungen und Kulturkontakte zu den frühesten Zeiten in diesen Breiten betrafen.

«Das hat geklappt», stellte er fest. «Du hast deine Baustelle bekommen, aber keiner teilt deinen Glauben an das Papyrusboot!»

«Wenn sich alle einig gewesen wären, gäbe es keinen Grund, das Boot auszuprobieren», bemerkte ich.

Im Hotelzimmer setzte ich mich unschlüssig auf den Bettrand. Gewiß, den Bauplatz hatte ich bekommen. Aber noch hatte ich nicht alle Räder in Bewegung gesetzt. Noch war Zeit, sich zurückzuziehen. Jetzt mußte ich den Schritt wagen, mich voll einsetzen oder den Plan hier und jetzt fallenlassen. Eine ganz andere Sache war es, daß alle meine Mittel bei weitem nicht ausreichten. Aber die Verlage würden sicher auf den Bericht über das endgültige Resultat setzen. Wenn es nun gar kein Resultat gäbe? Ich spielte mit einem kleinen Stück Papier zwischen den Fingern. Die Mönche, das Laki-Volk, die Wissenschaftler und der Papyrusexperte – sie alle gaben dem Papyrusboot höchstens vierzehn Tage im ruhigen Süßwasser und noch weniger im aufgewühlten Meerwasser. Ich hatte jeweils nur einige Stunden auf einem *Kaday*, *Tanqua* oder *Shafat* zugebracht, und das Gefühl, auf einem Papyrusboot zu sitzen, wenn das Schilfbündel sich auflöst, hatte ich schon erlebt. Ich wußte, daß das amerikanische *Totora*-Schilf weite Seereisen überstehen würde und daß seine äußere Faserhaut und die schwammähnlichen inneren Zellenkanäle in jeder Hinsicht an Papyrus erinnerten, aber vielleicht würde der Papyrus dennoch weit schneller

Wasser ziehen als das *Totora.*

Ich faltete den kleinen Zettel auseinander. Mit ungelenken Buchstaben und in kindlicher Schrift stand dort:

«Lieber Thor in Italien!

Erinnerst du dich an Abdullah aus dem Tschad? Ich bin bereit, zu dir zu kommen und mit Omar und Mussa einen großen *Kaday* zu bauen. Wir warten auf eine Nachricht, und ich bin Tischler bei Pfarrer Eyer in Fort-Lamy.

Gruß, Abdoulaye Djibrine.»

Das lachende, pechschwarze Gesicht Abdullahs mit der Narbe über Stirn und Nasenrücken stand deutlich vor mir, und ich mußte über den rührenden Brief lächeln, gleichzeitig war es wirklich bewundernswert, daß dieser Analphabet in Zentralafrika soviel Initiative besaß, mit meiner Adresse zu einem Schreiber in Fort-Lamy zu gehen und mich dazu anzutreiben, etwas zu unternehmen. Warum zögerte ich? Abdullah wartete, und Omar und Mussa waren bereit, mitzukommen. Für ihre Viehtransporte bauten sie viel größere Boote, als sie die Christen benutzten, um sich auf äthiopischen Inseln zu verstecken, und sie wußten mehr über die Tragfähigkeit des Papyrusbootes als alle Schriftgelehrten der Welt zusammen. Sie glaubten an ihren *Kaday.* Sie waren bereit, einen so großen *Kaday* zu bauen, daß er monatelang schwimmen konnte, und sie waren bereit, selbst mit an Bord zu gehen und in ferne Länder zu segeln, die ich nur in Tagesreisen beschreiben konnte, weil sie nicht die geringste geographische Vorstellung besaßen.

Abdullahs Brief machte meiner Unentschlossenheit ein Ende. Ich mußte den Männern aus dem Tschad vertrauen.

An jenem Abend ging ein Telegramm nach Addis Abeba an den Italiener, dem die beiden großen Metallboote auf dem Tanasee gehören. Wir hatten folgendes verabredet: Falls er ein Telegramm von mir bekäme, sollte er Ali mit seinen Leuten auf die Westseite des Tanasees schicken und 150 Kubikmeter Papyrusschilf schneiden, das am nördlichen Ende des Sees gebündelt werden sollte. Commendatore Mario Buschi war ein Geschäftsmann mittleren Alters, stämmig, rotwangig; er strotzte vor Initiative. Er hatte persönlich den Transport der schweren Eisenboote vom Roten Meer zum Tanasee organisiert. 1937 war der 180 t schwere Axum-Monolith unter seiner Leitung von den äthiopischen Bergen nach Rom gebracht worden, und nun hoffte er, den Transport auszuführen, falls der Kaiser von Äthiopien mit seiner Forderung ernst machte, das Monument zurückzuverlangen.

Mein erster Gedanke war es, den Papyrus nilabwärts zu flößen, aber wegen der vielen Wasserfälle und weil die Republik Sudan durchquert werden mußte, wäre das zu umständlich geworden. Buschi faßte es als eine sportliche Herausforderung auf, den Auftrag zu bekommen, fünfhundert Papyrusbündel vom Tanasee 725 km über äthiopische Berge zum Roten Meer zu befördern, denn selbst wenn der Schilfhaufen die Größe eines kleinen Hauses hätte, würde er schätzungsweise nur 12 t wiegen.

Wir durften keinen Tag verlieren. Es war bald Weihnachten, und wenn wir den Atlantik überqueren wollten, ehe auf der anderen Seite die Orkanzeit einsetzte, mußten wir im Mai von Afrika ablegen. Ich hatte Angst, den Papyrus zu früh zu schneiden, da altes Schilf kaum stark genug war. Aber wenn es nicht jetzt geschnitten wurde, dann konnten wir bis Mai nicht startbereit sein. Es würde lange dauern, zwei- bis dreihunderttausend Papyrusstengel zu schneiden, denn jetzt war Hochwasser im Tanasee, und wenn das Schilf in einer Länge von ungefähr drei Metern geerntet werden sollte, dann mußte man den Stiel weit unter der Wasseroberfläche schneiden. Danach sollte das Schilf getrocknet werden, um nicht in Bündeln zu verfaulen. Dann blieb noch der Transport über die Berge und das ganze Rote Meer herauf. Im Sues-Gebiet herrschte Krieg, und aller Verkehr war stillgelegt, aber in Sues mußte das brennbare Schilf ausgeladen und auf gesperrter Landstraße wieder zum unteren Lauf des Nil transportiert werden. Bevor die Ladung bei den Pyramiden war, mußten das Lager und die Tageseinteilung für die Wachen und den Arbeiterstab im Wüstensand organisiert sein. Die Arbeit sollte von Buduma-Negern aus dem Tschad geleitet werden, die immer noch auf schwimmenden Inseln im entlegensten Winkel der zentralafrikanischen Republik ihr einfaches Leben führen. Sobald die Arbeit begann, würde es ein langwieriger Vorgang sein, die dünnen Papyrusstiele zu einem kompakten, fünfzehn Meter langen und fünf Meter breiten Seefahrzeug zusammenzubinden. Der Transport des fertigen Bootes und der Stapellauf vom Startplatz in irgendeinem afrikanischen Hafen an der Atlantikküste mußten geplant und vorbereitet werden. Segel und Takelung, altägyptischer Steuermechanismus, Bordhütte, Krüge mit Wasser und Bordverpflegung wie im Altertum, tausend Dinge waren vorzubereiten. Und das Allerwichtigste: Es kam darauf an, eine Mannschaft zu finden, die bereit war, sich an einem solchen Experiment zu beteiligen.

Mein erster Gedanke galt natürlich den Männern, die mit mir hundertundeinen Tag auf dem Balsafloß Kon-Tiki verbracht hatten. Wir sahen uns weiterhin zu allen möglichen Anlässen und frischten alte Erinnerungen auf. Aber Knut Haugland, Direktor des Kon-Tiki-Museums in Oslo, war kürzlich vom Staat mit der Errichtung eines norwegischen Widerstandskämpfer-Museums beauftragt worden. Herman Watzinger, der lange als FAO*-Experte Fischereiuntersuchungen in Peru durchgeführt hatte, stand kurz davor, den Direktorposten

* *FAO(UN), Food and Agriculture Organization; Ernährungs- und Landwirtschaftsorganisation, Rom.*

im Hauptbüro der Abteilung in Rom zu übernehmen. Bengt Danielsson, der einzige Schwede unter fünf Norwegern, war seit dieser Fahrt als freiberuflicher Ethnologe auf Tahiti gewesen und hatte gerade den Direktorposten des Ethnographischen Museums in Stockholm angetreten. Erik Hesselberg, heute wie damals chronischer Bohemien, war mit Gitarre und Palette immer unterwegs, er würde sicher sofort ja sagen. Aber Torstein Raaby, der damals «BIN DABEI» als Antwort auf meine Einladung, an der Kon-Tiki-Expedition teilzunehmen, telegrafierte, hatte sein abenteuerliches Leben in der Eiswüste nordwestlich von Grönland als Funker einer Expedition beendet, die den Nordpol auf Skiern überqueren wollte.

Auf der Kon-Tiki-Reise waren wir sechs Skandinavier gewesen, fünf Norweger und ein Schwede. Aber diesmal fühlte ich mich versucht, so viele Nationen zusammenzubringen, wie es nur der Platz auf einem kleinen Schilfboot erlaubte. Wenn wir eng zusammenrückten, konnten wir diesmal vielleicht sieben Mann sein. Sieben Männer aus sieben Nationen. Da ich selbst aus dem nördlichsten Land Europas komme, mußte eines der südlichsten Länder Europas den Kontrast bilden, und da bot sich Italien an. Weil wir Europäer «Weiße» sind, mußten wir einen «Farbigen» dabeihaben, und die schwärzesten Neger, die ich jemals gesehen hatte, leben im Tschad. Deswegen war es nur logisch, einen Papyrusexperten mitzunehmen. Weil unser Experiment die Möglichkeit eines Kontaktes zwischen den alten Zivilisationen Afrikas und Amerikas erhellen sollte, war es ein symbolischer Gedanke, einen Ägypter und einen Mexikaner auf die Fahrt mitzunehmen. Damit auch die ideologischen Kontraste in dieser internationalen Gruppe vertreten wären, erschien es verlockend, einen Teilnehmer aus den USA und einen aus der UdSSR mitzunehmen. Alle anderen Nationen, die wegen Platzmangel nicht vertreten waren, konnte die Flagge der Vereinten Nationen symbolisieren, falls wir sie an Bord hissen durften.

Unsere Zeit verlockt dazu, jede Möglichkeit wahrzunehmen, eine Brücke zwischen den Ländern zu schlagen. Über Sphinxe und Pyramiden donnerten Düsenjäger, und am gesperrten Sueskanal dröhnten Kanonen. Soldaten aller fünf Kontinente der Welt stehen in irgendeinem fremden Land im Krieg. Dort, wo kein Krieg herrscht, sitzt man vor den Knöpfen, die den Atomkrieg auslösen, und hat die Waffen aus Furcht vor anderen Nationen geladen. Auf einem Schilfbündel aber war nur für friedliebende Leute Platz. Die Fahrt selbst würde ein Experiment sein, eine Studienreise zu den Anfängen der Kultur. Aber das Experiment bot in sich genügend Platz für ein anderes Experiment. Eine Studienreise in die enge und übervölkerte Welt von morgen. Mit Fernsehen, Düsenflugzeugen und Astronauten waren wir im Begriff, die Dimensionen unserer Erdkugel zu verringern, so daß die Nationen keine Ellbogenfreiheit mehr hatten. Die Erdkugel unserer

Väter hatte zu existieren aufgehört. Wir können die einst so unendliche Welt in einer Stunde und vierzig Minuten umfliegen. Die Nationen sind nicht mehr durch unüberwindliche Gebirgsketten und unendliche Meere getrennt. Die Völker sind nicht mehr auf sich gestellt und isoliert, sie sind verbunden und im Begriff, enger zusammenzurücken. Während Hunderttausende von Technikern eifrig mit Atomkraft und Laserstrahlen arbeiten, wirbelt unsere kleine Erdkugel mit Überschallgeschwindigkeit in eine Zukunft, in der wir alle an demselben großen technischen Experiment teilnehmen und in der wir alle zusammenarbeiten müssen, wollen wir nicht mit unserer gemeinsamen Last untergehen.

Ein Papyrusboot, das in der Gewalt der Elemente auf dem Meere treibt, konnte eine Mikrowelt werden, ein praktischer Versuch, zu beweisen, daß die Menschen ohne Rücksicht auf Nation, Religion, Hautfarbe oder politische Überzeugung in Frieden zusammenarbeiten können, wenn man nur im eigenen Interesse einsieht, daß es notwendig ist, für eine gemeinsame Sache zu kämpfen.

Ich griff zur Feder und schrieb an Abdullah. Ich bestätigte, daß ich Omar und Mussa brauchte und daß er selbst als Dolmetscher mitkommen sollte. Mußte ich sie abholen, oder konnte Abdullah allein nach Bol fahren und die anderen nach Fort-Lamy bringen, wenn ich ihnen Flugkarten schickte und sie in Kairo am Flughafen empfing?

Zu meinem Erstaunen schickte Abdullah mit Hilfe des Schreibers prompt eine bündige Antwort: Abdullah brauchte eine Anstellungsbescheinigung, damit die drei ausreisen konnten, er brauchte drei Flugscheine nach Ägypten, und er brauchte 150000 Tschad-Francs. Wenn er alles hätte, könnte er alles erledigen, und ich würde mir die Reise in den Tschad ersparen.

Das war eine beträchtliche Summe, obgleich nicht einmal die Italienische Nationalbank den genauen Kurs des Tschad-Francs kannte, und es entstanden endlose Probleme, ehe die Mittel sicher in Abdullahs Händen waren. Aber ich hatte auf ein waches und zuverlässiges Gesicht gesetzt, auch wenn ich nicht mehr von Abdullah Djibrine wußte, als daß er ein Kerl in einem weißen Gewand war, der im unbekannten Bol auftauchte und wieder verschwand, nachdem er freiwillig als Dolmetscher ausgeholfen hatte. Seinen Worten nach war er Tischler. Aber wenn Abdullah mich nicht an der Nase herumführte, würde er mir Zeit und Geld sparen. Wenn ich die Buduma-Neger nicht in Bol abzuholen brauchte, blieb mir gerade noch Zeit für einen wichtigen letzten Besuch bei den Indianern in Peru, da ich sowieso nach Mexiko und in die USA mußte, um Begleiter für dieses Experiment zu suchen.

Zwei wichtige Mitspieler waren jetzt in Bewegung gesetzt. Buschi sollte das Schilf herbeischaffen, Abdullah die Bootsbauer. Schilf und Bootsbauer mußten zur selben Zeit in Ägypten eintreffen, und dann mußte das Lager eingerichtet sein. Diese Aufgabe wurde vertrauensvoll in die Hände eines zuverlässigen Freundes gelegt, des italienischen Lektors Angelo Corio, den das Unterrichtsministerium in Rom sechs Monate für Sprachübungen in unserem internationalen Team beurlaubt hatte. Corio kam mit Koffer und Fotoapparat wie ein Tourist zu den Pyramiden. Er ging in einem Kreis fuchtelnder Dragomane unter, die ihm die Sphinx zeigen und Kamelreiten beibringen wollten. Wenn er in diesem eigentümlichen orientalischen Milieu überleben wollte, brauchte er offenbar einen einheimischen Kontaktmann, der die Gesetze und Bräuche des Landes und die kürzesten Verbindungen zu den richtigen Stellen kannte. Oberst a. D. Attia Ossama war ein solcher Mann. Wegen des Kriegszustandes lag über seiner eigentlichen Tätigkeit, die mit der israelisch besetzten Halbinsel Sinai zu tun hatte, ein geheimnisvoller Schleier. Aber gewandt und mit gewinnendem Wesen verschaffte er sich überall Eingang, und er übernahm es, unser Mittelsmann zu den Behörden zu sein und die Erlaubnis zu beschaffen, den Papyrus in der Kriegszone von Sues zu löschen.

Jetzt waren die Räder endgültig in Bewegung gesetzt, sie rollten, wirbelten von einem Land zum anderen: Eilbriefe mit den sonderbarsten Briefmarken, Telegramme, Telefongespräche in verschiedenen Sprachen. Alles sollte heimlich geschehen, damit die Arbeit ungestört vonstatten gehen konnte. Die Teilnehmer kamen aus sieben Ländern. Ich hatte einen Italiener und einen ägyptischen Anwärter gefunden und wollte einen der drei Bootsbauer aus dem Tschad auswählen. Aus der UdSSR erwartete ich Antwort. Ich mußte nach Amerika. Der Dezember war vergangen, der Januar folgte. Noch drei Monate. In New York traf ich meinen amerikanischen Kontaktmann Frank Taplin. In Kairo wartete Corio auf die Ladung Papyrus, die nun sonnengetrocknet am Ufer des Tanasees lag, während Abdullah für uns unerreichbar die Neger aus Bol abholte. Frank Taplin war ein überenergischer amerikanischer Geschäftsmann, ein Vorkämpfer für den Frieden und eine treibende Kraft in der World Association of World Federalists, einer Weltorganisation, die für verstärkte Zusammenarbeit zwischen den Ländern und für größeren Einfluß der UN arbeitet. Der bekannte New Yorker Redakteur Norman Cousins war der Präsident der Organisation und ein enger persönlicher Freund von Generalsekretär U Thant, der uns alle drei im obersten Stockwerk des hochaufstrebenden UN-Gebäudes empfing.

Sieben Nationalitäten, Schwarze und Weiße, aus Ost und West auf einem Papyrusbündel in der Strömung des Atlantiks. Wir durften die Flagge der Vereinten Nationen mitführen, wenn wir die Regeln beachteten: Alle Flaggen an Bord mußten gleich groß sein und in gleicher Höhe hängen. Wir bekamen gern die Erlaubnis, die Flaggen der sieben Länder in einer Reihe zwischen zwei UN-Flaggen aufzuziehen.

U Thants gute Wünsche kamen sichtlich von Herzen. Er erkundigte sich, wo wir ablegen wollten.

«Ich hatte an Marokko gedacht.»

«Dann müssen Sie meinen Freund Ahmed Benhima besuchen, den marokkanischen UN-Botschafter, er sitzt fünfzehn Stockwerke tiefer, im 23. Stock.»

Seine Exzellenz im 23. Stock war ein großer und stattlicher Mann, der letzte Sproß einer der ältesten und aktivsten marokkanischen Familien. Er empfing uns mit routinierter Freundlichkeit, und jeder von uns landete in einem tiefen Sessel. Er lauschte vollkommen gleichmütig.

«Sie wollen also von meinem Heimatland aus mit einem Papyrusboot in See stechen?» sagte er nur und bot mir eine Zigarette an.

«Danke, ich rauche nicht.»

«Von welchem Hafen wollen Sie starten?»

«Safî.»

«Safî!? Das ist meine Heimatstadt! Warum ausgerechnet Safî?»

Jetzt wurde er plötzlich quicklebendig und erhob sich mit einem völlig verblüfften und neugierigen Ausdruck.

«Warum Safî?» wiederholte er.

«Weil Safî einer der ältesten afrikanischen Häfen außerhalb von Gibraltar ist. Casablanca ist ein moderner Hafen, aber Safî ist seit dem Altertum bekannt. Außerdem liegt Safî genau dort, wo ein Küstenfahrer vom Mittelmeer die größte Aussicht hätte, von den Elementen aufs Meer gezogen zu werden. Unmittelbar vor Safî ergreifen der Kanarienstrom und der Passatwind alles, was schwimmt, und schicken es nach Amerika.»

«Meine Eltern wohnen in Safî. Der Pascha von Safî ist mein guter Freund, ich werde ihm schreiben, ich werde meinem Bruder schreiben, der Außenminister von Marokko ist.»

Das war ein unfaßbares Glück. Wir schieden in bestem Einvernehmen.

In New York hatte ich einen brauchbaren Bewerber für die Fahrt, und alles schien zu klappen, bis seine bessere Hälfte in die geheimen Pläne eingeweiht wurde. Dann mußten wir drei uns schnell darauf einigen, einen anderen zu suchen. Die Zeit reichte gerade noch für ein Essen mit einem neuen «Anwärter», ehe das Flugzeug nach Lima, Peru, ging.

Einige Tage danach saß ich mit einer Gruppe Uru-Indianern zusammen und briet auf einer schwimmenden Insel im Titicacasee Fische. Die Insel bestand nur aus schwimmenden Schilfbüscheln, Schilf, das zu dicken Haufen übereinandergestapelt war, auf die nach und nach frisches *Totora*-Schilf gelegt wurde, sobald die untersten Schichten verfaulten und tiefer sanken. Dieser Teil des Sees bestand aus künstlichen Schilfinseln, die, nur durch enge Kanäle getrennt, nebeneinander lagen. Rundherum wuchs, soweit das Auge reichte, in allen Himmelsrichtungen Schilf. Nur ferne schneebedeckte Berge gegen den blauen Himmel waren über dieser flachen Sumpfwelt zu sehen, in der die Uru-Indianer ihr ganzes Leben zwischen Fischen und Schilf verbringen. Haus und Bett waren aus Schilf. Die Boote waren aus Schilf und besaßen Rahsegel aus zusammengebundenen Schilfstengeln. Schilf war das einzige Brennmaterial für das Herdfeuer. Aus verfaultem Schilf, das mit Erde vom Festland vermischt wurde, legte man auf den schwimmenden Inseln kleine Beete an und zog dort seine traditionelle Süßkartoffel. Das Dasein hatte keinen Festpunkt, der Boden schwankte unter den Uru-Indianern, ob sie den Boden der Hütte betraten oder den kleinen Kartoffelacker. Ich war gekommen, um meinen Verdacht bestätigt zu sehen. Die Uru-Indianer – ebenso wie die Quechua- und die Aymara-Indianer am Ufer desselben Sees und ebenso wie die Buduma-Neger im Tschad – stellen die Boote nicht jeden Tag nach der Benutzung zum Trocknen auf. Und dennoch sinken sie nicht innerhalb von vierzehn Tagen. Das Schilf geht zwar allmählich unter – das sah man an diesen schwimmenden Schilfinseln, auf deren Oberfläche die Indianer ständig neues Schilf legen mußten –, aber die eleganten Boote liegen neben den Inseln und schwimmen, ohne daß man das Schilf erneuert; genau wie auf dem Tschadsee in Zentralafrika. Die Erklärung dafür war eindeutig. Die Schilfboote hier in Südamerika, ebenso wie im Tschad, sind mit starken selbstgemachten Tauen so eng zusammengeknüpft, daß sich möglichst viele Zellkanäle im Innern verschließen, während die kleinen Boote in Äthiopien nur leicht mit Rindenstreifen oder Papyrusfasern zusammengehalten werden, ohne – um das Wasserziehen zu verhindern – das poröse Schilf genügend zusammenzudrücken.

Es blieben noch zwölf Tage, bis Abdullah und die Bootsbauer in Kairo landen würden. Ich hatte ihm Flugkarten für den 20. Februar geschickt, was ungefähr mit der Ankunft des Papyrus in Sues übereinstimmte. In zwölf Tagen konnte man noch viel erledigen. Und zusammen mit meinem guten Freund Thorleif Schjelderup, dem bekannten norwegischen Philosophen, Sportler und Kameramann, zog ich von den schwankenden Sumpfinseln der Uru-Indianer in die Wüste an der Nordküste Perus. Hier wollten wir uns die schönste Pyramide Südamerikas ansehen, eine ungemein symmetrische Konstruktion aus Adobe-Ziegelsteinen, die verborgen und vergessen hinter verwitterten Sandsteinbergen in der Wüstenebene im Chicamatal liegt. Von der Wissenschaft ist sie unerforscht, dafür aber von Grabräubern gründlich ausgebeutet. Sie hatten bis auf den Grund einen Krater gegraben und die stufenförmige Pyramide in einen rechtwinkligen Vulkan verwandelt. Dieses gigantische Bauwerk ragt so hoch und massiv über die Wüste, daß die Talbevölkerung dieses Monument des Altertums nur als *Cerro Colorado*, als den «farbigen Berg» kennt. Wenn die symmetrische Stufenform und die Mauern um die Pyramide nicht wären, müßte man mit der Nase ganz dicht herangehen, um festzustellen, daß dieser Berg aus Millionen sonnengetrockneter Ziegelsteinen zusammengesetzt ist. Für jemanden, der eine Woche vorher in Ägypten war, zeigte sich eine fast verwirrende Ähnlichkeit der architektonischen Form, astronomischen Ausrichtung, Dimensionen und des Baumaterials mit den ältesten Pyramiden am Nil. Cerro Colorado war von einem unbekannten Priesterkönig im Altertum errichtet worden, als mächtige Zivilisationen in Peru plötzlich aufblühten. Das war lange bevor die Inka-Kultur die Chimu-Kultur ablöste. Diese folgte wiederum auf die ersten unbekannten Kulturträger, welche die Wissenschaft in Ermangelung eines Namens das *Mochica*-Volk nennt. Es hatte die allerersten und allergrößten Pyramiden an der Küste gebaut. Wer war das Mochica-Volk? Es ist der Wissenschaft immer klarer geworden, daß zwischen den Kulturträgern an der Nordküste Perus und den Pyramidenbauern im alten Mexiko irgendeine Verbindung bestanden hat.

Die Zeit erlaubte mir auch noch einen Abstecher nach Mexiko, wo mein Begleiter zu den Seris-Indianern, der Olympiaschwimmer Ramon Bravo, nichts lieber wollte, als an einer Seefahrt auf einem richtigen Schilfboot teilzunehmen. Er litt zur Zeit an Magenschmerzen, würde aber sicher wieder auf der Höhe sein, bis wir ihn in zweieinhalb Monaten an unserem Startplatz in Marokko brauchten.

Dann standen wir im mexikanischen Dschungel und erlebten eine Pyramide im Regen. Genau das hatten wir erhofft, und jetzt kam der Regen. Thorleif stand klitschnaß im Hemd da, die Windjacke über der Kamera, und filmte, während der Tropenregen fiel, so daß das Wasser von einem Block auf den anderen die riesige Palenquepyramide hinuntertropfte und -strömte. Die Wolken hingen tief über den Baumkronen des Urwalds, der sich undurchdringlich über den Bergkamm hinter der Pyramide erstreckt, während seine Riesenbäume sich von allen Seiten bis an den Fuß der Pyramide drängen.

Verlassen und verfallen liegen in Rodungen um die Pyramide moosbewachsene Ruinen von stattlichen Bauwerken in verschiedensten Stilrichtungen. Wenn jemand nur kommt, um nachzuempfinden, was in Amerika vor Kolumbus geschehen war, muß er erst warten, bis sich der Rausch der Begeisterung und Bewunderung gelegt hat, und sich dann hinsetzen und zu begreifen versuchen, was sich hinter diesem imponierenden Ruinenkomplex verbirgt. Irgend etwas übt hier eine eigentümliche Wirkung aus, etwas Unausgesprochenes und Ungeschriebenes liegt in der Luft und erzwingt sich Aufmerksamkeit und Argwohn. Hier kam es aber im Augenblick darauf an, sich nicht in faszinierende Details zu verbeißen und sich auch nicht nur in Gedanken über Dimensionen, Schönheit und technische Wunderwerke zu verlieren. Dieses Mal kam es nur darauf an, sich mit der Tatsache vertraut zu machen, daß Menschen diesen enormen Ruinenkomplex von Pyramiden, Tempeln und Palästen hinterlassen hatten, die wie wir aus Fleisch und Blut gewesen waren. Tausend Jahre vor Kolumbus hatten sie sich hier angesiedelt und sich im Dschungel Platz für Haus und Heim, Acker und religiöse Bauwerke gehauen. Pyramiden und Tempel waren von erfahrenen Architekten gezeichnet und berechnet worden, auffallend erfahren, wenn man an die meisten Indianer denkt, die sich damals wie heute in demselben Dschungel aufhalten und ihre Hütten aus Zweigen und Blättern bauen, ohne auf die Idee zu kommen, einen rechtwinkligen Block aus natürlichem Geröll oder Fels zu schaffen. Ich hatte einmal probiert, einen runden Stein viereckig zu machen. Es war mir nicht gelungen, obwohl ich Stahl zum Schlagen besaß und die Indianer nur Steingeräte. Nur ein Fachmann würde so glattpolierte Blöcke aus dem harten Fels schneiden können, ich nicht, keiner meiner Freunde in Stadt und Land und kein Indianer, dem ich jemals begegnet war. Was steckte in Wahrheit hinter den Dschungelruinen in Palenque?

Es mochte absurd klingen, aber fehlte der Wissenschaft nicht ein Kriminalist als Berater? Der nicht unbedingt die archäologische Ausgrabungstechnik oder lateinische Fachausdrücke kennen mußte, der aber den immer wachen Argwohn des Detektivs, praktische Kombinationsfähigkeit und Gespür besaß und ein wenig von der Wahrscheinlichkeitsrechnung verstand? Hier lag in dem großen Wald eine riesige Pyramide. Waren gewöhnliche Indianer auf die Idee gekommen, sie hier anzulegen? Oder wer hatte sich noch in den mexikanischen Urwäldern zu schaffen gemacht?

Das sei nur natürlich, sagten jene, die der Meinung waren, daß die Kulturvölker vor Kolumbus auf ihren eigenen Höfen geblieben seien, es sei natürlich, daß Menschen unter gleichen äußeren Bedingungen gleiche Werke schaffen. Es sei natürlich, daß man sowohl in Ägypten als in Mexiko Steine übereinanderstapelte und daß daraus eine Pyramide entstand.

Jetzt schüttete es Wassermassen, und wir suchten unter einigen Riesenblättern Schutz.

Die gleichen äußeren Bedingungen! Gibt es einen größeren Kontrast als zwischen der ägyptischen Wüste und dem mexikanischen Urwald? Die warme Luft, die wir einsogen, war schwer wie feuchte Pflanzenluft in einem Treibhaus. Um uns herum nur triefendes Laubwerk, Stengel, Stämme, fette Humuserde. Abgesehen von großen gemeißelten Blöcken, die in überwachsenen Ruinen übereinander lagen, war kein Stein zu sehen. War es natürlich, in einem mexikanischen Urwald einen Stein auf den anderen zu stapeln? Warum dann nicht im afrikanischen Urwald oder in den unterschiedlichen Gegenden Europas?

Wo hatten die Architekten der Palenquepyramide ihr Material gefunden? Vielleicht hatten sie in der Erde unter den Riesenwurzeln der

Dschungelbäume gegraben, vielleicht waren sie zu einem Bergkamm gezogen, um sich an eine solide Wand zu machen. Hier in Palenque war erst die Idee gewesen, und brauchbares Material ist erst an zweiter Stelle als Resultat der Suche von Fachleuten lokalisiert worden.

Und in Peru? War es in Peru natürlich, einen Stein auf den anderen zu einer Pyramide aufzutürmen? Entlang der tausend Kilometer langen Wüstenküste, an der Perus Pyramiden verstreut liegen, gibt es keinen brauchbaren Stein; man muß in die Anden hinauf, um Steinbrüche zu finden. Im Mochica-Tal, wo wir gerade herkamen, waren Steine eine solche Mangelware, daß die Pyramidenbauer sich gezwungen sahen, erst ungefähr sechs Millionen große ziegelsteinförmige Adobeblöcke herzustellen, ehe sie genug Material hatten, um ihre Pyramide mit einer Grundfläche von fast vier Ar und von dreißig Metern Höhe zu erbauen. Andere Adobepyramiden in Peru sind noch größer als Cerro Colorado.

Es war anregend, kalt und naß unter den großen Blättern zu sitzen und die triefende Pyramide zu betrachten, während die Erinnerungen an Peru und Ägypten noch frisch waren. In Ägypten war es natürlich, mit Stein zu bauen, den Berg mit Geräten zu bearbeiten, denn dort ragten als einzig natürliches Baumaterial nackte Felsen aus dem Wüstensand. Aber wo in Mexiko war es natürlich? Die Azteken auf den offenen mexikanischen Hochebenen und die Maya in Yukatans Dschungel hatten es ja nachweislich von ihren Vorgängern gelernt, Pyramiden zu bauen. Die Wissenschaft war zu dem Resultat gekommen, daß die älteste Kultur in Mexiko, die den Anstoß für alle anderen gegeben hatte, an der tropischen Dschungelküste des Golfs von Mexiko ihren Anfang nahm, wo der Meeresstrom nach beendeter Drift über den Atlantik an Land spült. War es natürlicher, dort Pyramiden zu bauen? Im Gegenteil. Dort hatten die unbekannten Schöpfer der ältesten Kultur Mexikos über Berg und Tal ziehen müssen, um einen zugänglichen Steinbruch zu finden, und in einzelnen Fällen hatte man gigantische zwanzig bis dreißig Tonnen schwere Blöcke aus Steinbrüchen geholt, die bis zu achtzig Kilometer von der Baustelle entfernt lagen. Heute weiß niemand, wer diese vitalen Bildhauer und Architekten gewesen sind, die im Dschungel bauten, sich aber besser auf Stein als auf Dschungelmaterial verstanden. Um ihnen einen Namen zu geben, hat man sie *Olmeken* getauft. Falls die vielen realistischen Skulpturen auf ihren hinterlassenen Steinmonumenten Selbstporträts sind, hatten einige Olmeken runde Gesichter mit flachen Nasen und dicken Lippen und sahen ausgesprochen negroid aus, während andere mit schmalen Gesichtern, Habichtnase, Schnurrbart und wallenden Bärten vollständig semitisch wirkten. Die Olmeken waren der Kern des ganzen Bilderrätsels. Wie hießen sie wirklich, wer waren sie, warum hatten die Olmeken Pyramiden gebaut? Eine ihrer Pyramiden, dreißig Meter hoch, war aus sonnengetrockneten Adobe-Ziegelsteinen gebaut, genau wie in Peru und wie einzelne Pyramiden im Niltal.

Das triefende Bauwerk, das wir nun betrachteten, brachte die ganze Antwort durcheinander. Vor einigen Jahren, 1952, hatte eine Entdekkung in dieser Dschungelpyramide die wissenschaftliche Welt erschüttert und an einem Tag felsenfeste Dogmen umgestoßen. Ganz unerwartet wurde ein geheimer Eingang zu einem engen Durchgang mit einer Steintreppe entdeckt, die in Windungen in das Pyramideninnere führte. Sie führte zu einer schweren Steintür hinunter, hinter der sich eine prachtvoll ausgeschmückte Grabkammer mit einem kolossalen Sarkophag befand, in dem genau wie in Ägypten die Überreste eines absoluten Priesterkönigs aufbewahrt lagen. Und in mexikanischen Pyramiden sollten ja gerade keine Grabkammern existieren; das war eine der beiden fundamentalen Voraussetzungen dafür, daß die meisten Forscher die Idee einer überseeischen Verbindung verworfen hatten. Die Ähnlichkeit sei oberflächlich, wurde eingewendet, die Pyramiden auf beiden Seiten des Atlantiks hätten nicht nur verschiedene Funktionen, sondern auch verschiedene Formen. In Mexiko und Peru seien die Pyramiden stufenförmig, in Ägypten besäßen sie gleichmäßig abfallende Seiten.

Was die Form betrifft, so stimmte das nicht so ganz. Jeder, der das Niltal bereist hat, weiß, daß es auch in Ägypten stufenförmige Pyramiden gibt, daß sie die älteren sind und sowohl in Ägypten als auch in Mesopotamien die ursprüngliche Form repräsentieren. Die Nachbarkultur Ägyptens in der Alten Welt, die Babylonier, bauten ihre Pyramiden stufenförmig und errichteten einen Tempel auf der Spitze, genau wie im alten Mexiko. Und nun lag plötzlich auch in einer mexikanischen Pyramide ein Priesterkönig in einem Sarkophag. Auch sein Geschlecht erhob den Anspruch, von der Sonne abzustammen, und legte einen Sonnengott aus Jade in das Grab, während sein Architekt den Grundriß der Pyramide astronomisch, genau nach dem Lauf der Sonne, anlegte, wie in Ägypten. Er ließ sich auch in einen Sarkophag legen und bekam auch eine prachtvolle Maske aufgesetzt, wie es in Ägypten üblich war, nur war die Maske nicht aus Gold, sondern aus Jademosaik, waren die Augen aus Muschelschalen und die Pupillen aus Obsidian. Auch er glaubte an ein Leben nach dem Tod und war mit Krügen und Schüsseln mit Essen und Getränken versehen und mit einem Diadem geschmückt, mit Ohrpflöcken, Halskette, Armbändern und Ringen aus Perlmutt und Jade. Der Sarg war innen mit rotem Zinnober ausgemalt, und die Reste von rotem Tuch hafteten noch an Knochen und Juwelen. Nach ägyptischem Brauch war der Sarkophag mit einem Deckel aus einer einzigen bearbeiteten Steinplatte verschlossen, die mehrere Tonnen wog, vier Meter lang und eine Mannslänge breit war. Der Deckel und auch die Wände der Grabkammer waren mit Reliefs von Priestern und Priesterkönigen im Profil geschmückt; andere trugen, genau wie im alten Ägypten, zum Zeichen ihres Ranges einen falschen Spitzbart. Als alles bereitet war, wurden etwa zehn junge Männer getötet und vor die Grabkammertür gelegt, um dem Priesterkönig als Sklaven in die nächste Welt zu folgen. Dann verschloß man die Tür zur Grabkammer des Sonnenkönigs mit einer gigantischen Steintür und führte durch das Innere der Pyramide eine Treppe nach oben, die zuletzt mit Kies und Steinen gefüllt und versiegelt wurde. Der Sonnenkönig aus Palenque befolgte innen und außen die alten ägyptischen Vorschriften für Pyramidenbegräbnisse, die einzige Neuerung war nach echtem mexikanischem Brauch ein kleiner Steintempel mit lokalen Hieroglyphen oben auf der Pyramide.

Wir hatten eben das Grab besichtigt. Es war als Teil des ursprünglichen Plans des Meisterarchitekten gebaut worden, an Wänden und Decken hatte man gigantische Platten zugehauen, blank poliert und ohne einen Millimeter Zwischenraum zugepaßt und, nachdem die Grabkammer fertig war, die übrige Pyramide um sie herum gebaut. Weiße Tropfsteinformationen hingen wie Reihen verkalkter Eiszapfen von Gesimsen die Wände herunter. Sie verliehen den unbeweglichen Priesterreliefs mit ihren luxuriösen feierlichen Gewändern einen Hauch tiefgefrorenen Altertums. Die Luft war frisch und kühl. Genau wie in Ägypten hatten die Architekten in dieser Pyramide für ausreichende Belüftung gesorgt. Ein enges Luftrohr wand sich vom Sarkophag neben der Treppe hinauf, und zwei andere Luftschächte führten quer durch die massive Pyramide und auf der Seite ins Freie, wie in ägyptischen Pyramiden.

Als wir wieder zwischen den engen Wänden die lange Steintreppe nach oben gingen, betrachtete ich noch einmal die Konstruktion. Der Treppengang besaß einen sechseckigen Querschnitt, so daß die flache Decke schmaler war als die Treppe. Nur an einem Ort der Welt hatte ich mich durch Treppengänge von genau der gleichen eigentümlichen Form nach oben getastet: in den ägyptischen Pyramiden.

War das alles so ganz natürlich? Es war jedenfalls nicht einfach das Resultat dessen, daß jemand Steine zu einem Haufen übereinandergestapelt hatte. Wir steckten den Kopf wieder zwischen den großen zugehauenen Steinblöcken ins Freie und fanden uns aufs neue vom grünen Dschungel verschlungen. Er war bereit, das ganze Ruinengebiet zurückzuerobern, wenn nicht das archäologische Institut Mexikos Sorge getragen hätte, die größten der vielen vorzeitlichen Monumente des Landes dem Griff des Dschungels zu entziehen.

In Ciudad de México suchten wir Dr. Ignacio Bernal, den Leiter dieses enormen Organisationsapparates, auf, dem auch das archäologische Nationalmuseum des Landes angeschlossen war, eines der größten und das modernste der Welt. Mexikanische Archäologen haben sich den Ruf erworben, in der vordersten Reihe der Isolationisten zu stehen, insbesondere die ältere Generation bestand entschieden darauf, daß alles, was sich hinter den mexikanischen Ruinen verbirgt, innerhalb der Grenzen der Nation ausgebrütet worden sei. Jetzt waren wir dabei, diese Meinung herauszufordern, indem wir in einem afrikanischen Schilfboot nach Westen fahren wollten. Wie würden die mexikanischen Spezialisten das aufnehmen? Als ihren hervorragendsten Vertreter fragte ich Dr. Ignacio Bernal, der den Museumswächtern wohlwollend die Weisung erteilte, uns mit Kameraausrüstung und Tonbandgerät einzulassen. Er betrachtete uns etwas skeptisch über die Schulter, als wir uns alle vor einem großen Bautastein mit einem realistischen Relief eines langbärtigen Olmeken – dem Symbol des Rätsels, das sich hinter den ältesten Kulturträgern Mexikos verbirgt – versammelten. Bärtige Olmeken führten den Pyramidenbau unter den bartlosen Indianern ein.

«Doktor Bernal», sagte ich, «glauben Sie, daß sich die alten mexikanischen Kulturen ohne äußeren Einfluß entwickelt haben, oder glauben Sie, daß einzelne Ideen mit primitiven Fahrzeugen über das Meer gebracht worden sein könnten?»

«Das ist die schwierigste Frage, die man mir stellen könnte», antwortete der Mann, den wir alle als die führende Autorität Mexikos betrachteten.

«Und warum?»

Erstaunt hielt ich Dr. Bernal das Mikrofon näher hin.

«Weil überzeugende Argumente für eine mögliche Verbindung übers Meer noch lange vor Kolumbus sprechen, während andere, genauso überzeugende, dagegen sprechen.»

«Was ist also Ihre Antwort?»

«Um die Wahrheit zu sagen, ich weiß es nicht!»

«Dann stimmen wir vielleicht darin überein, daß dieses Problem immer noch ungelöst ist?»

Er zögerte einen kurzen Augenblick.

«Ja», sagte er dann entschieden.

Wir wiederholten das Interview noch einmal, um sicher zu sein, keinen technischen Fehler gemacht zu haben.

Genau in diesen Tagen waren die geheimen Pläne der Expedition durch eine undichte Stelle in Kairo in die Tagespresse gelangt. Die Neuigkeit war auch bis Mexiko gedrungen.

«Sie wollen also ein Schilfboot auf dem Meer erproben», fragte Dr. Santiago Genovés lächelnd. Er wollte seinen Kollegen Dr. Bernal besuchen, als wir gerade im Begriff waren, das Museum zu verlassen.

«Richtig», sagte ich. «Wollen Sie mitkommen?»

«Ja – und das meine ich ernst.»

Ich sah Dr. Bernals mexikanischen Kollegen erstaunt an. Dr. Genovés war ein renommierter Kenner der amerikanischen Urbevölkerung, ich war ihm auf internationalen Anthropologenkongressen in Lateinamerika, in der UdSSR und in Spanien begegnet. Klein, aber unwahrscheinlich elastisch und robust stand er vor mir und fixierte mich mit ruhigem Blick.

«Bedaure, aber der Platz ist schon von einem anderen Mexikaner besetzt. Das nächste Mal vielleicht», scherzte ich.

«Dann setzen Sie mich auf die Warteliste. Wenn jemand absagt, komme ich binnen einer Woche!»

«Gut, abgemacht!»

Ich ahnte nicht, daß meine Worte in Erfüllung gehen sollten, als mir der kleine Wissenschaftler seine kräftige Hand zum Abschied reichte.

New York am nächsten Morgen. Das Hotelzimmer war voller Journalisten. Auch hier war die Expedition kein Geheimnis mehr. Der Papyrus war in Kairo angekommen. Der Bau des Bootes stand vor der Tür. Die drei Tschad-Neger saßen in diesem Augenblick wohl im Flugzeug, und Corio wartete mit dem Arbeiterstab im Lager. Morgen wollten wir alle zusammentreffen und anfangen. Mein Flugzeug ging am Abend, und ich hatte den Tag für die letzten hektischen Vorbereitungen in New York. Da erreichte mich ein Telegramm. Ich mußte mich setzen, als ich es las:

«ABDULLAH VERHAFTET. BOOTSBAUER NOCH IN BOL. SOFORT ANRUFEN.»

Das Telegramm war von meiner Frau unterzeichnet.

Ein Eilgespräch mit unserem Haus in Italien bestätigte, daß es kein Spaß war. Die Post hatte einen Umschlag aus dem Tschad mit einem kleinen Zettel von Abdullah gebracht. Da stand nur, daß er Omar und Mussa nicht holen konnte, weil er verhaftet worden sei. In einem Monat wollte er wieder schreiben. «Gruß Abdullah.»

Abdullah saß im Gefängnis. Was hatte er getan, und wo saß er? Keiner wußte mehr als das, was auf Abdullahs Zettel stand. Mussa und Omar lebten immer noch auf ihren schwimmenden Inseln südlich der Sahara, östlich der Sonne und westlich vom Mond. Ohne sie kein Boot. In elf Wochen mußten wir von Marokko in See stechen, wenn wir nicht in die Orkanzeit geraten wollten. Hinter den ägyptischen Pyramiden erwartete ein ganzer Stab die Gäste aus dem Tschad mit gemachten Betten und gedecktem Tisch. Jemand mußte auf der Stelle in den Tschad und die Papyrusleute zur Baustelle bringen. Das war meine Aufgabe. Jeden Mittwochmorgen ging ein Flug von Frankreich nach dem Tschad. Deshalb mußte ich am Dienstag mit gültigem Visum für die Republik Tschad in Paris sein. Heute war Freitag, George-Washington-Tag, und in den USA alles geschlossen. Und morgen, Sonnabend, waren alle öffentlichen Ämter zu. Dann war Sonntag. Mir blieb ein Tag, Montag, für das Visum, um die Reiseroute neu festzulegen und für die Finanzierung einer erneuten Reise ins Innere Afrikas, die nicht geplant war.

Drei Tage lang Straßen zwischen Wolkenkratzern, ohne etwas Vernünftiges tun zu können. Alles geschlossen. Montag früh strömten die New Yorker in die Büros. Hörer wurden abgehoben. Im UN-Gebäude waren Menschen aller Nationen anzutreffen. Nur niemand aus der Republik Tschad. Der Vertreter des Tschad sei heute in Washington, erklärte mir eine freundliche Stimme, und ich müsse dort hinfahren, um ein Visum für den Tschad zu bekommen. Mein Verleger saß in Chicago. In meiner Brieftasche war Ebbe. Flugscheine nach Paris am selben Abend, das ging in Ordnung, aber der Weiterflug nach dem Tschad erforderte Visum und Geld. Der Hörer in der Washingtoner Tschad-Botschaft wurde nicht abgenommen. Der norwegische dagegen versprach, den Botschafter des Tschad ausfindig zu machen, wenn ich im Hotel bleiben und warten würde. Von Chicago kam der Bescheid, einen Verbindungsmann am anderen Ende New Yorks aufzusuchen. Abdullahs ungewisses Schicksal verwirrte die Situation. U Thants Büro antwortete, daß der Generalsekretär bereit sei, einen helfenden Brief abzufassen, wenn ich dort erschiene. Ehe ich aus der Tür war, kam ein Mann hereingestürmt, Mr. Pipal, Leiter einer führenden Nachrichtenagentur. Vorschuß gegen Vertrag über Berichte von der Reise. Das Amt unterbrach. Das Visum wurde für diesen Tag versprochen, wenn ich mit der nächsten Pendelmaschine nach Washington flog. Ein sportlicher Pressedirektor half mir, Winterkleidung und Sommersachen in zwei Koffern zu verstauen, kümmerte sich um die Rechnung und würde am selben Abend das Gepäck zum Flugzeug nach Paris bringen. Thorleif im Nebenzimmer ließ seine Filmrollen sein und machte sich auf den Weg zu U Thants Büro. Verkehrsstokkung in New York, in Washington, in der Luft, aber glänzende Zusammenarbeit zwischen Norwegen und dem Tschad in der Hauptstadt. Zwei Männer empfingen mich auf dem Kennedy-Airport, als ich von einem Flugzeug in das andere stürmte, das Tschad-Visum im Paß, einer brachte einen Brief von U Thant, der andere zwei gepackte Koffer.

Danke, danke. Auf Wiedersehen. Gute Nacht, Amerika. Guten Morgen, Paris. Eine flüchtige Begegnung mit meiner Frau bei der Zwischenlandung in Nizza auf dem Weg zum nächsten Flugzeug nach Süden. Diktatblock, Telegrammformulare: Warten, bis wir mit den Bootsbauern aus Bol auftauchen.

Unter unseren Tragflächen lag die Sahara. Die Hitze strömte herein, als die Tür geöffnet wurde; wir waren in der Republik Tschad. Die niedrigen Häuser in Fort-Lamy schienen sich endlos hinauszuziehen, jetzt, wo ich hier nach Abdullah suchte. Abdullahs einzige Adresse war ein Postfach. Der Schlüssel zum Fach gehörte einem Missionar. Er wußte nicht, wo Abdullah war. Er hatte bei ihm als Tischler gearbeitet. Aber der freundliche Pastor Eyer kroch in sein Auto, um ihn in den Araberviertеln zu suchen.

Der Empfangschef meines kleinen Hotels im Zentrum sagte, daß die nächste Maschine nach dem Sudan in acht Tagen ginge, aber die Flugkarten für Ägypten seien ungültig, weil niemand im Tschad ein ägyptisches Visum ausstellen könne. Israel unterhielt hier eine Botschaft, aber Ägypten nicht und Norwegen, Italien und England auch nicht.

Im Zimmer gab es ein Bett, zwei Kleiderhaken in der Wand und einen Ventilator, der wie ein startendes Propellerflugzeug lärmte. Ich saß lange auf dem Bett und versuchte, das Durcheinander mit einem großen Taschenatlas zu lösen. Da klopfte es. Vor mir stand ein großer schwarzer Mann in einem fußlangen weißen Gewand, eine kleine regenbogenfarbene Mütze auf dem Kopf, er machte eine Armbewegung und brach in schallendes Gelächter aus, so daß Zähne und Augen in seinem fröhlichen Gesicht um die Wette leuchteten.

«Oh, mein Chef, oh, mein Chef, Abdullah ist es schlecht ergangen, aber nun ist alles gut!»

Abdullah! Er tanzte vor lauter Jubel und Wiedersehensfreude.

«Abdullah, was ist geschehen?»

«Abdullah ist nach Bol gefahren, vier Tage bin ich in einem *Kaday* auf dem See umhergepaddelt und habe nach Omar und Mussa gesucht, die weit draußen fischten. Ich habe sie gefunden. Ich habe ihre Gläubiger bezahlt. Ich wollte sie nach Fort-Lamy mitnehmen. Da kam der Scherif. Er sagte, ich sei ein schlechter Mann, der für Geld alles tue. Er sagte, ich würde heute zwei Männer nach Ägypten verkaufen. Morgen vielleicht nach Frankreich oder Rußland. Ich wurde verhaftet. Ein Bewacher hat mich nach Fort-Lamy ins Gefängnis gebracht. Da saß ich nun allein. Ich habe das restliche Geld benutzt, um freizukommen.»

Das war eine schöne Geschichte. Abdullah war unter dem Verdacht des Sklavenhandels in Bol verhaftet worden. Die uralte Sklavenstraße führte durch den Tschad, und die Erinnerungen daran waren noch lebendig. Abdullah konnte nicht nach Bol zurück. Mussa und Omar konnten nicht kommen, ehe ich sie nicht mit einem formellen Arbeitsvertrag, den die Behörden in Fort-Lamy abstempeln mußten, abholte.

Fünf Tage liefen Abdullah und ich in den Ministerien herum und versuchten einen ordnungsgemäßen Arbeitsvertrag für die beiden Bootsbauer zu bekommen. Überall sehr gescheite, aufgeweckte Gesichter. Freundlichkeit schimmerte durch die formelle Maske. Ultramoderne Ministerialbüros. Der massig emporragende Koloß des Außenministeriums war mit vierzehn leeren Zierbecken vor der Treppe besonders elegant. Aber als der Sonntag kam, setzte ich mich erschöpft auf das Bett und stellte den ohrenbetäubenden Propeller ab. Dann lieber Mücken und Hitze. Ich hatte alles satt. In fünf Tagen auf keinem einzigen Papier einen Stempel oder eine Unterschrift! Aber wir hatten einen Missionar mit einem einmotorigen Flugzeug ausfindig gemacht, das mit Schwimmern auf dem See landen konnte; doch wenn ich versuchte, die beiden Budumas ohne gestempelte Papiere zu entführen, würde ich Abdullahs Schicksal erleiden.

Als ersten suchten wir den Regierungsdirektor für innere Angelegenheiten auf, dem Abdullahs Probleme bekannt waren. Aber dieser konnte einen Ausländer nur über den Außenminister empfangen, dieser nur über den Kabinettschef, und der war nur über den Protokollchef zu erreichen. Bevor wir den Außenminister sprechen konnten, waren drei Tage vergangen, denn jeder wollte die ganze Geschichte hören und U Thants Brief gründlich lesen. Der Außenminister saß hinter gepolsterten Türen. Er war ein Gigant, freundlich und unkonventionell, mit schwarzem Haarbüschel am Kinn, widerspenstigem Wollhaar und parallelen Narben über Stirn und Wange. Ehe er uns an das Innenministerium verwies, besprach er persönlich die Sache in zwei Sitzungen mit dem Präsidenten der Republik, Tombalbaye. Präsident Tombalbaye war der Meinung, die Angelegenheit sei von so ungewöhnlicher Natur, daß erst im Ministerrat erörtert werden müßte, ob ein Bürger des Tschad in einem *Kaday* über das große Meer fahren dürfe.

Um Zeit zu gewinnen, versicherte ich, daß es im Moment nur darauf ankäme, drei Bürger aus dem Tschad an das Nilufer bringen zu dürfen, um an Land einen *Kaday* zu bauen. Dann verwies man uns an das Innenministerium, das uns ans Arbeitsamt verwies, und das schickte uns nach Formularen in die Druckerei. Zwölf doppelseitige Verträge wurden für die drei Männer ausgefüllt, dann mußten wir zum Direktor des Bauamts, um Stempel und Unterschrift zu bekommen. Das Schicksal wollte es, daß er in den vorgedruckten Verträgen zwei Spalten entdeckte, die alle weiteren Bemühungen definitiv beendeten.

Die Verträge konnten nicht gestempelt werden, ehe sie nicht von Omar und Mussa in Bol unterzeichnet waren. Noch schlimmer, auf dem Vordruck stand, daß der Vertrag ohne beigelegte ärztliche Bescheinigung ungültig sei. Aber woher bekommen? In Bol gab es keinen Arzt, und der Scherif lehnte es ab, sie ohne gestempelten Arbeitsvertrag ausreisen zu lassen. Der Direktor des Bauamts rief einen Vertreter des Arbeitsamts herbei, und dieser betrachtete betrübt die schönen Verträge. Die Sache war klar. Beide waren die Freundlichkeit selbst, aber sie zeigten auf die Buchstaben, da könne ich es ja selbst sehen. Der Arbeitsvertrag ohne ärztliche Bescheinigung ungültig, ärztliche Bescheinigung ohne Ausreise unmöglich, und Ausreise ohne Arbeitsvertrag ungesetzlich. Also unmöglich.

Schachmatt knallte ich die Hoteltür hinter mir zu und stellte den Ventilator auf volle Stärke. Morgen war Sonntag. Ich war am Zerspringen. Ich setzte mich auf das Bett und schrieb in mein Notizbuch: «Hoffnungsloser Wahnsinn. Aber diese parodistischen Anordnungen stammen nicht von Tschad-Negern; sie sind im Grunde kluge, wunderbar unkomplizierte Menschen. Ich sehe nur ein Zerrbild unser selbst. Afrikas Kultur ist nicht so gewesen, wir haben ihnen diese neue Lebensart beigebracht.»

Ein Gedanke verließ mich nicht: Schwarze Schatten von weißen Wolken. Ich stellte den Ventilator ab und schlief zu entfernten militärischen Hornsignalen vom Palast des Präsidenten Tombalbaye ein.

Sonntag. Ich stattete dem fliegenden Missionar einen kurzen Besuch ab. Er hatte Benzin. Am frühen Montagmorgen warf er den Propeller seines Flugzeugs an, und dann schaukelten er und ich über die Dächer der Ministerien, über Savanne, Wüste und schwimmende Inseln, und landeten auf hochaufspritzenden Wellen vor Bol. Wir hatten vierundzwanzig Seiten gedruckter Verträge und einen leeren Koffer an Bord des Flugzeugs, dann ging es auf Biegen oder Brechen, auch wenn die Dokumente keine anderen Stempel und Unterschriften besaßen als unsere eigenen.

Am selben Abend saßen zwei zu Tode erschrockene Buduma-Neger hinter uns in dem kleinen Flugzeug, als wir wieder von den Wellen vor ihren Grashütten abhoben. Der Strand war schwarz von Verwandten und Freunden, an der Spitze der Sultan und der Scherif. Sie starrten zu den beiden mutigen Akrobaten empor, die sich mit eisernem Griff im Sitz festhielten und wie Geier auf die kleine Welt hinabstarrten, in der sie aufgewachsen waren; keine Miene verzogen sie, hatten sie vielleicht nicht deutliche Brandmale an den Armen, die zeigten, daß sie freiwillig glühendes Eisen ertragen konnten, ohne sich etwas anmerken zu lassen? Die beiden in die Ferne Ziehenden folgten uns, so wie sie standen und gingen, in zerlumpten Gewändern und Sandalen. Der Koffer, den wir für sie mitgebracht hatten, blieb leer, sie besaßen nichts, was sie hineinlegen konnten.

In Fort-Lamy gab es Umarmungen und stürmische Wiedersehensfreude darüber, daß Abdullah auf freiem Fuß war. Auf dem Marktplatz wurde Omar vom Käppchen bis zu den Sandalen in Hellblau eingekleidet und Mussa ganz in Gelb. In flatternden neuen Gewändern marschierten der Blaue und der Gelbe vor uns ins Polizeirevier und machten aus lauter Begeisterung über ihre neuen Paßfotos große Augen.

«Name?» fragte ein narbiger Polizeiwachtmeister freundlich.

«Omar M'Bulu.»

«Mussa Bulumi.»

«Alter?» fragte der Hüter des Gesetzes.

Schweigen.

«Wann ist Omar geboren?»

«Vier Jahre vor Mussa.»

«1927? 1928? 1929?»

«Das glaube ich», kam es zögernd von Omar.

«Geboren etwa 1929», schrieb der Wachtmeister. «Und Mussa?»

«1929», kam es schnell von Mussa.

«Unmöglich», erklärte der Wachtmeister, «du bist vier Jahre älter.»

«Richtig», pflichtete Mussa ihm bei. «Aber wir sind beide 1929 geboren.»

«Geboren etwa 1929», schrieb der Wachtmeister auch bei Mussa.

Die Pässe mußten unterschrieben werden. Omar bedauerte, daß er nur auf arabisch unterschreiben könne. Er nahm den Stift, machte einen Anlauf und zeichnete über dem Papier einige elegante Schnörkel in die Luft, worauf der Wachtmeister den Stift zurückbekam und für ihn unterschrieb. Mussa schlug vor, daß der Wachtmeister für ihn gleich mit unterschreiben solle. Aber sie bekamen den Paß nicht ohne Arbeitsvertrag ausgehändigt, und darum begaben wir uns wegen der ärztlichen Bescheinigung in das katholische Krankenhaus. Dort wurde es lustig, als eine Nonne Mussa bat, sich bis zum Gürtel frei zu machen, und er das lange Gewand unschuldig bis zum Gürtel hochzog. Als Omar geröntgt werden sollte, war er auf dem Schirm unsichtbar, bis die Nonne das Licht wieder anknipste und ihn auf dem Bauch liegend oben auf dem Röntgenapparat fand. Der Sudan verlangte einen Pocken-Impfschein, und die Männer wurden geimpft, bekamen aber den Impfschein nicht, denn dem Krankenhaus waren die Formulare ausgegangen. Wir stürmten mit Abdullah zur Druckerei, die es ablehnte, neue zu drucken, ehe das Krankenhaus nicht seine alten Schulden bezahlt hätte. Im Büro der Sudan Airlines fand der Angestellte in einer Schublade drei alte Pockenformulare. Aber als das Krankenhaus sie ausfüllen sollte, kam ein französischer Arzt mit Omars Röntgenaufnahme, die eine gewaltige Blase auf der Leber zeigte. Der Riese Omar war ernsthaft krank, und man verweigerte ihm entschieden die Ausreise. Mussa wollte nicht ohne seinen arabisch sprechenden Bruder fahren. Das Papyrusboot verschwand immer mehr in der Ferne.

Was konnte man für Omar tun? Wir wurden gemeinsam zu dem französischen Oberarzt, einem lächelnden Oberst, eingelassen.

«*Sie* hier?»

Das Wiedersehen war herzlich, und beide waren gleichermaßen überrascht. Als ich Oberst Lalouel das letzte Mal getroffen hatte, war er Militärarzt auf Tahiti. Gemeinsam fanden wir eine Lösung. Wenn Omar gezwungen wäre, nach Bol zurückzukehren, bliebe er ohne ärztliche Hilfe. Ich garantierte deswegen, daß Omar in Kairo unter ärztlicher Behandlung stehen würde, bekam ein Rezept über Spritzen und Tabletten und war somit für Omars Kur verantwortlich.

Dann ging die Sudan-Maschine. Im letzten Augenblick wurden Omar und Mussa die Gangway hinaufgezogen, sie konnten schlecht sehen, weil sie sich gelbe und blaue Brillen in den Farben ihrer Gewänder angeschafft hatten. Laute Ausrufe von Abdullah, als er den Kopf hineinsteckte und die Einrichtung des Flugzeugs sah, während die beiden über die Kabine, die größer als das Haus des Sultans in Bol war, ganz andächtig wurden. Bald schwebten wir über der Wolkendecke, und während Abdullah und Omar in allen Einzelheiten den Mechanismus des Sicherheitsgurts und den verstellbaren Sitz ausforschten, zog Mussa mit stoischer Ruhe ein gelbes Taschentuch hervor und polierte abwechselnd seinen blanken Schädel und seine Sandalen. Als die Stewardeß mit dem Bonbontablett durchging, schaufelten sie sich beide Hände voll und blieben mit ihrem Fang sitzen, bis sie sahen, wie andere das Bonbonpapier in den Aschenbecher steckten. Da stopften sie alle ihre Bonbons auch dort hinein und waren den Rest der Reise damit beschäftigt, sie wieder aus der engen Öffnung hervorzustochern. Um Omars Leber besorgt, sah ich, daß er den Lunch mit Butter im Obstsalat begann. Dann überquerten wir die öde Wüstengrenze des Sudan und landeten am späten Nachmittag in der Hauptstadt El Khartum.

Nun waren meine Gefährten nicht zu halten. In Bol hatte keiner ein zweistöckiges Haus gesehen, aber hier in El Khartum lagen die Häuser in Schichten übereinander, und selbst Abdullah versank in Gedanken, als er ein vierstöckiges Gebäude sah. Es würde bestimmt schiefgehen, wenn ich meine Reisegefährten in dieser arabischen Großstadt, wo wir übernachten mußten, aus den Augen lassen würde. Da sich meine Freunde vorläufig nicht unbemerkt der Umgebung anpassen würden, wenn sie mit mir in ein großes modernes Hotel zögen, beschloß ich, mit ihnen in ein viertrangiges Hospiz in dem geschäftigsten Araberviertel zu ziehen. Empfang und Zimmer lagen im dritten Stock eines antiquierten Gebäudes, Küche und Speiseraum im Freien auf dem Dach, und alle drei waren von dem Märchenhaus überwältigt. Die beiden Brüder benahmen sich auf der Treppe merkwürdig. Sie gaben sorgfältig acht und hoben die Beine zielbewußt und vorsichtig, als ob sie in unwegsamen Bergen herumkletterten. Es wurde mir klar, daß sie zum ersten Male eine Treppe stiegen. Sowohl in Bol als auch auf ihren schwimmenden Inseln waren alle Hütten einstöckig und lagen zu ebener Erde. Die Hotelzimmer waren nach innen gekehrt und besaßen keine Fenster, aber von der Decke baumelte eine Glühbirne herab, und mehrere Betten standen nebeneinander. Omar und Mussa aus Bol hatten noch nie ein Bett gesehen, und als Abdullah erklärte, daß es zum Schlafen sei, legten sich beide auf den Boden und krochen unter das Bett, um es auszuprobieren. Dort lagen sie ausgestreckt, die Nase in der Sprungfedermatratze, während Abdullah sich vor Lachen krümmte und sie wieder hervorwinkte, als die verblüffte Wirtin fragte, was sie denn suchten. Auf dem Dach hatten wir einen kleinen Tisch, und jeder bekam eine Gabel und einen Teller mit einer fertigen Portion aus großen Fleischstücken, Tomaten, Kartoffeln, Zwiebeln und Bohnen. Die Funktion der Gabel wurde schnell begriffen und geschätzt. Ich wollte mit meiner Gabel gerade ein leckeres Stück Fleisch aufspießen, als mir eine andere Gabel zuvorkam und das

Fleischstück schnell in Omars Mund steckte. Ich nahm Anlauf, um mir ein anderes Stück zu sichern, aber da kam Abdullahs Gabel, und ich mußte eine Kartoffel ansteuern, um einen Zusammenstoß zu verhindern. Dann überschaute ich die Situation und sah die Gabeln kreuz und quer über den Tisch fahren, alle aßen von dem Teller, auf dem sie im Augenblick etwas Verlockendes entdeckten. Meine Tischgenossen waren es gewohnt, daß sich alle mit den Fingern aus einer gemeinsamen Schüssel in der Mitte bedienten, und empfanden die Gabel als nützliche Verlängerung der Reichweite für eine Mahlzeit, bei der das Essen nicht allen leicht zugänglich in der Mitte stand.

Ich ging mit halbleerem Magen ins Bett. Das einzige WC des Hotels hallte von erstaunten und bewundernden Ausrufen wider. Abdullah wollte für den Fall, daß Damenbesuch ins Zimmer kam, ein sudanesisches Geldstück haben. Am nächsten Morgen weckte er mich in aller Frühe. Er hatte gehört, daß die Zeit nicht überall in der Welt gleich war, nun wollte er sich vergewissern, daß ich mich mit dem Piloten geeinigt hatte, welche Zeit wir benutzen wollten, damit wir nicht zu spät zum nächsten Flugzeug kamen.

Auf dem Flugplatz geschah eine Katastrophe. Keiner hatte gemerkt, daß meine Reisebegleiter aus dem Tschad kein ägyptisches Visum besaßen. Aber die Gesundheitskontrolle entdeckte, daß eine ganze Woche fehlte, bis ihre frische Impfung gegen Gelbfieber gültig wurde. Sie waren durch ein Versehen der Gesundheitskontrolle in den Sudan hineingeschlüpft, nun würde man zumindest dafür sorgen, daß sie nicht wieder hinausschlüpften, ehe ihre Impfung gültig war. Ich war durch die Kontrolle auf den Flugplatz gekommen, wo ich in der Absperrung eine Tür entdeckt hatte. Der helle Abdullah sah meinen Zeigefinger und zog sich mit den beiden, welche die Sperre nicht passieren durften, aus der Schlange zurück. Alle drei spazierten in einer Reihe in ihren blauen, weißen und gelben Gewändern um das Haus herum, und als das Flugzeug abhob, saßen wir alle vier an Bord. Omar und Mussa aus Bol setzten sich gewandt hin und legten den Gurt an, während sie die hübsche schwarze Stewardeß anlächelten und sich mit einem kleinen Bonbon von dem Tablett bedienten.

Kairo. Das Empfangskomitee am Fuße der Gangway, voran der lächelnde norwegische Botschafter. Ein Vertreter des Ministeriums für Tourismus winkte uns durch die Sperre, ohne nach Visum oder Gelbfieber zu fragen, und der Chauffeur des Botschafters in seiner eleganten Uniform machte Mussa, Omar und Abdullah die Honneurs, als sie die Gewänder an den Beinen zusammenrafften und sich in das große Botschafterauto manövrierten. Jubelausrufe und andächtiges Murmeln der drei auf dem Rücksitz lösten einander bei den ersten Brücken, Unterführungen und fünfstöckigen Häusern ab. Eine Moschee, noch eine, die ganze Stadt war ja voller Moscheen, hier mußte das Paradies sein. Aber als im Zentrum die Häuser ganze Blöcke bildeten und so hoch in den Himmel emporragten, daß die drei nicht eher das Dach sehen konnten, ehe man ihnen nicht half, die Scheiben herunterzukurbeln, wurden sie immer schweigsamer. Dies war ein schlechter Spaß. Mussa wurde müde. Omar saß steif da, und das Weiße in seinen Augen leuchtete auf, wenn er verstohlen zur Seite guckte. Abdullah dagegen hielt den glattrasierten Kopf vornübergebeugt, und Mund und Augen weit aufgerissen, saugte er auch das geringste Detail von Straßenbahnschienen und Automarken bis zu Leuchtreklamen und Menschentypen in sich hinein.

«Was ist das?» fragte Abdullah.

Wir hatten die moderne Großstadt hinter uns gelassen und fuhren über die Gizehebene hinaus. Ich war auf diese Frage vorbereitet, wollte aber Abdullahs Reaktion beobachten. Die anderen saßen steif da und schliefen halb, aber Abdullah hatte lange mit unverwandtem Blick nach vorn gestarrt, und Augen und Mund waren in der Dunkelheit immer größer geworden.

«Abdullah, das ist eine Pyramide», erklärte ich.

«Ist es ein Berg, oder haben das Menschen gemacht?»

«Sie ist in alten Zeiten von Menschen gebaut worden.»

«Diese Ägypter! Sie haben es weiter gebracht als wir. Wie viele wohnen darin?»

«Nur ein Mann, und der ist tot.»

Abdullah brach in bewunderndes Gelächter aus.

«Diese Ägypter, diese Ägypter!»

Zwei weitere Pyramiden tauchten auf. Jetzt wurde auch Abdullah ganz stumm. Das Weiße in seinen Augen leuchtete auf. Mit Taschenlampen wurden die drei Tschad-Neger auf einen weiten Spaziergang vom Auto durch die weichen Sanddünen zu Corios fertig eingerichtetem Zeltlager geführt, das im Mondschein gespenstisch weiß in der sanft abfallenden Talsenkung hinter Pyramiden und der Sphinx leuchtete. Die drei, die vor uns über den mondhellen Sand schritten, ahnten kaum, daß sie vielleicht seit Tausenden von Jahren die ersten Papyrusbootbauer waren, die an den Tatzen der Sphinx vorbeigingen, und daß sie über uralte Grabkammern hinwegstapften, in denen die Bootsbauer des Pharao lagen, versteckt und vergessen mit ihrem Wissen, das nun über weite, sehr weite Umwege wieder an den Fuß der Pyramiden gelangte. Gute Nacht, Abdullah. Du hast ein Zelt für dich. Mussa und Omar bekommen das Nachbarzelt. Betäubt von unglaublichen Eindrücken, neuem Wissen, schielten alle drei zum letzten Male verstohlen auf die breiten, spitzen Wolkenkratzerberge der Pharaonen, die wie Schatten unserer Zelte gegen das unveränderliche Sternengewimmel massig emporragten. «In jeder nur ein Mann, und der ist tot», murmelte Abdullah auf arabisch zu Omar. Omar brauchte das nicht ins Buduma zu übersetzen, denn sein Bruder lag schon auf dem Rükken in seinem Feldbett und schnarchte voll neuer Eindrücke.

Als die Morgensonne ihre ersten roten Lichtpfeile hoch über den Zeltdächern aus ihrem Versteck hinter den Sanddünen am Horizont abschickte, glühten die Spitzen der drei Pyramiden wie warme Lava. Es war noch dunkel und kalt, als die drei in ihren langen Gewändern hinauskrochen und zitternd die rotglühenden Pyramidenspitzen in der Erwartung betrachteten, daß die Sonne auch auf gewöhnliche Menschen scheinen würde, die im kalten Morgensand froren und den Sonnenaufgang erwarteten, um im Gebet an Allah auf die Knie fallen zu können. Als die Sonne aufging, knieten die drei in einer Reihe und beugten ihre schwarzen Stirnen mit frisch rasierten Schädeln zum Sand. Sie leuchteten dem erwachenden Sonnengott *Ra* entgegen, denn Abdullah meinte, daß Mekka ungefähr in dieser Richtung liegen müsse. Dann erlebten wir alle einen ungewöhnlichen, inmitten des Sandes und der Steine um uns herum lebendigen und erfrischenden Anblick. Der Papyrus! Er erwartete uns dort in riesigen Haufen, teils gelbgrün, teils golden wie die Sonne. Abdullah ergriff ein langes Messer, und wir zogen alle in gespannter Erwartung hinüber, um das Urteil der Experten bei der ersten kritischen Begegnung zwischen den Bootsbauern aus dem Innern Afrikas und dem Material von den Nilquellen zu hören. Abdullah schnitt mit einer einzigen kleinen Bewegung ein Schilfrohr durch, und die beiden anderen drückten die Schnittfläche zusammen und befühlten den langen Stengel.

«Kirta», murmelte Mussa.

«Ganagin», übersetzte Omar für Abdullah ins Tschad-Arabische und entblößte vergnügt die Zähne.

«Papyrus, sie sagen, das ist wirklich Papyrus», erklärte Abdullah auf französisch, und alle waren erleichtert und froh. Der Papyrus war von allerbester Qualität.

Gemeinsam wählten wir eine flache Strecke im Sand neben den Zelten aus. Hier maßen wir ein 15 m langes und 5 m breites Boot aus und rissen seine Konturen mit einem Stöckchen an.

«So groß soll der Kaday werden.»

«Aber wo ist das Wasser?»

Mussa hatte gefragt, und Omar nickte.

«Das Wasser», sagten wir anderen. «Ihr habt vor dem Küchenzelt ja die Tonne mit Trinkwasser gesehen.»

«Wir können kein Boot bauen, ohne den Papyrus zu weichen», sagte Mussa und sah sich in den endlosen Sanddünen mißtrauisch um.

«Aber du hast doch gesagt, daß wir den Papyrus vor Gebrauch drei Wochen lang in der Sonne trocknen sollen!» rief ich aus.

«Ja schon, denn frischer Papyrus bricht. Man muß ihn trocknen, damit er stark wird. Danach muß er geweicht werden, wenn wir ihn biegen wollen, sonst bricht er wie dünne Zweige», sagten die drei Schwarzen.

Jetzt standen wir da. Im Wüstensand. Die Kamele hatten Wasser im Höcker, und wir hatten es in einer Tonne mit Hahn. Tief unten im Tal strömte der Nil. Dort wurden alle Abwässer entleert. Das Nilwasser würde heute den Papyrus doppelt so schnell faulen lassen wie das Flußwasser zu Zeiten der Pharaonen. Die beiden Männer aus Bol hatten uns nicht gewarnt. In ihrer Welt gab es überall Wasser, nur Wasser und schwimmende Inseln, einen endlosen See mit der Wüste an einem Horizont.

«Wo ist der See?»

Mussa betrachtete uns mißtrauisch, und Omar wurde unruhig. Wir mußten auf der Stelle eine Lösung finden.

«Wir holen ihn!»

Es blieb uns keine andere Wahl. Es war zu spät, das Lager und den großen Papyrusvorrat zu verlegen. Überdies war der Nil schmutzig, und wir wagten es nicht, den Papyrus im Meer zu weichen, bevor es nicht unbedingt notwendig war, weil die Experten behaupten, Seewasser würde das Zellgewebe des Schilfs auflösen. Wir hatten diese Baustelle gerade wegen der Umgebung gewählt. Die Pyramiden als Symbol des alten Ägypten und die Gräber in der Wüste boten reichlich Anlaß, die eigentümlichen Details auf den alten Bootsmalereien zu studieren, sowie die Arbeit an unserem Fahrzeug fortschritt. Und im Wüstenklima konnten wir den Papyrus garantiert trockenhalten, wie es nach den Aussagen der Bootsbauer im Tschad und in Äthiopien sein mußte.

«Abdullah, erkläre, daß wir jetzt losfahren und das Wasser holen!»

Corio und ich holperten mit dem Jeep über den Sandkamm in das nächste Araberviertel. Hier kauften wir Ziegelsteine und Zement, trieben einen arbeitslosen Maurer und einen Traktorfahrer auf, der uns jeden zweiten Tag zwölf alte Benzinfässer mit sauberem Wasser in die Wüste fahren sollte. Wir machten mit unseren Freunden aus dem Tschad einen Einkaufsbummel in Kairo, weil ihnen im nördlichen Ägypten die Gewänder allein zu kalt waren. Und Omar begann seine Kur. Am nächsten Tag wurden die ersten Papyrusbündel in einem rechteckigen Ziegelsteinbecken geweicht, das wir im Sand vor den Zelten gemauert hatten. Da sahen wir erst richtig, wie gut Papyrus schwimmt. Drei Mann mußten auf einem einzigen Bündel herumspringen und -tanzen, um es unter Wasser zu drücken, und wir besaßen fünfhundert Bündel. Wenn wir einen einzelnen Papyrusstengel mit dem dicken Ende in eine Wassertonne steckten, sprang er von selbst in hohem Bogen wie ein Speer aus dem Wasser, sobald wir ihn nur losließen.

Zwei Gelehrte mit wachem Blick, Lachfalten und wallenden Vollbärten folgten aufmerksam dem Bau des Papyrusboots. Beide schüttelten den Kopf und wußten nicht, was sie glauben sollten. Einer war der Ägypter Ahmed Josef. Er machte immer wieder einen Abstecher von dem großen Zedernholzboot des Pharao Cheops, das er selbst gerade am Fuße der größten Pyramide zusammensetzte. Der andere war der Schwede Björn Landström, der führende Fachmann für altägyptische Bootstypen. Er war auf einem seiner vielen Besuche in Ägypten, um jedes einzelne Fahrzeug, das er in den zahlreichen Grabkammern im Niltal abgebildet fand, zu katalogisieren und abzuzeichnen. Vorige Woche hatte Landström der Presse seine Zweifel an der Seetüchtigkeit des Papyrusboots mitgeteilt, aber der Anblick der Papyrusbündel und die Begegnung mit den Experten aus dem Tschad hatten ihn in seiner Auffassung schwankend gemacht, und er erbot sich, nun in Ägypten zu bleiben und der Baumannschaft seine theoretischen Kenntnisse zur Verfügung zu stellen.

Und dann begann die gemeinschaftliche Arbeit. Landström wußte nichts von Papyrus oder von der Technik, die Bündel zu einem Boot zusammenzubinden, aber er kannte jede geringste Einzelheit, wo die Erfahrung der Buduma-Neger nicht ausreichte, nämlich die Form der Pharaonenschiffe und außerdem Form und Anbringung der Masten, der Takelung, der Segel, der Hütte und des Steuermechanismus. Ohne Zögern skizzierte er uns im Handumdrehen ein fertiges Papyrusschiff und einen genauen Bauplan, der alle Proportionen zeigte.

Mussa und Omar schüttelten sich vor Lachen, denn sie hatten noch nie ein Boot gesehen, das vorn und hinten einen Bug besaß, aber sie begannen sofort mit dem Bau. Sie begannen unser Boot, das wir auf dem Meer ausprobieren wollten, mit vier Stengeln, die an einem Ende durch Schnüre verknüpft waren. Dazwischen steckten sie andere Papyrusrohre und ließen Bund und Tau immer dicker werden, genauso, wie sie es im Tschad gemacht hatten. Als das kegelförmige Bündel 70 cm Durchmesser hatte und die Taue so stark wie ein kleiner Finger waren, wurde das Bündel zylinderförmig fortgesetzt und alle 60–70 cm ein Tauring von unveränderter Stärke angebracht. Jetzt reichte der Platz auch für Abdullah, und die Arbeit war in vollem Gang. Wir mußten wieder in die Araberviertel und weitere Helfer anwerben. Abdullah diente uns mit seinem Tschad-Arabisch nach bestem Vermögen als Dolmetscher.

«Bot», riefen die Ägypter. Das ist ihr Wort für Schilf. Und dann ging es am laufenden Band. Zwei Mann hingen sich an die Enden langer Baumstämme, die wie Waagebalken angebracht waren, um die widerspenstigen Papyrusbündel im Ziegelsteinbecken unter Wasser zu drücken. Zwei andere Männer schnitten alle verfaulten Wurzelenden ab und trugen die geweichten Schilfbündel zu zwei Helfern. Die beiden standen bereit, um die Stengel einzeln Omar, Mussa und Abdullah zuzureichen, welche sie mit aller Kraft in das widerspenstige Ende des werdenden Boots trieben, bis die Tauschlingen voll und prall wie Faßreifen waren. Abdullah war selbstverständlich Vorarbeiter und arbeitete und kommandierte in rasantem Tempo. Erst sahen die

ägyptischen Helfer ein wenig auf die drei rabenschwarzen Männer aus dem Inneren Afrikas herab, denn etwas Schwärzeres hatten sie noch nie gesehen, nicht einmal in ihren eigenen Backöfen, aber Abdullah wies sie mit seinem blitzklaren Verstand in die Schranken, und bald erregten auch die beiden anderen wegen ihrer stoischen Ruhe, ihrem Sinn für Humor und ihrer praktischen Entschlossenheit allgemein Bewunderung. Zwei schalkhafte Wachmänner mit Turban und alten Musketen, ein tüchtiger Koch und ein lachlustiger, immer vergnügter Messejunge trugen zu einem gemütlichen Lager bei, alles von einer symbolischen Tauabsperrung eingerahmt, die Zelte, Papyrusvorrat und Baustelle einfaßte. An dem langen Tisch im Messezelt wurde täglich englisch, arabisch, italienisch, Buduma, norwegisch, schwedisch und französisch gesprochen, und noch war die internationale Besatzung der Expedition nicht beisammen.

Am dritten Tag begann der Zusammenstoß zwischen den Traditionsgläubigen und den Schriftgelehrten. Die Rolle besaß jetzt die Länge, daß es an der Zeit war, sie achtern in eine Spitze auslaufen zu lassen, aber das lehnten die Buduma-Brüder rundweg ab. Sie wollten die Rolle ebenso dick weiterführen und wie eine Wurst abschneiden. So war es von jeher bei ihnen am Tschadsee üblich gewesen. Kein *Kaday* konnte an beiden Enden einen Bug haben! Mit Abdullah als Dolmetscher bemühten sich Landström, Corio und ich, ihnen zu erklären, daß dieses Papyrusboot die spezielle altägyptische Form erhalten solle, aber da wurde der lachlustige Mussa ärgerlich und legte sich schlafen. Omar versuchte, uns verständlich zu machen, daß es wohl angehe, eine Papyrusrolle mit vier Rohren zu beginnen und immer dicker werden zu lassen, aber es gehe nicht an, das dicke Teil immer dünner zu machen und in vier Halme auslaufen zu lassen. Damit stapfte auch er im Sand davon, und wir blieben mit allen unseren ägyptischen Helfern hilflos zurück.

Am nächsten Tag schlichen die beiden Brüder vor Sonnenaufgang auf die Baustelle, und als wir anderen auf die Beine gekommen waren, hatten sie schon ihren Willen durchgesetzt. Verzweifelt liefen wir hinunter, um sie zurückzuhalten, blieben aber stehen und sahen erst das Boot und dann uns an. Landströms Bauzeichnung zeigte sieben einzelne vorn und achtern an der Spitze hochgebogene Rollen, die anschließend nebeneinandergebunden wurden, um dem Boot Breite zu geben. Aber die beiden Brüder hatten schon begonnen, die zweite Rolle direkt mit der ersten zu einem kompakten und festsitzenden Ganzen zusammenzuflechten. Nicht nur die Taue wurden in parallelen Ketten quer über das ganze Boot geflochten, sondern auch eine Handvoll Papyrusschilf wurde regelmäßig schräg in die Tauringe der Nachbarrolle eingeflochten, so daß es zu einer unzertrennlichen Einheit wurde. Diese Technik war gegenüber der, die ein Uneingeweihter ausklügeln konnte, so souverän, daß die Schriftgelehrten hier nur kapitulieren konnten. Tausendjährige Erfahrung machte theoretische Lösungen des einzelnen zunichte. Das Ergebnis war ein dichter Verband von Papyruspontons, von denen nur der erste den Querschnitt eines Vollmonds bekam, während die Seitenrollen jeweils den Querschnitt des zunehmenden und abnehmenden Mondes erhielten.

Am sechsten Tag jagte ein Sandsturm durch die Sahara, der Sand peitschte wie versteinerter Regen gegen die Zelte, und langsam verschwanden die Pyramiden aus der Sicht. Während es in die Augen stach und zwischen den Zähnen knirschte, mußten wir die langen Zeltpflöcke tiefer in den Sand schlagen und eine Persenning über die Papyrusstapel ziehen, als die trockenen, leichten Binsen durch die Luft zu den Pyramiden zu fliegen begannen. Von dem unvollendeten Achterteil der beiden Rollen spreizte sich das Schilf wie Igelstacheln und brach wie spröde Strohhalme im Sturm, während der fertiggeflochtene Teil kompakt und robust wie Baumstämme dalag. Der Sturm nahm zu und peitschte drei Tage und drei Nächte wie warmer Hagel gegen das Lager. Am vierten Tag flaute der Sandsturm ab, und wir liefen an die Arbeit, als ein Sprühregen über die Wüste niederging. Wasser wurde in Krügen vom Becken geholt und über den spitzen Bug des Bootes gegossen, das jetzt aus drei ineinander verwebten Zylindern bestand, und als der Bug genügend durchgeweicht war, wurden alle Mann eingesetzt, um ihn wie auf den Pharaonenschiffen in hohem und elegantem Bogen nach oben zu biegen. Aber am anderen Ende waren die Bündel noch so gerade wie zuvor und spreizten sich weiterhin wie große Rasierpinsel nach hinten. Dann führten wir Omar, Mussa und Abdullah in das größte Abenteuer ihres Lebens, in ein Kairoer Kaufhaus, wo sie Rolltreppe fuhren und jeder sich ein Geschenk aussuchen durfte. Entzückt suchten sie sich Armbanduhren aus, und Abdullah versprach, sie die Uhrzeit zu lehren. Am selben Nachmittag entdeckte ein überströmend freundlicher Mussa, daß es wohl anginge, dem Achtersteven eine nadelfeine Spitze anzusetzen, die sie nach oben bogen und später verstärkten. Nachdem der Achtersteven verstärkt und verbessert worden war, nahm das Bauwerk die Form eines wirklich altägyptischen Fahrzeugs an, und als das malerische Boot allmählich einer gekrümmten Mondsichel vor den Sonnenpyramiden glich, rief es unter Laien und Gelehrten allgemeine Begeisterung hervor. Da ahnten wir noch nicht, daß der improvisierte Achtersteven die Achillesferse des Papyrusbootes werden sollte.

Nacheinander wurden vier Rollen zu beiden Seiten der längsten Mittelrolle zusammengebunden, und auf diese neun Rollen wurde eine zweite Lage von neun anderen auf gleiche Weise befestigt. Zusätzlich wurde auf dem Deck an jeder Seite eine Rolle als Schanzverkleidung befestigt. Die drei mittleren Rollen waren dicker als die anderen und ragten wie ein breiter Kiel 20 cm tiefer ins Wasser.

Im April begann die Sonne über der Sahara mit einer Intensität zu glühen, die man an unserem Arbeitstempo und dem Wasserverbrauch ablesen konnte. Der Bootsbau in dem versteckten Tal hinter den Pyramiden tauchte in der Lokalpresse und im Fernsehen auf. Ständig wurde das Papyrusboot mit dem Zedernschiff des Pharao Cheops verwechselt, das einige hundert Meter weiter rekonstruiert wurde. Dragomane und Fremdenführer, die wegen der Krise keine Arbeit hatten, kamen auf die Idee, allen Touristen, die nur irgendwie aufzutreiben waren, ein echtes ägyptisches Papyrusschiff zu zeigen. Touristen von allen Kontinenten und Fotografen und Journalisten, die als Kriegsberichterstatter in das Land geströmt waren, fanden den Weg auf Kamel- und Pferderücken oder stapften zu Fuß zum Papyrusboot. Es war nun die neueste Attraktion des Ortes, und während Tauabsperrungen niedergetrampelt wurden und verschwanden, kämpften die Wachmänner darum, die Menschenmenge von dem spröden Boot fernzuhalten. Die eifrigsten Zuschauer kletterten in ihrer Begeisterung ohne Rücksicht auf das knochentrockene Schilf, das unter den Stiefelabsätzen gewaltsam brach, auf das Boot, um für die Fotografen zu posieren. Die Kamele fraßen vom Boot. Papyrusstückchen und ganze Halme mit und ohne Namenszug verschwanden in alle Richtungen als Souvenir, und Abdullah vergaß aus Freundlichkeit gegenüber allen, welche sein Autogramm haben wollten, die Arbeit zu leiten, während Mussa und Omar, die Taurolle in den Händen, mit Schönheiten aus Nigeria, der UdSSR und Japan kokettierten. Wir versuchten, nachts mit Lampen und Fackeln zu arbeiten, aber die Feuergefahr durch Funken und Paraffin war so bedrohlich, daß wir aufhören mußten. Wir hatten wirklich ein Papierboot gebaut. Ein Streichholz, und die ganze Schute würde in ein Flammenmeer aufgehen und nach einigen Sekunden als kleiner flacher Aschehaufen im Sand zusammenfallen. Wir hatten eine panische Angst vor allen Touristen, die rauchten und sich mit Zigaretten an die Schutenwand lehnten. Wir hängten große Plakate auf englisch und arabisch auf, daß Rauchen streng verboten sei, und erklärten der Tageswache, sie solle allen Besuchern das Schild zeigen. Kurz darauf fanden wir den Alten, wie er selbst mit seinem Gewehr dicht unter dem Papyrusbug saß und eine selbstgedrehte Zigarette paffte. Ich zeigte wütend auf das Schild über seinem Kopf, aber er verstand nichts und erklärte nur lächelnd, daß er nicht lesen könne.

Die Kajüte wurde von einem alten Korbmacher in Kairo geflochten. Sie war aus biegsamem Korbmaterial zusammengezwirnt, so daß Boden, Wände und Dach aus einem Stück bestanden. Diese Korbhütte, in der wir sieben zusammen leben sollten, war 4 m lang und 2,80 m breit. Sie besaß ein gewölbtes Dach, unter dem wir an der höchsten Stelle gebückt stehen konnten, und in der Mitte einer Längswand eine 1 m hohe quadratische Türöffnung. Das Dach und die Längswände wurden wie ein offener Alkoven einen Meter über die eine Schmalwand hinaus geflochten, um die Proviantkörbe aufzunehmen.

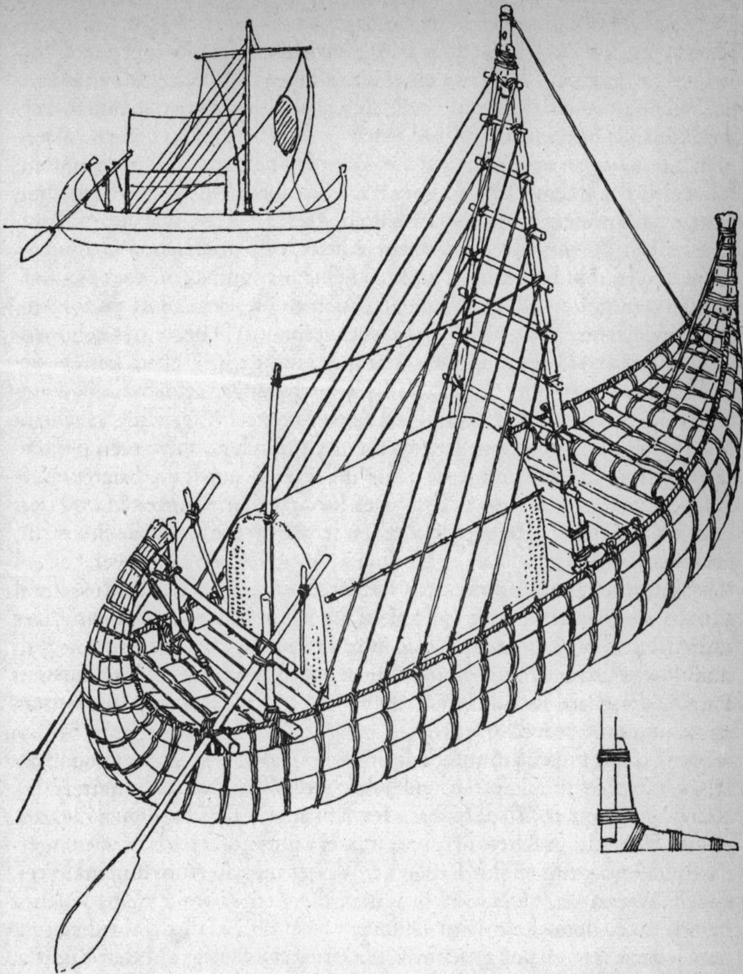

Während der Arbeit mußten wir immer wieder einen Abstecher zu den alten Grabkammern machen und uns Details der Freskomalereien ansehen. Auf den Abbildungen war auf den langen Holzschiffen immer ein dickes Tau in der Längsrichtung hoch über das ganze Deck gespannt. Es wurde von zwei gabelförmigen Pfosten hochgehalten und verlief vom Bug bis zum Achtersteven. Indem es die Bootsenden im gleichen Abstand hielt, sollte dieses stramme Kabel verhindern, daß das Boot vorn und achtern abknickte und so in der Mitte brach. Den Papyrusbooten konnte augenscheinlich auf der Länge mehr Flexibilität zugestanden werden, denn ihnen fehlte dieses Strecktau. Dafür führte bei ihnen von der nach innen gebogenen Spitze des Achtersteven ein kurzes Tau schräg zum Achterdeck hinunter, so daß der Achtersteven einer Harfe mit einer einzelnen Saite glich. Keiner ahnte, wie wichtig diese Bogensehne war. Ich grübelte stundenlang über ihre Funktion nach, denn sie mußte einen praktischen Wert haben, wenn auch alle Gelehrten und sogar die Männer aus dem Tschad meinten, daß es ihre einzige Funktion sei, den Schnörkel in einem eleganten Bogen nach innen gespannt zu halten. Gewiß. Aber warum, warum dieser nach innen gedrehte Bogen? Allein aus ästhetischen Gründen, meinten alle. Ein besserer Grund fiel keinem von uns ein, aber das war Grund genug, den alten Vorbildern auch in diesem Punkt zu folgen. Die Bogensehne war viele Tage lang gespannt. Aber eines schönen Morgens war sie weg. Unsere Freunde aus dem Tschad hatten sie entfernt, sie störte ihre Arbeit und war nicht länger erforderlich, denn der Schnörkel am Achtersteven stand jetzt unerschütterlich von selbst. Wir baten sie, sofort das Tau wieder anzubinden, aber wir beugten uns dem logischen Argument, daß wir später ja selbst die Bogensehne wieder spannen könnten, falls wir es für erforderlich hielten und der Schnörkel sich wieder geradebog. Jetzt wurde die Bogensehne nicht gebraucht.

Während bei den Holzbooten die Strecktaue zwischen zwei Gabelpfosten aufgehängt waren, lief auf Malereien und Reliefs bei Papyrusbooten ein dickes gedrehtes Tau um das ganze Deck, um das Schilf zusammenzuhalten, es kompakter zu machen und den Mastversteifungen, den Pardunen, Halt zu geben, die ja nicht an dünne Binsen festgebunden werden konnten.

Bei Wanderungen in unterirdischen Korridoren und Säulengängen halfen uns drei- bis viertausend Jahre alte Wandmalereien durch die wahrheitsgetreuen Wiedergaben der Künstler – die alle Details oft als flaches Relief in prachtvollen und immerwährenden Farben wiedergegeben haben –, uns in das Leben zu Wasser im Altertum hineinzuversetzen. Wir mußten versuchen, uns in die alten Comic Strips hineinzuversetzen, denn kein jetzt lebender Mensch besaß Erfahrungen in dem, was jetzt auf uns zukam. Oft war es schwierig, auf den Bildern zwischen Holz- und Papyrusbooten zu unterscheiden, weil die Holzboote gewöhnlich die Form des Papyrusbootes nachahmen. Aber die Grabmalereien zeigen über mehrere Bilder hindurch, wie Arbeiter in Papyrussümpfen Schilf ernten und es in Bündeln auf den Rücken zu Bootsbauern tragen, die das Schilf mit Taurollen, welche ihnen kleine helfende Lehrlinge reichen, zu Booten zusammenbinden.

Auf den Papyrusbooten sieht man Körbe voller Früchte und Backwerk, Krüge, Säcke, Kisten, Käfige mit Federvieh, Affen, lebende Kälber, Fischer, Jäger, Kaufleute, Krieger, Fürsten und ganze Grabgefolge mit Göttern und Vogelmännern. Hier arbeiten nackte Fischer mit Keschern, Netzen, Reusen und Angelschnüren mit Haken. Hier kämpfen Flottillen von Papyrusbooten. Hier harpunieren Jäger Flußpferde von Papyrusdecks aus. Hier sitzen Frauen auf Lasten und stillen ihre Kinder. Hier sitzt Pharao selbst mit seiner Königin auf einem Schiffsthron an einem Tisch, der sich unter Speisen biegt, ein Steward steht bereit, den Becher zu füllen. Einzelne Malereien zeigen den Pharao symbolisch als Riesen, der über die ganze Länge des Bootes hinwegschreitet, andere zeigen detailliert zwanzig Paar Ruderer und einen Schrägmast mit großer Takelung, in der ein halbes Dutzend Seeleute in Rahen und Pardunen klettern und an Fallen ziehen. Dieses ausgesprochen moderne Segelsystem verrät eine vollausgereifte Seemannskunst schon vor fünftausend Jahren. Die feinsten Papyrusschiffe besitzen ornamentale Tierköpfe an den Enden und prachtvoll geschnitzte, bemalte und vergoldete Kabinenpfosten, Sonnendach, Steuerruder und andere Schiffseinrichtung, alles mit demselben Können, mit demselben Geschmack, die das alte Ägypten in Bauwerken und Gebrauchsgegenständen auf dem festen Land hervorbrachte.

Die Pharaonen besaßen genügend Stein, um Pyramiden so groß wie Berge zu bauen. Sie besaßen auch genügend Papyrus; deswegen hätte sie nichts daran hindern können, Schilfboote zu bauen, die so groß wie schwimmende Inseln waren. Unser Papyrusboot war gerade ein Fünftel so lang wie die Sphinx. Wir kamen uns klein vor, wenn wir die Unterwelt der Mumien verließen und uns zwischen die Tatzen der Steinriesin stellten. Papyrus wird viel schneller vom Zahn der Zeit zerstört als Stein. Wenn wir nur die Wandmalereien der Unterwelt dort unten als Vorbild besessen hätten, würde niemand in unserer modernen Zeit glauben, daß Sphinxe und Pyramiden von solchen übermenschlichen Dimensionen Tausende von Jahren vor Kolumbus hätten geschaffen werden können. Wie gern wir uns auch einbilden, erst wir hätten es so herrlich weit gebracht, so liegen doch die Pyramiden dort als Denkmäler, die uns zur Vorsicht mahnen. Es verrät nicht gerade Klugheit, die Fähigkeiten andrer zu unterschätzen, denn wenn sie auch vor uns auf dieselbe Welt gekommen sind, so haben wir doch die Früchte ihrer Ideen geerntet. Sie waren mit den gleichen Sinnen und Trieben ausgestattet, als sie geboren wurden. Ihre Monumente weisen nach, daß die Intelligenz, die Erfindungsgabe, die Organisationsfähigkeit, die Neugierde, die Dynamik, die Sehnsucht, der Geschmack und alle anderen Triebkräfte des menschlichen Handelns, gute und schlechte, den Menschen des Altertums und der Gegenwart auf die gleiche Stufe stellen. Nur der Kalender und die Technik, die wir gemeinsam aufgebaut haben, verraten, daß fünftausend Jahre vergangen sind.

Als das letzte Schanzkleid aus Papyrus Form annahm, mußte ich nach Marokko fliegen, um Ankunft und endgültigen Start von der uns allen unbekannten alten Hafenstadt Safî vorzubereiten. Kurz nach meiner Rückkehr wurden die letzten Papyrusstengel verflochten.

280000 Rohre hatten wir verarbeitet. Die Bauarbeit war beendet. Auf dem Boden blieben sechs Schilfhalme zurück.

Am 28. April, es war der 22. Jahrestag des Starts der Kon-Tiki-Expedition, lag das Papyrusboot bereit, um weggezogen zu werden. Hinter den Pyramiden wimmelte es von Menschen. Das Ministerium für Tourismus hatte eine Zelttribüne mit Stühlen aufgestellt, und der Gouverneur von Gizeh nahm mit Ministern und ausländischen Botschaftern Platz. Heute arbeiteten andere, und Abdullah, Mussa und Omar hatten ihren Sonntagsstaat angelegt und setzten sich zwischen die Zuschauer. Breit und flachbrüstig, mit einem dünnen straffen Hals und einem gekringelten Schwanz, erinnerte das Papyrusboot an eine große goldene Henne, die im Sand vor den Pyramiden auf runden Baumstämmen brütete. Wir hatten das Boot so gebaut, daß es lose auf einem großen Holzschlitten lag. Vor dem Schlitten lagen vier lange Taue im Sand, und geschäftige Männer legten aus Telefonmasten eine Rollbahn aus, auf welcher der Schlitten über die Sanddünen gezogen werden sollte. Um Hilfskräfte für dieses Vorhaben zu bekommen, hatte mich der Direktor des Papyrus-Instituts zu dem Ägyptischen Gymnastikinstitut mitgenommen. Gemeinsam hatten wir dessen Direktor davon überzeugt, daß wir ein feines Trainingsprogramm für Tauziehen im Sand von Gizeh entworfen hätten. Wir würden für den Transport sorgen, wieviel Mann könne die Schule stellen?

Die Schule konnte fünfhundert körperlich trainierte Studenten stellen. Und jetzt waren sie dort in ihren weißen Shorts aufgestellt, und ihre Gymnastiklehrer teilten sie in lange Reihen an die Taue vor dem Schlitten ein. Ein paar Männer standen auf dem Boot und kommandierten, und einer stand vor dem Holzschlitten und gab mit einem Taktstock Stoppsignale. Es lag etwas Biblisches über der Szenerie. Vielleicht, weil das solide, handgefertigte Altertumsboot mit seiner Korbhütte auf dem Deck und den Pyramiden im Hintergrund an die Arche Noah erinnerte, die verlassen in der öden Welt lag, nachdem alle Tiere von Bord gegangen waren. Oder vielleicht, weil Moses an den Pyramiden gewandert war, er, der seine Tage einsam in einem Papyruskorb am Nilufer schwimmend begonnen hatte. Fest steht dagegen, daß nicht wenige Zuschauer schauderten und das Gefühl hatten, mitten in der Sonnenglut würden Geister an dem Schlitten ihr Wesen treiben, als der Mann auf dem Schlitten seinen Stock hob und fünfhundert junge Ägypter sich in die Zugtaue legten, so daß die Wüste von taktfestem Gebrüll widerhallte, als es im Holzwerk zu knacken anfing und das große Papyrusschiff sich im Gegensatz zu den unbeweglichen, zurückbleibenden Pyramiden langsam zu bewegen begann.

«Öla hu-u-up!» erklang es aus fünfhundert ägyptischen Kehlen, während es im Holz schrie und jammerte und im Stein knirschte und die Sonne heute wie damals auf die unbeweglichen Pyramidenwände brannte und auf Muskeln von tausend Armen und tausend Beinen spielte, die, vom gleichen Taktstock geleitet, zeigten, daß Menschen auch ohne Maschinen Berge versetzen können, wenn sie nur gemeinsam ziehen.

Es wurde leer im Tal, als die Zelte und die Pyramiden allein zurückblieben und das Papyrusboot nicht mehr im Mittelpunkt stand, sondern in Richtung der Asphaltstraße nach Sahara City aus dem Bild verschwunden war. Dort wurde der Holzschlitten mit der Arche Noah auf einen großen Anhänger gehoben, der beim Bau des Assuandammes benutzt wurde. Und während fünfhundert jubelnden Gymnastikstudenten für gute Arbeit gedankt wurde, rollten das älteste und jüngste Transportmittel Ägyptens gemeinsam auf der Asphaltstraße am palmenbewachsenen Nilufer entlang bis zur Mündung bei der Hafenstadt El-Iskandariya.

Hier fühlten wir auf einmal, wie das spröde und zerbrechliche Wüstenschiff Lebenskraft und Stärke aus der feuchten Seeluft zu saugen begann. Das Mumienschiff erwachte bei seiner ersten Begegnung mit dem Meer zu neuem Leben.

7

Auf dem Atlantik. Sieben Männer aus sieben Nationen, ein Affe und ein Käfig mit Federvieh

SAFÎ. ES DUFTET FRISCH NACH SALZIGEM ATLANTIK. DIE DÜNUNG rollt gegen die steile Küste und schickt hohe weiße Kaskaden in die Luft gegen die alten Festungsanlagen, die der Schwager Vasco da Gamas anlegte, als die Portugiesen 1508 nach einer Absprache mit dem Berberfürsten Yahia ben Tafouft die Verteidigung des Hafens übernommen hatten. Zwischen mittelalterlichen Burgmauern und dem vierhundertfünfzig Jahre alten portugiesischen Schloß lebt heute eine tatkräftige Stadtgemeinschaft von Arabern und Berbern in friedlicher Zusammenarbeit – die größte Sardinenfischerei der Welt, der Hafen wimmelt von bunten Fischerbooten, Ozeanriesen fahren ein und aus, um Sulfat zu holen oder um mit Marokkos wichtigster Binnenstadt, Marâkech, Waren auszutauschen.

Wir saßen im Palmengarten des Paschas, am höchsten Punkt der Stadt, und sahen auf das offene Meer hinunter, das sich vom Hafen unendlich bis zum Horizont erstreckte. Tausend Jahre vor der Ankunft der Portugiesen hatten schon die Berber den Hafen von Safî benutzt und die Phönizier wiederum tausend Jahre vor ihnen, als sie an dieser offenen Küste bis zu ihrem Außenposten auf der kleinen Insel es Saouîra entlangfuhren, wo die Archäologen ständig phönizische Überreste ausgraben. Also hatten schon im Altertum Seefahrer, Händler oder Kolonisten zwischen den inneren Küsten des Mittelmeers und jenen ältesten Häfen auf dem am weitesten vorgeschobenen Außenposten der afrikanischen Atlantikküste verkehrt. Dort saugt der Kanarienstrom auf dem Weg zur anderen Seite des Atlantiks alles mit sich, was er vermag.

Alle, die im Altertum die Straße von Gibraltar – die Säulen des Herkules – durchfahren hatten, fanden hier Schutz, wenn sie sich wie die Phönizier an den flachen marokkanischen Felsen entlang hinuntergewagt hatten. Bis Safî wäre auch ein Schilfboot gelangt, das sich etappenweise längs der gekrümmten afrikanischen Küste bewegt hätte. Niemand bezweifelte die Schwimmfähigkeit eines solchen Fahrzeugs, vorausgesetzt, es hielte sich dicht unter Land und könnte bei Bedarf jederzeit hinaufgezogen und getrocknet werden. Die Frage war nur, was geschehen würde, wenn es die Küste verließe und eine Fahrt über das offene Meer wagte.

Wir wissen, daß man das Schilfboot an der Atlantikküste vor Gibraltar kannte. Es hielt sich hartnäckig zu beiden Seiten der Straße von Gibraltar. Die Fischer bei den uralten mystischen Nuraghi-Ruinen an der Westküste Sardiniens benutzen es immer noch, und unser Exemplar würde auch nicht das erste Schilfboot sein, das die marokkanische Bevölkerung zu sehen bekäme. An der Mündung des Lucusflusses, an der Atlantikküste zwischen Gibraltar und Safî, überlebte das Schilfboot als Fischerfahrzeug, bis es zu Beginn unseres Jahrhunderts von portugiesischen Plankenbooten abgelöst wurde. 1913 entdeckten die Teilnehmer einer spanischen naturwissenschaftlichen Expedition, daß der alte El-Jolot-Stamm in diesem Gebiet immer noch Schilfboote baute, die fünf oder sechs Fischer tragen konnten und mit Ruder und Segel gesteuert wurden. Sie wiesen ausdrücklich darauf hin, daß dies die gleichen Fahrzeuge waren, welche die Ägypter benutzt hatten; und sie unterstrichen auch, daß diese Bootsform nicht nur in Marokko überlebte, sondern auch am oberen Nil, im Tschad und am Titicacasee in Südamerika benutzt wurde. Sie forderten die Ethnographen heraus, zu untersuchen, welche Verbindungen zwischen den Bootsbauern in so verschiedenen Regionen bestanden haben könnten, und unterstrichen, daß diese sogenannten *Madi* an der marokkanischen Atlantikküste vermutlich die solidesten und vollendetsten aller bekannten Schilfboote waren*.

«Sie wollen einen *Madi* sehen?» fragte der Direktor des örtlichen Küstendistrikts leicht verstimmt. «Dann kommen Sie genau eine Generation zu spät nach Marokko. Wir können Ihnen hier die modernsten Boote aus Holz und Kunststoff zeigen!»

Es kam zu einem babylonischen Tohuwabohu, als das Schilfboot, das unsere Freunde aus dem Tschad gebaut hatten, auf Rädern durch die Straßen von Safî rollte. Jetzt lag es am Hafen inmitten der an Land gezogenen Fischerboote, klar zum Stapellauf. Abdullah mühte sich ab, den Berbern und Arabern die ganze Geschichte in seinem tschadarabischen Dialekt zu erklären. Mussa und Omar hatten sich verabschiedet. Sie waren mit schweren Koffern und genügend Mitteln, um sich zu Hause in Bol eine Frau und Vieh kaufen zu können, von Kairo über El Khartum nach Fort-Lamy zurückgeflogen. Beim Abschied flüsterte Mussa, er habe in seinem feinen neuen Anzug eine Geheimtasche entdeckt, in der er alles Geld versteckte. Stolz schlug er die Jacke auf und zeigte mir eine gewöhnliche Westentasche. Omar hatte sich verabschiedet und war sichtlich neidisch auf Abdullah, der wegen seiner Französischkenntnisse und seiner ausgezeichneten Gesundheit als Mitfahrer für die Seereise auf dem *Kaday* ausgewählt war. Abdullah beabsichtigte, nicht in den Tschad zurückzukehren, solange der Guerillakrieg andauerte. Er wollte um jeden Preis zur See fahren, selbst ohne den Segen Präsident Tombalbayes und des Ministerrats. Zusammen mit unserem Lagerleiter Corio begleitete er das Papyrusboot als Passagier auf einem schwedischen Frachtschiff, das von Ägypten nach Tanja in Marokko fahren sollte. Kaum hatten wir dem Schiff im Hafen von El Iskandariya zum Abschied zugewinkt, als der Kapitän Order erhielt, umzudrehen, nach Port Sa'id am Sueskanal zu fahren und Zwiebeln zu laden. Hier bekam Abdullah zu sehen, wie der weiße Mann seine Moralgesetze befolgt. Er wurde von Kanonen geweckt, die über dem blockierten Sueskanal dröhnten, während ziellose Geschosse in brüchigen arabischen Ziegelsteinhäusern explodierten. Abdullah hatte neben dem brennbaren Papyrusboot auf dem Schiffsdeck gestanden und erschrocken, aber furchtlos aufgesehen, als etwas genau über das Boot flog und mitten im Hafengebiet explodierte. Die Hafenarbeiter verschwanden, und das Boot hatte mehrere Tage Verspätung, ehe es Ägypten verlassen konnte. Aber jetzt war das Papyrusboot wohlbehalten in Marokko angekommen, und Abdullah war dabei, es zu überholen. Vom Transport über Land von Kairo nach El Iskandariya und von Tanja nach Safî war es etwas flacher geworden

* *A. Cabrera: «Balsa de juncos en el Bajo Lucus.» Revista del Istituto de Antropología de la Universidad Nacional de Tucumán. Vol. 1, No. 2. Tucumán 1938.*

und vorn und hinten an den obersten Spitzen etwas borstig und versengt, nachdem es unterwegs, von Brücken bis zu Hochspannungsleitungen, alles auf die Hörner genommen hatte; aber die gelben Binsen wurden in der feuchten Seeluft immer geschmeidiger und kräftiger.

Heute sollte das Schilfboot von Stapel laufen. Es war gerade der 17. Mai, Norwegens Nationalfeiertag. Der Pascha hatte persönlich verfügt, die *Ra* auf dieselbe Helling zu bringen, von der sonst Safîs Fischereifahrzeuge vom Stapel liefen. Als Vertreter des Königs hatte er fast unbegrenzte Machtbefugnisse, und er verwandte sie zum Besten der Expedition. Von dem Tag an, als ich den Brief von seinem marokkanischen Freund, dem UN-Botschafter Benhima, vorzeigte, standen mir alle Türen im Hause des Paschas offen, und zwischen uns ergab sich eine spontane Freundschaft. Pascha Taieb Amara und seine Frau Aicha waren außergewöhnliche Menschen. Beide waren gleich aktiv, geistesgegenwärtig und sozial eingestellt. Er hatte seine Macht dazu benutzt, moderne Schulen zu bauen, Jugendzentren, Arbeiterwohnungen, Seemannsheime, Büchereien und hatte in der alten Seefahrerstadt Müßiggang durch Aktivität ersetzt. Frau Aicha war eine der zwanzig Frauen des Landes, die den Frauenrat König Hassans bildeten.

Sie erschien in Berbertracht und hielt einen bunten Krug in der Hand, und wir standen von den Kamelhaarkissen auf, um uns zum Hafen zu begeben.

«Da ich als Berberin das Boot taufe, scheint mir Ziegenmilch am geeignetsten», sagte sie und zeigte Yvonne den weißen Inhalt des Kruges. «Ziegenmilch ist in Marokko das alte Symbol für Gastfreundschaft und die besten Wünsche!»

Am Hafen wimmelte es von Menschen. Das Papyrusboot war mit den Flaggen der Teilnehmerländer geschmückt, die im Wind flatterten, als Aicha den schönen Krug an dem hölzernen Schlitten in tausend Stücke zerschlug, so daß Ziegenmilch und Scherben über Papyrus und Ehrengäste spritzten.

«Zum Andenken an den Sonnengott taufe ich dich *Ra*!»

Sofort begann es, in Ketten und Zahnrädern zu kreischen. Die Menschenmenge ging aus dem Weg. Als das Papyrusboot langsam über die Helling dem Wasser zuglitt, wechselte ich mit Botschafter Anker, dem treuen Beschützer der Expedition, einen Blick. Er stand stramm lächelnd da, Milchspritzer auf seinem Jackettrevers. Er war mit seiner Frau aus Kairo gekommen, um unserer Abfahrt beizuwohnen. Wahrscheinlich dachten wir dasselbe: Hoffentlich liegen jetzt die schlimmsten Klippen hinter uns! Aber andere dachten anders. Als der Bug sich dem Wasserspiegel näherte, lehnte sich ein Fotograf mit großen Augen zu mir herüber und fragte:

«Was würden Sie sagen, wenn es jetzt direkt untergeht?»

Für eine Antwort blieb keine Zeit mehr. Die *Ra* glitt ins Wasser.

Langsam versank der Holzschlitten mit dem Eisenwagen, auf dem er befestigt war, aber die *Ra* löste sich und legte sich wie eine fette Gans auf den Wasserspiegel; Papyrusstückchen und Holzpflöcke vom Slipwagen tauchten auf und trieben wie ein Schwanz von Gänschen mit hinaus. Durch die Menschenmenge an Land ging ein Seufzer der Erleichterung und Verwunderung. Einige hatten erwartet, daß die *Ra* umkippen würde. Die meisten glaubten, sie würde sich zumindest auf die Seite legen, denn sie war ja nie erprobt worden, und zu ihrer Symmetrie zu beiden Seiten der Mittellinie fehlte einiges. Es war Handarbeit, und am Schanzkleid gemessen stellte sich heraus, daß Mussas Seite vierzig Zentimeter länger war als Omars. Das Gleichgewicht war vollkommen, gleichgültig, wieviel Menschen sich an Bord befanden. Nur die drei Mittelrollen, die einen fast zwei Meter breiten Kiel bildeten, ragten zwanzig Zentimeter ins Wasser. Der Rest des breiten Bootes lag wie ein Rettungsring auf der Oberfläche.

Ein Schlepper wartete und zog die Schilffuhre zu einem großen Leichter, wo wir das Boot festmachten, damit der Papyrus nicht im Gezeitenwasser an der Steinmole zerfetzt wurde. Acht Tage konnte sich hier das Schilf unter der Wasserlinie vollsaugen, während wir die Takelung für die Abfahrt anbrachten. Im Laufe dieser Tage begegneten sich zum ersten Male die Teilnehmer der *Ra*-Expedition. Wir würden genug Zeit haben, um unsere Lebensgeschichten in dem kleinen Bambuskorb zu erfahren, der in den kommenden Wochen auf dem Meer unsere gemeinsame Wohnung sein sollte.

Norman Baker kam aus den Vereinigten Staaten. Als einziger richtiger Seemann an Bord war er als Navigator und Funker der Expedition ausgewählt worden. Er saß in dem breiten Hütteneingang, untersuchte seine Ausrüstung gründlich und verantwortungsbewußt und kontrollierte sachlich jedes Detail. Ich kannte Norman nur ziemlich flüchtig. Er war bescheiden und ruhig an Bord gekommen, als ich mich mit einem Grönlandtrawler, den ich für eine Expedition zur Osterinsel gechartert hatte, auf Tahiti befand. Da kam Norman gerade als Navigator einer Zwölfmeter-Ketsch nach Tahiti, auf der er zusammen mit einem amerikanischen Biologen gut zweitausend Seemeilen von Hawaii gesegelt war. Er konnte navigieren. Außerdem war er Commander der US-Marine und unterrichtete in Ozeanographie an der Marineschule in New York, obwohl er im Zivilleben Baumeister in der Wolkenkratzerwelt der Millionenstadt war.

«Hast du tatsächlich keine Erfahrung als Seefahrer?» fragte Norman skeptisch und wandte sich Juri zu, der rund und sanft neben ihm in der Türöffnung saß und mit einem Pusteapparat hantierte.

Juri Alexandrowitsch Senkewitsch war Russe und der Expeditionsarzt. Er lächelte breit.

«Ich bin einmal mit einem sowjetischen Schiff zur Antarktis und zurück gefahren», antwortete Juri und begann von den herrlichen

Mädchen in Manila zu erzählen. Aber Norman wollte lieber wissen, ob Juri wirklich ein Jahr am kältesten Punkt der Erde gewohnt hatte. Juri hatte wirklich dort gewohnt. Er war ein Jahr lang Arzt der russischen Forschungsstation Wostok gewesen, die 3000 m über dem Meer mitten auf der Südpolkappe liegt und Temperaturen bis minus 80 Grad Celsius aufweist. Juri kannte ich als einzigen der Männer vorher überhaupt nicht. Wir waren beide gleichermaßen gespannt, als sein Flugzeug in Kairo landete. Ich hatte es gewagt, Präsident Keldysch, dem Direktor der russischen Akademie der Wissenschaften, zu schreiben, einem klugen und bescheidenen Forscher, der den Wissenschaften in der Sowjetunion von den Sputniks bis zur Archäologie vorsteht. Ich erinnerte ihn daran, daß er mich einmal gefragt hatte, warum ich nie Russen auf die Expeditionen mitnähme. Das war der Anlaß. Ich brauchte einen Russen, und ich brauchte einen Arzt, vielleicht konnte Präsident Keldysch mir jemanden empfehlen. Meine Bedingung war, der Arzt müsse außer Russisch noch andere Sprachen beherrschen und Sinn für Humor haben. Letzteres hatten die Russen sehr ernst genommen. Als Juri vollbeladen mit Geschenken und Arzneien das Linienflugzeug der Aeroflot verließ, hatte er aus Angst, nicht lustig genug zu sein, Wodka getrunken. Und Juri gehörte sofort dazu. Seine Englischkenntnisse waren gering, reichten aber aus, um nie um eine witzige Pointe verlegen zu sein. Als Sohn eines Arztes in der Mongolei geboren, war Juri ein halber Asiate. Er war unter den jüngeren Wissenschaftlern des Gesundheitsministeriums der UdSSR ausgesucht worden. Sein Fachgebiet waren Probleme der Astronauten beim Abschuß und beim Verlust von Schwerkraft. Nachdem er die lichte Bambuskajüte inspiziert hatte, in der wir gemeinsam auf das Meer abgeschossen werden sollten, gab er einige bissige Kommentare zu Gunsten der Astronauten von sich.

Den Italiener Carlo Mauri kannte ich bisher ebenfalls nicht. Er war der Kameramann der Expedition. Eigentlich hätte ein guter Freund aus Rom mitfahren sollen, ein Filmproduzent und einer der erfahrensten Froschmänner der Welt. Er hatte gerade die *Andrea Doria* auf dem Grunde des Atlantiks gefilmt. Aber da Abdullah im Gefängnis landete und ich unerwartet in Afrika verschwand, als wir gerade das Boot bauen wollten, verlor er das Zutrauen zu dem ganzen Projekt, schlug Carlo Mauri als Ersatzmann vor und produzierte selbst weiter Filme an Land. Carlo Mauri, rotbärtig und blauäugig wie ein Wikinger, besaß auch nicht die geringste seemännische Erfahrung. Von Beruf war er Bergführer und der bekannteste Alpinist Italiens. Er hatte an vierzehn internationalen Bergexpeditionen auf sämtlichen Kontinenten teilgenommen und einige davon selbst geleitet. Ihm waren viele der tiefsten Schluchten im Himalaya und in den Anden ebenso vertraut wie einige der höchsten Gipfel in Afrika, auf Neuguinea oder Grönland. Bei einem bösen Sturz in den Alpen hatte er sich ein Bein schwer verletzt, und das zwang ihn jetzt, als Skilehrer aufzuhören, aber als Bergsteiger war er aktiver denn je. Carlo saß gerade auf der Südpolkappe, als er von dem Papyrusboot-Projekt hörte. Er war dort hinuntergefahren, nachdem er auf der Nordpolkappe in den Waken Eisbären gefilmt hatte; deswegen war ihm jetzt etwas warmes und eisfreies Badewasser am Äquator sehr angenehm.

Kurz vor zwölf fiel die Teilnahme Mexikos ins Wasser. Mein Freund Ramon, mit dem ich die Seris-Indianer besucht hatte, kam an demselben Tag zu einer lebensgefährlichen Operation ins Krankenhaus, an dem das Papyrusboot im Hafen von El Iskandariya an Bord gehoben wurde. Das tragische Telegramm ging während einer Pressekonferenz ein und wurde mir vorenthalten, bis ein Journalist die Namen der Teilnehmer erfahren wollte.

«Aus Mexiko kommt . . .» begann ich, als nervöse Finger mir das Telegramm reichten. Es brannte wie ein Peitschenhieb. Wenn Ramon nur durchkäme, würde sich alles andere schon finden. Mir fiel es schwer, den Satz zu beenden. Die Presse wurde unruhig.

«Aus Mexiko kommt – Doktor Santiago Genovés!»

Die Sitzung war beendet. Zwei Telegramme gingen zur selben Zeit nach Mexiko; eins an Ramon und eins an Dr. Genovés, der halb im Scherz gesagt hatte, er würde binnen einer Woche kommen. Nun gab man ihm eine Woche Frist. Und er kam. Der energische Mann schaffte es sogar noch, in Barcelona Zwischenstation zu machen, um den von Papst Johannes XXIII. gestifteten Friedenspreis 1969 entgegenzunehmen. Er war eine Belohnung für seine Kampagne gegen Krieg und Aggression in dem Buch «Pax?», das er jetzt verfilmte. Von Spanien kam er gerade rechtzeitig nach Marokko, um den Landtransport des Schilfbootes von Tanja nach Safî zu überwachen, und jetzt stapelte er schon als Proviantmeister birnenförmige ägyptische Krüge auf das unebene Schilfdeck, wo sie umfielen, wenn man sie nicht gegeneinander stützte und mit Tauen festzurrte. Kokosnüsse in Faserschalen eigneten sich ausgezeichnet als Füllwerk. Wir hatten hundertsechzig solcher Amphoren nach Modellen der altägyptischen Krüge im Kairoer Museum anfertigen lassen, und Santiago behandelte sie ebenso sorgfältig wie die alten Indianerschädel an der Universität von Mexiko. Und die wissenschaftliche Gründlichkeit, mit der er Krüge, Körbe und Behälter aus Ziegenleder numerierte und registrierte, verriet seine lange Tätigkeit als Redakteur des Internationalen Jahrbuches für Physische Anthropologie. Ich hatte Santiago flüchtig auf wissenschaftlichen Kongressen in vielen Ländern gesehen. Während des Bürgerkriegs war er aus Spanien geflüchtet, aber später hatte ich ihn auch dort getroffen; und nun zuletzt in Mexiko. Er besaß einen Forschungsauftrag an der Universität und hatte sich auf die Probleme des wahrscheinlich gemischten Ursprungs der Indianer spezialisiert. Seemännische Erfahrung besaß er überhaupt nicht. In einem Punkt unterschied sich dieser kleine muskulöse Wissenschaftler von allen anderen Forschern, die ich kannte: Er war professioneller Fußballspieler gewesen.

Wenn jemand noch weniger von der Arbeit des Seemanns wußte als Juri, Carlo und Santiago, dann mußte es Abdullah Djibrine sein, der Neger aus dem Tschad. Er war im Herzen Afrikas aufgewachsen und wußte nicht einmal, daß Meerwasser salzig ist. Nun sollte er als Papyrusexperte der Expedition mitfahren. Vielleicht kannte ich diesen fremdartigen Burschen nach zwei Reisen in den Tschad und sieben gemeinsamen Wochen hinter den Pyramiden am besten. Scharfsinnig und geistesgegenwärtig, aber gegen alles und alle wachsam wie eine Gazelle, kannte sich Abdullah am Ende vielleicht nicht einmal selbst. Wenn ich sein eigenes Seemannsgarn über Reisen nach Paris und Kanada abzog, wußte ich nur von ihm, daß er in einem kleinen Dorf nahe den Papyrussümpfen des Tschad geboren worden war. Dort hatten ihn die Männer des Stammes – als er so klein war, daß er sich gerade noch daran erinnern konnte – mit Gewalt der Mutter entrissen, um ihm das Mal über Stirn und Nasenrücken einzuritzen. Außerdem war er Tischler und ein Liebling der Frauen. Als guter Mohammedaner hatte er das Recht auf mehrere Frauen – und ich die Pflicht, sie zu unterhalten. Eine Frau mit drei Kindern und eine zweite, die er fünf Minuten vor seiner Abreise geheiratet hatte, bereiteten uns mit monatlichen Devisentransaktionen in die Republik Tschad etliche Schwierigkeiten. Und in der einen Woche, als ich mich auf einen Sprung in Marokko aufhielt, nahm er die Gelegenheit wahr und heiratete eine dritte. Die Hochzeitsfeier in großem Stil wurde aufgeschoben, bis ich zurückkehrte und Gastgeber sein konnte. Dann fand sie mit Bauchtänzerinnen und ägyptischen Spielleuten auf dem Dach des Araberhauses seines Schwiegervaters statt, und Mussa und Omar waren über die schöne, schüchterne Braut so begeistert, daß sie den größten Teil ihres Wochenlohns in ihren bereits wohlgefüllten Büstenhalter stopften. Jetzt hatte ich auch in Ägypten monatliche Devisenprobleme und schwor, Abdullah in Marokko nicht aus den Augen zu lassen.

Der Benjamin der Mannschaft war der Ägypter Georges Sourial, ein gelernter Chemie-Ingenieur, professioneller Froschmann, unverbesserlicher Playboy, sechsfacher ägyptischer und einmaliger afrikanischer Judomeister. 192 Zentimeter von Kopf bis Fuß, ein Körper wie Tarzan, hatte Georges nach der Studienzeit keinen Finger gerührt, außer daß er sich in Kairoer Klubs und in den Wellen des Roten Meers tummelte. Er unterhielt erschreckte Freunde damit, sechs Ziegelsteine auf einmal mit der Handkante durchzuschlagen. An der Wade hatte er Narben von Haifischzähnen. Er wagte es als einziger meiner Bekannten, vor die Höhle der lebensgefährlichen Morai-Aale hinunterzutauchen, sie mit Fischen zu füttern, die er im Mund hielt, und die großen Bestien dabei zu streicheln, als seien sie friedliche Schoßhunde. Georges war kein Seemann, das Meer kannte er nur von unten, und als er um Mitfahrerlaubnis bat, nachdem er das Urteil der Papyrusexperten gelesen hatte, gab er die launige Begründung, er gedeihe unter Wasser besser als über Wasser. Wie andere alte koptische Familien in Ägypten führte auch die Familie Sourial ihre Abstammung bis vor die Zeit zurück, als die Araber Mohammeds Lehre in das Nilland brachten. Während Georges gewöhnlich vierzehn Stunden am Tag wie eine Mumie schlief, stand er von dem Tag an, als er eine kleine Chance sah, mitzukommen, plötzlich ganz früh auf und meldete sich zum Dienst im Lager hinter den Pyramiden. Seine seltsamen Bekanntschaften in allen Winkeln Kairos brachten uns mit alten Segelmachern zusammen, die noch mit Nadel und Faden nähten, mit einem Korbmacher, der unsere Hütte mit den Händen flocht, mit einem Bäcker, der ägyptisches Brot nach einem Rezept des Kairoer Museums backte, und mit einer ganzen Gilde von Töpfern, die auf einem verborgenen Hügelkamm wohnte, dort bis zum Nabel in Tonbrei stand und ihn mit Körper und Beinen rührte, bevor sie die Töpferscheibe mit nackten Beinen schnurren ließ, so daß wir unsere 160 Amphoren ganz nach dem 5000 Jahre alten Vorbild im Kairoer Museum angefertigt bekamen.

Tag für Tag stampften die Papyrusbündel im Hafen und sogen immer mehr Seewasser in sich ein, während an Bord eine fieberhafte Aktivität herrschte. Papyrus und Taue wogen bisher ungefähr zwölf Tonnen, aber Tonne um Tonne wurde unter der Wasserlinie eingesogen, ohne daß unser Papyrusboot sank. Gleichzeitig wurde tonnenweise Ladung an Deck gebracht, ohne daß sich das Fahrzeug sichtbar bewegte. Es lag unerschütterlich wie eine Insel. Am schwersten war der große Schrägmast, der an Bord errichtet wurde, aber die Brücke, die wir hinter der Flechtwerkhütte aus zusammengebundenen Pfählen bauten, so daß wir über das Dach blicken konnten, wog auch eine ganze Menge. Wenn man die Korbhütte dazurechnete und die schweren Steuerruder und Reservestämme für Reparaturen an Deck, trugen die Papyrusrollen gut zwei Tonnen Bauholz, außerdem wohl eine Tonne Wasser in schweren Krügen und mindestens zwei Tonnen Proviant, Verpackung und Ausrüstung.

In der letzten Woche herrschte eine fieberhafte Aktivität. Jeder Tag, den der Papyrus im Seewasser lag, verkürzte den Experten zufolge seine Lebensdauer um einen Tag, und das war ein guter Grund zur Eile. Ein nicht weniger einleuchtender Grund war, daß wir uns mit jedem Tag immer mehr der Orkanzeit auf der anderen Seite des Atlantiks näherten. Wie durch ein Wunder hatten wir das Programm trotz aller Hindernisse mit einer zulässigen Woche Verspätung eingehalten, aber nun erreichte die Geschäftigkeit ihren wirklichen Höhepunkt, denn jetzt durften wir keinen Tag mehr verlieren. Auf dem Kai wurde gepackt, getragen und gezurrt. Es wurde in Masten und Pardunen geklettert, gespannt und geknotet. Es wurde geschlagen und geschnitten, an Steuerruder und Rudern wurden Reeps und Leder festgezurrt. An Bord wimmelte es von helfenden Händen. Kapitän de Bock war belgischer Veteran der ersten professionellen Archäologen-Expedition zur Osterinsel und erfahrener Seebär. Er hatte die voraussichtliche Driftroute des Papyrusbootes ausgerechnet, bevor er sich von seinem Posten als Hafenlotse in Antwerpen beurlauben ließ, wo er für Fünfzig- bis Hunderttausendtonner verantwortlich war. Nun stand er ruhig und massig auf dem Papyrusdeck und kontrollierte, ob Stauung und Takelung nach seemännischer Tradition erfolgten. Sein norwegischer Kollege, Kapitän Hartmark, hatte früher mein Expeditionsfahrzeug zur Osterinsel gesteuert. Jetzt hing er zusammen mit dem Alpinisten Carlo Mauri in der Mastspitze und befestigte die Takelung auf Seemannsart. Herman Watzinger von der *Kon-Tiki*-Expedition war von Peru heraufgekommen, um uns beim Start zu helfen, und aus New York war Frank Taplin mit Grüßen U Thants eingetroffen. Unsere Frauen hockten mit der Frau des Paschas an der Spitze in dem Warenschuppen an Land um die Krüge herum und stopften Schafskäse in Olivenöl, frische Eier in Kalkwasser, getrocknete Fische, Nüsse und Schafswurst in Körbe und Säcke. Aicha Amara vermischte Honig mit gemahlenen Mandeln, Butter, Mehl und Datteln zu *Sello*, trockenen Klumpen, dem ältesten und haltbarsten Reiseproviant Marokkos. An manchen Tagen mußte uns der Pascha von Safî mit Polizeisperren helfen, damit die Arbeit auf dem Kai nicht ganz stockte, wenn Presse, Fotografen und Publikum sich in freundlicher Neugierde Schulter an Schulter drängelten, so daß ein Mann über die Kaimauer fiel, Krüge zu Bruch gingen und eine Paraffinlampe zertrampelt wurde.

Dann kam der große Tag. Die *Ra* hatte nun acht Tage im Hafen gelegen und Seewasser eingesogen – und damit, dem Urteil der Experten zufolge, die Hälfte ihrer Lebenszeit hinter sich. Der Tag begann mit schwachem Landwind, der an Stärke zunahm, und am 25. Mai, morgens um acht Uhr, wiesen die Flaggen auf der *Ra* und auf der alten portugiesischen Festung an Land direkt auf den offenen Atlantik. Der Vertrauensmann der Sardinenfischer und Sonderberater der Expedition, Rais Fatah, ein riesiger, dunkelhäutiger Araber, kam jetzt als Anführer von sechzehn seiner Leute mit vier offenen Booten durch den Hafen gerudert. Sie sollten die *Ra* aus dem Hafen schleppen.

Auf der langen Steinmole herrschte chaotisches Durcheinander, die Menschenmenge stand wie eine undurchdringliche Mauer zusammengedrängt, und in allen Booten und auf Kränen saßen Fotografen. Die Frau des Paschas kam nur mit Hilfe der Polizei zum Kai, um uns ein Abschiedsgeschenk zu überreichen: ein kleines springlebendiges Äffchen, das vor kurzem von den Männern des Paschas im Atlasgebirge gefangen worden war und den Namen Safî erhalten hatte. Es klammerte sich verzweifelt an die Schiffspatin, bis es entdeckte, daß einige

Männer an Bord einen Pelz im Gesicht trugen; da sprang es fröhlich zu uns herüber und bekam von den zahllosen Abschiedsumarmungen und guten Wünschen in vielen Sprachen einen großen Teil ab. Währenddessen banden die Fischer unbeirrt von dem ganzen Spektakel von jedem ihrer vier Ruderboote aus ein Tau an ein dickes Reep, das wir an der Wasserlinie um das ganze Schilfboot gelegt hatten. Jetzt warteten sie nur auf das Zeichen, uns von dem Menschengewühl wegzurudern. Einer nach dem anderen rissen wir uns los und sprangen von der hohen Steinmole auf das weiche Pflanzendeck des Papyrusbootes. Abdullah, Georges und Santiago warfen Kußhände und Autogramme zum Kai hinauf, Carlo umarmte seine blonde italienische Frau zum letzten Male, Norman, der an einer Halsentzündung litt, riß sich von den guten Wünschen und Ermahnungen des amerikanischen Botschafters los, während Juri vor seiner ersten Fahrt ohne russische Leitung und Organisation von dem russischen Botschafter rührend umarmt wurde. Man drückte mir ein Mikrofon in die Hand, und ich hielt eine letzte Dankesrede an alle Freunde und Mitarbeiter der Expedition. Sie blieben auf dem Kai zurück, aber wir fühlten, daß sie eigentlich zu uns an Bord gehörten: Botschafter Anker aus Kairo, Pascha Amara und seine marokkanischen Helfer, die Kapitäne de Bock und Hartmark, Lektor Corio, Herman Watzinger, Frank Taplin, Bruno Vailati. Dann sprang ich zu den anderen an Bord. Man federte beinahe wie auf einer Matratze. Ich gab Rais Fatah ein Zeichen, die Männer an Land warfen los, und die sechzehn Fischer legten sich in die Riemen und begannen zu rudern. Es war 8.30 Uhr. Allmählich entfernte sich unser breites Schilfboot vom Kai.

Da erhob sich so unerwartet ein schrilles Geheul, daß alle zuerst zusammenzuckten; nachher war manchen noch die Kehle wie zugeschnürt. Alle Fischerboote im Hafen hatten ihre durchdringenden Sirenen aufheulen lassen, und das Getöse von Fabriksirenen, Silos und Lagerhäusern an Land begleitete sie, Schiffsglocken bimmelten, die Menschenmenge schrie, und ein Frachter auf der Reede schickte zischende Signalraketen gen Himmel; sie zerbarsten zu einem Sternenregen, der langsam, wie ein blutroter Rauchteppich, vor uns auf der Wasserfläche niederging. Dieser königliche Abschied erschreckte uns fast auf dem fremdartigen Boot, auf dem wir versuchsweise an einer sonderbaren Takelung zogen und zwei parallele, schräggestellte, ruderähnliche Steuer drehten; sie waren von keinem Menschen benutzt worden, seit die letzten Ägypter das System an ihren Grabwänden verewigt hatten, ehe sie selbst und ihre Boote von der Erdoberfläche verschwanden. Wenn jetzt das System bei uns nicht funktionieren würde! Wenn jetzt die Wellen vor der Hafenmauer die Papyrusbündel in Wind und Wetter zerstreuen würden, und wir müßten zur Mole zurückschwimmen! Hinter uns setzte sich der ganze Hafen in Bewegung. Eine Eskorte von Fischerbooten, Segelbooten und Motorbooten begleitete uns bis hinter die äußerste Mole, während alle Sirenen und Glocken wie in der Silvesternacht unentwegt lärmten. Über uns kreisten ein Botschafterflugzeug und ein Hubschrauber, die aus der Hauptstadt Rabat herübergekommen waren. Außerhalb der Mole endete der Spektakel, allmählich begann die Meeresdünung zu rollen, die kleinsten Begleitboote kehrten in ruhiges Wasser zurück, und wir waren mit dem Atlantik und den größten Fischerbooten allein. Unsere vier Ruderboote machten los, und mit arabischen Glückwünschen fuhren die Ruderer mit den kleinsten Motorbooten hinter die Mole zurück.

Zum ersten Male setzten wir das Segel der *Ra*. Es war groß und schwer, solides ägyptisches Segeltuch; die Höhe betrug acht Meter, und oben an der Rah maß es sieben Meter in der Breite, während es nach altägyptischer Art nach unten hin schmaler wurde und an Deck nur fünf Meter breit war, wie das Papyrusboot. Einige schwache Windstöße pufften die schwere Rah gerade vom Schrägmast klar und verrieten, daß der leichte Landwind abflaute. Dann hing das große burgunderfarbene Segel fast unbeweglich und zeigte seine rostrote Sonnenscheibe, die in neuer Farbe glänzte und den Sonnengott *Ra* symbolisierte. Die Flaggen hingen wie bunte Wäsche unbeweglich an einer Leine über dem Hüttendach, nach dem englischen Alphabet geordnet: Tschad, Ägypten, Italien, Marokko, Mexiko, Norwegen, USA und UdSSR, auf jeder Seite von der optimistischen Flagge der Vereinten Nationen flankiert, einem weißen Globus auf hellblauem Grund. Abdullah und ich hielten jeder ein großes Steuerruder auf der Brücke hinter der Korbhütte. Abwechselnd beobachteten wir besorgt das schlaffe Segel und die weiße Brandung, die nur einige hundert Meter von uns entfernt gegen die Steinmole schäumte. Kam sie nicht näher? Doch. Eine Landmarke von der Kaispitze in gerader Linie zu einem Turm auf der Burgmauer verriet, daß wir wieder langsam auf das Land zutrieben. Vielleicht hinderte die lange Felsspitze, die nördlich von uns hinausragte und Safî Schutz bot, den Landwind daran, das Segel zu füllen. Wir warfen dem nächsten Fischerboot ein Tauende zu und steuerten, umgeben von einem tuckernden Gefolge von weiteren Fischerbooten, bald mit straffem Seil in voller Fahrt hinaus. Mit dieser Fahrt gehorchten wir nicht den Gesetzen der Natur. Als erstes wirbelte eine Leine mit einem Netz voll lebender Hummer, das wir hinterherschleppten, in unser Kielwasser. Die Leine wickelte sich um ein Steuerruder, und das Steuerruder spannte sich gefährlich und drohte zu brechen. Ein Schnitt mit einem scharfen Messer, und das Steuerruder war gerettet; das Festessen mehrerer Tage verschwand hinter uns in der Dünung. Als nächstes brach eines der drei dicken Ruder, die wir an der Seite der *Ra* wie ein Kielschwert festgebunden hatten, allein durch die Geschwindigkeit quer durch. Gerade an dieses Ruderblatt hatte Norman unser künftiges Band zu Verwandten und

Freunden an Land geknüpft; er hatte nämlich hier die Kupferplatte befestigt, die unserem kleinen tragbaren Funkgerät als Erdleitung dienen sollte. Metall gehörte entschieden nicht auf ein elastisches Papyrusboot, und das Ruderblatt brach auf den Millimeter genau dort, wo der Kupferbeschlag endete, und wurde nur dadurch geborgen, daß der Beschlag an der Erdleitung hängenblieb.

So ging es nicht. Wind hin, Wind her, wir mußten schon selbst zurechtkommen. Wir hielten die Eskorte an, holten alle Reeps an Bord und setzten das Segel aufs neue. Wir bemerkten, wie heftig die großen Fischerboote um uns herum, verglichen mit unserem floßähnlichen Fahrzeug, rollten. Dagegen rollte unser Boot, wie sein Vorgänger, das Balsafloß *Kon-Tiki*, in der breiten Dünung nur langsam auf und ab. Erst kam der Wind in schwachen Stößen, dann gleichmäßig zunehmend. Aber es war kein Landwind mehr. Der für diese Jahreszeit typische Nordostwind hatte sich gedreht und blies von Nordwesten direkt gegen die flachen Klippen, die sich südlich von Safîs sicherem Hafen erstrecken. Wir lagen noch so dicht vor der Küste, daß wir alle Häuser und die tückische Brandung erkennen konnten. Dort, wo die großen marokkanischen Tiefebenen ihre sonnenverbrannten Fassaden in ewigem Kampf mit dem Meer waschen, kroch die Brandung die senfbraunen Felsen auf und ab. Dorthin würde uns der Wind treiben, wenn wir die Schilffähre nicht manövrieren konnten.

Auf eins waren alle sieben an Bord gleichermaßen gespannt: Wie würde der Steuermechanismus funktionieren? Hier lag das größte Risiko, denn wir hatten keine Lehrmeister. Wir hofften, daß uns Wind und Strom vor der marokkanischen Küste direkt vom Land wegtreiben würden, damit wir ein paar Wochen experimentieren konnten, ohne gleich fürchten zu müssen, gegen die Felsen geschleudert zu werden. Wir fürchteten die Küste und nicht das offene Meer. Wenn wir unser Experiment auf die Wellen vor der Nilmündung verlegt hätten, hätten wir befürchten müssen, an die Küste gespült zu werden, ehe wir entdeckten, wie das Steuersystem der Ägypter funktionierte. Hier auf dem offenen Atlantik rechneten wir mit freiem Spielraum, weil die Elemente das Treibgut gewöhnlich direkt aufs Meer hinaustragen.

Wir hatten die Steuervorrichtung der *Ra* so gebaut, wie sie auf zahlreichen kleinen Modellen und Wandmalereien aus der ältesten Periode Ägyptens zu sehen ist. Vergeblich hatten wir versucht, wie die alten Ägypter für diese riesigen Ruder Zedernholz aus dem Libanon zu bekommen. Aber die wenigen Zedernbäume, die im Reich der Phönizier überlebt haben, stehen jetzt in einem Nationalpark unter Naturschutz. Wir mußten deswegen mit einem wacholderähnlichen ägyptischen *Cenebar*-Baum als Mast vorliebnehmen. Aus einem afrikanischen Dschungelbaum, der bei den Marokkanern *Iroco* heißt, hatten wir zwei acht Meter lange Steuerruder zugeschnitten, deren Blätter so groß und breit wie ein mittlerer Schreibtisch waren. Wir hatten sie jetzt auf jeder Seite des zugespitzten Achterstevens der *Ra* schräg nach hinten festgebunden. Der unterste Teil des Schaftes dicht am Ruderblatt ruhte auf einem runden Baum, der achtern quer über das Boot festgezurrt war. Etwa vier Meter davor ruhte das Ruder auf einem zweiten Querbaum, der höher und weiter vorn lag und auch als hintere Brückenreling diente. Dort, wo jeder der beiden Ruderschafte sich auf die Querbalken stützte, lagen sie in einer engen, abgerundeten, lederverkleideten Kerbe und waren mit dicken Reeps so stramm festgebunden, daß die Ruder nicht seitwärts schwenkten, sondern sich nur um ihre Längsachse drehen konnten. Damit waren sie im eigentlichen Sinn des Wortes als Steuerruder unbrauchbar, sie konnten nicht wie das lange frei schwenkbare Steuerruder auf der *Kon-Tiki* benutzt werden, weil sie oben und unten stramm festgebunden waren. Statt dessen war an jedem Steuerruder als Ruderpinne ein solider Knüppel aus Hartholz quer über das oberste Schaftende gebunden, und von einem Ende der Ruderpinne zur anderen war eine lange dünne Stange senkrecht aufgehängt und mit frei beweglichen Tauangeln befestigt; so würden sich beide Ruder gleichzeitig wie zwei parallele, schräggestellte Ruder um ihre eigene Mittelachse drehen, wenn eine einzelne Person in der Mitte stand und die Stange von einer Seite der Brücke auf die andere schob. Das System war sinnreich und unterschied sich anscheinend von den Steuervorrichtungen, die heutzutage benutzt werden. Wir jubelten alle vor Freude und Erleichterung, als ich die aufgehängte Querstange zum ersten Male ganz vorsichtig nach Backbord schob und die *Ra* langsam, aber willig, wie ein gutmütiges Pferd, dem Befehl folgte und den Bug nach Steuerbord drehte. Ich schob die Stange rasch nach Steuerbord, und langsam schwenkte die *Ra* nach Backbord.

Es gab keinen Zweifel: Wir erlebten einen Steuermechanismus, der historisch gesehen den Vorläufer des Ruders darstellte, das fehlende Verbindungsglied zwischen einem primitiven Steuerruder und einem modernen Ruder. Irgendwann im Altertum hatten die Ägypter entdeckt, daß es unnötig schwer ist, ein langes Steuerruder seitwärts zu schieben, um ein Segelboot herumzudrehen; es reicht aus, den Schaft so zu drehen, daß das Blatt nicht senkrecht im Wasser steht, dann dreht sich das Fahrzeug ebenso. Darum hatten sie einen Querknüppel in den Schaft gesetzt und hatten die Steuervorrichtung erfunden, die wir jetzt benutzten. Die dünne aufgehängte Querstange war nur eine Verbesserung, damit ein einzelner Rudergast an jeder Seite des Bootes gleichzeitig beide Ruder handhaben konnte. Dann mußten die Seefahrer des Altertums nur noch entdecken, daß sie ein neuartiges Ruder erfunden hatten, wenn sie das Ruderblatt senkrecht stellten und weiter an dem kleinen quergestellten Griff drehten.

Abdullah, der Sohn der Wüste, stand mit leuchtenden Augen neben mir auf der Brücke und ergriff nun auch die lange dünne Querstange;

mit vier Händen ging es noch leichter. Unten auf dem Deck liefen die anderen nach Normans Anweisungen hin und her und zogen an Reeps, bis sich das Rahsegel in eine Stellung drehte, in der es den wechselnden Wind am besten ausnutzte. Unsere ersten unsicheren Experimente wurden von gespannten Journalisten und erfahrenen Seebären auf den tuckernden Fahrzeugen in unserem Umkreis genau verfolgt, und alle schienen genauso erleichtert wie wir selbst, als sich herausstellte, daß sich das Schilfboot tatsächlich steuern ließ. Der Nordwestwind blies uns direkt aufs Land zu, aber wir schafften es, uns 90 Grad zum Wind zu drehen, so daß er quer auf die Steuerbordseite wehte und wir uns dadurch parallel zum Land nach Südwesten bewegten. Hier draußen vor der offenen Küste bot Kap Badusa keinen Schutz; die Dünung rollte gleichmäßig und kräftig, und die Fischerboote, die aus diesem Anlaß zahlreiche mehr oder minder seetüchtige Passagiere an Bord hatten, kehrten allmählich um. Nacheinander ertönten die Hörner auf den Booten; man winkte uns zum Abschied zu. Ich sah Yvonne, wie sie trotz ihrer Seekrankheit versuchte, auf beiden Beinen fest zu stehen und mit beiden Armen zu winken. Der Hubschrauber verschwand, und das Flugzeug drehte eine letzte Schleife über uns.

Dann waren wir mit dem Meer allein. Sieben Mann, ein Affe, der verzückt in den Pardunen turnte, ein Holzkäfig voller gackernder Hühner und eine einsame Ente. Es wurde sonderbar still; nur das Meer rollte und schäumte um unsere friedliche Arche Noah.

Sobald Norman das große Segel aufgezogen und nachgesehen hatte, ob alle Schoten und andere Leinen sachgemäß befestigt wurden, stakte er achtern über das Papyrusdeck und vertraute mir an, daß er sich jetzt wirklich schlecht fühlte. Sein Gesicht war weiß, und seine Augen waren rot. Juri schwankte auf unsicheren Beinen herüber und stellte zum Entsetzen aller fest, daß Norman 39 Grad Fieber hatte. Grippe. Der Seewind warf sich mit immer kälteren Stößen gegen uns, und unser russischer Arzt schickte unseren amerikanischen Navigator sofort in seinen Schlafsack in die Korbhütte. Damit war unser einziger Seemann vorläufig kaltgestellt.

Der Seewind frischte auf, die schäumenden Wellen nahmen zu. Wenn die größten Wellen auf uns zustürzten, hob die *Ra* nur eine Seite und ließ sie elegant unter den Schilfrollen passieren. Aber zwischendurch schlugen die Wellen so kräftig gegen die Ruderblätter, daß sich beide Schäfte sichtbar bogen und ich dem kräftigen Abdullah zubrüllen mußte, er solle seinen eisernen Griff lockern und dem Druck etwas nachgeben, damit die Ruder nicht brachen.

Alles klappte, und die Stimmung war großartig, sogar bei dem unglücklichen Patienten. Er beklagte sich, daß er sich nicht nützlich machen konnte. Carlo hatte sich sofort als der souveräne Knotenexperte des Bootes entpuppt. Er war es gewohnt, in Tauen hängend zu schlafen und zu essen; nun kam er begeistert, servierte heißen Kaffee und kalte Hühnerkeule und vertraute mir freudestrahlend an, das Leben auf dem Meer sei ja genauso wie auf den Alpengipfeln; die gleiche Verbundenheit mit der Natur, der gleiche herausfordernde Wettstreit mit den Elementen und die Notwendigkeit, unerwartete Probleme schnell zu lösen.

Wir trieben gleichmäßig und sicher mit etwa vier Knoten Geschwindigkeit quer zur Windrichtung, und die Küste schien nicht näher zu kommen. Um 3.15 Uhr nachmittags hatte ich das Gefühl, alles gehe so gut, daß Abdullah und ich von der nächsten Ruderwache abgelöst werden könnten. Carlo und der Judomeister Georges übernahmen die Wache mit frischen Kräften. Abdullah kroch in die Hütte, um eine wohlverdiente Pause zu machen, und ich stieg über die Papyrusrollen nach vorn, um das Vorderdeck zu inspizieren. Es war so sehr mit Krügen, Ziegenledersäcken und Gemüsekörben vollgestapelt, daß man vorläufig nur nach vorn kam, wenn man auf dem äußersten runden Schilfrand entlangbalancierte. Direkt vor dem aufgeblähten Segel saß Santiago, breit grinsend an den Hühnerkäfig gelehnt, und genoß den Ausblick nach der fernen Küste. Meine Glieder waren nach den vielen Stunden am Steuerruder steif geworden; ich ließ mich neben ihm nieder und entspannte mich zum ersten Male nach vielen hektischen Wochen, als wir uns beide unbeschreiblich über die souveräne Fähigkeit des Papyrusboots freuten, alle turmhohen Wellen zu bezwingen, die sich von Steuerbord gegen uns warfen, ohne uns auch nur eine anständige Dusche zu verpassen. Ich streckte mich aus und spürte trotz meiner Erschöpfung Lebensfreude in mir aufsteigen. Da wurde ich plötzlich von einem dreistimmigen Notschrei aus dem Freudenrausch gerissen:

«Thor! Thor!»

Kaum fünf Minuten waren vergangen, seit ich auf der Brücke gestanden hatte. Ich sprang auf und ergriff den Rand des plötzlich flatternden Segels, um nicht auf dem Schilfrand den Halt zu verlieren, als ich mich voll banger Ahnungen nach achtern vorbeidrängte. Hinter dem Segel schwankte Juri wie ein betrunkener Seiltänzer auf mich zu, vor lauter Eifer sprach er nur russisch und zeigte gestikulierend nach hinten, wo die beiden auf der Brücke ihre Köpfe hervorstreckten und in ratloser Verzweiflung nach mir riefen. Alle waren also an Bord. Solange keiner von uns über Bord ging, würden wir es schon schaffen. Georges gestikulierte mit den Armen, und Carlo brüllte auf italienisch, daß die Steuerruder gebrochen seien. Beide! Ein Blick genügte, um den Umfang des Schadens zu erkennen. Beide Ruderschafte waren direkt über der Schulter des Ruderblatts am Hals quer abgebrochen, und beide gelbbraunen Ruderblätter schwammen oben und hingen wie zwei Wellenreiter im Schlepp. *Iroco* konnte unmöglich so festes Holz sein, wie man uns erzählt hatte. Glücklicherweise hatten wir

Oben: In Mexiko wurden einst Schilfboote sowohl auf dem Meer als auch auf den Binnenseen verwendet. Die letzten haben bei den Seris-Indianern von Kalifornien überlebt.
Unten: Am Titicacasee in Bolivien und Peru werden heute die besten Schilfboote der Welt gebaut. Große Schiffe aus Schilf befuhren früher das Meer vor dem Inkareich.

Oben: Hinter den Pyramiden von Gizeh beginnen die Buduma-Neger aus dem Tschad, ein Papyrusboot zu bauen; Landström und der Verfasser schauen zu.
Unten: Die alte Bootsbauerkunst Ägyptens kehrt in ihre Heimat zurück. Bootsbauer aus dem Tschad unterweisen die ägyptischen Helfer in einer Kunst, die ihre Ahnen vergaßen, als das Papyrusschilf in Ägypten ausstarb.

Oben: Mussa und Omar bauen mit Fingern und Zähnen ein Boot.
Unten: Abdullah half uns, seine Landsleute zu überreden, dem Boot einen hochgebogenen Achtersteven im ägyptischen Stil zu geben. Dieser angestückelte Teil wurde die schwache Stelle des Bootes.

Fünfhundert Ägypter vom Kairoer Gymnastikinstitut zogen das Papyrusschiff von der Baustelle weg. Die Baumannschaft auf dem eingesetzten Foto stehend von links nach rechts: Muhamed, Mussa, der Verfasser, Abdullah, Omar, Corio; sitzend, der zweite von links, Juri, liegend Carlo.

Oben: Das «Nasometer» des Verfassers wurde mit einem Messer geschnitzt; es maß den Winkel des Polarsterns und gab genau den Breitengrad an, auf dem sich die Ra befand.

Rechts oben: Das Steuerruder ist wieder gebrochen, und Juri, Thor und Abdullah bergen das Blatt.
Rechts unten: Die Holzstämme brachen, und die Steuerruder mußten immer wieder repariert werden, während sich die Papyrusrollen wie Gummi bogen.

Der verschmutzte Atlantik. Die Ra lag so tief im Atlantik, daß die Expedition asphaltähnliche Ölklumpen in unendlichen Mengen quer über den Atlantik beobachtete. Das Foto wurde von Georges aufgenommen, der an einem Schlepptau hinterherschwamm.

Das Meer ist salzig, rief Abdullah und bat um Extrarationen Frischwasser, um sich vor seinen Gebeten an Allah zu waschen.

Oben: Neue Schlafplätze mußten gefunden werden, als das Meer die Kisten zerschlug, auf denen wir in der Korbhütte schliefen. Norman zog es vor, auf den Proviantkörben zu schlafen.
Unten: Haie versammelten sich allmählich um unser Floßschiff, als wir uns den Westindischen Inseln näherten.

Santiago und Norman kappen den Mast. Da die Taue auf der Windseite durchgescheuert waren, ging so viel Papyrus verloren, daß der schwere Schrägmast nicht länger das Segel tragen konnte.

Umseitig und oben: Die Ra II, gebaut von Indianern, die am Titicacasee wohnen, war perfekt konstruiert und bezwang den Atlantik, ohne daß ein einziger Papyrusstengel losriß oder brach. Die Ra II war drei Meter kürzer als die Ra I und hatte acht Mann Besatzung. Sie kreuzte in 57 Tagen von Safî in Marokko nach Barbados in Westindien über den Atlantik.

nach ägyptischem Brauch an jedem Blatt einen Tampen befestigt, damit das Ruder nicht hinten wegschwimmen konnte, und wir beeilten uns, die lebenswichtigen breiten Ruderblätter einzuholen, ehe die Tampen rissen. Carlo und Georges standen mit zwei leeren Schäften da, die nach hinten ins Wasser ragten, sie hatten keine Fläche, um den Kurs zu beeinflussen, wie sehr sie auch an den Griffen drehten.

Das war ein Schlag in die Magengrube.

«Müssen wir zum Hafen zurück?» kam es kleinlaut von Carlo. Die drei Männer achtern fixierten mich mit fragenden, unglücklichen Blicken.

Mir blieb keine Zeit für eine Antwort, denn ich entdeckte, daß sich die *Ra* langsam drehte und das Segel aufs neue gefüllt wurde; der Bug des Schilfboots zeigte genau in unsere Richtung, und die *Ra* steuerte unangefochten den Kurs, den wir mit Gewalt zu halten versucht hatten. In derselben Sekunde begriff ich, was eben geschah, und fühlte mich freudig erleichtert. Die beiden senkrechten Ruder, die vorn immer noch wie ein Kielschwert festgebunden waren, erfüllten nun ernstlich ihre Funktion, weil da kein Ruder oder sonst etwas mehr achtern als Kiel ins Wasser ragte. Der Seewind schob den Achtersteven nach Backbord und brachte das ganze Fahrzeug folglich auf einen Kurs, der automatisch vom Land wegführte.

«Wonderful!» rief ich auf englisch und legte alle sichtbare Freude in den Ruf, um die Männer mit meiner neuen Sicherheit anzustecken. Sie waren aus gutem Grund schon nahe daran, alle Hoffnungen aufzugeben, die Reise über den Atlantik fortsetzen zu können.

Durch den Spektakel kroch der fiebernde Norman gerade rechtzeitig aus der Hütte, um meinen begeisterten Jubelruf mitzubekommen. Entzückt fragte er, was los sei.

«Prachtvoll!» wiederholte ich enthusiastisch. «Beide Steuerruder sind gebrochen, deswegen können wir nun mit der alten *Guara*-Methode der Inkas weiterfahren!»

Norman sah mich mit fiebernden Augen leer an; er war zu schwach, um zu entscheiden, ob er lachen oder weinen sollte. Die anderen starrten mich forschend an; alle waren sichtlich im Zweifel, ob ich wegen des Unglücks nicht den Verstand verloren hatte oder ob ich irgendwelche unbekannten indianischen Zauberkünste beherrschte. Mit Sicherheit lag die *Ra* genauer auf Kurs als je zuvor, das verrieten der Kompaß und der Winkel des Bugs zur Küste. Carlo studierte mich eingehend, dann verschwand der unglückliche Ausdruck in den blauen Augen, und er begann aus vollem Hals zu lachen, daß sein roter Bart bebte. Jetzt erwachte auch Abdullah in der Korbhütte, und bald lachten wir alle aus Erleichterung und Freude, weil das Boot von allein Kurs hielt, so daß wir es uns auf der Ladung bequem machen konnten. Auf der Brücke blieb nur die Kompaßnadel in dem festgebundenen Kompaßkessel zurück, sie zeigte uns den Weg nach Südwesten. Genau dorthin wollten wir, und dorthin steuerte die *Ra* gehorsam, mit geblähtem Segel in wild schäumender See, während wir alle das Leben als Passagiere genossen.

«Jetzt sind wir wirklich Schiffbrüchige», gestand ich meinen immer noch leicht verwirrten Kameraden, beeilte mich aber hinzuzufügen, dies sei das Beste für unser Experiment. Genau das hätte auch anderen Fahrzeugen dieser Art zustoßen können, die vor Gibraltar kreuzten und versuchten, weiter an der marokkanischen Küste entlangzufahren. Jetzt würden wir wirklich sehen, wo sie gelandet wären.

Carlo strahlte wie die aufgehende Sonne; er schüttelte nur fortgesetzt den Kopf und lachte. Hier genüge es, die Natur walten zu lassen, pflichtete er bei, dann würden die Elemente über die Reise wachen. Wir hatten ein einziges Ersatzsteuerruder auf Deck zu liegen, aber aus Furcht, es auch zu zerbrechen, bevor wir im Ernst den großen Atlantik überquerten, steckten wir es nicht ins Wasser. Auf jeden Fall hatte sich das *Iroco*-Holz als wenig widerstandsfähig erwiesen, und wir mußten das Reserveruder verstärken, ehe wir wagen konnten, es zu benutzen.

Am späten Abend kroch Juri mit besorgtem Ausdruck aus der Hütte:

«Jetzt haben wir zwei Patienten, die unbedingt das Bett hüten müssen.»

Santiago war seit einigen Tagen von einem Ekzem unterhalb der Gürtellinie gequält worden. Die Seeluft an Bord hatte sein Leiden anscheinend verstärkt; er war an mehreren Stellen wund und fürchtete, von der gefährlichen *Tiña*-Krankheit befallen zu sein. Er hatte sie auf den Kanarischen Inseln gesehen, auf die wir nun zusteuerten. Juri war besorgt, daß Santiago recht haben könnte; *Tiña* war eine über große Teile Nordafrikas verbreitete und gefürchtete Krankheit.

In der Nacht sahen wir Lichter von mehreren Schiffen, die in beiden Richtungen an uns vorbeifuhren – einige erschreckend nahe. Carlo kletterte nach oben und zurrte eine kleine Paraffinlampe an der schwankenden Mastspitze fest, weil eindeutig die Gefahr bestand, daß unser kleiner Heuschober gerammt würde. Die Nachtwache an Deck teilten sich Italien, Ägypten und Norwegen; Rußland hatte alle Hände voll damit zu tun, die USA und Mexiko zu pflegen, während wir es für vorteilhaft hielten, den Tischler aus dem Tschad ausschlafen zu lassen, damit er am nächsten Tag an die Aufgabe gehen konnte, die Steuerruder zu reparieren. Der Wind erschreckte uns mit verräterischen Stößen aus Nordwest und Westnordwest, und ich beobachtete fast die ganze Nacht einen Leuchtturm, der an Land blinkte, bis er endlich verschwand. In größter Dunkelheit wagte ich es nicht, der Versuchung nachzugeben und ein Nickerchen zu machen; denn solange der Navigator von Fieberwellen geschüttelt wurde, konnten wir den Abstand zum Land nur bestimmen, indem wir in der Dunkelheit nach Lichtern Ausschau hielten. Jedes neue Schiff vorn oder achtern verursachte Herzklopfen: War es Licht von der Küste, trieben wir auf Häuser zu, oder waren es nur andere Seefahrer? Erst wenn wir rote oder grüne Schiffslaternen sahen, beruhigten wir uns – besonders, wenn wir uns vergewissert hatten, daß sie zu weit vorbeifuhren, um eine Kollisionsgefahr zu bedeuten. Solange genügend Wasser um uns herum war, hatten wir keine ernsthaften Probleme.

Als das Morgenrot im Osten aufzog und überhaupt kein Land zu sehen war, trat uns in der Morgenkälte ein lächelnder Juri in beinahe antarktischer Ausrüstung entgegen. Er ließ sich breit und gemächlich in der Hüttenöffnung nieder und stopfte seine Shagpfeife; wir anderen sechs krochen in die molligweichen Schlafsäcke und ließen die Papyrusbündel ihrer Wege ziehen. Ich war – kaum als einziger nach vierundzwanzig Stunden hektischer Betriebsamkeit – zum Umfallen müde; der Schlaf überfiel mich, ehe ich richtig Zeit hatte, mich mit der ganz persönlichen Eigenart und den unermüdlichen Versuchen der Korbhütte vertraut zu machen, die Papyrusbündel mit merkwürdigem Knarren und Schreien zu übertönen.

Die ersten vierundzwanzig Stunden auf der *Ra* lagen hinter uns.

8

Die afrikanische Küste entlang bis Kap Juby. In einem Vogelnest auf das Meer

KIKERIKI! ES ROCH NACH FRISCHEM HEU. ICH WAR AUF EINEM BAUernhof. Nein, ich war ganz und gar nicht auf einem Bauernhof; ich lag hilflos auf einer schwankenden Bahre. Ich erwachte in einem Schlafsack, hörte unter mir Wasser plätschern und direkt an meinem Ohr Wellen schäumen. Gewiß – ich war auf einem Boot. Ich öffnete die Augen einen Spalt weit und sah durch die Ritzen einer Bambuswand direkt vor meiner Nase graublaue Wellen. Ich war auf der *Ra*! Der ländliche Duft entstammte den Matratzen, die mit frischem Heu gefüllt waren.

Kikeriki! Nun hörte ich es hellwach wieder und kroch erschrocken auf allen vieren zu der Öffnung in der Bambuswand, um nach vorn zu sehen; wir mußten dicht vor der Küste treiben und im Begriff stehen, auf Land zu laufen. Draußen sah ich nur schäumende Brecher, so weit das Auge reichte, aber direkt vor mir war die Sicht von dem burgunderroten Segel versperrt – ein gespannter Bogen, der uns über die Wasseroberfläche schnellte. Im Wellenrauschen vor dem Segel hörte ich wildes Gackern und wieder einen deutlichen Hahnenschrei. Natürlich, es war ja nur unser eigenes Federvieh in dem großen Hühnerkäfig auf dem Vorderdeck! Erleichtert kroch ich in Unterhosen hinaus. Die Luft draußen war eiskalt, und Juri saß wie ein Eskimo eingemummt auf der Brücke und machte Notizen.

Wir mußten weit aufs Meer getrieben sein, denn es wehte ein kalter Nordwind; wild schäumende Wellen warfen sich drei bis vier Meter über die Wellentäler, und selbst von der Mastspitze zeigte sich der Horizont, die Trennungslinie zwischen Himmel und Meer, in allen Richtungen des Kompasses nur als ständig schwankende Fieberkurve.

«Wo sind wir?» fragte Juri.

«Hier», antwortete ich und schielte zum Navigator in die Hütte. Er lag wie bewußtlos da; durch seinen Körper jagten Pillen und Bazillen. Nur er konnte mit einem Sextanten umgehen. Ich konnte nur auf einem Floß treiben. Weiß der Teufel, wo wir waren. Hier kam es darauf an, einen dicken Pullover und wetterfeste Kleidung anzuziehen. Ein seltsam komisches Pfeifsignal durchschnitt das Knarren und Wellenrauschen von dem engen Durchgang zwischen Segel und der Vorderwand der Hütte. Carlo streckte seine rotwangige bärtige Visage hinter der Bambuswand hervor.

«Frühstück! Warmer *Karkadé*-Tee à la Nofretete, und Tut-anch-Amons Hartbrot mit Honig!»

In der Hütte wachte Abdullah auf und schüttelte seinen afrikanischen Nachbarn Georges wach. Hungrig scharten wir uns um Carlo, der auf dem Dach des Hühnerkäfigs ein Frühstück aufgetischt hatte, und jeder suchte sich einen großen Krug, einen Kartoffelsack oder einen wassergefüllten Ziegenlederbehälter zum Sitzen. Wir würden uns schon auf Deck einrichten und es uns allmählich gemütlich machen, wenn wir nur erst den Steuermechanismus in Ordnung hatten.

«Wo sind wir?» fragte Georges.

«Hier», antwortete Juri; er war mit zwei Tassen warmen *Karkadés* auf dem Weg zu den Patienten.

«Afrika liegt noch immer dort», fügte ich hinzu und schwenkte die Hand nach Backbord. «Willst du noch etwas wissen?»

«Ja», sagte Georges. «Wie haben die Alten in der Vorzeit ihre Position auf dem Meer bestimmt, wenn sie weder Sextant noch Kompaß besaßen?»

«Osten und Westen konnten sie nach der Sonne bestimmen», erklärte Carlo, «Norden und Süden nach dem Polarstern und dem Kreuz des Südens.»

«Und den Breitengrad konnten sie feststellen, indem sie den Winkel vom Horizont zum Polarstern maßen», fügte ich hinzu. «Er steht immer neunzig Grad zum Nordpol und vom Äquator aus gesehen ganz unten am Horizont. Wenn du auf sechzig Grad Nord bist, steht der Polarstern sechzig Grad über dem Horizont, und wenn du auf zweiunddreißig Grad bist, steht er auf zweiunddreißig. Wenn du den Polarstern siehst, kannst du direkt ablesen, auf welchem Breitengrad du bist. Den Längengrad konnten die Phönizier, Polynesier und Wikinger nur annähernd schätzen, indem sie die Entfernung nach ihrer eigenen Geschwindigkeit ausrechneten, aber ohne Land in Sicht bedeutete dann die unsichtbare Meeresströmung immer einen Unsicherheitsfaktor.»

Zu Hause hatte Georges im Kairoer Museum die mehrere tausend Jahre alten Instrumente gesehen, mit denen seine Landsleute die Winkel der Himmelskörper maßen, und er wußte, wie wichtig in allen ihren astrologischen und architektonischen Berechnungen die Sonne und der Polarstern waren. Ich beschloß, selbst ein Instrument anzufertigen, so daß wir ohne tiefschürfendes Seemannswissen in jedem Fall unseren eigenen Breitengrad bestimmen konnten. Nach Sonne, Mond und den bekanntesten Sternbildern konnten wir immer ausmachen, in welcher Richtung wir uns bewegten.

Der rote ägyptische *Karkadé* schmeckte wie warmer Kirschsaft und wirkte erfrischend und anregend. Die ägyptischen Brotkekse ähnelten flachen Semmeln, sie waren knusprig und schmeckten mit oder ohne Honig so gut, daß wir alle meinten, nie besseren Reiseproviant gehabt zu haben. Wir waren zu einem neuen Tag bereit; wir wurden alle gesprächig und wünschten unseren beiden tapferen Patienten in der Hütte von Herzen gute Besserung. Norman war wirklich krank, aber sein Mut und der Mut Santiagos waren ungebrochen. Santiagos Problem war die Feuchtigkeit auf der *Ra.* Nur ein paar Handbreit über der Wasserfläche wurden alle Kleidungsstücke, Schlafsäcke und Wolldecken von der salzigen Meerluft klebrig, und ständig scheuerte sich seine Haut wund, so daß ihm die geringste Bewegung Schmerzen bereitete. Juri hatte mit den beiden vollauf zu tun. Sie waren so krank, daß es für sie eine Belastung sein mußte, tatenlos dazuliegen und das herzzerreißende ohrenbetäubende Krachen, Schreien, Knarren und Schnarchen anzuhören, das jede große Welle aus den Papyrusbündeln herauspreßte, die sich in zahllosen Verschnürungen bogen, wanden und streckten. Manchmal klang es, als ob hunderttausend Sonntagsausgaben der *New York Times* unter den schwankenden Kisten zerrissen wurden, auf denen Norman schlief. Denn auf dem Flechtwerkboden in der Korbhütte waren 16 Holzkisten untergebracht, unter jedem Mann zwei; obenauf lagen die Heumatratzen, und zwei freie Kisten waren für Normans Funkgerät und Navigationsinstrumente reserviert. Weil der Papyrus wie eine Bananenschale von den Wellen hin-

und hergeworfen wurde, folgte der biegsame Korbboden in der Hütte den Bewegungen, und mit ihm auch Kisten und Heumatratzen und Rücken und Hinterteil, oder auch Schultern und Hüften, je nachdem, ob man auf dem Rücken oder auf der Seite lag. Es war, als schliefe man auf dem Rücken einer munteren Seeschlange.

Auf Deck war das Schlingern der *Ra* nicht weniger heftig. Wenn man achtern stand und das Deck entlangschaute, sah man, wie sich das gelbe Schanzkleid munter im Wellengang der Wassermassen bewegte; und wenn man den Hals reckte und einen Blick von dem hohen spitzen Bug vorm Segel erhaschte, dann erhoben sich Bug und Vorderdeck in gleichmäßigem Rhythmus, als wollten sie über die Wellenkämme sehen, während sie sich im nächsten Augenblick senkten und nur gerade die oberste Papyrusspitze des Vorderstevens über dem Hühnerkäfig zu erkennen war. Die ganze *Ra* ähnelte einem großen schnaubenden Seeungeheuer, das sich in langen Schwimmstößen wand und fauchte, schnarchte und schrie, als wolle es alle Klippen und Hindernisse aus dem Weg schaffen. Das seltsamste war der Schrägmast mit dem großen Segel; er ähnelte einer mächtigen aufgerichteten Rückenflosse, die sich mit den großen runden Muskelbündeln der *Ra* im Takt hin und her bewegte. Bald lag zwischen ihr und der Hüttenwand, wo Carlo die Küchenkisten gestapelt hatte, ein guter Meter, bald verringerte sich der Abstand so sehr, daß man aufpassen mußte, sich nicht die Zehen unterm Hüttenboden oder dem Mastfuß zu quetschen; denn Mast, Hütte und Brücke waren nur mit Reeps an das biegsame Deck festgebunden und hatten deswegen selber großen Spielraum. Wenn es anders gewesen wäre, hätten wir die ersten vierundzwanzig Stunden nicht überlebt. Wenn wir nicht alle seemännischen Regeln des Altertums eingehalten und statt dessen die Brücke mit Nägeln zusammengehämmert, die Hütte aus steifen Brettern errichtet oder den Mast mit Stahldraht anstatt mit Reeps an den Papyrus befestigt hätten, wären wir von den ersten Wellen zersplittert, zersägt und zerrissen worden. Die Geschmeidigkeit und die Biegsamkeit aller Glieder bewirkten, daß die See uns gleichsam nie richtig packen konnte, um die nachgiebigen Papyrusfasern zu zerbrechen. Nichtsdestoweniger war es am ersten Tag recht erschreckend, als der Tischler Abdullah uns an dem Metermaß zeigte, daß unser Brückendeck sich manchmal 20 Zentimeter von der hinteren Hüttenwand entfernte, während es sich im nächsten Augenblick so dicht heranpreßte, daß ein dazwischengesteckter Finger zerquetscht worden wäre. Hier mußte man auf der Hut sein und auf seine Finger aufpassen, bis man an Bord heimisch geworden war. Aber wir erwarteten mit großer Spannung, wie dieses Papierboot sich in einigen Wochen verhalten würde, wenn es schon nach einem Tag in den Wellen so elastisch schwankte.

Durch meine Erfahrung mit der *Kon-Tiki* wußte ich schon vor dem Start, daß es für uns das gefährlichste war, wenn ein Mann über Bord fiel. Wir konnten nicht wenden und gegen den Wind segeln, jedenfalls vorläufig nicht, bei unserer fehlenden Erfahrung. Selbst ein guter Schwimmer könnte uns in den Wellen nicht einholen. Zwischen den Beinen der Brücke hatten wir achtern eine Kiste mit einem Rettungsboot aus Schaumstoff für sechs Personen festgezurrt, aber es war nur für den äußersten Notfall gedacht und konnte nicht zu Wasser gelassen werden, ohne daß wir die ganze Brücke zersägten. Zu diesem Zweck hing eine Axt bereit. Aber selbst wenn dieses viereckige Rettungsfloß zu Wasser gelassen würde, könnte es auch die *Ra* nicht einholen – wir würden auseinandertreiben. Also, Regel Nummer eins: Halte dich an Bord. Bewege dich niemals von einer Stelle zur anderen, ohne dein Tauende mitzuführen, mit dem du dich einpicken kannst. Carlo Mauri hatte jedem ein zwei Meter langes Tau mit einem Karabinerhaken beschafft, wie ihn die Alpinisten verwenden, um am Berg nicht abzustürzen. Wir trugen diese Leine immer um den Leib, um uns an Tauzurrungen, Pardunen oder Holzwerk auf der Brücke festzuhaken, sobald wir uns außerhalb der Hütte bewegten.

Ich bestand bis zur Lächerlichkeit auf dieser Regel, bei jedem Wetter, und berichtete von Herman Watzinger, der nur gerade noch von Knut Haugland geborgen wurde, als er über Bord der *Kon-Tiki* ging. Der Meistertaucher Georges und der Zentralafrikaner Abdullah begriffen nur schwer, daß es nicht genügte, sich nur festzuzurren, wenn sie allein Nachtwache hatten oder wenn sie achtern auf dem Querbaum über Bord hingen, um ihre Notdurft zu verrichten. Als Georges fühlte, wieviel es mir bedeutete, nahm er sich schließlich den Befehl zu Herzen. Aber Abdullah ertappte ich noch am zweiten Tag fröhlich singend auf der äußersten Papyrusrolle, das Rettungstau wie einen Schwanz im Schlepp. Ich packte ihn am Arm.

«Abdullah!» rief ich. «Dieses Wasser ist größer als ganz Afrika und tausendmal so tief wie der Tschadsee, wo Georges bis auf den Grund tauchen kann.»

«Ah oui», sagte Abdullah beeindruckt.

«Und es wimmelt von Fischen, die Menschen fressen, und sie sind größer als Krokodile und schwimmen doppelt so schnell.»

«Ah oui», wiederholte der gelehrige Abdullah, der allem Neuen aufgeschlossen war.

«Aber begreifst du denn nicht, wenn du ins Wasser fällst, ertrinkst du, wirst du aufgefressen, wirst du nie Amerika sehen!»

Ein großes, väterliches Lächeln breitete sich über Abdullahs Gesicht, und freundschaftlich legte er seine große Hand auf meine Schulter.

«Das kannst du nicht verstehen», sagte er. «Schau hier!»

Er zog seinen dicken Pullover hoch und entblößte einen prallen schwarzen Bauch, um den er eine dicke Schnur gebunden hatte, und von ihr hingen vier kleine Lederbeutel über die Lenden hinab.

«Damit kann mir nichts passieren», versicherte er. Er hatte die Lederbeutel von seinem Vater bekommen, und ein Medizinmann aus dem Tschad hatte sie gefüllt. Nach anderen zu schließen, die auf dem Marktplatz in Bol feilgeboten wurden, enthielten sie Leopardenkrallen, gefärbte Steinchen, Samen und getrocknete Pflanzenstückchen. Abdullah zog geheimnisvoll den Pullover wieder hinunter und nickte triumphierend. Ob ich nun beruhigt wäre? Abdullah könnte *absolut* nichts geschehen. Aber um mir eine Freude zu bereiten, willigte er auch darin ein, sich festzubinden.

Abdullah bekam seinen ersten Schock, als er frühmorgens herbeistürzte und mir anvertraute, man habe Salz ins Wasser geschüttet. In das ganze Wasser. Wie war das passiert? Ich war auch ernstlich erschrocken und wollte wissen, welche Krüge er ausprobiert hätte. «Keinen Krug, dort!» rief Abdullah erschüttert und zeigte über Bord. Er hatte nicht geahnt, daß das Meer salzig war. Als ich ihm erklärte, es sei den ganzen Weg von Afrika bis Amerika salzig, machte er große Augen und fragte, wie denn all das teuere Salz ins Wasser gekommen sei. Nachdem er sich die geologische Erklärung angehört hatte, zeigte er echte Verzweiflung. Santiago hatte gesagt, daß wir mit dem Wasser an Bord sparsam umgehen müßten, jeder konnte nur einen Liter am Tag bekommen. Abdullah brauchte mindestens fünfmal soviel, sagte er, denn er mußte sich vor jedem Gebet zu Allah Arme und Beine, Kopf und Gesicht waschen. Er betete fünfmal täglich.

«Zum Gebet kannst du Meerwasser nehmen», erklärte ich. Aber das durfte Abdullah nicht. Seine Religion verlangt sauberes Wasser für die zeremoniellen Waschungen. Das Meerwasser enthielt Salz.

Bevor das Salzproblem gelöst war, wurde Abdullah aufs neue erschreckt. Georges hatte das schläfrige Äffchen Safî aus seinem Bett in einem Pappkoffer geholt, und aus lauter Freude hatte die kleine Dame auf Abdullahs Matratze versehentlich eine kleine Pfütze hinterlassen. Jetzt geriet Abdullah vollkommen außer sich. Hatte der Affe das gemacht? Wenn Hund oder Affe ihre Notdurft auf den Kleidern eines Gläubigen verrichten, so kann er erst nach 40 Tagen wieder zu Allah beten! Abdullah rollte mit den Augen und war völlig verzweifelt. Vierzig Tage ohne Allahs Hilfe!

Georges rettete Abdullahs befleckte Moral mit einer Notlüge. Es war gar nicht der Affe; Meerwasserspritzer waren es gewesen. Praktisches Wunschdenken ließ Abdullah die Erklärung akzeptieren, ohne daß er seine Nase tiefer in das anrüchige Problem steckte. Ich beteuerte, daß der Affe jetzt auf jeden Fall eine Hose tragen würde und überdies nimmermehr auf Abdullahs Matratze sitzen dürfe.

«Abdullah», fügte ich hinzu, «du brauchst sauberes Wasser für deine Gebete, aber hast du einmal daran gedacht, wie viele Affen und Hunde an den Gewässern des Tschad leben? Hier draußen gibt es meilenweit keine Hunde, und was die kleine Safî von sich gibt, lassen wir achtern zurück. Nirgendwo in der Welt findest du saubereres Wasser als auf dem Meer.»

Abdullah lauschte und dachte nach. Einen Augenblick später studierte er lange einen Segeltucheimer voll Meerwasser. Dann begann die zeremonielle Waschung mit rasender Geschwindigkeit und mit der graziösen Fingerfertigkeit eines Zauberkünstlers. Danach war Abdullah oben beim Kompaß, wo ihm Juri half, die ungefähre Richtung nach Mekka zu bestimmen. Mit der Ernsthaftigkeit eines tiefgläubigen Mönches kniete er sich auf seine Matratze in der Hüttenöffnung und verbeugte sich wiederholt gen Osten, die Stirn bis auf die Matratze. Dann zog er seine lange Perlenschnur hervor und begann, seine Gebete zu sprechen. Die Gebete rollten an der Perlenschnur entlang wie Erbsen aus dem Sack; aber Abdullahs Inbrunst war so echt, daß wir alle seine felsenfeste Überzeugung respektieren mußten, ob wir nun Kopte oder Katholik, Naturphilosoph, Protestant oder Atheist waren. Alles war in unserer zusammengewürfelten kleinen Gesellschaft an Bord vertreten.

Nach der körperlichen und seelischen Reinigung Abdullahs standen wir gemeinsam mit Bohrer und Messer auf der Brücke und versuchten, das abgebrochene Ruderblatt wieder an seinem Schaft zu befestigen. Abdullah war strahlender Laune und sang und trampelte den Takt zu zentralafrikanischen Dschungelklängen. Eine kräftige Tauzurrung, kombiniert mit Carlos alpinen Knotenkünsten, sollte gerade das Werk vollenden, als ein paar heftige Windstöße aus verschiedenen Richtungen quer auf das Segel trafen und es drehten, ohne daß es uns – wegen des fehlenden Steuerruders – gelang, das Boot zu wenden. Jetzt warf sich der Wind mit voller Wucht von vorn gegen das große Segel. Die schwere, sieben Meter lange Rah, an der das Segel hing, schlug so kräftig gegen die Mastspitze zurück, daß dort oben das Holzwerk zu brechen drohte, und das riesige Segel flatterte wütend durch die Luft und drohte am Mast zu zerreißen. Es warf Obstkörbe um und hakte sich am Hühnerkäfig fest; unser Federvieh gackerte und drohte unsere Kommandorufe zu übertönen. Plötzlich schwamm ein viereckiger Proviantkorb im Kielwasser und trieb aufs Meer hinaus. Keiner ahnte, was er enthielt, denn der Proviantmeister Santiago hütete das Bett, und er hatte das kleine Verzeichnis. Juri mußte ihn und Norman fast mit Gewalt in den Betten zurückhalten, während ich auf die Brücke kletterte und versuchte, den Kampf gegen das acht Meter große Segel zu organisieren. Der Ruf einer menschlichen Stimme ging in den Sturmböen unter und wurde von ihnen – zusammen mit dem Flattern, Knattern und Heulen des Segels und der Papyrusbündel – über schäumende Wellentäler hinausgetragen. Es nützte nichts, das Segel jetzt zu fieren; dann würde es wie ein Drachen über die See verschwinden. Wir mußten das Boot wieder auf Kurs bringen, teils indem wir das Segel, teils indem wir den Rumpf drehten. Der Riese Georges stützte sich auf den Papyrus, der achtern wie ein Schwanz emporstieg, und mußte mit einem ganz gewöhnlichen Paddel das Heck der *Ra* gegen den Wind rudern. Ein schirmförmiger Treibanker aus Segeltuch wurde an einer langen Leine über Bord geworfen; nichts würde die Geschwindigkeit wirkungsvoller herabsetzen und den Achtersteven nach hinten drehen. Auf der Brücke sah ich, wie die Kompaßnadel sich langsam bewegte. Gleichzeitig kämpfte ich verzweifelt darum, nicht von einer Schot über Bord gezogen zu werden, die mich hinüberzerrte und wie eine Peitsche um sich schlug, als ich sie an der Brückenseite anbinden wollte und dabei aufpaßte, ob unsere kleine Mannschaft festgebunden war und so verteilt stand, daß sie an den richtigen Enden ziehen würde. Durch die Windstöße brüllte ich Carlo auf italienisch zu, Juri auf englisch, Abdullah auf französisch und Georges auf englisch, französisch, italienisch, wie es kam; aber in Wahrheit kannte ich die Namen der Enden, an denen ich sie ziehen ließ, nicht einmal in meiner Muttersprache, so daß im Laufe des Tages meine Bewunderung für das Auffassungsvermögen dieser internationalen Mannschaft von Landratten ins Unermeßliche stieg.

Als wir das kostbare Segel geborgen hatten, als die Schoten befestigt, alle unsere normalen Steuerruder wie indianische *Guaras* vorn und achtern an der Schiffsseite festgebunden waren und wir den Treibanker wieder eingezogen hatten, lag alles so friedlich wie zuvor da. Wir schöpften etwas Atem, und ich versuchte, einige Stichwörter einzuüben, die alle verstanden, wenn es in ähnlichen Situationen auf jede Sekunde ankam. Durch die Ritzen der Bambusstäbe hörten wir zwischen heftigen Sturmböen bruchstückhaft gute Ratschläge, die uns der fiebernde Norman mit schwacher Stimme erteilte. Er hatte im voraus sein Äußerstes getan, uns anderen englische Seemannsausdrücke beizubringen, wenn es darum ging, das Fall, mit dem das Segel gehißt wurde, die Brassen an beiden Enden der langen Rah, unter der das Segel hing, oder die unteren Schothörner des Segels steuerbord und backbord dichtzuholen, aufzufieren oder loszulassen. Aber weil drei der diensttuenden Männer entweder wenig oder gar kein Englisch verstanden, erwies sich jetzt in der Praxis, daß es immer ein Glücksspiel war, was geschah, wenn man Juri oder Carlo zurief: *«Pull in starboard tack!»* oder Abdullah befahl: *«Let go port side sheet!»*

Kaum saßen wir fünf keuchend, aber siegesfroh auf der Brücke und versuchten, einige kurze praktische Ausdrücke nach der Methode Esperanto auszuklügeln, als es im Großsegel wieder gefährlich zu knattern begann, und selbst als diesmal alle blitzschnell ihren Posten einnahmen, schafften es Segel und Rumpf, sich noch einmal zu drehen. Das wiederholte sich immerzu. Wir trieben auf demselben Kurs weiter, aber halb seitlich oder mit dem Achterende voran, und Segel und Rah gerieten in irrsinnige Stellungen. Schließlich gelang es uns immer, das Segel in den Wind zu drehen und somit die Rah zu retten, aber manchmal gelang es nur, indem wir das Segel zur falschen Seite drehten. Wenn wir es um den Backbordmast statt um den Steuerbordmast drehten, segelten wir von allein beinahe im rechten Winkel zu dem Kurs, der uns von Land wegführte. Dann steuerten wir in langen, unerträglich langen Zwischenräumen mit vollem Segel direkt auf die afrikanische Küste zu, während wir bei unseren Bemühungen, wieder auf den richtigen Kurs zu kommen, ruderten, an Tampen zogen, uns mit dem Treibanker abmühten und in der wilden See versuchten, die Steuerruder nach Art der Guaras in anderen Stellungen festzubinden. Aber ohne die großen Steuerruder wollte das Boot absolut keine Zwischenstellung einnehmen. Das Segel schickte das Boot entweder direkt nach Südost oder direkt nach Südwest. Jedesmal, wenn uns ein wilder Windstoß drehte, so daß unsere Spitze stur nach Südosten zeigte, kam die unsichtbare afrikanische Küste immer näher. Carlo hielt sich ständig in der heftig schwankenden Mastspitze auf, sah aber glücklicherweise nicht das geringste Anzeichen von Land. Nichtsdestoweniger wußten wir, daß die Küste südlich von Safî eine Einbuchtung aufwies und sich weiter unten wieder ins Meer wölbte. Kaum hatten wir das Segel in einer Richtung in Ordnung gebracht, da drehte es sich in die andere und flatterte mit derartiger Heftigkeit im Wind, daß jeder von uns sein ganzes Körpergewicht und seine ganze Kraft einsetzen mußte, um nicht in die See geworfen zu werden. Eine Kopfbedeckung nach der anderen flog über Bord. Am meisten tat es uns um Abdullahs regenbogenfarbenes Mohammedanerkäppchen leid, das gleichsam ein Teil von Abdullah selbst war. Aber jetzt banden sich alle Mann jedesmal automatisch fest, wenn wir den Platz wechselten. Der Affe besaß sein eigenes kleines Tau und turnte entzückt in den Pardunen herum, den Kopf mal oben, mal unten, und das Federvieh war sicher in seinem Käfig, der jetzt zugedeckt und außerhalb der Reichweite des Segels angetüdert war.

Im Verlauf des Tages schickte der launische Wind so heftige Stöße gegen uns, daß wir ständig Gefahr liefen, die ganze Takelage zu verlieren, ehe wir die Steuerung wieder unter Kontrolle hatten. Das Segel mußte herunter. Uns blieb keine andere Wahl, als zu versuchen, es in den Sturmböen zu fieren.

Kaum hatten zwei Mann das Fall gelockert, um die Rahstange mit dem Segel auf Deck wegzufieren, während wir drei anderen an den Schoten standen, als eine heftige Sturmbö das ganze schwere Riesensegel wie eine Flagge über die See flattern ließ und Juri und Abdullah verzweifelt kämpften, um die losgerissenen Schoten einzufangen, die backbord über den Wellenkämmen flatterten. Wir drei anderen suchten mit Füßen und Knien an allem Erreichbaren Halt, um nicht steuerbord mit den Schoten über Bord geworfen zu werden. Die Schoten waren unsere letzte Chance, das Segel zu bergen, damit es nicht für immer in den Wellen verschwand. In den Masten und allen Verstagungen knackte es furchterregend, und die Papyrusbündel ächzten laut und legten sich schräg, so daß wir zum ersten Male das unsichere Gefühl hatten, dieses Wunderboot könnte vielleicht doch umkippen.

Ganz sicher würde kein anderes Fünfzehn-Meter-Boot der Welt diesem gigantischen Druck widerstehen, ohne augenblicklich zu kentern, wenn nicht gar der Mast brach.

Zoll um Zoll gelang es uns, Rah und Segel einzufangen, aber ein großer Teil des Segels lag mit Falten, die viele Badewannen voll Wasser enthielten, auf den Wellenkämmen. Und bei dem Kampf, diese schwere Last aus der Gewalt des Meeres zu befreien, verloren wir noch eins von unseren kostbaren normalen Rudern. Es verschwand in einer Welle und tauchte wie zum Hohn hinter uns im Kielwasser auf.

«Wir sehen uns in Amerika!» rief Carlo dem Ruder nach. «Aber wir treiben schneller als du!»

Wir mußten das nasse, zentnerschwere Segel an einer Rahstange, die zwei Meter breiter war als das ganze Deck, entlang der Backbordseite fesseln. Siegreich, aber erschöpft wie nach einem Boxkampf über zwanzig Runden, setzten wir fünf uns auf das Segel, um diese widerspenstige burgunderrote Flugechse niederzuhalten, die noch immer verzweifelte Fluchtversuche unternahm, wenn die Falten von den heftigsten Sturmböen aufgepumpt wurden. Zuletzt war die Bestie sorgsam festgebunden.

Plötzlich war es sonderbar still an Bord. Nur ein rhythmisches, friedliches Knarren gab uns das Gefühl, als habe die mütterliche See das Schilfboot *Ra* wie eine Meereswiege voll widerspenstiger Siebenlinge adoptiert, die jetzt unbedingt in den Schlaf gewiegt werden mußten, ehe sie sich selbst Schaden zufügten, wenn sie die ganze Wiege umkippten oder auf Land liefen. Die *Ra* suchte sich ihren Weg wieder selbst und drohte nicht länger damit, uns an Land zu tragen.

Ich sah Carlo an. Er begann zu lächeln, lachte scheu; dann brach er ungehemmt in schallendes Gelächter aus. Alle sahen ihn an.

«Jetzt haben wir weder Segel noch Steuerruder. Auf dieser Schute gehorcht jetzt nichts mehr den Befehlen des Menschen. Jetzt kommandiert die Natur. Sobald wir aufhören, uns mit ihr herumzuschlagen, können wir uns entspannen und erholen.»

Wir sahen uns um. Über allem lag Frieden und Ruhe. Keine Ruder, kein Segel, kein Motor, keine Sorgen; wir schaukelten hier wie in einer gemeinschaftlichen Hängematte aus Papyrus, während die mächtige Meeresströmung uns hinführte, wo sie wollte, und gerade dorthin wollten wir auch. Abdullah kroch in die Hütte und legte sich mit seinem winzigen Transistorradio am Ohr zur Ruhe. Georges wollte angeln. Juri aß eine Apfelsine und verschwand mit der Schale, um aus reinem Alkohol ein Glas Likör zu brauen, während Carlo in Säcken und Körben herumzustöbern begann, um Zutaten für eine bessere

Mahlzeit zu suchen. Santiago, elender denn je zuvor, lag mit seinem kleinen Verzeichnis unbeweglich in der Hütte und rief die Nummern der Krüge aus, die Wasser, Datteln, Eier, Oliven oder Mais für die Hühner enthielten. Ich nahm das Schnitzmesser, um ein Instrument herzustellen, das uns den Breitengrad angeben könnte. Da konnte sich Norman nicht länger beherrschen.

«Jungs, es klappt ja», stöhnte er. «Aber nicht für die anderen zu Hause. Wir hatten versprochen, gestern zu senden. Wir müssen ihnen sagen, daß alles okay ist, sonst glauben sie, wir sind untergegangen.»

Juri war einverstanden und half dem fiebernden Norman, die Matratze wegzurollen, damit sie den losen Kistendeckel unter seinen Beinen entfernen und den kleinen Notrufsender mit eingebautem, handbetriebenem Generator hervorholen konnten. Kurz darauf antwortete Radio Safî deutlich auf Normans Rufe und erfuhr, daß uns beide Ruder gebrochen waren und wir ohne Schwierigkeiten weiter über den Atlantik trieben. Er gab auch durch, daß wir in der kommenden Zeit nicht regelmäßig Verbindung aufnehmen würden, weil das Ruder mit der Erdungsplatte gebrochen an Deck lag. Wenn wir sie über Bord in das schäumende Kielwasser werfen würden, könnte sie uns Taue und Papyrus zerschneiden. Norman war so schwach, daß er in den Schlafsack zurücksank, als Juri das Funkgerät verstaute und Carlo mit einem warmen Getränk hereinkroch.

Georges fing keinen Fisch, aber er kam mit einer Idee in die Hütte. Warum das Segel nicht reffen? Selbst der kleinste Fetzen Tuch würde uns bei diesem Wind helfen, schneller voranzukommen. Das Segel war so genäht, daß wir ein oder zwei Drittel einrollen und festzurren konnten und so bei zu starkem Wind nur den obersten Streifen des Segels aufzuziehen brauchten. Ich fand die Idee gut, und Norman nickte schwach. Wir fünf krochen wieder an Deck, gestärkt von einem kräftigen Steinzeitimbiß, bestehend aus gesalzener Wurst und frischem Gemüse, und nach unendlichen Anstrengungen gelang es uns, die schwere Rah mit dem wassergefüllten Segel an Bord hereinzuholen, so daß es quer über die *Ra* ausgebreitet lag und dadurch an jeder Seite einen Meter über die Wellen ragte. Bei einer Windstärke zwischen steifer Brise und kleinem Sturm war es schwierig, das Segel zu reffen, aber wir schafften es durch gemeinsame Anstrengungen, weil wir uns darauflegten, während wir es über dem Hühnerkäfig und anderer Ladung glätteten und alsdann zu einem Drittel der Segelfläche zusammenrollten. Unser Triumph war groß, als sich dieser schmale Segelstreifen an der Mastspitze im Wind entfaltete. Wir hatten den Treibanker an Bord gezogen und die kleinen Ruder an ihrem Platz festgebunden; so sausten wir auf den Wellenkämmen nach Südwesten und jubelten über den neuen Sieg über die Elemente.

Fünfzehn Minuten vergingen – es war am frühen Nachmittag des zweiten Tages auf dem Meere –, als erneut eine Sturmbö das Segel bedrohte. Wir stürzten uns wie ein Mann an die Schoten, als wir den ersten Schlag der schweren, nassen Segelrolle hörten, die jetzt an der Mastspitze hing und die steife Rahstange mit Hammerschlägen gegen den Mast warf. Der nächste Schlag klang wie ein Notschrei aus der Mastspitze, und es schnitt uns ins Herz, als wir hörten, wie sich der Schlag in ein furchtbares Krachen und Knacken verwandelte, das uns durch Mark und Bein ging. Wir starrten hinauf und erlebten, wie die ganze unentbehrliche Rahstange, die das Segel gespannt hielt, sich links und rechts von der Mitte langsam herunterbog, während das Segel wie eine Fledermaus zusammenschrumpfte, die ihre Flügel zusammenfaltet. Spitze Stachel von gebrochenem Holz ragten wie Krallen aus der Rahstange heraus. Wir mußten das Ganze fieren, damit das Segel nicht in Fetzen ging. Dies war der zweite Tag auf dem Meer.

Kaum lag der Kadaver aus gebrochener Rah und Segel als Haufen an Deck, da wurde die *Ra* wieder freundlich, da schlängelten sich unsere magischen Schilfrollen in unsere Richtung weiter und trugen uns wie eine gezähmte Seeschlange auf ihrem Rücken.

«Da seht ihr es», sagte Carlo und kroch vergnügt ins Bett.

Abdullah begab sich eilig nach achtern und wusch sich vor dem nächsten Gebet zu Allah bis zu den Knien und Ellbogen. Juri lachte gepreßt und hockte sich mit Shagpfeife und Tagebuch in die Türöffnung, und ich setzte mich mit meiner Schnitzarbeit neben ihn.

«Habt ihr alles kontrolliert?» fragte Santiago, die Nase vorsichtig aus dem Schlafsack steckend.

«Alles!» antworteten wir im Chor. «Alles. Jetzt ist alles gebrochen, was brechen kann. Jetzt ist nur noch der Papyrus übrig.»

Der Rest des Nachmittags verlief in der Hütte friedlich, und draußen heulte der Sturm. Wir hatten den ganzen Tag kein Schiff gesehen, aber wir verteilten die Nachtwache zwischen uns, da wir mitten in der Küstenansteuerung vor Afrika lagen. Wir waren ständig in der Mastspitze und hielten nach Lichtern vom Land Ausschau. Das einzige, wovor wir uns fürchteten, war eine Kollision mit Schiffen und den lebensgefährlichen Felsen an Land.

Um 0.30 Uhr wurde ich von Carlo wachgerüttelt. Er beugte sich mit einer Paraffinlampe in der Hand über mich. Mit großen ängstlichen Augen flüsterte er, daß vorn an Backbord der Horizont voller Lichter sei. Wir trieben halb seitwärts mit kräftigem Nordwestwind direkt in diese Richtung. Ich lag vollständig angezogen da und brauchte nur die Sicherheitsleine umzubinden, ehe ich an Deck stürzte. Draußen wehte ein kalter, mäßig starker Wind, der Himmel war bewölkt. In der rabenschwarzen Nacht sah ich die Lichter am Horizont verteilt, sie lagen vor uns in Fahrtrichtung, wie Carlo gesagt hatte. Vier waren sehr stark, ein fünftes schwach. Das mußte die marokkanische Küste sein. Carlo saß in der schwankenden Mastspitze. Wir schienen uns rasch zu nähern. Die drei anderen ausgeschlafenen Männer mußten aufstehen. Jetzt mußten wir versuchen, unsere Schilffähre zu rudern, um uns vor einer Tragödie an den Felsen zu bewahren. Da glaubten Carlo und ich, ein grünes Licht zu erkennen – noch eines und ein rotes dazu. Das war kein Land! Eine auseinandergezogene Flotte von großen Fischerbooten kam direkt auf uns zugefahren! Die Männer krochen blaugefroren wieder ins Bett. Kurz darauf tuckerten drei große, schlingernde Fahrzeuge dicht an unserem Bug vorbei. Ein viertes kehrte uns die Breitseite zu, nachdem es die Maschine gestoppt hatte, so daß die *Ra* direkt auf die tanzende Schiffsseite zutrieb. Ich leuchtete mit der Lampe an die Hüttenwand und die Papyrusrollen und signalisierte: «*Ra* O. K., *Ra* O. K.» Der große Hochseefischkutter ließ wieder die Maschine an und glitt so spät fort, daß wir knapp einer Kollision entgingen. Er morste von der Mastspitze einige unverständliche Signale und verschwand allmählich in der Dunkelheit.

Georges übernahm wie eine ägyptische Mumie in Ölzeug und Wolldecken gehüllt die Wache, und ich kroch ins Bett. Selbst die heiseren Schreie von hunderttausend mit Reepen zusammengebundenen Schilfrohren konnten nicht das unbekümmerte Summen des Nilsohnes übertönen, das der Wind von achtern direkt durch die dünne geflochtene Korbwand trug, die einzige Trennwand zwischen unserer gemütlichen Höhle und dem Chaos dort draußen.

Als es dämmerte, war der Himmel immer noch bewölkt. Der dritte Tag an Bord. Der Wind wehte weniger heftig, aber die See war rauher denn je zuvor. Zufrieden stellten wir fest, daß die wild wogenden Wellen uns nur hochhoben. Das Meer trug uns auf ausgestrecktem Arm wie einen Ball vorwärts, und selbst dem hinterhältigsten Brecher gelang es nicht, das Deck zu überfluten. Die ganze Ladung war trokken. Ohne Ruder, ohne Segel, ohne Sextant und ohne Kenntnis unserer Position, ohne Land in Sicht, war der dritte Tag ein ruhiger Tag, an dem wir das eine Steuerruder schienen und das Mittelstück eines langen Reservebaumes verstärken konnten, der die gebrochene Rahe ersetzen sollte.

Abdullah war dabei, seinen glattrasierten Kopf zum Gebet zu waschen, als er innehielt und einen heiseren Protestschrei ausstieß. Das Meer sei überhaupt nicht mehr sauber! Jemand habe seine Notdurft darin verrichtet, und er habe es sich auf den Kopf geschmiert. In Abdullahs Segeltucheimer schwammen große und kleine schwarze Klumpen. Wir blickten über Bord. Hunderte von ähnlichen Klumpen trieben an uns vorbei. Zu beiden Seiten schwammen sie; weiche, asphaltähnliche Klumpen – eine Stunde später immer noch. Es mußte Abfall von einem Tanker sein. Wir hielten von der Mastspitze nach dem Schuldigen Ausschau, sahen aber kein Schiff, und trotzdem trieben den ganzen Tag schwarze Klumpen im Meer. Am späten Nachmittag fuhren wir an einem großen Mondfisch vorbei, der an der Oberfläche faulenzte, und später bekamen wir Besuch von etwa hundert Delphinen, die sich plötzlich um uns herum tummelten, in heiterem Spiel senkrecht aus den Wellen sprangen und Abdullah unbeschreiblich erfreuten, bis sie genauso plötzlich verschwanden, wie sie gekommen waren.

Am vierten Tag war es merklich wärmer, stiller, und die Sonne schaute hinter den Wolken hervor. Lange sahen wir deutlich die blauen Konturen des Kontinents in der Ferne, höckerförmige Hügel. Santiago ging es sehr schlecht, aber Norman fühlte sich viel besser, fieberfrei, und Juri erlaubte ihm, hinauszukriechen und die Sonnenhöhe zu messen. Aber weil wir kein Chronometer an Bord hatten und der Notrufsender nicht länger Radio Safî empfangen konnte, besaßen wir keine ausreichend korrekte Sekundenzeit, um irgendeine zuverlässige Position bestimmen zu können. Dies beunruhigte die beiden in der Hütte, denn Norman glaubte, wir würden es nicht schaffen, die Kanarischen Inseln an der Außenseite zu passieren, da wir immer noch den Kontinent erkennen konnten. Wir trieben in die gefährliche Passage zwischen Fuerteventura und Kap Juby auf dem afrikanischen Festland. Santiago, der als Junge auf den Kanarischen Inseln gelebt hatte, konnte bestätigen, was Normans Nachschlagewerke berichteten: daß Kap Juby der Schrecken aller Seefahrer war, weil es aus einer verräterisch niedrigen Sandbank bestand, die genau dort wie eine Zunge in den gefährlichen Meeresstrom hinausleckte, wo die afrikanische Küste nach Süden abbiegt.

Wir saßen auf dem Segelhaufen und aßen, als wir ein begeistertes Brüllen von dem immer aufmerksamen Abdullah hörten, der bereits sein Essen verschlungen hatte und sich zum Gebet in die Hütte begeben wollte.

«Pferde, Pferde!» Er verbesserte sich: «Flußpferde!»

Wir sahen in die angegebene Richtung, und bald rollten sie wieder herauf; zwei große Wale, die uns mit kleinen schläfrigen Augen anglotzten und durch die Atemlöcher einen Wasserstrahl in die Luft prusteten. So große Flußpferde hatte Abdullah nie im Tschad gesehen, und damit war der Tag für ihn gerettet. Daß es Säugetiere mit Fischschwänzen gab, erschien ihm wie ein Märchen aus Tausendundeiner Nacht, aber als ein Wal zum Abschied höflich mit dem Schwanz winkte, war Abdullah über den Einfallsreichtum Allahs sprachlos.

Am fünften Tag erwachten wir bei beißend kaltem Nordwind und unruhiger See. Wir zogen all unsere warmen Sachen an, und Abdullah klapperte mit den Zähnen. Fünf Tage lang hatten sich unablässig tückische Meereswellen gegen die Steuerbordseite der *Ra* geworfen, genau wie wir es berechnet hatten, denn unsere ganze Reise führte durch das Gebiet des Nordpassats. Aus diesem Grund hatten wir die Türöffnung der Hütte entgegengesetzt angebracht, das heißt links oder backbord, wo die Leeseite sein würde. Wir hatten die Hütte und den schwersten Teil der Ladung ganz nahe bei Steuerbord plaziert, damit der Wind, der das große Segel von dieser Seite aufblähte, nicht das Boot umwerfen konnte. Mit allen unseren Beratern stimmten wir darin überein, daß alle Segelboote, um nicht zu kentern, mit der Hauptlast auf der Windseite beladen werden mußten. Bittere Erfahrung lehrte uns schon am fünften Tag, daß sich ein Papyrusboot in dieser Beziehung von allen anderen Booten der Welt unterscheidet. Es ist das einzige Segelboot, das auf Lee am schwersten beladen werden muß, weil der Papyrus auf der Windseite viele Tonnen Meerwasser über der Wasserlinie aufsaugt – hier spülen Wellen und Spritzer unaufhörlich über die Bootsseite –, während alles, was auf Lee über der Wasserlinie liegt, gleich trocken und leicht bleibt. Der Wasserdruck auf der ungeschützten Windseite wird allmählich so groß, daß die Schute sich *gegen* den Wind lehnt, statt ihm wie erwartet *nachzugeben.*

Um die Hütte mittschiffs zu versetzen, war es zu spät. Sie war mit soliden Tampen festgebunden, die quer durch den ganzen Boden des Papyrusbootes gingen. Wir räumten alle bewegliche Ladung von Steuerbord nach Backbord, aber es schien nicht zu helfen. Die Rollen steuerbord über der Wasserlinie mußten mehrere Tonnen Seewasser eingesogen haben. Es begleitete uns nun als unsichtbare Last auf der Reise und wog schwerer als die wenigen hundert Kilo Proviant und Trinkwasser, die wir auf die entgegengesetzte Seite räumen konnten. Wir mußten wohl das Meer auf einem Boot überqueren, das sich chronisch gegen den Wind lehnte.

Norman war wieder völlig hergestellt, und während wir die Last auf der anderen Seite verstauten, versuchte er, die widerspenstige Kupferplatte unter Wasser festzubinden, um Funkverbindung und damit die richtige Sekundenzeit zu bekommen. Er hatte allen Grund zu der Annahme, daß wir der Küste viel näher waren, als er gestern ohne Chronometer geschätzt hatte, und praktisch direkt bei Kap Juby auf Land zutrieben.

Spät in der Nacht frischte es zu einem starken Sturm auf, es heulte in der Takelage, und die *Ra* schlingerte immer heftiger, da uns der Sturm heftiger als zuvor attackierte. Wir hielten die ganze Nacht doppelte Wache, um nicht von den Sandbänken bei Kap Juby überrascht zu werden, und wir behielten alle Reeps scharf im Auge. Kein Tau war gerissen. Keine Papyrusbinse hatte sich losgerissen. Aber das Brükkenholzwerk sägte so heftig an der Bambusecke der Hütte, daß in diesem Winkel der Hütte alles von einer gleichmäßigen Schicht feinen Sägemehls bedeckt wurde. Wir leisteten Santiago Gesellschaft, der auf der *Ra* an Schlaflosigkeit litt, denn heute nacht war es fast unmöglich, ein Auge zu schließen – so wie die Kisten unter uns holperten und Hütte, Brücke und Masten mit derartigem Lärm nach allen Seiten schlingerten, als ob tausend Katzen ihren Schwanz zwischen Tauen eingeklemmt hätten. Auch lehnte sich die Hütte so stark nach Steuerbord, daß keiner auf der Seite liegen konnte, ohne umgestoßen zu werden. Die anderen lagen zu viert in der Breite, wir zu dritt, denn auf unserer Seite war die Funk- und Navigationsecke. Abdullah rollte ständig gegen Georges, dieser gegen Santiago, bis Juri die anderen zuunterst in der Schräge mit Knien und Armen empfing, weil ihn die Wand am Weiterrollen hinderte. Ich hatte meine restlichen Kleidungsstücke steuerbord unter die Matratze gestopft, und Carlo hatte das gleiche getan, damit wir nicht gegen Norman und die Funkecke rollten.

Die ganze Nacht hindurch tobte das Unwetter mit vier, fünf Meter hohen Wellen; die Windstöße ließen einen Salzwasserregen auf das Boot prasseln. Am sechsten Tag wirkte die *Ra* im Verlauf des Vormittags merkwürdigerweise weniger zerbrechlich, die Taue schienen straffer. Eine turmhohe Welle, die ganz plötzlich achtern über Bord hereinbrach und Norman bis über die Hüfte überschwemmte, strömte nur schwer wieder durch den Papyrus hinaus. Durch Spritzer auf Deck und die Feuchtigkeit von unten waren die Papyrusstengel deutlich angeschwollen, bis sie starken Druck ausübten und alle Reeps und Zwischenräume ausfüllten. Das Boot wirkte deshalb steifer und robuster als zuvor; nur schade, daß es sich so unangenehm nach Steuerbord lehnte. Wir waren alle voller Bewunderung darüber, wie großartig die *Ra* mit dem Unwetter fertig wurde; als Norman versicherte, wir hätten die Wahl, an Land getrieben zu werden oder das Segel in dem kräftigen Nordwind zu hissen, beschlossen wir einstimmig zu versuchen, das Zweidrittel-Segel mit der neuen, verstärkten Rah aufzuziehen. Selbst Santiago stapfte heraus, und als die volle Besatzung in Aktion war, gelang es uns, das Segel aufzuziehen und das reparierte Steuerruder achtern in die Wellen zu bringen. Wir durchschnitten die Wellenkämme wie ein fliegender Fisch, vom Land weg. Kurz darauf krachte es erneut, der dicke Schaft des geschienten Steuerruders knickte wie ein Streichholz, und wir konnten nur das Blatt an Bord holen. Aber nun waren die Landratten allmählich eine seetüchtige Mannschaft geworden. Mit einem Tigersprung war Abdullah vorn und packte das richtige Ende des flatternden Segels. Santiago kroch heraus und hakte sich neben ihm fest. Carlo und Juri verschwanden wortlos steuerbord hinter der Hütte und lockerten die Schoten. Georges, nur in Unterhosen, packte ein Ruder und paddelte das Achterende gegen den Wind, während Norman und ich die senkrechten kleinen Ruder korrigierten, bis die *Ra* ohne Rudergänger wie ein schwerer Fisch vorwärts über die Wellen tanzte. So hielten wir den Rest des Tages den Kurs, ohne daß ein einziges Rohr vom Unwetter beschädigt wurde. Die dicken Bäume außenbords machten uns Schwerigkeiten – nicht das dünne Schilf des Rumpfes.

In der nächsten Nacht ließ der Sturm nach, aber nicht die Wellen. Die größten erreichten eine Höhe von sechs Metern. Die Hütte war nicht mehr symmetrisch, sondern lehnte sich schief gegen die Windseite. Ehe meine Nachtwache begann, kroch ich an Deck, um einen Blick auf das ganze Fahrzeug zu werfen. Als ich unter das Segel kroch, um freie Sicht nach vorn zu haben, blieb mir fast das Herz stehen. Auf Steuerbord lag vor uns, von farbigen Lampen erhellt und blinkenden Lichtern umgeben, ein hoher Leuchtturm. Wir steuerten backbord von der ganzen Anlage und folglich direkt auf Land zu. Ein Leuchtturm so weit draußen konnte nur Kap Juby sein. Der Kurs wurde in fieberhafter Eile so weit geändert, wie es ohne Steuerruder ging. Aber nicht genug: Wir schafften es nicht, an der Außenseite vorbeizukommen. Da schienen uns der Leuchtturm und die Häuser von Kap Juby zu merkwürdige Bewegungen zu machen, als daß sie auf einer Sandbank liegen konnten. Bald sausten wir an der Innenseite vorbei. Es war ein großer Ölbohrturm, der vor der afrikanischen Küste im Wasser stand und bis zur Spitze von farbigen Lampen erleuchtet wurde, um Kollisionen mit Flugzeugen zu vermeiden. Wir standen da und starrten. Ich brüllte Georges barsch zu, er solle sich wieder in seinen Schlafsack trollen oder sich anziehen, damit er nicht krank würde.

Am siebten Tag hatten wir immer noch die beiden Drittel des Großsegels oben, und es schien, als würden wir mit einer hohen rollenden Welle, die den gleichen Weg hatte wie wir, in der Strömung um die Wette fahren. Schwere Wolkenmassen wälzten sich zu beiden Seiten der *Ra* aufeinander zu, aber genau vor uns zeigte sich zwischen beiden Fronten ein schmaler Spalt blauen Himmels. Alles deutete darauf hin, daß die Kanarischen Inseln und der afrikanische Kontinent hinter einer dichten Wolkenwand versteckt lagen und daß sich der blaue Himmelsstreifen zwischen ihnen über dem offenen Meeresschlund erstreckte. Die *Ra* ließ sich willig genau dorthin steuern. Juris Heilkunst hatte Norman und Santiago auf die Beine gebracht, aber Georges war mit starken Rückenschmerzen ins Bett geschickt worden, nachdem er, halbnackt im eiskalten Nachtwind rudernd, eine falsche Bewegung gemacht hatte.

Gegen Mittag zog Carlo die Leinen an, welche die Korbhütte etwas aufrichten sollten, und ich stand auf der Brücke. Da glaubte ich zu meinem Schrecken immer dann im Fernglas grünes Weideland zu erkennen, wenn wir von einem Wellenkamm besonders hoch gehoben wurden. Einen Augenblick später war Carlo in der Mastspitze, gefolgt von Norman. Sie riefen herunter, daß sich eine unbewohnte grüne Ebene parallel zu unserem Kurs erstreckte – höchstens sechs Seemeilen entfernt, vielleicht näher. Wir änderten den Kurs mit aller Macht – in die andere Richtung. Bald kam das Grasland außer Sicht. Das konnten nur die letzten flachen Bänke um Kap Juby gewesen sein, wo die Küste nach Süden schwingt. Jetzt mußten wir die letzte Ecke Afrikas hinter uns haben, denn es war kein Land mehr zu sehen.

Abdullah schlachtete drei Hühner über dem Steuerklotz, damit Carlo unser erstes großes Festessen vorbereiten konnte. Juris Likör war fertig. Es gab viel zu feiern. Erst mußten wir uns einen Leichentrunk auf das *Iroco*-Holz genehmigen: Es war viel zu spröde für ein Steuerruder. Dann mußten wir einen Becher auf das Papyrusschiff leeren: Es war fabelhaftes Bootsbaumaterial. Wir hatten nun den 31. Mai, und der Papyrus lag seit fünfzehn Tagen im Wasser, ohne zu faulen, ohne sich aufzulösen. Im Gegenteil, er war stärker und geschmeidiger als je zuvor. Wir hatten keinen einzigen Halm verloren. In einer Woche waren wir von Safî nach Kap Juby gefahren – das war weiter als von der Nilmündung nach Byblos im Reiche der Phönizier, genauso weit wie von Ägypten nach der Türkei. Also war schon bewiesen, daß die Ägypter ihren Papyrus ohne die Hilfe fremder Holzschiffe an jeden Ort an der Küste Kleinasiens hätten liefern können.

Skål Norman! Skål Juri! Skål Jungens! Skål Neptun und alle Flußpferde Abdullahs! Safî saß zwischen uns auf dem Hühnerkäfig und trank aus einer frisch geöffneten Kokosnuß.

Da hörte ich jemanden von «weißen Häusern» babbeln und sprang auf die Beine, um nachzusehen. Georges lag in der Hüttenöffnung auf dem Bauch und zeigte in die Richtung, wo wir die flachen Bänke hatten verschwinden sehen. Nun lagen sie wieder dort, diesmal mit Reihen von kleinen Häusern: ein typisches nordafrikanisches Araberdorf. Rechts von den Häusern lag ein malerisches altes Fort – Kap Juby. Jetzt glitten wir an der verräterischen Landzunge vorbei, die eine ganze Woche in unseren Köpfen gespukt und jahrhundertelang so viele Seeschäden verursacht hatte. Eine Woche hatten wir hart gearbeitet, um von Land wegzusteuern, und hier passierten wir Kap Juby mit dem Strom, nur einen Büchsenschuß entfernt.

Die weißen Häuser verschwanden ebenso schnell im Meer, wie sie aufgetaucht waren. Auf Wiedersehen, Afrika! Auf Wiedersehen, Alte Welt! Wir haben kein Ruder. Auf dieser Reise brauchen wir keines.

Eine große Möwe segelte herüber und ließ sich auf das emporstrebende Papyrusbündel des Bugs nieder. Sie wurde von der Ente verjagt, die wir vor dem Hühnerkäfig frische Luft schöpfen ließen. Die Möwe flog auf und verschwand. Bald darauf umkreiste uns ein ganzer Schwarm schreiender Seevögel, und in dem Käfig, den wir als Eßtisch benutzten, gackerten die Hühner.

«Ich weiß genau, was die erste Möwe den anderen an Land erzählt hat», sagte Carlo. «Sie hat erzählt, daß sie vor Kap Juby ein schwimmendes Vogelnest entdeckt hat!»

9

In der Gewalt des Meeres. Alle Brücken werden abgebrochen

Die Kanarischen Inseln lagen hinter uns. In acht Tagen hatten wir eine Strecke zurückgelegt, die der von Norwegen über die Nordsee nach England entsprach. Einen Kahn, der auf einer so langen Fahrt nicht den kürzeren zieht, bezeichnet man gewöhnlich als seetüchtig. Trotz gebrochener Steuerruder und Rahe, trotz laienhafter Behandlung durch unerfahrene nichtägyptische Landratten, trotz Sturm und Strömung schwamm die *Ra* noch wie am ersten Tag. Alle Ladung war noch vor den Wellen sicher. Wir fuhren bei hohem Seegang, der nicht viel mit dem trägen Lauf des Nils gemeinsam hatte.

Wir hatten die Kanarischen Inseln bei schlechtem Wetter passiert, ohne Land zu sehen. Jetzt wölbte sich der Himmel blau über uns, und wir sahen die flache Wolkendecke, die tief über der afrikanischen Küste von Rio de Oro lag und backbord die Lage des Kontinents markierte; die Lage der Kanarischen Inseln, steuerbord hinter uns, wurde deutlich von der über dreitausend Meter hohen Spitze des sonst unsichtbaren Vulkankegels Teides auf Teneriffa gekennzeichnet. Er spie unablässig kleine Wolken aus, die der Wind wie den Rauchstreifen eines großen Dampfers übers Meer wehte.

Abdullah kannte keine anderen Inseln als die schwimmenden Papyrusinseln auf dem Tschadsee. Er war ganz entgeistert, als er hörte, daß hier weit draußen in dem wilden Meer bewohnte Inseln lagen. Er wollte wissen, ob die Bewohner Schwarze oder Weiße waren. Santiago hatte auf den Kanarischen Inseln gewohnt und war Anthropologe. Er erzählte uns von den mystischen *Guanchen*, die auf diesen fernen Inseln gelebt hatten, als die Europäer sie «entdeckten», einige Generationen, ehe sie noch weitersegelten und Amerika entdeckten. Manche Ureinwohner der Kanarischen Inseln waren dunkelhäutig und eher von kleinem Wuchs, andere dagegen groß und hellhäutig mit blauen Augen, blondem Haar und Adlernase. Eine Pastellzeichnung aus dem Jahre 1590 zeigt eine Gruppe solcher Guanchen mit goldenem Vollbart; alle sind hellhäutig, tragen langes, blondes Haar, das in sanften Wellen über den Rücken herunterfällt. Santiago konnte auch von einem reinblütigen Guanchen mit blondem Haar berichten, den er persönlich aus seiner Studentenzeit an der Universität Oxford kannte. Dieser Guanche war eine Mumie, die man von den Kanarischen Inseln nach England gebracht hatte. Die Urbevölkerung der Kanarischen

Inseln hatte Mumifizierungen und Schädeltrepanationen vorgenommen, wie es auch im alten Ägypten der Brauch war. Die Tatsache, daß die hellhäutigen Guanchen eher Wikingern als «Afrikanern» glichen, führte zu endlosen Spekulationen über eine uralte nordische Kolonisation oder gar zu Theorien, daß die Kanarischen Inseln Reste des versunkenen Atlantis seien. Aber Mumifizierungen und Schädeltrepanationen wurden im Norden nicht vorgenommen; dies und viele andere Züge verbinden die Guanchen deutlich mit den alten Kulturen an der nordafrikanischen Küste. Die Urbevölkerung Marokkos – unter ihnen die Berber, die von Arabern vor über tausend Jahren nach Süden in die Atlasberge verdrängt wurden – war eine den Guanchen sehr ähnliche Mischrasse. Einige waren von kleinem Wuchs und außerordentlich dunkelhäutig, andere dagegen groß, hellhäutig und blond, mit blauen Augen. Noch heute sind die Nachkommen dieser beiden marokkanischen Urtypen in entlegenen Gegenden Marokkos weit verbreitet.

Wir sahen zu den Wolken über dem Vulkankegel hinüber, der auf den Kanarischen Inseln hoch in den Himmel ragte. Bei klarem Wetter war er von der marokkanischen Küste zu erkennen. Man brauchte nicht nach Skandinavien zu fahren oder auf den Grund des Atlantiks zu tauchen, um die wahrscheinliche Heimat der Guanchen zu finden. Sie konnten ganz einfach von der Urbevölkerung des nächsten Kontinents abstammen, der es im Altertum gelungen war, denselben Meeresteil zu überqueren, den wir nun mit unserem selbstgebauten Schilfboot passiert hatten.

Das wahre Mysterium der Guanchen auf den Kanarischen Inseln lag nicht so sehr in der Frage nach ihrer Identität, sondern in der Frage, wie sie dorthin gekommen waren. Als die Europäer sie einige Generationen vor der Reise des Kolumbus fanden, besaßen sie keinerlei Boote, nicht einmal ein Floß oder ein Kanu. Aber auf den Kanarischen Inseln wuchsen große Bäume; so fehlte es ihnen nicht an Holz. Sowohl die dunkel- als auch die hellhäutigen Guanchen waren ausgesprochene Landratten, sie betrieben nur Ackerbau und züchteten Schafe. Es war ihnen gelungen, von Afrika lebende Schafe auf die Insel zu bringen. Um die afrikanische Küste mit Frauen und lebenden Schafen an Bord zu verlassen, muß man Seefahrer oder Fischer sein – auf jeden Fall nicht nur Hirte. Warum hatten die Guanchen dann die Boote ihrer seefahrenden Ahnen vergessen? Weil die Ahnen keine anderen Boote kannten als Schilfboote mit Segeln, *Madia*, wie sie an der marokkanischen Nordküste bis in unsere Tage überlebt haben? Ein Bootsbauer, der nur Schilfflöße herstellt und nie gelernt hat, flache Bretter zu einem hohlen, wasserdichten Boot zusammenzunageln, wird auf dem Ufer hilflos zurückbleiben, wenn sein eigenes Schilfboot an Altersschwäche eingeht und auf der Insel, auf der es gelandet ist, weder Papyrus noch anderes schwimmendes Schilf wächst.

Plötzlich begann die *Ra* zu schaukeln und so jammervoll zu ächzen, daß wir die Guanchen ihrer Wege ziehen lassen mußten und an das Segel stürzten, das zu flattern begann. Der Wind wehte unverändert, aber wir waren in ein immer höher werdendes Wellengebirge geraten, wir sanken in immer tiefere Täler, die Wellenkämme warfen sich von oben gegen uns, brachen aber nie über uns herein, weil unser goldener Papyrusschwan nur den hohen Steert elegant hob und die Wellen ebenso schnell unter sich wegrollen ließ, wie sie gekommen waren. Abdullah bekam Kopfschmerzen und übergab sich. Juri vermutete, daß er seekrank sei, wenn sich auch bisher keine Symptome dafür gezeigt hatten. Er schickte Abdullah mit trockenen ägyptischen «Mumien»-Keksen ins Bett. Dagegen durfte Santiago schon an Deck kommen und mit uns anderen zu Mittag essen. Norman war in bester Verfassung.

Wir saßen um den Hühnerkäfig und ließen uns Carlos warmen Risotto mit Mandeln und getrockneten Früchten schmecken, als jemand rief: «Da oben!» Wir sahen alle erschrocken hoch und sprangen auf – über das Hüttendach wälzte sich ein riesiger Brecher. Aber er schrumpfte zu einer kleinen Kammwelle, die schäumend unter unseren Schilfbündeln dahinschoß, während wir in ein tiefes Wellental hinunterstarrten. Weitere solcher Wellen folgten. Wenn sich das Meer ohne sichtbaren Grund derart verhält, dann gewöhnlich vor einer Flußmündung, an der die Wellen von einer starken Strömung immer höher gepeitscht werden. Wahrscheinlich waren wir in eine Zone geraten, in der die starke Meeresströmung von Portugal noch zunahm, da die Wassermassen in den engen Meeresstraßen zwischen den größten Kanarischen Inseln zusammengedrückt wurden. Dadurch wurde die Geschwindigkeit in unserer Richtung noch erhöht. Es war der Kanarienstrom, der bis zum mexikanischen Golf fließt.

Hoch, hoch, hoch und tief hinunter. Abdullah schlief und verpaßte die fünf großen Pottwale, die direkt neben dem Papyrus hochkamen und wegtauchten, bevor Carlo seine Kamera holen konnte. Hoch und tief, tief, tief hinunter. Dann krachte und knackte es wieder irgendwo im Holz. Noch ein kleines Paddel war zerschmettert worden, an der Außenseite der Papyrusrolle hing nur noch ein Stückchen vom Schaft. Auch die kleinen Ruder wurden weniger. Sollten wir versuchen, die Kapverdischen Inseln anzusteuern, um uns solideres Holz zu verschaffen? Nein – einstimmig. Aber wir besaßen einen soliden viereckigen Reservemast aus ägyptischem *Cenebar*-Holz. Die Masten waren noch nie gebrochen, sie hatten sogar dem Sturm widerstanden. Deswegen verbanden wir den großen Reservemast mit dem dicken runden *Iroco*-Schaft des Reservesteuerruders, das wir bisher geschont hatten. So erhielten wir ein so dickes und schweres Steuerruder, daß alle sieben aufstehen mußten, um es anzuheben, als es spät in der Nacht ins Wasser getaucht werden konnte. Es war Vollmond, die Sterne funkelten. Die schäumenden Wellen des Kanarienstroms jagten hinter uns her, hoch, wild und schwarz; aber sie machten uns keine Angst, sie konnten den Papyrus nicht bezwingen. Die Wellen zerstörten nur das Holz genauso schnell, wie wir es ins Wasser tauchten. Nur sorgfältig auf Deck verstaut waren Holz, hundertsechzig zerbrechliche Keramikkrüge und die übrige Ladung in Sicherheit. Aber nun sollte das riesige Ruder den Kampf mit dem Meer aufnehmen.

Santiago und ich postierten uns auf der Steuerbrücke. Wir hielten das Ende des acht Meter langen Ruderschafts, das hier oben festgebunden werden sollte. Gleichzeitig standen die anderen unten auf dem Papyrusdeck und hielten das große schwere Ruderblatt fest. Es sollte ins Wasser geschoben und danach mit dem Hals an dem dicken Querbalken festgebunden werden, der zu beiden Seiten des Achterdecks überstand.

Als das Zeichen kam und das riesige Ruder hinausgeschoben wurde, begannen Meer und Papyrus einen wilden Tanz. Die fünf Männer unten versuchten mit aller Kraft, die dicken Reeps zu befestigen, die das Ruderblatt an seinem Platz halten sollten; doch eine riesige Welle wälzte sich heran und riß ihnen das Blatt aus den Händen. Auf der Brücke konnten Santiago und ich uns gerade an den oberen dünnen Teil des Schaftes hängen, der an das solide Geländer der Brücke gebunden werden sollte. Aber als die Welle unter uns weiterschäumte und mittschiffs passierte, öffnete sich unter dem Achtersteven der *Ra* ein Schlund, und das losgerissene Steuerruder wurde gegen das Ende des Querbalkens geschleudert. Es war, als sauste ein riesiger Schmiedehammer auf einen Amboß herab. Mit der nächsten Welle holte er zu einem neuen Schlag aus, unten kämpften die fünf Männer verzweifelt, um den wilden Schmiedehammer mit Lassoschlingen und bloßen Händen einzufangen. Währenddessen wurden Santiago und ich wie kleine, hilflose, federleichte Puppen hoch- und niedergeworfen, die nur dann das dünne Ende an seinen Platz manövrieren konnten, wenn das Ruder schwamm und nicht ungeheuer schwer war. Wenn die Wellen das Ruderblatt mit seinem ganzen Gewicht niederstürzen ließen, wurden wir auf der Brücke in die Luft geschleudert; gleichzeitig schlangen die anderen auf Deck all ihre Reeps um den Hals des Blattes und versuchten vergeblich, es an den Querbalken zu befestigen, ehe die nächste Welle ihnen das Ruder aus den Händen riß und emportrug, so daß Carlo und ich am anderen Ende der Wippe hinuntersausten. Wir landeten ziemlich unsanft. Mit den Füßen suchten wir Halt an dem Geländer, um nicht mit dem Ruder über Bord zu gehen – wir konnten froh sein, daß uns nicht Finger und Zehen zerquetscht wurden, als der Ruderschaft auf das Geländer schlug. Das zentnerschwere Steuerruder zuckte so wild, daß wir schon dachten, wir müßten es jetzt über Bord gehen lassen, ehe es achtern den Querbalken zerschlug und damit alle Taue zerriß, die den Papyrus zusammenhielten. Aber der Gedanke, in einen Heuschober verwandelt zu werden, der hilflos seitwärts nach Amerika trieb, verlieh uns die Kräfte eines in die Enge getriebenen Raubtieres – ehe wir uns versahen, schwenkte das Ruder mit einem Ruck in eine günstige Stellung. Gleichzeitig bekamen wir es alle sieben mit den Tauen zu fassen. Wir banden das Ungetüm oben und unten mit dicken Tauenden an die *Ra* fest, ihm konnte das Meer nichts anhaben. Damit hatten wir achtern wieder eines der beiden altägyptischen Steuerruder angebracht. Der knarrende Schaft war unförmig und unbeweglich, weil das Ruder mit einem viereckigen Kantholz verstärkt war. Aber es war äußerst robust, und wenn die Wellen dagegen peitschten, drehte sich eher das ganze Papyrusboot, als daß der Schaft brach. Santiago stöhnte, dies sei das schwerste Stück Arbeit seines Lebens gewesen. Juri mußte einige leichte Fingerverletzungen behandeln, aber das solide Steuerruder hielt uns auf so sicherem Kurs, daß wir erschöpft ins Bett kriechen und eine ruhige Nachtwache einteilen konnten. Die Wache mußte nur nach Schiffen Ausschau halten, die uns zu rammen drohten. Der Mond, die Sterne und die Wellen, die sich nun wie gerade Furchen über das Meer zogen, zeigten der Nachtwache, daß der Kurs sicher gehalten wurde. Wer Wache schob, machte es sich in der geschützten Hüttenöffnung auf Lee gemütlich, und nur bei der Ablösung gingen wir auf die Brücke und warfen einen Blick auf den kleinen Kompaß. Aber bald lernten wir, daß der Sternenhimmel wie ein riesiger Kompaß über uns lag, der die leuchtende runde Drehscheibe nach unten kehrte. Wir fuhren direkt nach Westen. Westen. Wir kümmerten uns kaum darum, wohin wir segelten, denn jetzt entfernten wir uns auf jeden Fall vom Land.

So fuhren wir drei Tage ohne Schwierigkeiten und reparierten das zweite Steuerruder mit zusammengeflickten Stückchen von zwei gebrochenen Schäften. Wir verwendeten weder Spieker noch Nägel. Alle Laschen wurden aus Tauen gemacht, sonst wäre das Holz augenblicklich zersplittert. Ständig peitschten gewaltige Wellen gegen die Windseite der *Ra*, so daß die Papyrusrollen bis zur Reling hinauf noch feuchter wurden und die gefährdete Seite immer tiefer ins Wasser drückten. Solange die Wellen so hoch tanzten, versuchten wir nicht, das andere reparierte Steuerruder auszubringen. Wir hielten es aber bereit, falls das erste brechen sollte, das sich in dem heftigem Kampf mit dem Meer oft gefährlich bog. Dagegen wagten wir es, das Segel ganz aufzuziehen – es klappte. Ein beißend kalter Nordwind wehte, obwohl wir noch die tiefe Wolkendecke über der Küste der spanischen Sahara erkennen konnten. Wir trugen soviel Ladung wie möglich nach Backbord auf die Leeseite, die noch ebenso hoch über Wasser lag wie bei der Abfahrt. Unsere schwere, breite Schilffähre fuhr nun mit einer gleichmäßigen Geschwindigkeit von fast 100 km in 24 Stunden – 2,5 Knoten – nach Westen, und wir sahen deutlich das Kielwasser hinter uns. Nach elf Tagen waren wir 557 Seemeilen oder über 1000 Kilometer Luftlinie gesegelt und mußten die Uhr um eine Stunde zurückstellen.

Zwei Tage lang tauchten immer wieder Schiffe auf. Einmal sahen wir drei große Ozeandampfer gleichzeitig. Wir befanden uns wahrscheinlich auf der Großkreisroute um Afrika. Um nächtlichen Kollisionen zu entgehen, mußten wir die stärkste Lampe in die Mastspitze hängen. Aber dann waren keine Schiffe mehr zu sehen, und nur eine Schar Delphine tanzte um uns herum; einige so nahe, daß wir sie streicheln konnten. Ab und zu trieb ein träger Mondfisch vorbei, und die ersten fliegenden Fische flohen vor dem Bug. In der Luft sahen wir dann kaum noch Tiere. Nur ein verirrtes Insekt summte zwischendurch an Bord, und ein paar muntere kleine Sturmvögel tauchten im Sturzflug in die Wellentäler. Der kleine Seevogel schläft auf dem Wasser, weil er so leicht wie Papyrus über die größten Wellen schwimmt. In den letzten Tagen waren aus Löchern im Papyrus scharenweise kleine braune Käfer gekrochen, und wir hofften nur, das Seewasser würde Eier und Larven töten, damit sie das Boot nicht langsam auffraßen. Die Skeptiker, die Kamele beim Fressen von der Bootsseite beobachtet hatten, prophezeiten, daß die Halme Futter für hungrige Seetiere abgeben würden. Bisher hatten weder Wale noch Fische versucht, unser schwimmendes Strohbündel anzuknabbern, aber diesem Ungeziefer trauten wir gar nicht.

Sonne und Mond zogen im Wechsel nach Westen und wiesen uns den Weg. Die einsamen Nachtwachen ließen uns die Ewigkeit ahnen; ich kannte dieses Gefühl von der *Kon-Tiki* her. Sterne, nachtschwarzes Wasser. Über uns glitzerten ewige Sternbilder, unter uns blinkte Meeresleuchten, lebendiges Plankton, das wie Phosphor auf schwarzem Samt funkelte. Oft schien es, als ritten wir auf einem tanzenden Spiegel unter dem Nachthimmel oder als sei das Meer kristallklar und bodenlos – wir glaubten durch das Universum zu blicken, die Sterne auf der anderen Seite des Planeten lagen uns zu Füßen. Das einzig Greifbare unter dem riesigen Himmelsgewölbe waren unsere weichen goldenen Schilfrollen und das große viereckige Segel, oben an der Rahe breiter als unten an Deck, das wie ein Schatten vor den Sternen stand. Die schwarze Kontur des trapezförmigen altägyptischen Rahsegels genügte allein, die Zeitenuhr um Tausende von Jahren zurückzudrehen; solche Schatten ließen die Gegenwart verdämmern. Und dann das fremdartige Ächzen und Knarren von Papyrus, Bambus, Holz und Reeps . . . Wir lebten nicht mehr im Zeitalter der Atombomben und Raketen. Wir lebten in der Vergangenheit, da die Erde noch groß und flach und voll unbekannter Meere und Kontinente war, in der Vergangenheit, da die Zeit allen gehörte und keinem fehlte.

Steif und starr von vorausgegangenen Anstrengungen wechselten wir im spärlichen Licht der Paraffinlampen die Wache auf dem schlingernden Pflanzendeck. Es tat unsagbar wohl, in einen warmen Schlafsack zu kriechen. Man wachte mit kräftigem Appetit auf, man war von angenehmen Gefühlen erfüllt. Das Steinzeitleben war nicht zu verachten. Man soll nicht glauben, daß es unseren Vorfahren, die wirklich noch von ihrer Hände Arbeit lebten, nur schlechtging und daß sie nicht ihren Teil an den Freuden des Lebens hatten.

Täglich über hundert Kilometer Fahrt nach Westen machte sich auf der Weltkarte bemerkbar, wenn auch der Horizont unverändert blieb – jeden Tag, zu jeder Tages- und Nachtzeit. Auch die Wassermassen folgten uns. Der Kanarienstrom ist ein raschfließender Salzwasserstrom. Ständig vom Passatwind begleitet, bahnt er sich seinen Weg gen Sonnenuntergang, nach Westen – nach Westen, Luft, Wasser, alles, was schwimmt und im Winde flattert; nach Westen mit Sonne und Mond.

Norman und ich standen zusammen auf der Brücke, er mit einem richtigen Sextanten, ich mit einem «Nasometer». «Nasometer» war Juris stolze Bezeichnung für das selbstgebastelte Instrument, das ich aus zwei Holzplatten geschnitzt hatte, um den Breitengrad zu messen. Sie waren an einem bogenförmig geschnitzten Holzkopf befestigt, der auf die Nase paßte; daher der Name. Den Knopf genau am unteren Rand der Augen, mußte man mit dem linken Auge an einer Holzplatte entlangpeilen, indem man sie genau gegen den Horizont hielt. Die andere Platte war mit einem Lederlappen an den Knopf gehängt und mußte vor dem rechten Auge so gedreht werden, daß sie genau auf den Polarstern zeigte. Der Winkel zwischen den beiden Platten konnte auf einer dritten Platte senkrecht zwischen ihnen abgelesen werden, und dieser Winkel entsprach dem Breitengrad, auf dem wir uns befanden. Dieser äußerst primitive «Nasometer» wurde oft belächelt; doch er war unglaublich einfach und schnell zu benutzen und wies selten einen Fehler von mehr als einem Grad auf. Das reichte aus, um unsere tägliche Position auf einer Karte zu fixieren, und diese kam der tatsächlichen verblüffend nahe, die Norman in eine andere Karte eintrug.

Nach der unglaublichen Zähigkeit und Tragfähigkeit des Schilfs war die altägyptische Takelung das Interessanteste an dem Papyrusboot. Das Rudersystem war schon lehrreich, denn es verriet, wie der Steuermechanismus der ältesten Seefahrer sich allmählich von schräggestellten Steuerriemen zu aufgehängten Rudern entwickelt hatte. Aber die Takelung verriet noch etwas viel Wichtigeres. Wir hatten sie in allen Details nach den ägyptischen Wandmalereien kopiert. Ein solides Reep ging von der Spitze des Schrägmastes zum Vorsteven des Bootes. Dagegen führte kein entsprechendes Reep von der Mastspitze zum Achtersteven, obwohl ein Stag vorn und eines achtern ausgereicht hätten, um den Schrägmast auf einem Flußboot in ruhigem Wasser aufrecht zu halten. Die altägyptischen Schiffsarchitekten vermieden es indessen auffallend, von der Mastspitze ein Tau ganz nach achtern zu führen. Statt dessen befestigten sie in verschiedener Höhe an jedem der beiden Schrägmasten fünf oder sechs Reeps. Diese Pardunen wurden an jeder Seite des Fahrzeugs von den Masten schräg nach unten in parallelen Reihen hinuntergespannt. Dadurch waren auf dem ganzen hinteren Teil des Bootes keine Maststage, und es konnte sich, ohne an den Mast gebunden zu sein, frei in den Wellen bewegen. Kaum hatte die *Ra* in den Wellen zu schlingern begonnen, als wir begriffen, wie ungeheuer wichtig dieses eigenartige System war. Der Achtersteven hing wie ein Anhänger an dem Rest des Bootes, der sich frei auf und ab bewegen konnte. Wäre er auch nur mit einem Stag an der Mastspitze befestigt gewesen, wäre der Mast bei der ersten großen Meereswelle gebrochen, die unter uns wegrollte. Bei dem Tanz über die hohen Wellenkämme wurde das Mittelteil der *Ra* rhythmisch in die Luft gehoben, und gleichzeitig senkten sich Vorder- und Achtersteven mit ihrem ganzen Gewicht in zwei verschiedene Wellentäler. Wenn beide Bootsenden am Mast aufgehängt gewesen wären, hätte der Mast diesem Druck nicht widerstanden und wäre gebrochen. Jetzt hielt der Mast nur den gekrümmten Bug und das Mittelteil des weichen Decks in der Waagerechten. Alles, was weiter achtern lag, mußte den Wellenbewegungen folgen.

Täglich lobten wir die geniale Anordnung und besondere Funktion der Takelung. Nicht zuletzt der seeerfahrene Norman begriff sogleich, was das bedeutete. Schon nach dem dritten Tag auf See schrieb ich in das Tagebuch: «Diese Takelung ist das Resultat langer Navigationserfahrung auf offener See und wurde nicht auf dem ruhigen Nil ersonnen.»

Dagegen dauerte es lange, ehe wir ein anderes Detail der eigenartigen ägyptischen Schiffsarchitektur begriffen – und das sollte uns teuer zu stehen kommen. Jeden Tag wunderten wir uns über den breiten, nach innen gebogenen Schnörkel des hochaufgerichteten Achterstevens. Welchem Zweck diente er? Wir verließen uns absolut nicht auf die Ägyptologen, die sich damit zufriedengaben, diesen Schnörkel als schmückendes Beiwerk zu erklären. Aber dennoch vergingen die Tage, ohne daß wir irgendeine praktische Funktion erkennen konnten. Trotzdem kontrollierten wir genau, ob sich der Schnörkel nicht gerade bog. Er stand unerschütterlich; unsere Freunde aus dem Tschad hatten so gründliche Arbeit geleistet, daß er frei stand und nicht mit einem Tau an Deck befestigt werden mußte. Nur einen Fehler hatten wir gemacht: In den ersten Tagen hatten wir die Ladung wie bei einem gewöhnlichen Segelboot verstaut. Kein Mensch, nur unsere bittere Erfahrung bei langen Fahrten in der Passatzone hatte uns gelehrt, daß ein Papyrusboot auf Lee beladen sein muß. Durch das viele Wasser, das wir schon auf der Windseite gezogen hatten, kam das Dollbord der Wasserfläche immer näher. Das fiel achtern an Steuerbord am meisten auf. Dort konnten wir uns allmählich außenbords waschen, ohne wie sonst auf dem Boot mit dem Kopf nach unten hängen und die Beine in die Luft stecken zu müssen. Außerdem erledigten wir dort den ganzen Abwasch, und im Grunde fanden es alle ungeheuer praktisch.

Am 4. Juni wurde die See viel ruhiger, und am nächsten Morgen erwachten wir in einer neuen Welt. Es war schön und warm geworden, die Wellen kräuselten sich sanft. Wieder statteten uns fünf große Wale eine Stippvisite ab; ein majestätischer Aufzug. Vielleicht waren es dieselben, die uns vorher schon besucht hatten. Ein schöner Anblick, wie sie sich in ihrem Element tummelten; wir dachten mit Grauen daran, daß die Menschen vielleicht bald ihre Harpunen in die letzten warmblütigen Meeresriesen schießen würden, so daß sich dann nur noch kalte U-Boot-Stahlrümpfe in den großen Meerestiefen tummelten.

Es war so schön und warm, daß Georges die Kleider auszog und mit einem Tau um den Leib über Bord sprang. Er verschwand mit Tauchermaske uner der *Ra* und kam mit einem Jubelschrei wieder hoch, der Juri und Santiago veranlaßte, an ihrem Tau hinterherzuspringen. Wir anderen hielten Wache und warteten, bis wir an der Reihe waren. Nur Abdullah blieb in der Hüttenöffnung zurück und ließ den Kopf hängen. Wenn der Wind nicht wieder aufkam, würden wir hier liegenbleiben und Amerika nie erreichen. Norman tröstete ihn mit Erzählungen über die unsichtbare Meeresströmung. Vielleicht könnten wir in 24 Stunden nicht wie in den vergangenen Tagen über 100 Kilometer hinter uns legen, aber fünfzig würden wir sicher schaffen.

Bald waren alle außer Abdullah unter dem Bug der *Ra* gewesen. Er wusch sich im Segeltucheimer an Bord und kniete lange im Gebet gen Mekka. Vielleicht bat er um Wind.

Nach einem erfrischenden Salzwasserbad fühlten sich alle wie neugeboren. Auch war es ein ganz großes Erlebnis, die *Ra* von der Unterseite sehen zu können. Wir fühlten uns wie kleine Lotsenfische, die unter dem geschwungenen Bug eines gigantischen Goldwals schwammen. Die Sonnenstrahlen wurden wie Scheinwerfer aus der Tiefe reflektiert und spielten über uns in den Papyrusbündeln. Meer und wolkenloser Himmel erstrahlten in leuchtendem Blau um den großen goldenen Wal, der über uns leuchtete. Er schwamm so schnell, daß wir an den Reepen hinterhergezogen wurden, wenn wir nicht mit aller Kraft in dieselbe Richtung schwammen. Zum erstenmal entdeckten wir zebragestreifte Lotsenfische. Sie schwammen ebenso exakt in Fächerformation vor dem Schilfbug, wie ich sie vor den Baumstämmen der *Kon-Tiki* hatte schwimmen sehen. Wir fuhren an einem großen afrikanischen Baumstumpf mit Wurzeln vorbei, der sich mit der Dünung schwerfällig hob und senkte. Ein kleiner dicker *Pampano*-Fisch guckte unter dem Baumstumpf hervor und flitzte mit zuckendem Schwanz zur *Ra* herüber, wo er einige kleinere Verwandte traf, die schon das große Ruderblatt umtanzten. Ab und zu verschwanden sie kokett und schnappten übermütig nach Juris weißer Haut.

Hier und da wuchsen an der Unterseite des Papyrussrumpfes kleine langhalsige Entenmuscheln. Sie winkten mit gelbroten Kiemen, die weichen Straußenfedern glichen, aus der blauschwarzen Schale. Aber nirgendwo waren Spuren von Wasserfäden oder Seegras zu sehen. Die Papyrusrohre, die im Saharasand graugelb, runzlig und trocken ausgesehen hatten, waren unter Wasser zu blanken und glatten Goldstengeln angeschwollen, und wenn wir sie zusammendrückten, waren sie nicht brüchig und spröde wie vorher, sondern hart und biegsam wie Autoreifen. Kein einziger Halm hatte sich gelockert oder war gebrochen. Drei Wochen lag der Papyrus nun im Wasser. Anstatt in vierzehn Tagen zu verfaulen, war er jetzt wiederstandsfähiger als je zuvor.

Begeistert von diesem Anblick kletterten wir auf das Papyrusdeck, und bald darauf schwammen wieder Hühnerfedern im Kielwasser – Carlo bereitete ein Festessen zu.

Von dem Anblick übermütig geworden, beschlossen wir, auch das zweite reparierte Steuerruder einzusetzen. Ruhigeren Seegang als jetzt würden wir nie haben. Aber das riesige Ruder mit dem zusammengezurrten Doppelschaft war so lang und schwer, daß es dunkel wurde, ehe wir es von den Stagen freibekamen und über das Hüttendach auf die Windseite heben konnten, wo es zu Wasser gelassen werden sollte. Die Dünung war friedlich; trotzdem war sie stark genug, um uns Schwierigkeiten zu bereiten, wenn das Ruderblatt zu tanzen begann, ehe wir es richtig befestigen konnten. Durch Schaden klug geworden, beschlossen wir, erst auf Tageslicht zu warten. Deshalb zurrten wir das bleischwere Steuerruder gehörig fest – auch den langen Schaft nach oben und das Blatt ganz achtern auf der Windweite unten auf Deck.

Am nächsten Morgen war das Wetter genauso herrlich, und ich kletterte über die Krüge nach achtern, um ein Morgenbad zu nehmen. Da saß froh und vergnügt die Morgenwache, Juri, und wusch Unterwäsche, aber an Bord und ohne Segeltucheimer. Jede Dünung trug an dem tiefsten Punkt einen kleinen Schwall über den Papyrusrand, wo das Steuerruder auflag, und das rhythmisch hereinschwappende Wasser reichte genau aus, um an dem tiefsten Punkt achtern eine kleine Pfütze stehenzulassen.

«Diese Jacht wird immer praktischer», bemerkte Juri froh. «Jetzt haben wir einen Waschtisch mit fließendem Wasser.»

Wir beeilten uns, das schwere Steuerruder zu Wasser zu lassen, damit die Wellen das größte Gewicht übernahmen, aber an unserer tiefen Ecke schwappte das Wasser weiter herein. Doch solange es uns nur zu einem Waschtisch verhalf, hatten wir eigentlich nichts dagegen. Wir kontrollierten den Schnörkel am Achtersteven. Er stand genauso wie vorher und machte keine Anstalten, sich geradezubiegen. Georges tauchte sicherheitshalber unter die *Ra* und entdeckte zum erstenmal, daß sich der Boden direkt achtern vor der Korbhütte allmählich durchbog. Aber die Papyrusbündel waren immer noch unbeschädigt, und wenn er die Binsen zusammendrückte, kamen Luftblasen heraus. Das Schilf schwamm ebenso gut wie vorher. Wahrscheinlich hatten wir nur achtern zuviel geladen.

Wir trugen jetzt die ganze Ladung vom Achterdeck weg, so daß hinter der Hütte nur der schwere Querbalken zurückblieb, auf dem die beiden Steuerruder ruhten und die Brücke, die auf Pfählen stand und den Kasten mit dem Rettungsfloß einschloß.

Achtern auf Steuerbord schwappte es genauso voll. Wir führten über und unter Wasser eine neue gründliche Inspektion durch. Es zeigte sich, daß die *Ra* ihre ursprüngliche Form vom Bug nach hinten bis genau zu dem Punkt behalten hatte, an dem das hintere Paar Stagen von der Mastspitze herunterkam und an beiden Seiten des Bootes befestigt war. Von hier aus ging ein deutlicher Knick nach achtern, und dort senkte sich das ganze Achterteil der *Ra* leicht nach unten.

Wieder grübelten wir nach. Der Teil des Bootes, der frei hinterherschwamm, hatte einen Knick bekommen, während alles, was am Mast aufgehängt war, ordentlich hielt. Der Bug stand immer noch so hoch wie zuvor. Unser stolzer Goldschwan reckte noch immer den Hals, er ließ nur allmählich den Schwanz hängen. Wenn der Mast nur die Belastung eines Stags, das auch den Achtersteven hochhielt, ausgehalten hätte, wäre dies nicht geschehen. Aber wenn wir versuchten, den Achtersteven mit einem solchen Reep aufzurichten, würde der Mast in der ersten Dünung brechen, die unter uns hinwegrollte. Wir mußten dem Achtersteven Spielraum lassen. Er durfte nur nicht ständig so geknickt herunterhängen. Wir versuchten, ihn mit Reepen hochzuziehen, die an jeder Seite der Hütte schräg angezogen waren. Wir versuchten, dicke Strecktaue von dem Steert über das Brückengeländer und weiter über das Hüttendach bis zu Pfählen zu spannen, die wir auf dem Vorderdeck errichteten. So kam die Steifheit der altägyptischen Holzschiffe zustande, aber kein Papyrusboot war so abgebildet. Und wie sehr wir auch alle diese Taue spannten und anzogen – es gelang uns doch nicht, das Achterteil wieder anzuheben. Carlo schlug allerlei geniale Knoten und zog mehr als jeder andere an den nassen Reeps, bis seine Handflächen wie weiße Makkaroni anschwollen.

Die Tage vergingen. Mit jedem Tag schwappte achtern immer mehr Wasser herein. Während der Boden unter ihm langsam versank, stand der schöne Schnabel oben auf dem Achterstert mit demselben eleganten Bogen wie zuvor da, er schien seine stattliche Form nicht zu verlieren. Aber er erfüllte keine sinnvolle Funktion und wurde allmählich für das schwache Achterdeck, das ihn oben hielt, zu einer Belastung. Durch die Sturmwellen, die dieses hochaufgerichtete Achterteil überflutet hatten, hatte es über der Wasserlinie eine Menge Seewasser gezogen. Weil der Achtersteven breit und dick war und sich weiter als das Hüttendach nach oben krümmte, mußte er jetzt, feucht wie er war, mindestens eine Tonne wiegen. Sollten wir ihn abschneiden? Dann würde vielleicht der Boden unter ihm wieder hochkommen. Aber das war ebenso, als würde man einem Schwan den Schwanz abschneiden. Wir konnten es nicht übers Herz bringen, unsere stolze *Ra* zu verunstalten.

Aber wie, wie zum Teufel, hatten die Erbauer dieses in seiner Eigenart sinnvollen Fahrzeugs den prangenden Stert ohne ein Tau, das ihn hochzog, oben halten können? Im Gegenteil, sie hatten ja ein Tau gehabt, das ihn nach unten zum Deck zog, aber das war von unseren Bootsbauern aus dem Tschad glücklicherweise entfernt worden. Bis jetzt hatten wir es nicht vermißt. Oder? Ich warf die Kokosnuß weg, die ich ausschabte, und begann wie ein Verzweifelter zu zeichnen. Donnerwetter! Ich rief Norman, Santiago, Juri, Carlo, alle. Ich hatte den Fehler gefunden. Wir hatten die ursprüngliche Bedeutung des Schnörkels nicht begriffen. Nur bittere Erfahrung hatte uns dies lehren können, denn alle, denen die Bedeutung des Schwanzschnörkels von seinen Erfindern überliefert war, lagen seit Jahrtausenden in ihren Gräbern. Die sonderbare Krümmung über dem Achterdeck diente nicht zur Verzierung. Das Tau, von dem alle glaubten, es sollte nur den Schwanzschnörkel straff halten, hatte eine ganz andere Funktion. Der Schwanzschnörkel stand von allein. Das Tau sollte nicht die Schwanzspitze nach unten, sondern das Achterdeck nach oben ziehen. Der hohe harfenförmige Achtersteven war als Sprungfeder mit einem kräftigen Strang gedacht, der das frei schwingende Achterteil auf dieselbe Weise hochhalten sollte, wie die Pardunen an den Masten das übrige Papyrusboot hochhielten. Damit das Papyrusschiff auf offener See nicht brach, war es von seinen genialen Erbauern in zwei zusammenhängende Komponenten geteilt worden. Das Mittelschiff wurde von den parallelen Pardunen des Schrägmastes versteift, das Achterteil konnte frei schwingen, kehrte aber durch den Bogenstrang an der großen Sprungfeder, die sich über ihn einrollte, immer wieder in seine alte Lage zurück.

Wir banden den Bogenstrang an seinen Platz fest, aber nun war es zu spät. Nach drei Wochen hatte sich das Achterteil geknickt, und ohne einen festen Punkt über der Schwanzspitze würde kein Reep den Schaden wiedergutmachen. Wir mußten leiden, weil wir den Schwanzschnörkel wie alle anderen für eine Verzierung um ihrer selbst willen gehalten hatten – er war jedoch ein geniales Mittel zum Zweck.

Juri und Norman stellten sich achtern in den Tümpel und starrten auf den goldenen Schwanz, der allmählich unterging. Dann begannen sie zu singen:

«We don't want a yellow submarine, a yellow submarine, a yellow submarine . . .»

Sie wollten kein gelbes U-Boot haben und wir anderen auch nicht; deshalb standen wir bald alle sieben achtern und sangen Juris Refrain im Chor. Ernster nahm es keiner. Das übrige Boot schwamm ja wie ein Sektkorken, und so begannen Juri und Norman Strümpfe zu waschen und versuchten, einen Reim auf *submarine* zu finden.

Was ich am meisten fürchtete, war nicht so sehr die Frage, ob sich das Papyrusschiff auf die Dauer mit dem Meer vertragen würde, sondern ob wir sieben an Bord uns auf die Dauer vertragen würden. In der 2,8×4 m großen Korbhütte hatten wir nicht einmal Ellenbogenfreiheit, wenn wir uns hinlegten, und das Papyrusdeck stand so voller Krüge und Körbe, daß man nicht einmal einen Fuß dazwischenstekken konnte. Deshalb befanden wir uns gewöhnlich auf der schmalen Papyrusrolle auf Lee vor der Backbordhüttenwand und auf der kleinen Brücke. Alle waren Tag und Nacht in Hör- und Reichweite. Wir waren wie siebenköpfige siamesische Zwillinge zusammengewachsen und hatten sieben Münder, die in sieben Sprachen redeten. Wir waren nicht nur Schwarze und Weiße aus kommunistischen und kapitalistischen Ländern; auch an Ausbildung und Lebensstandard gemessen waren wir denkbar verschieden. Als ich den einen Afrikaner in seinem Haus in Fort-Lamy besuchte, saß er auf einer Matte, die den Fußboden zierte; seine ganze Einrichtung bestand aus einer Paraffinlampe mitten auf der Matte, sein Paß und seine Fahrkarten lagen in einer Ecke auf der Erde. Bei dem zweiten Afrikaner in Kairo führten mich Diener unter ständigen Verbeugungen durch Säulen in ein reiches orientalisches Haus mit schweren französischen Möbeln, Gobelins und altem Erbgut. Einer der Männer konnte weder lesen noch schreiben, ein anderer war Universitätsprofessor. Einer war aktiver Pazifist, ein anderer Offizier. Abdullahs Lieblingsbeschäftigung bestand darin, vor seinem kleinen Transistorradio zu hocken und uns Nachrichten von dem Krieg am Sueskanal zu servieren, den er selbst flüchtig erlebt hatte. Seine Negerregierung in Fort-Lamy hielt es mit Israel; nun hatte sie Frankreich um Fallschirmjäger gebeten, die den arabischen Aufstand im Distrikt Bol unterdrücken sollten; in diesem Distrikt waren wir gewesen. Abdullah war fanatischer Mohammedaner und hielt deswegen zu den Arabern. Norman war Jude; Georges war Ägypter. Ihre Verwandten schossen über den Sueskanal aufeinander, sie selbst lagen vereint in einer Korbhütte auf dem Atlantik. Mit derselben Inbrunst lieferte Abdullah auch Nachrichten vom Vietnamkrieg. Er war höchst verwirrt darüber, daß Juri und Norman, beide Weiße, aus zwei feindlichen Staaten kamen, die den Frieden wollten und deswegen den Vietnamesen halfen, sich gegenseitig zu töten. Er wollte, daß sich Norman und Juri einigten. Es gab reichlich Zündstoff für eine Explosion an Bord. Unser Papierboot glich einem Pulverfaß;

nur die allgegenwärtigen Wellen konnten die heißen Köpfe in der kleinen Kapsel abkühlen.

Die größte Gefahr jeder Expedition, auf der Männer wochenlang zusammengepfercht leben, ist ein seelisches Leiden, das man «Expeditionsfieber» nennen könnte, ein psychischer Zustand, in dem auch der friedlichste Mensch mürrisch, zornig, wütend, verzweifelt ist; sein Blickwinkel verengt sich zusehends, er sieht nur noch die Fehler seiner Kameraden, ihre Vorzüge registriert er nicht mehr. Es ist die erste Pflicht eines Expeditionsleiters, jederzeit vor dieser schleichenden Krankheit auf der Hut zu sein. Das wird allen Männern in den Tagen vor den Start kräftig eingebleut.

Darum erschrak ich ziemlich, als ich schon am dritten Tag auf See hörte, wie der friedliche Carlo Georges auf italienisch zubrüllte, daß er doch verflucht schlampig sei und ein Kindermädchen brauche, auch wenn er Judo-Champion sei. Georges gab Kontra, aber nach einem raschen und hitzigen Wortgefecht hörten wir am Ende nur wieder den Papyrus, der knarrte und ächzte. Am nächsten Tag hatten die beiden wieder einen Riesenkrach. Carlo zog Pardunen an, Georges warf wütend seine Angelrute weg und kroch demonstrativ ins Bett. Auf der Brücke vertraute mir Carlo an, ihm gehe der Playboy Georges allmählich auf die Nerven. Carlo hatte schon mit zwölf Jahren schwere Reissäcke schleppen müssen. Er hatte sich ohne Schulbildung mit seinen Händen hochgearbeitet. Dieses Muttersöhnchen aus Kairo sei ein verwöhnter Hallodri, der alles irgendwo hinwarf und erwartete, daß wir es für ihn wegräumten. Ich versprach, mit Georges zu reden. Wie Carlo dachte ich, daß Georges noch nicht begriffen hatte, was eine Expedition ist. Er glaubte, das Ganze sei ein neues Spiel, ein Muskelwettstreit. Aber Carlo sollte auch verstehen, daß Georges bisher in einem Haus gelebt hatte, wo er alles gedankenlos von sich werfen konnte und es trotzdem immer an seinem Platz fand, weil die Diener des Hauses – oder seine Frau oder seine Mutter – schon wieder für Ordnung sorgten. Carlo hatte in der Schule des Lebens gelernt, Georges noch nicht; wir mußten ihm Unterricht geben.

Kurz danach war ich mit Georges allein auf der Brücke. Er war tief unglücklich darüber, daß er Carlo grob geantwortet hatte, aber Carlo steckte seine Nase immer in Georges' Privatangelegenheiten. Es war dem aufmerksamen Georges leicht klarzumachen, daß an Bord kein Platz für «Privatangelegenheiten» war – außer in der eigenen Kiste. Keiner war verpflichtet, für andere aufzuräumen, und keiner war berechtigt, drinnen oder draußen Handharpunen, Schwimmflossen, Lektüre, nasse Handtücher, Seife oder Zahnbürste um sich zu verstreuen. An Bord waren alle gleich.

Im nächsten Augenblick waren Georges' Angelgerät, Tonband und schmutzige Wäsche von Deck und Hüttendach aufgesammelt, und Carlo und Georges zogen auf einmal am gleichen Reep.

Das nächste ernste Anzeichen von Unfrieden ließ auf sich warten, bis unsere Zusammenarbeit an Bord so gut funktionierte, daß wir Küchendienst einführten. Carlo hatte sich freiwillig als Koch gemeldet und konnte sich großer Erfolge rühmen. Nun sollten wir anderen der Reihe nach für Ordnung sorgen und jeweils einen Tag die Küchenkisten, Töpfe und Pfannen saubermachen. Die Diensteinteilung wurde mit Kreide an eine Tafel auf der Brücke geschrieben, und keiner dachte daran, daß Abdullah nicht lesen konnte. Er hatte nicht mitbekommen, daß zwei andere vor ihm an der Reihe gewesen waren, und als Santiago ihm die Topfkiste und den Schrubber zeigte, hatte Abdullah Kopfschmerzen und warf sich wütend auf das Bett:

«Ich hab schon verstanden. Du bist ein Weißer, Santiago, und ich bin ein Schwarzer. Deswegen soll ich euer Diener sein.»

Santiago war ein Friedensapostel, doch dies traf ihn hart. Er fuhr auf.

«Das mußt gerade du mir sagen, Abdullah», knurrte er ehrlich entrüstet, «wo ich doch seit sechs Jahren aktiv für die Gleichberechtigung der Neger kämpfe. Das Wichtigste an dieser Reise ist ja für mich gerade, daß . . .»

Abdullah hörte nichts mehr, er zog den Schlafsack über beide Ohren. Als er später hervorguckte, sah er mich flüchtig, als ich mit dem schmutzigen Topfstapel nach achtern vorbeistapfte. Er machte große Augen.

«Wir beide haben uns nur beim Dienst abgelöst», erklärte ich.

Tags darauf stand Abdullah glücklich achtern und trällerte und sang rhythmische Dschungellieder, während er die Töpfe blankscheuerte.

Am nächsten Tag erlebten wir wieder eine Überraschung.

Georges fragte bescheiden, ob er nicht allein den Küchendienst für den Rest der Reise übernehmen könne, es sei so umständlich, diese Arbeit zu verteilen, und einige von den anderen hätten wichtigere Aufgaben zu erledigen.

Georges, ja ausgerechnet Georges, war nun dauernd für Sauberkeit an Bord zuständig; aber jetzt war die Küche blitzblank, und kein anderer brauchte sich um saubere Töpfe zu kümmern.

Dann kam eine Zeit, in der Norman und Carlo schlecht auf Juri und Georges zu sprechen waren, weil diese nur etwas anfaßten, wenn sie ausdrücklich dazu aufgefordert wurden, während sie selbst oben und unten zu finden waren und über ihre Pflichten hinaus vom frühen Morgen bis in den späten Abend schufteten. Daß Abdullah nicht von selbst die Initiative ergriff, konnten sie akzeptieren, aber die beiden anderen mit ihrer Universitätsbildung brauchten wirklich nicht immer auf eine Einladung zu warten. Im gleichen Maße begannen Juri, Georges und auch Abdullah, sich über Norman und Carlo aufzuregen; sie seien zu militärisch, sie kommandierten, anstatt kameradschaftlich mit ihnen zu plaudern, und sie besaßen nicht die Fähigkeit, sich zu entspannen und einfach das Leben zu genießen. Santiago sei ein intellektueller Spitzbube. Wenn etwas Schweres zu tragen sei, bücke er sich erst und riefe dann andere zu Hilfe; im nächsten Augenblick stünde er selbst nur lächelnd da und gebe Anweisungen, während die Riesen Georges, Juri und Abdullah schufteten. Und dann fühlten sich die einen verletzt, weil ich als Leiter einen Faulpelz nicht aus dem Schlafsack scheuchte, während andere freiwillig arbeiteten. Und die andere Gruppe war der Meinung, ich sollte die Burschen kräftiger anfassen, die militärisch brüllten, statt freundlich zu rufen, denn dies sei kein Marinefahrzeug, und wir seien gleichberechtigte Kameraden.

Aber das Wunder geschah. All diese kleinen Reibereien wuchsen sich nicht zu einem Expeditionsfieber aus; jeder versuchte zu verstehen, warum die anderen gerade so reagierten, und hier kamen uns Santiagos wissenschaftliche Studien über Frieden und Aggression zugute. Juri und Georges begannen, Norman und Carlo zu bewundern, weil ihre Initiative und ihr energischer Einsatz uns allen das Dasein erleichterten, denn keine anderen übernahmen härtere Arbeiten und waren hilfsbereiter, wenn sie nur darum gebeten wurden oder sahen, daß es notwendig war. Santiago war der Diplomat und Psychologe, der Juri behilflich war, Pflaster auf unsichtbare Wunden zu legen; Juri war als Mediziner tüchtig, verantwortungsbewußt und unermüdlich. Abdullah wurde von allen wegen seiner glänzenden Auffassungsgabe bewundert; wir schätzten seine Fähigkeit, sich ihm völlig fremden Existenzweisen anzupassen. Abdullah mochte jeden, weil er merkte, daß er dazugehörte, obwohl wir anderen Weiße waren. Er flehte Juri um Medizin an, damit sein Bart wie bei uns anderen wuchs – dabei begriff er überhaupt nicht, daß sich der gepflegte Juri jetzt, wo wir anderen allmählich schwarze Schnurr- und Vollbärte bekamen, jeden Morgen vor dem Teich rasierte. Abdullah gab es ganz auf, seinen Kopf zu rasieren, der bisher wie ein blankgewichster Lackstiefel geglänzt hatte, und bald wuchs ihm so dichtes Kraushaar, daß er seinen großen Zimmermannsbleistift wie eine Haarnadel hineinstecken konnte.

Georges hatte einige Eigenheiten. Tagsüber schlief er schnell ein, aber nachts konnte er nicht schlafen, wenn er nicht ein Kissen auf der Brust und Musik im Ohr hatte. Zu diesem Zweck führte er ein Tonbandgerät mit einer kleinen Auswahl seiner Lieblingsschlager bei sich. Für uns, die am entferntesten lagen, übertönte der Lärm des Papyrus und der Reeps die Musik, aber derselbe Lärm bewirkte, daß Georges selbst und Santiago sich von Juri ein Schlafmittel geben lassen mußten. Georges' Tonbandgerät spielte Tag und Nacht Georges' Melodien. Eines Tages war das Tonbandgerät verschwunden. Ich hatte es noch eine halbe Minute zuvor gesehen. Als ich vorbeiging, lag es außen auf der Brücke und spielte zu Abdullahs Füßen; Abdullah drehte ihm den Rücken zu und steuerte. Norman hing halb über Bord und band ein

Ruder fest. Carlo, Santiago und ich stauten achtern die Ladung neu, während Juri und Georges auf der anderen Seite der Hütte arbeiteten. Plötzlich brach die Musik ab. Ein paar Minuten vergingen, ehe Georges nach achtern über die Ladung kletterte, um das Tonbandgerät wieder anzustellen. Es war verschwunden. Georges suchte überall: achtern, vorn, unter den Matratzen, auf dem Hüttendach. Verschwunden. Für immer verschwunden. Wer war der Schuldige!? Der afrikanische Judomeister baute sich wie ein wütender Gorilla auf; wer, wer, wer hatte sein Tonbandgerät ins Meer geworfen? Jetzt war die Reise für ihn gestorben, aus, ohne Musik kein Schlaf. Wer hatte das getan? Die Atmosphäre war geladen. Die kleine Safî kletterte so hoch in die Mastspitze, wie das Tau reichte; sie wollte nicht schuldig sein.

Abdullah hätte das Tonbandgerät über Bord stoßen können, aber dazu liebte er Musik viel zu sehr. Norman hätte es nicht erreichen können, und Georges hatte Juri die ganze Zeit gesehen. Es konnte nur einer von uns dreien gewesen sein, die achtern beschäftigt gewesen waren. Carlo trug unbeirrt seine Krüge, als ob nichts geschehen wäre. Carlo! Innerlich zweifelte ich nicht. Wahrscheinlich war er immer noch auf Georges wütend und hatte es getan. Wahnsinn! Das sah Carlo nicht ähnlich. Nun saßen wir alle auf einem Pulverfaß, und die Lunte brannte.

«Georges», sagte ich, «du bist wirklich ein ordnungsliebender Mensch geworden; aber wie konntest du dein Tonbandgerät so dicht am Rand liegen lassen, daß es ins Meer gestürzt ist?»

«Mag sein, daß es am Rand lag», antwortete Georges, «aber schlimmstenfalls wäre es aufs Deck gefallen und nicht über Bord.»

Ich stimmte ganz mit ihm überein, mußte aber Carlo retten.

«Es lag genau auf der Steuerbordecke», sagte ich entschieden. «Wenn jemand vorbeiging, als wir kräftig nach steuerbord schaukelten, dann ist es im Meer gelandet.»

Georges suchte an den absurdesten Orten weiter, dann verschwand er in seinem Schlafsack. Er schlief sofort ein, und wir weckten ihn erst, als Carlo am nächsten Morgen sein eigenartiges Signal zum Essen pfiff und Spiegeleier mit gepökeltem Schinken servierte. Wer konnte wohl auf Carlo böse sein? Das Tonbandgerät wurde auf der Reise mit keinem Wort mehr erwähnt. Erst als wir auf der anderen Seite an Land standen, legte Santiago eines Tages die Hand auf Georges' breite Schulter und sagte ruhig:

«Georges, was bin ich dir für das Tonbandgerät schuldig?»

Wir waren alle gleichermaßen verblüfft. Georges drehte dem kleinen lächelnden Mexikaner langsam, ungeheuer langsam die Breitseite zu, dann lächelte er selbst von einem Ohr zum anderen und sagte:

«Welches Tonbandgerät?»

«Wie hast du das fertiggebracht?» fragten wir Santiago später.

Er gab zu, daß er starke Zweifel hatte, ob er richtig handelte, als er die Spieldose ins Meer schubste. Aber er sei ehrlich davon überzeugt gewesen, daß sie irgendeiner dem Besitzer über den Schädel geschlagen hätte, wenn sie noch sehr viel länger dieselben Melodien gespielt hätte.

Während die Wochen vergingen und wir sieben in der engen Korbhütte Tag und Nacht wie bei einer Familienfeier zusammengepfercht waren, segelte die *Ra* unter dem ewig gleichen Horizont weiter; er umschloß uns wie ein magischer Kreis. Vom 4. bis 9. Juni rollten die Wogen gemächlich dahin, der Wind war lau, einige von uns wollten Tag und Nacht nur schlafen. Der Papyrus hatte sein Ächzen und Knarren aufgegeben, er schnurrte jetzt wie eine Katze in der Sonne. Norman vertraute mir an, daß er sich Sorgen machte. Wir trieben langsam nach Südwesten, und wenn der Wind nicht auffrischte, bestand die Gefahr, daß wir von den Wirbelströmen vor den Küsten Mauretaniens und des Senegals erfaßt würden. Wir waren wieder ins Routengebiet von Schiffen geraten, ständig sahen wir nah und fern Schiffe, und in der Nacht zum 6. Juni steuerte ein großer, erleuchteter Ozeandampfer frontal auf uns zu – so direkt, daß die Offiziere auf der Brücke den Schein unserer kleinen Paraffinlampe in der Mastspitze unmöglich entdeckt haben konnten; deswegen winkten wir wie wild mit unseren Taschenlampen. Der flaue Wind ließ uns kaum die Möglichkeit, mit Hilfe der Steuerruder wegzukommen. Der Riese fuhr lärmend in Festbeleuchtung auf uns zu und erhob sich drohend vor uns; plötzlich drehte er, von uns aus gesehen, nach steuerbord ab und brach sein mechanisches Donnergetöse ab. Ein wütender Verweis wurde so schnell von der Brücke zu uns herabgeblinkt, daß wir nur das Wort «please» auffingen, ehe der Riese ohne Motorkraft knapp 300 Meter von den Papyrusbündeln entfernt lautlos vorbeiglitt. Dann kochte es wieder um die Schraube, und der Stahlgigant lärmte in Festbeleuchtung nach Europa weiter.

Den nächsten Tag fuhren wir bei flauem Wind durch eine Zone, in der wieder zahllose schwarze Asphaltklumpen dicht an der Oberfläche des klaren Wassers trieben. Drei Tage später war morgens das Meer um uns herum so schmutzig, daß wir die Zahnbürste nicht ins Wasser stecken konnten, und Abdullah brauchte eine Extraration Süßwasser für seine Gebetswaschungen. Der Atlantik war nicht mehr blau, sondern gräulichgrün und trübe, voller asphaltähnlicher Ölklumpen von Stecknadelgröße bis zur Größe eines Butterbrotes. Mittendrin schwammen Plastikflaschen. Es war, als seien wir in einen schmutzigen Großstadthafen gekommen. So etwas hatte ich nie gesehen, als ich hundertundeinen Tag mit der *Kon-Tiki* gefahren war und meine Nase stets dicht über dem Wasser hatte. Uns allen wurde klar, daß die Menschen tatsächlich im Begriff stehen, ihre wichtigste Lebensquelle, die unentbehrliche Filtrieranlage der Erdkugel, zu verunreinigen: das Weltmeer. Mit Grauen wurde uns bewußt, wie ernst die Lage für uns war und wie ernst sie erst für kommende Generationen sein wird. Schiffsreeder, Fabrikbesitzer und Behörden hatten das Meer von gewöhnlichen Schiffsdecks aus schnell vorbeigleiten sehen und nicht wie wir Woche um Woche Zahnbürste und Nase buchstäblich hineingetaucht. Das mußten wir allen zurufen, die hören wollen. Was hilft es, daß sich Ost und West an Land über soziale Reformen streiten, solange alle Nationen unsere gemeinsame Lebensader, das Weltmeer, zu einer gemeinsamen Kloake aus Ölrückständen und chemischem Abfall machen? Leben wir denn immer noch mit den mittelalterlichen Vorstellungen von der Unendlichkeit des Meeres?

Wenn man auf einem Papyrusbündel über die Wellenkämme schaukelt und gleichzeitig ganze Kontinente vorbeigleiten sieht, begreift man merkwürdigerweise, daß das Meer doch nicht unendlich ist. Das Wasser, das im Mai an Afrika vorbeiströmt, passiert einige Wochen später mit dem schwimmenden Unflat, unsinkbar und für die Meeresbewohner ungenießbar, die Küste Amerikas.

Am 10. Juni frischte es wieder auf. Am gleichen Tag schlachtete Abdullah unser letztes Huhn, und im Käfig blieb nur eine Ente zurück. Als der Käfig ins Meer geworfen wurde, um sich allmählich vollzusaugen und zu versinken, brachte es keiner übers Herz, der Ente den Kopf abzuschlagen. Sie wurde begnadigt und erhielt den Namen Sindbad, und hierauf stolzierte sie zum großen Ärger Safîs auf Deck herum. Mit einer Leine am Fuß und einem Korb als Separatwohnung wurde sie Chef des Vorderdecks, während Safî die Umgebung der Hütte vorzog. Verirrte sich einer aus Versehen in den Bereich des anderen, endete es entweder damit, daß Safî wütend kreischte, weil Sindbad sie ins schwanzlose Hinterteil kniff, oder Safî erbeutete eine Entenfeder.

Spät in der Nacht schlugen die Wellen höher und peitschten wild gegen unser Papyrusboot. Oft war es unheimlich, auf der ächzenden, schwankenden Brücke zu stehen, nur mit einem erleuchteten Fetzen Segel und der Lampe in der Mastspitze vor Augen, die sich wie ein verrückt gewordener Mond zwischen den Sternen drehte, wenn sie einen Augenblick lang zwischen jagenden Sturmwolken funkelte. Ab und zu schien es, als ob direkt hinter unserem Rücken eine wütende Schlange zischte; dann jagte ein mannshoher Brecher heran, mit sich selbst flüsternd, unsichtbar, schwarz – die weiße Schaumkrone schien allein durch die Luft zu wirbeln. Der Wasserschwall unter der Schaumkrone erreichte uns und warf uns mit seiner ganzen Gewalt in die Höhe, um uns wieder freizugeben und so tief hinuntersausen zu lassen, daß das nächste weiße Gespenst hinter uns in noch größerer Höhe heranflatterte. Man war nach zwei Stunden intensiver Nachtwache an den beiden Steuerrudern erschöpft und todmüde, selbst wenn man meistens nur eines benutzte und das andere festgebunden arbeiten ließ.

Als es tagte, schwankte die *Ra* mehr als je zuvor. In Dachhöhe schwankte der Mast 60 Zentimeter, und die neun Meter hohe Mastspitze warf sich so heftig umher, daß sich selbst Carlo bei dem wilden Tanz dort oben kaum festhalten konnte. Nach ägyptischem Vorbild war jeder der beiden Schrägmaste in eine flache Vertiefung einer dünnen Holzplatte eingesetzt, die wie ein breiter Fuß auf den Papyrusbündeln lag. Ein kurzer, knieförmig gewachsener Baumstumpf war mit dem waagerechten Teil an den Holzfuß und mit dem senkrechten an den unteren Teil des Mastes gebunden. Die Tauzurrungen um die Sockel waren nun so schlaff geworden, daß die tanzenden Masten aus der Vertiefung zu springen drohten. Die Pardunen, die von beiden Seiten der *Ra* wie parallele Harfensaiten zur Mastspitze führten, hingen einen Augenblick lang schlaff durch und gaben dem Mast keinen Halt, während sie sich im nächsten Augenblick alle mit so kräftigem Ruck spannten, daß wir fürchteten, der Mast würde brechen oder die Papyrusbündel würden zerfetzt, weil sämtliche Pardunen an dem einzigen dicken Taustropp befestigt waren, das wir um den ganzen Rand der *Ra* gebunden hatten. Wir schlugen dicke Holzkeile um den Mastfuß ein und zogen die wilden Pardunen einzeln an – auf die Gefahr hin, daß die zuerst angezogenen losrissen, während der Rest noch viel zu schlaff hing. Dann war der Mast aufs neue in unserer Gewalt.

Um uns wurde es lebhaft. Es wimmelte von fliegenden Fischen. Wieder trieb ein Mondfisch vorüber, groß und rund und leblos. Irgendein Viech verschluckte den Haken an Georges' festgebundener Angelrute und floh mit der ganzen Schnur. Ehe Georges einziehen konnte, tauchte ein kapitaler Bursche von einem Fisch auf und verschlang den ersten, so daß Georges' Fang nur aus einem abgebissenen Fischkopf bestand. Indessen schoß die *Ra* mit Höchstgeschwindigkeit über die Wellenberge, und alle waren enttäuscht, als Norman uns eine mäßige Tagesstrecke nannte, nachdem er unsere Mittagsposition bestimmt hatte. Ein Seitenstrom hatte uns nach Süden getrieben. In den letzten vierundzwanzig Stunden war die Steuerbordecke des Achterstevens so tief gesunken, daß das Ende des Gleitglotzes ständig in den Wellen hing und bremste. Achtern stand das Wasser immer knöcheltief, und ständig spülten Wellen bis zur Kiste mit dem Rettungsfloß unter der Brücke. Die Kiste folgte jeder Bewegung und scheuerte dann an den Tauen.

Am nächsten Tag war das Meer ebenso wild und unberechenbar, und mit einem zunehmenden kräftigen Nordwind kam die Kälte zurück. Während Juri versuchte, die Reeps am Gleitklotz nachzustellen, der immer noch in den Wellen plätscherte, entdeckte er eine blaue Blase. Er faßte sie an und versuchte, sie vom Ende des Klotzes loszureißen. Juri hatte noch nie eine portugiesische Nesselqualle gesehen und wußte nicht, wie ihm geschah, als er im nächsten Augenblick von den langen Nesselfäden eines der kleinsten, aber schlimmsten Ungeheuer des Atlantiks eingewickelt wurde. Diese schlaue Blase ist kein Individuum, sondern besteht aus einer ganzen Kolonie winziger Geschöpfe, die in höchst komplizierter Arbeitsteilung zusammen leben; jedes einzelne hat seine speziellen Eigenschaften und Aufgaben. Das größte Tier, das die Blase selbst darstellt, hat keine andere Aufgabe, als mit der sonderbaren Gesellschaft umherzuschwimmen. Es schleppt ein Bündel meterlanger Fäden, die aus all den kleinen Einzelwesen der Blase zusammengesetzt sind. Einige sind Fänger und beschaffen der restlichen Kolonie die Nahrung, andere kümmern sich um die Fortpflanzung, wieder andere sind Soldaten und spritzen ätzende Säure auf die Beute und Feinde der Blasenkolonie. Die größten portugiesischen Nesselquallen können sogar Menschen lähmen und töten.

Die heftigen Schmerzen der Verbrennung drangen durch Juris Haut in das Nervensystem ein, lähmten die Muskulatur seiner rechten Hand und begannen, auf das Herz einzuwirken. Unser unglücklicher Schiffsarzt durchwühlte die Arzneikiste von Salben bis Nerven- und Herzpillen nach allem, ehe er nach vierstündigem Kampf die Schmerzen lindern und Juri seine rechte Hand wieder bewegen konnte.

Am 13. Juni heulte von NNO ein eiskalter Wind in der Takelage und pfiff in den geflochtenen Wänden der Hütte, während sich das Meer in noch wilderen Wirbeln als bisher erhob. Es heulte, knarrte und ächzte in allen Teilen des schlingernden Bootes, Sturzseen ritten seitlich aufeinander zu und brachen dicht hintereinander achtern herein. Einzelne Wellen stürzten auf einmal tonnenweise Wasser in die *Ra*, und wir sahen förmlich, wie sich der Boden unter der Gewalt der schwersten Kaskaden achtern langsam noch weiter hinunterbog. Wir konnten nichts anderes tun, als abzuwarten, bis die Wassermengen auf beiden Seiten der *Ra* wieder hinausströmten und uns mit unserem vorher so beliebten Badebecken zurückließen, in dem das Wasser bis zu den Knien reichte. Abdullah war strahlender Laune und versicherte, diese Misere achtern spiele keine Rolle. Wir würden nicht untergehen, solange die Taue hielten. Blaugefroren, aber summend schlenderte er in seinem Ölzeug umher, das Taschenradio am Ohr. Er hatte einen französischsprechenden arabischen Sender bekommen, der über eine Revolution im Tschad berichtete, bei dem die Mohammedaner im Augenblick die Oberhand hatten.

Eine prachtvolle blaugrüne Makrele spielte fast den ganzen Tag um die Papyrusbündel, aber nachdem sie die Angelschnur zerrissen hatte, ließ sie sich weder angeln noch aufspießen. Carlo wollte gerade getrocknete Fische zum Essen vorbereiten, als ihm mit voller Wucht ein nasser Fisch in den Nacken klatschte und andere gegen die Hüttenwand um ihn herum prasselten. Elf fliegende Fische zappelten auf Deck und lagen für die Bratpfanne bereit.

Vom 14. bis 17. Juni brodelte ringsum das Wasser ständig, und unwahrscheinlich hohe Wellen überkreuzten sich aus zwei und drei verschiedenen Richtungen. Ein Zusammenspiel von Strömungen und Reflexen unsichtbarer Küsten. Georges bekam Rückenschmerzen und mußte zu Bett gebracht werden. Abdullah übergab sich, heilte sich aber selbst mit einer Medizin aus zwölf Knoblauchzehen. Die Brücke begann bedrohlich zu knacken und mußte schnell mit neuen Reeps und Stagen verstärkt werden. Juri hatte die glänzende Idee, die Ente Sindbad nach achtern umzusiedeln, wo sie in dem Teich an Bord glücklich umherschwamm. Safî bekam aus Wut darüber Durchfall, hielt sich aber, wie immer bei solchen Gelegenheiten, am äußersten Rand der Papyrusrollen auf. Sie war unglaublich sauber geworden. Plötzlich schnellte eine Schar von fast zwei Meter langen Thunfischen aus den Wellen, und da wurde Safî so hysterisch, daß sie sich in einem Korb versteckte, aus dem sie keiner herauslockte, bis Georges sie nach Einbruch der Dunkelheit in ihren speziellen Schlafkoffer in der Hütte steckte.

Wieder hüpften die Maste in ihren flachen Holzschuhen, und die *Ra* krümmte sich wie bei wilden Turnübungen nach allen Richtungen, den Wellen folgend. Zum erstenmal hörten wir sie einen neuen, heiseren Laut ausstoßen. Es klang wie heftiger Wind, der hin und her blies, wenn unsere zehntausend zusammengebundenen Binsen im Wasser schwankten. Boden, Wände und Dach der Korbhütte wanden und krümmten sich auch unter neuen Lauten. Die Kisten unter uns verzogen sich, so daß die Deckel festsaßen, und wir konnten an keiner Stelle liegen, sitzen oder stehen, ohne nicht die Bewegungen der Unterlage mitmachen zu müssen. Die Pardunen spannten die Maste bedrohlich, aber bei diesem heftigen Seegang trauten wir uns weder, sie zu schrikken, noch sie anzuziehen. Es war beißend kalt, doch Georges, Juri und Norman tauchten sicherheitshalber unter die Schilfbündel. Als sie heraufkamen, berichteten sie uns mit klappernden Zähnen, der Papyrus befände sich in bestem Zustand, aber jetzt hänge der Achtersteven förmlich wie eine Bremsvorrichtung nach unten. Es mußte etwas geschehen.

Da riß sich das Steuerruder auf Steuerbord von dem Gleitklotz los und tanzte bei dem Versuch, sich auch aus der Halterung auf der Brücke zu ziehen, wie wahnsinnig umher. Es wurde ein Kampf, bei dem wir bis zu den Hüften in Wasserkaskaden standen, ehe wir es einfangen und mit unseren dicksten Tauen an seinem Platz festbinden konnten. Überall waren Fische, und Georges spießte mitten in dem Chaos eine Makrele auf. Es mußte etwas geschehen, um die Wassermassen zurückzuhalten, die schließlich mit ungeheurer Gewalt achtern hereinbrachen. Wie lange würde der Achtersteven diese enorme Belastung aushalten? Ein Holzboot wäre schon längst quer durchgebrochen.

Wir mußten versuchen, die Wasserkaskaden einzudämmen. Wir

sammelten unseren ganzen Papyrusvorrat, und dann stand Abdullah achtern bis zu den Schenkeln im Wasser und band mit Santiagos und Carlos Hilfe die Papyrusrollen zu einem Bollwerk gegen die Wellen fest. Plötzlich, als eine der wildesten Wogen ihren Kamm an Bord warf, standen sie bis zur Brust im Wasser. Abdullah wurde mehrere Male über Bord gespült, hing aber an der Rettungsleine fest und lachte nur, wenn er wieder an Bord kroch. Er besaß ja den magischen Gürtel. Nach der Arbeit dankte er Allah.

Was ich befürchtete, trat ein. Je höher wir das Wehr bauten, um so mehr Wasser hatte auf dem Papyrusstert Platz, denn der Papyrusboden war ganz dicht geworden und ließ das Wasser nicht durchlaufen. Und weil das Wasser nicht ungehindert hinausströmen konnte, wurde der Achtersteven von der gewaltigen Wasserlast noch tiefer gedrückt. Deswegen versuchten wir, Abdullahs Bollwerk wieder zu entfernen, aber weil das ursprüngliche Dollbord jetzt tiefer gedrückt war als zuvor, stürzten so viele Tonnen Meerwasser herein, daß die Kiste mit dem Rettungsfloß zwischen den Brückenpfählen schwamm. Uns blieb nichts anderes übrig, als das Bollwerk in aller Eile wieder festzubinden. Wir schnitten sogar mit einem Messer die Taue von zwei kleinen Papyrusbooten durch, die wir für den Notfall an Bord hatten, und verwendeten den frei gewordenen Papyrus dazu, Abdullahs Schilfrand zu erhöhen. Schließlich trennten wir unsere ägyptischen Papyrus-Rettungsgürtel auf, die nach Malereien in den alten Gräbern angefertigt waren. Als wir endlich kein einziges Papyrusschilf mehr hatten, war der Rand höher und der Teich achtern dadurch tiefer als je zuvor geworden. Er bedeckte jetzt das ganze Achterdeck, aber die Wasserkaskaden, die über das Papyruswehr stürzten, waren weit schwächer. Mittelschiff und Vorderdeck waren ebenso trocken wie bisher.

Am 17. Juni erreichte das Unwetter seinen Höhepunkt. Der Wind drehte nach Osten, und die hohen Wellen wurden regelmäßiger. Überall fanden wir fliegende Fische, ein kleiner Bursche schwamm sogar im Kaffeekessel. Wir mußten wieder in die Hauptströmung geraten sein, denn dank einem schmalen Spalt in der schweren Wolkendecke konnte Norman melden, daß wir in den letzten 24 Stunden 80 Seemeilen, 148 Kilometer, gefahren waren – überdies mit einem breiten Achterteil, das wie ein Krabbenschwanz hinunterhing und bremste. Die Strecke machte sich sogar auf der Weltkarte bemerkbar.

An den schlimmsten Unwettertagen bewegten wir uns etwa 500 Seemeilen vor der westafrikanischen Küste, Kurs direkt auf die Kapverdischen Inseln, westlich von Dakar. Der Nordwind und der Strom trugen uns direkt auf diese große Inselgruppe zu, die jeden Augenblick vor uns auftauchen konnte, und das gab uns ein unangenehm unsicheres Gefühl, als wir im Unwetter mit einem widerspenstigen Achterteil kämpften. Eines späten Abends, als die Inseln in der Finsternis am schlimmsten spukten, holte Norman die *U.S. Sailing*

Directions für dieses Gebiet heraus und las uns beim Schein der Paraffinlampe daraus vor. Sie schwang an der unruhigen Decke und ließ unsere Schatten rhythmisch tanzen, im Takt mit dem ohrenbetäubenden Spukorchester.

Wir erfuhren, daß Wolkenbänke und Dunst so dicht um die gebirgigen Kapverdischen Inseln liegen können, daß die Brandungen an der Felsenküste oft auftauchten, ehe man das Land selbst erblickt, obwohl die höchsten Bergspitzen 2000 Meter emporragen. Außerdem fließen um die Inseln kräftige, heimtückische Strömungen, die schon zahlreiche Schiffbrüche verursacht haben. Die Dünung, die um die Inselgruppe rollte, war bei Mondwechsel besonders gewaltig. «Deswegen ist es erforderlich, große Vorsicht walten zu lassen, wenn man in der Nähe dieser Inseln kreuzt», endete Norman.

«Habt ihr das gehört? Seid vorsichtig, Männer!» sprach Juri und zog den Schlafsack hoch und die Fellmütze hinunter, bis sich beide auf der Nase begegneten.

Wir hatten gerade Mondwechsel. Die Nacht war ebenso pechschwarz, wie der Tag diesig gewesen war. Seit den letzten vier Tagen befanden sich die Inseln direkt in Fahrtrichtung vor uns, und jetzt mußten sie gleich irgendwo vor uns liegen. Vielleicht würden sie noch in der Nacht oder am nächsten Morgen auftauchen, wenn wir von einer starken südlichen Nebenströmung ergriffen wurden. Es regnete aus tiefliegenden Wolken, und weder Sextant noch Nasometer konnten uns sagen, wo wir uns befanden.

Der 18. Juni war ein dramatischer Tag. Die Kapverdischen Inseln mußten irgendwo in Nebel und Regenwolken eingehüllt und verborgen vor dem Bug oder an der Backbordseite liegen. Vor gut zwei Wochen waren wir an den Kanarischen Inseln vorbeigefahren, ohne sie in den Wolkenbänken zu sehen. Aber heute hatten wir ernsthaftere Probleme als die Gefahren, die draußen lauerten. Seit fünfundzwanzig Tagen lebten wir in gutem Einvernehmen auf den Papyrusbündeln zusammen, und das Schiff schwamm seit etwa einem Monat im Salzwasser. Trotz aller Widrigkeiten war die *Ra* über zweitausend Kilometer gesegelt, um die ganze Nordwestküste Afrikas herum, und nun sollte die Fahrt von Kontinent zu Kontinent, quer über den Atlantik, ernstlich beginnen. Wenn die Ägypter von der Nilmündung entsprechend weit gefahren wären, wie wir jetzt von Safî, wären sie auf dem Don tief in russisches Gebiet eingedrungen oder bis vor Gibraltar gekommen. Das Mittelländische Meer war nachweislich zu klein, um die Reichweite eines Papyrusbootes zu erschöpfen.

Dieser verdammte Achtersteven! Wenn die alten Schriftgelehrten nur eine Gebrauchsanweisung hinterlassen hätten, dann hätten wir vorher die Prinzipien des Papyrusbootes begriffen, dann hätten wir der Überquerung des Weltmeeres ohne Probleme entgegensehen können. Jetzt krochen die Wellen nicht länger unter uns weg und hoben uns hoch. Sie kamen achtern zu uns herauf und drückten uns nach unten. Letzte Nacht hatte sich eine große Welle über die Hüttenwand gewälzt, und ich erwachte, weil mir ein eiskalter Eimer Wasser über den Kopf geschüttet wurde. Das Salzwasser lief in den Schlafsack.

«Jetzt fangen die Schwierigkeiten an, Männer», gab ich zu.

Da warf Santiago ein Streichholz in ein Pulverfaß.

«Zersägen wir doch das Rettungsfloß», sagte er plötzlich.

«Natürlich», antwortete ich. «Jetzt haben wir die beiden kleinen Papyrusboote aufgetrennt, dann können wir auch das Rettungsboot zersägen.»

«Ich meine es ernst», sagte Santiago. «Wir müssen versuchen, den Achtersteven anzuheben. Wir haben keinen Papyrus mehr, aber das Rettungfloß ist aus Schaumstoff, den wir in Streifen sägen und so verwenden können, wie die Ägypter Papyrusreserven benutzt hätten.»

«Er ist verrückt geworden», murmelte es in mehreren Sprachen rings um uns.

Aber Santiago blieb hartnäckig und wollte nicht nachgeben.

«Du hast nur ein Rettungsfloß für sechs Mann mitgenommen, und wir sind sieben», sagte er herausfordernd zu mir. «Du hast ausdrücklich gesagt, daß du selbst nie in das Rettungsboot steigen willst.»

«Die nächste Größe war ein Zwölfmann-Floß», erklärte ich. «Es war zu groß. Aber es stimmt, ich bleibe auf unserem großen Schilfboot zurück, wenn ihr sechs auf die Idee kommen solltet, in das winzige Gummidings dort zu steigen.»

«Ich auch», sagte Abdullah. «Zersägen wir es! Die Kiste liegt doch nur da und scheuert an den Tauen.»

«Nein», sagte ich. «Das Gummifloß soll allen das Gefühl der Sicherheit geben. Dies ist ein wissenschaftliches Experiment. Ohne das Gummifloß hat keiner an Bord die Möglichkeit, die Papyrusbündel zu verlassen.»

«Los – wo ist die Säge? Was wollen wir damit, wenn wir es doch nie brauchen?» beharrte Santiago.

Die anderen Männer wurden wütend. Aber alle kamen zumindest nach achtern mit, um sich die schwere Packkiste anzusehen, die Abdullah überflüssig erschien.

Achtern war hinter der Hüttenwand kein Schiff mehr. Nur der krumme Schwanzstert ragte noch aus dem Wasser. Von der übrigen *Ra* durch gekräuselte Wellen getrennt, die von einer Außenseite des Bootes zur anderen rollten, erhob er sich in einsamer Würde. Die Kiste mit dem Rettungsfloß schwamm in dem seichten Wasser zwichen den Brückenpfählen.

Abdullah ergriff eine Axt, aber Juri protestierte wütend. Heller Wahnsinn! Wir mußten doch an die zu Hause denken! Norman war mit Juri einer Meinung, unsere Familien würden verzweifeln, wenn wir ohne Rettungsboot wären. Georges nahm Abdullah die Axt weg. Abdullah wurde unsicher. Er wollte, daß ich die Entscheidung traf. Nun drohte zum erstenmal auf der Fahrt eine ernsthafte Differenz. In einer lebenswichtigen Entscheidung prallten die Meinungen hart aufeinander, und beide Parteien wurden in ihrer absoluten Forderung immer zorniger.

Als wir vorn auf unseren Ziegenlederbeuteln, Säcken und Krügen zusammen saßen und Carlo Pökelfleisch, Zwiebelomelett und marokkanisches *Sello* servierte, herrschte die Stille vor dem Sturm. Die trokkenen Binsen des Papyrusdecks zu unseren Füßen wurden im Takt der Wellen wie Papierstreifen geknittert und wieder geglättet. Unter Wasser war das Schilf stärker. Die *Ra* steuerte sich mit unseren beiden geschienten Steuerrudern und einem Krabbenschwanz, der hinunterhing und uns bremste, von allein in Windrichtung. Die Stimmung von Juri, Norman und Georges entsprach den düsteren Gewitterwolken, die über uns hingen; verzweifelt knackten sie mit den Händen Mandeln, bereit, ihren Standpunkt zu verteidigen. Das schmerzende Geschwür wollte behutsam aufgestochen sein.

«Es kann noch viel Merkwürdiges geschehen», sagte ich und versuchte, einen munteren Ton anzuschlagen. «Durchdenken wir doch einmal alle Situationen, in denen das Rettungsfloß gebraucht werden könnte. Ich fürchte am meisten, daß jemand über Bord geht.»

«Ich fürchte am meisten, von einem Schiff in Grund gebohrt zu werden», warf Norman ein. «Und dann Feuer an Bord.»

«Vorn schwimmen wir sehr schön, aber achtern nicht», sagte Juri. «Keiner weiß, wie tief wir in einem Monat liegen.»

«Stimmt schon», gab ich zu. «Zudem ist es theoretisch möglich, daß die Skeptiker recht behalten und der Papyrus sich allmählich auflöst.»

«Das einzige, wovor ich mich fürchte», kam es ruhig von Georges, der sich nie vor etwas fürchtete, «ist ein Orkan.»

Keiner fand mehr als diese sechs guten Gründe, das Rettungsfloß in Reserve zu haben. Aber sechs Gründe genügten. Wir einigten uns darauf, vorher durchzusprechen, was jeder von uns in diesen sechs möglichen Situationen machen würde. Wir zählten es an den Fingern ab.

Erste Möglichkeit: Mann über Bord. Alle fühlten sich sicher, weil wir wie Bergsteiger festgebunden waren. Außerdem schleppten wir einen Rettungsgürtel an einem langen Tau hinterher. Wenn ein Nachtwandler über die Krüge stolperte und über Bord fiel, würde es wenig helfen, das Rettungsboot auszusetzen. Es war tief und viereckig und besaß zwei Zeltbeutel, die sich nach oben und nach unten öffneten, welche Seite auch oben lag. Für schnelle Fahrten war es nicht gedacht und würde hinter der *Ra* zurückbleiben, selbst wenn wir das Segel einholten. Hierüber gab es keine Meinungsverschiedenheiten.

Zweite Möglichkeit: Kollision. Alle waren sich darüber einig, daß wir es nicht schaffen würden, das Floß auszusetzen, wenn die *Ra* in zwei Teile gespalten würde. Und wenn sie dann noch schwamm, würden es alle vorziehen, auf das größte übriggebliebene Stück der *Ra* zu klettern.

Dritte Möglichkeit: Brand. In der Sahara würde die *Ra* wie Kreppapier gebrannt haben, aber hier war das schwer vorzustellen. Außerdem hatten wir einen Feuerlöscher. Rauchen war nur auf Lee erlaubt, wo die Funken vom Boot wegflogen, und die Windseite hatte so viel Wasser gezogen, daß sie auch bei einem Brand schwimmen würde. Keiner würde das kleine Rettungsfloß dem großen, nassen, vom Brand verschonten Teil der *Ra* vorziehen.

Vierte Möglichkeit: Der Papyrus versinkt unter uns. Die Erfahrungen eines Monats sagten uns, daß der Papyrus, selbst wenn er Wasser zog, so langsam sinken würde, daß genug Zeit bliebe, um SOS zu funken. Aber SOS mußten wir auch funken, wenn wir in das enge Rettungsfloß stiegen. Jeder würde es vorziehen, einen Schlafplatz in der geräumigen Korbhütte zu haben, anstatt zusammengedrängt in dem kleinen Rettungszelt zu sitzen und auf Hilfe zu warten.

Fünfte Möglichkeit: Der Papyrus verfault und löst sich auf. Wir wußten schon, daß sich die Papyrusexperten in diesem Punkt verrechnet hatten. Wahrscheinlich hatten sie in stehendem Wasser experimentiert. Alle stimmten freudig darin überein, daß Papyrusschilf und Zurrungen zuverlässiger als je zuvor waren. Deswegen strichen wir diesen Gefahrenpunkt einstimmig.

Sechste Möglichkeit: Orkan. Dieser Fall konnte sehr wohl eintreten, wenn wir uns den Westindischen Inseln näherten. Vielleicht würde ein Orkan Maste, Steuer und Brücke über Bord fegen, vielleicht das herunterhängende Achterteil losreißen. Aber wir hatten die *Ra* in mehr als einem Sturm erlebt und waren sicher, daß die zähe Korbhütte auf den mittleren Hauptbündeln der *Ra* hängenbleiben und uns damit ein Floß mit mehr Platz, Wasser und Essen übriglassen würde, als das kleine Schaumstofffloß bieten konnte.

Noch ehe wir fertig waren, hatte sich unsere Laune merklich gebessert. Keiner hätte das Rettungsfloß den Schilfbündeln der *Ra* in irgendeinem denkbaren Fall vorgezogen. Juri war sichtlich erleichtert; er lachte leise und schüttelte verwundert den Kopf. Carlo lachte laut auf. Norman atmete tief ein und erhob sich als erster:

«Okay. Holen wir die Säge!»

Alle wollten nach achtern, aber dort brachen die Seen so heftig über das Unterwasserdeck herein, daß drei Mann schon fast zuviel waren. Norman, Abdullah und ich wateten auf das Achterdeck. Mit Axt, Messer und Säge machten wir uns an die schwere Packkiste und warfen genagelte Bretter und Plastikbehälter über Bord. So etwas war auf der *Ra* fehl am Platze. Das grüne Schaumstofffloß kam zum Vorschein. Darunter sah Abdullah mit Schrecken, daß mehrere der Taue, welche die Bündel der *Ra* zusammenhielten, von den Bewegungen der Kiste durchgescheuert waren. Tauenden ragten wie Totenkrallen aus dem Papyrus heraus. Nur das Anschwellen des Schilfs hatte die Taue am Hinuntergleiten und damit das ganze Achterschiff am Ausfasern gehindert. Abdullah warf sich über die losen Enden und band sie mit zusätzlichen Tauen zusammen. Wir standen bis zu den Knien in den schäumenden Wellen, und Abdullah zeigte uns, wie sich die Haut an seinen Beinen – von der vielen Arbeit im Salzwasser in den letzten Tagen – in weichen, weißen Fetzen löste. Da merkte ich, daß eine riesige Welle auf die *Ra* hereinbrach, uns hochhob und gewaltsam seitwärts drehte. Ich schwankte und versuchte krampfhaft, das Gleichgewicht wiederzufinden, als ich ein ohrenbetäubendes Krachen von brechendem Holz und Wassermassen hörte. Ich stand bis zur Hüfte im Meer, das sich von hinten gegen mich wälzte, und Holzwerk und Taue gaben dem Druck der Wellen nach und brachen zusammen. Ich wurde von dem Wasserschwall gegen Backbord geworfen und bückte mich, um ein Papyrusreep zu ergreifen, damit ich nicht über Bord gefegt würde; da prasselte gebrochenes Holz auf meinen Rükken. Ich hörte Norman brüllen: «Achtung, Thor!» Und ich zweifelte keinen Augenblick daran, daß dieses ohrenbetäubende Knacken von der Brücke kam, die in den Zurrungen nachgab und über unseren Köpfen zusammenbrach. Während die ganze Unterlage schaukelte und gebrochenes Holz mich in die Wasserflut drückte, erwartete ich, daß wir im nächsten Augenblick an unseren Tauen im Schlepp hängen und Brücke und Achtersteven zurückbleiben und im Kielwasser schwimmen würden. Dann floß das Wasser ab, und wir standen dort wieder wie vorher bis zu den Knien im Wasser; ich wurde von gebrochenem Holz hinuntergedrückt.

«Das war das Steuerruder!» rief Norman und half mir heraus.

Über uns tanzten die Enden zweier großer Holzstämme mit klaffenden Bruchstellen. Der dicke runde Ruderschaft und der viereckige Balken des Reservemastes, der an dem Ruder festgezurrt war, um es vielfach zu verstärken, waren beide nebeneinander gebrochen. Das große Ruderblatt schleppte an den Tauen hinterher und wedelte wie der Schwanz eines wildgewordenen Wals, aber mit einem Satz waren Norman, Carlo und Santiago zur Stelle, um es einzuholen, während Abdullah allein mit dem Rettungsfloß kämpfte, das jetzt frei umherschwamm. Ich mühte mich mit einem hundert Kilo schweren Faß Pökelfleisch ab, das sich plötzlich zwischen den Brückenbeinen losgerissen hatte und eine Katastrophe heraufbeschwören konnte, wenn es nicht aus den Wassermassen geborgen wurde.

Diese Nacht sagte mir Abdullah, als ich zur Wachablösung herauskam, daß wir nun von friedlichen großen Wellen umgeben seien, die keine bösen kleinen Wellen auf dem Rücken trugen. Die *Ra* ritt ruhig und rhythmisch über das Meer, mit zwei kleinen Rudern, die anstelle des großen Steuerruders auf Backbord festgebunden waren. Leuchteten wir mit der Taschenlampe, dann sahen wir Tintenfische wie in einem Schaukasten herumschwimmen, wenn das Wasser sich wieder hob, nachdem es unter uns weggekrochen war. Das ägyptische Segel zeichnete sich deutlich gegen die leuchtenden Streifen in der Wolkendecke ab, aber der Horizont lag in tiefer Dunkelheit. Was ab und zu wie funkelnde Sterne am Rande des Horizonts aussah, stellte sich oft als leuchtendes Plankton heraus, das, von einem unsichtbaren Wellenturm getragen, in Augenhöhe blinkte.

Es war ein seltsames Gefühl, am nächsten Tag mit einer Säge an unser unbeschädigtes Rettungsfloß heranzugehen. Norman und ich sahen uns an, und ich zögerte unbewußt einen kleinen Augenblick, ehe ich durch den Leinenbezug in den Schaumstoff sägte. Dann machten wir uns alle drei daran, unsere einzige Möglichkeit zu zerstören, von dem Boot wegzurudern, auf dem wir bis zu den Knien im Wasser standen.

«Die Leute werden glauben, wir sind verrückt. Keiner wird das verstehen», grinste Juri.

Aber der Beschluß war einstimmig und wohldurchdacht. Das Rettungsfloß wurde wie die Papyrusbündel in schmale Streifen zersägt, die wir dann unter Wasser drückten und auf dem herunterhängenden Deck festzurrten. Das Wunder geschah: Allmählich hob sich der Achtersteven. Er kam so weit hoch, daß sich das Boot besser steuern ließ und die Wellen wieder unter uns wegkrochen, ohne den Badeteich zu überfluten. Das Ereignis wurde gehörig gefeiert. Da ahnten wir noch nicht, daß sich das Meer allmählich an Bord schleichen und den zersägten Schaumgummi holen sollte, Stück für Stück, bis nur noch Papyrusstengel übrig waren. Es war, als würde Neptun sagen: «Keine Pfuscharbeit. Die Leute des Pharaos hatten keinen Schaumgummi.» Die Freude war deshalb nur von kurzer Dauer, aber wir hatten eine gefährliche Last vom Achterdeck entfernt.

Am 19. Juni gierten wir in eine Strömung, gekreuzt von Wellen, die von Felsen an Land stammten – das Meer brodelte. Das Deck der *Ra* wellte sich wie ein Teppich, und an einzelnen Stellen kräuselte sich trockener Papyrus über den Bündeln. Zwischen Mast und Hütte, wo sonst zwei Mann nebeneinander gingen, mußte ein Mann behutsam allein durchschlüpfen; denn der kleine Spalt zwischen Brücke und Hüttenwand öffnete und schloß sich wie ein Nußknacker. Wenn wir in der Hütte auf zwei Kistenstößen saßen, wurden wir in das verlängerte Rückgrat gekniffen. Der erste Tonkrug wurde zerdrückt, so daß zu Safîs Freude die Nüsse herausrollten. Wir entdeckten, daß sich in einem zweiten kein Wasser mehr befand, weil durch die Reibung an dem Nachbarkrug ein rundes Loch an der Seite entstanden war. Das Steuerruder an Backbord wurde repariert und ins Meer getaucht, während uns das Wasser um die Hüften spülte. Aber kurz darauf brach das Steuerruder wieder, und das Blatt hing im Schlepp, als das Segel umstülpte und Carlo und Santiago überraschte, die gerade Wasser aus einem Ziegenbalg zapften. Sie wurden gegen die offene Reling geschleudert und hätten ein kühles Bad genommen, wenn sie nicht festgebunden gewesen wären. Ein großer fliegender Fisch segelte an Bord und schwamm lange fröhlich achtern in dem Teich umher, während Abdullah, wild mit den Armen fuchtelnd, ihn vergebens zu fangen versuchte.

Im Kampf mit Reeps und Segeln und riesigen, gebrochenen Rudern quetschte ich mir böse meine Hand, und es schmerzte noch stark, als ich nachts an Deck kam, um Santiago abzulösen. Er zeigte schweigend auf ein Licht an Backbord. Wir klammerten uns an das Geländer und stellten uns breitbeinig hin, um nicht umzufallen. Cap Vert? Nein, ein Schiff. Es kam direkt auf uns zu. Es gab Signale. Die Lichtzeichen kamen zu schnell; wir verstanden sie nicht. Offensichtlich wollte man etwas von uns wissen.

«*Ra* O. K., *Ra* O. K.», morsten wir mit der Taschenlampe zurück. Das Boot war nun dicht an uns herangekommen, und wir vermuteten, daß es ein Patrouillenboot von Cap Vert war. Es rollte heftig, und wir schaukelten ständig auf und ab.

«Ra, bon voyage», morste es schließlich langsam. Gute Reise. Dann kehrte es um, und bald waren seine Lichter in der Dunkelheit verschwunden.

«Gute Reise», sagte ich zu Santiago, der ins Bett kroch.

Zwei Stunden später pfiff ich schon durch das Bambusgeflecht, um Juri bei dem Lärm zu wecken. Er sollte mich ablösen; die anderen durften schlafen. Da kam es mir vor, als ob dort draußen im schwarzen Meer Neptun selbst das Ruderblatt ergriff. Riesenkräfte entrissen mir das Ruder, die ganze Schute neigte sich, und weiße Kaskaden donnerten aus der Dunkelheit hervor und begruben alles unter meinen Beinen. Die Brücke zitterte, das Knacken brechenden Holzes dröhnte wieder in meinen Ohren. Gab jetzt die Brücke nach? Nein. Es war das zweite Steuerruder. Jetzt hatten wir nichts mehr zum Steuern. Ich mußte durch das Flechtwerk brüllen und alle Mann wecken. Das Segel schlug. Wasser stürzte. Reeps und Holzwerk übertönten die Kommandorufe. Es begann zu regnen. Wir warfen unsere beiden Treibanker aus. Da klappte alles!

«Sie haben uns gute Reise gewünscht», sagte Santiago und starrte in die schwarze Nacht. Weder von Land noch vom Meer waren Lichter zu sehen. Vor uns lag der offene Atlantik – endlich.

«Gute Wache, Juri. Du hast nichts mehr zum Steuern.»

10

In amerikanischem Gewässer. Fünftausend Kilometer mit dem Strom als Zugtier und Wellen als Ladung

Auf der Ra wurde gefeiert. Himmel und Meer lächelten. Die Tropensonne brannte auf das trockene Vorderdeck, und über das Achterdeck spülte friedlich der Atlantik. In der Bambushütte war es kühl und schattig. Wir hatten eine blaue Atlantikkarte mit einer Schnur an die gelbe Bambuswand festgebunden. Über sie zog sich eine Perlenreihe kleiner Bleistiftkreise. Der letzte war ganz neu und berichtete, daß wir heute den 40. Längengrad überquert hatten und uns damit auf der amerikanischen Seite des Atlantiks befanden. Seit mehreren Tagen war Brasilien der nächste feste Punkt gewesen, weil wir jetzt dem südamerikanischen Festland viel näher als Afrika waren. Aber da wir fast direkt nach Westen trieben, überquerten wir das Meer an der breitesten Stelle, und dort lagen die Westindischen Inseln am nächsten.

Dieses Ereignis mußte gefeiert werden. Unser italienischer Meisterkoch Carlo erhielt zusätzlich von dem Gourmet Georges, der die erlesensten ägyptischen Gerichte zubereitete, Hilfe an der Küchenkiste. Nach einem Horsd'œuvre aus marokkanischen Oliven, gesalzenen Wurstscheiben und gepreßtem, sonnengetrocknetem ägyptischem Fischrogen bekam jeder ein riesiges Omelett aus frischen Eiern mit Artischockenböden, Zwiebeln, ganzen Tomaten, kleinen Stücken geräucherter Schafskeule und gepfeffertem Schafskäse; dazu wurden allerlei Gewürze verwendet, von ägyptischem *Kamon* bis zu Wüstenkräutern und rotem Pfeffer. Zum Nachtisch gab es Rosinen, Zwetschgen, Mandeln und als Krönung eine dreifache Ration von Madame Aichas honigsüßen marokkanischen *Sello*-Krümeln.

Wer vermißte Kühlschrank oder Büchsenöffner? Keiner der Vertreter aus sieben Nationen, die sich dieses pharaonische Festmahl einverleibten, während unser Papyrusschiff zur Feier des Tages mit vollem Segel und ohne Wache auf der Brücke in unsere Richtung fuhr.

Wir führten einen schwimmenden Kolonialwarenladen mit uns. Santiago, unser mexikanischer Quartiermeister, sorgte in dem Laden für Ordnung, und Carlo war der einzige zugelassene Käufer. Nur Safi wurde dabei ertappt, wie sie von der Ladung mauste. Ohne Santiagos Nummern lesen zu können, besaß sie eine besondere Begabung dafür, genau die Krüge mit Nüssen zu entkorken. Santiagos kleines Buch konnte uns sagen, daß sich in den Krügen 1–6 zum Beispiel frische Eier in Kalkwasser befanden. 15–17 waren mit ganzen gekochten Tomaten in Olivenöl gefüllt. Die Krüge 33 und 34 enthielten selbstgemachten Schafskäse, gewürfelt, in Olivenöl, oben mit ungemahlenem Pfeffer bedeckt. In die Krüge 51–53 hatte Aicha nach Art der Berber gekochte und mit Salz geknetete marokkanische Butter gefüllt. Die Krüge 70–160 enthielten frisches Quellwasser aus einem Dorfbrunnen vor Safî, wohingegen man dem Wasser in den Ziegenledersäcken, wie die Wüstenbewohner, kleine Klumpen Teerpech beigemengt hatte; sonst würde es faulen. In den anderen Krügen und in Körben und Säcken hatten wir Honig, Salz, Erbsen, Bohnen, Reis, verschiedene Korn- und Mehlsorten, getrocknetes Gemüse, *Karkadé*, Kokosnüsse, *Karubu* oder Johannisbrot, Nüsse, Datteln, Mandeln, Feigen, Zwetschgen und Rosinen. Unsere Körbe mit frischen Hackfrüchten, Gemüse und Obst waren nach zwei bis drei Wochen leer. Unter dem Dach des Bambusalkovens, der durch die Verlängerung des Hüttendachs nach vorn entstanden war, hingen Fleisch und Würste, gesalzen und geräuchert, Zwiebelbündel, getrockneter Fisch und Netze mit gepreßtem ägyptischem Fischrogen. Unter diesem pendelnden Vorratsspeicher standen geflochtene Kisten mit Hartbrotsorten nach altägyptischem, russischem und norwegischem Rezept. Wir wollten feststellen, ob ein Papyrusboot über das Meer fahren konnte – nicht, ob wir ägyptische Menüs vertrugen. Auch wollten wir herausfinden, ob Krüge und Körbe die Anforderungen einer solchen Reise überstehen würden und ob man ohne Konserven und tiefgefrorenes Essen leben konnte, wenn man kein Glück beim Fischfang hatte. Das war eindeutig gar kein Problem.

Als Georges am 40. Längengrad die Spielregeln verletzte und eine der beiden Sektflaschen öffnete, die wir auf der *Ra* mitführten, und als Juri röschenverzierte russische Holztassen mit seinem umwerfenden Eigengebräu verteilte, da bedankte sich Abdullah. Er klopfte sich auf seinen zur Feier des Tages prallgefüllten Bauch und verschwand über die Krüge, um sich vor seinem Dankgebet zu Allah im Binnenmeer achtern zu waschen.

Als er zu seinen irdischen Freunden zurückkehrte, wollte er gern eine Erklärung für den Bleistiftstrich auf der Karte haben, dem er ein so vorzügliches Essen verdankte. Daß wir ständig die Uhr zurückstellten, weil die Erde rund war und die Sonne nicht gleichzeitig auf alle Seiten einer Kugel schien, das verstand Abdullah. Und daß Carlo eine automatische Armbanduhr besaß, die noch ebensogut ging, nachdem sie fünf Wochen unaufgezogen in einer Schachtel an Bord gelegen hatte, das verstand er auch; denn die Bambushütte der *Ra* bewegte sich genügend, um ein Uhrwerk in Gang zu halten. Aber er konnte nicht begreifen, daß wir jeden Tag die Fahrtroute in eine Karte eintrugen, auf der das Meer der Höhe und der Breite nach von geraden

Linien aufgeteilt wurde. Heute hatten wir den 40. Längengrad passiert, und bis jetzt hatte er noch keinen einzigen Grad zu Gesicht bekommen. Und Norman erklärte. Land und Meer waren in gedachte Routen eingeteilt, die numeriert wurden, so daß man seine Position in Zahlen angeben konnte.

«Aha», sagte Abdullah. «Auf dem Land liegen die Routen wohl still, aber auf dem Meer bewegen sie sich mit dem Strom nach Westen, selbst bei Windstille.»

«Wir müssen uns die Routen auf dem Meeresgrund vorstellen», unterbrach ihn Norman. Weiter erklärte er, wir seien von Safî abgefahren, das auf dem 9. Längengrad westlich liegt, und hätten heute den 40. überquert. Gleichzeitig waren wir auch nach Süden gefahren, vom 32. Breitengrad nördlich bis zum 15., und wir befanden uns jetzt genauso weit südlich wie Abdullahs Heimat im Tschad.

Abdullah fand nun selbst heraus, daß der westlichste Punkt Afrikas, Dakar, 18 Grad westlich lag und die östlichste Küste Brasiliens, Recife, auf 36 Grad westlich, so daß wir jetzt, nachdem wir 40 Grad westlich passiert hatten, mit gutem Grund die Ankunft in der amerikanischen Hälfte des Atlantiks feierten.

Auf Deck ging das Fest weiter. Juri war auf den Deckel der Küchenkiste geklettert und trampelte und hüpfte, so gut er das bei dem Schlingern vermochte; dazu sang er russische Volkslieder. Als er bei den *«Wolgaschleppern»* war, fielen alle ein. Nach ihm stand Norman mit einer Mundharmonika auf der Kiste und leitete den ganzen Chor zu *«Down in the Valley ...»* und anderen Cowboysongs. Danach folgten Italien mit zackigen Alpenmärschen, Mexiko mit zündenden Revolutionsgesängen, Norwegen mit friedlichen Seemannsliedern und Ägypten mit exotischen Kehllauten; dazu wurden Bauchtänze vollführt. Aber den Sieg trug der Tschad davon: teils wegen Abdullahs Hingabe, teils wegen des absurden Kontrastes zwischen dem Meer als allgegenwärtigem Hintergrund und dem Zentralafrikaner, der auf der Kiste stand, auf einem Topf trommelte und seine rhythmischen Dschungeltöne dazu sang.

Zwischendurch verschwand die Wache nach achtern und schaute auf den Kompaß. Wir segelten mit Rückenwind immer noch mit einer durchschnittlichen Geschwindigkeit von 50–60 Seemeilen, etwa 100 Kilometern in 24 Stunden, direkt nach Westen. Sechs Tage, nachdem wir die Kapverdischen Inseln vor der afrikanischen Westküste passiert hatten, war es die reine Hölle gewesen, den herunterhängenden Achtersteven mit den plumpen Resten der zusammengestückelten Steuerruder im Zaum zu halten. Aber mitten auf dem Ozean waren die Wellen friedlicher geworden, und wir hatten uns mit dem Meer auf einen *status quo* geeinigt: Wenn wir den Wellen hinten bis zur Hüttenwand gratis Einlaß gewährten, sorgte das Meer mit der Strömung dafür, daß Wellen und Mannschaft in angemessener Geschwindigkeit nach Westen befördert wurden. Carlo gehörte zu denen, die im stillen darunter litten, den Stert der *Ra* hinter uns einsam aus dem Wasser ragen zu sehen; es war unerträglich, unseren einst so stolzen Goldvogel mit einem Schwanenhals und einem Krötenschwanz schwimmen zu sehen. Aber an einem solchen Festtag galt es nur, sich auf dem Vorderteil des Schwans aufzuhalten und zu vergessen, daß er hinter der Hütte zu einem Frosch entartet war.

Bei Sonnenuntergang hatten wir mit Carlos Küchengerät ein Orchester gebildet. Die *Ra* knarrte so zaghaft, daß wir mit unseren ausgesuchten Instrumenten die Katzenmusik des Papyrus übertönten. Carlo kam nicht an die Küchenkiste heran und servierte deswegen nur russisches Hartbrot mit Honig. Das Brot schmeckte uns besser als der feinste Kuchen, es wurde aber in großen schwarzen Klumpen serviert, die hart wie Koks waren. Ich hatte etliches verschlungen, als es knackte und meine einzige Jacketkrone über den Papyrus wegsprang, und ich blieb benommen sitzen und fühlte mit der Zungenspitze ein abscheuliches, kleines Loch.

«Schlechtes kommunistisches Brot!» kommentierte Norman; das ging gegen unseren russischen Schiffsarzt.

Juri bückte sich, hob den kleinen Stummel auf und untersuchte ihn eingehend.

«Schlechter kapitalistischer Zahnarzt!» parierte er.

Unter Lachsalven, mit Gesang und Musik wurde weitergefeiert, bis der Sonnengott *Ra* direkt vor der Nase seines maritimen Namensvetters im Meer versank. Es war, als ob die leuchtende Himmelskugel den Schwanenhals unserer *Ra* gen Westen lockte. Herrliche Strahlen, die keine Königskrone imitieren konnte, breiteten sich wie ein Diadem vom Horizont über den Himmel aus. Ein Versuch des Tropenmeeres, arktisches Nordlicht zu imitieren. Zuerst in gleißendem Gold, dann rot wie Blut, orange, grün, violett. Dann langsam schwarz, während funkelnde Sterne ebenso langsam aus der Dämmerung hervortraten, in die der Sonnenkönig versank. Die Majestät hatte sich entfernt. Das Volk kam scharenweise hervor, um ihr in einer Prozession nach Westen zu folgen.

Wir lagen mit dem Rücken auf vollen und leeren Ziegenledersäcken und philosophierten. Vor der Hütte ging der Blick ins Unendliche, nichts störte den Gedankenflug. Wir hatten einen schönen Tag erlebt, wir waren satt, wir hatten gefeiert und gelacht; jetzt wollten wir nur die Sterne betrachten und unsere Gedanken schweifen lassen.

«Du bist ein netter Kerl, Juri», sagte Norman. «Gibt es viele von deiner Sorte in Rußland?»

«Noch zwei», sagte Juri. «Der Rest ist im allgemeinen besser. Aber gibt es in deinem Land noch brauchbare Kapitalisten, nachdem du hier bist?»

«Danke für das Kompliment», antwortete Norman. «Wenn du

mich brauchbar findest, dann wirst du dich auf der anderen Seite erst recht freuen können!»

So ergab sich eine friedliche Diskussion über Kommunismus und Kapitalismus, über Antikommunismus und Antikapitalismus, über Alleinherrschaft und Diktatur der Massen, darüber, was wichtiger sei, Essen oder Freiheit, darüber, warum die Vertreter der Völker einander hassen, obwohl sich die einfachen Bürger aller Länder so gut verstehen, wenn sie sich nur kennenlernen. Ob die Hippiebewegung in Ost und West von der Jugend oder ihren Vätern gemacht wurde, ob sie bei fortschreitender Zivilisation in Vergessenheit geraten oder zunehmen werde, ob sie eine Art Thermometer sein könne und anzeige, daß die Zivilisation – an die wir und unsere Väter glaubten und die wir Tag und Nacht fieberhaft aufbauten – von künftigen Generationen nicht akzeptiert werden würde. Ägypter und Sumerer, Maya und Inka haben Pyramiden gebaut, Mumien einbalsamiert und geglaubt, auf dem rechten Weg zu sein. Sie haben ihre Ideen mit Schleuder, Pfeil und Bogen verteidigt. Wir meinen, daß sie den wahren Sinn des Lebens nicht erkannt hatten. Deshalb bauen wir Atombomben und Anti-Anti-Raketen. Jetzt steigen unsere Kinder auf die Barrikaden, behängen sich mit indianischem Schmuck, lassen das Haar wachsen und spielen auf dem Fußboden Gitarre. Sie flüchten mit künstlichen Mitteln in ihr Inneres; dort können sie viel weiter vordringen als bis zu Sonne und Mond.

Man wird philosophisch, wenn Sterne und Plankton in einer Welt leuchten, die noch immer die gleiche ist wie zu der Zeit, bevor der Mensch sie erblickte und sich mit seinen tausend Millionen geschäftigen Händen an ihr versuchen konnte. Wenn man bei Sternenlicht zusammensitzt und weiß, daß man gemeinsam schwimmen oder untergehen wird, ist es leichter, die Ansicht des anderen zu tolerieren, als wenn man durch Ländergrenzen getrennt dahockt, die Nase in einer Zeitung oder vor der Fernsehröhre. An Bord der *Ra* kam es nie zu einem hitzigen politischen oder religiösen Wortgefecht. Jedem das Seine. Wir hätten eigentlich die äußersten Gegensätze vertreten sollen – und das taten wir wohl auch. Aber unser gemeinsamer Nenner war gar nicht so klein. Er war leicht zu finden. Vielleicht, weil wir sieben an Bord uns gegenüber unseren einzigen gemeinsamen Nachbarn, die mit Kiemen atmeten und ganz andere Interessen und Ambitionen als wir hatten, als Einheit betrachteten. Die Menschen waren sich trotz allem verdammt gleich, wenn auch manche eine krumme und andere eine flache Nase haben.

Es plätscherte im Dunkeln, ein schwerer Fisch schlug gegen Papyrusdeck und Bambuswand. Ein Jubelruf von Georges verkündete, daß er eine einen halben Meter lange Makrele aufgespießt hatte. Im Schein seiner Lampe, die er beim Fischstechen benutzte, sahen wir Tintenfische. Sie folgten uns; ruckweise, alle Arme über den Kopf gestreckt, schwammen sie rückwärts, füllten sich mit Wasser und preßten es in starken Stößen wieder heraus, so daß sie rückwärts durch das Wasser schossen – das Düsenprinzip. So entflohen sie ihren Verfolgern. Sie hatten es schon vor den Menschen. Der Pottwal, der uns besucht hatte, konnte bei einem Druck von hundert Atmosphären bis zu tausend Metern Tiefe tauchen, ohne unten in der ewigen Finsternis mit dem Kopf auf Grund zu stoßen; er besaß ein eingebautes Radargerät – vor den Menschen.

«Juri, du bist doch Atheist. Kann in allem, was dort oben blinkt, System sein, wenn der Mensch noch nicht dort gewesen ist?»

«Ich bin kein richtiger Atheist; ich glaube nur nicht an all die Taschenspielertricks der Kirche.»

«Darwin gibt der Kirche zumindest darin recht, daß Sonne und Mond, Fische, Vögel und Affen zuerst da waren. Als die Menschen endlich dazukamen, war alles klipp und klar, jetzt wollen wir nur noch darauf kommen, wie wir selbst und das Universum zusammengesetzt sind.»

Es war herrlich, völlig entspannt in angenehmer Gesellschaft mit dem friedlichen Meer dazuliegen und nur auf ebendieselbe Erscheinung zu starren, die Seefahrer und Wüstenwanderer seit Tausenden von Jahren vor uns betrachtet hatten. Moderne Großstadtmenschen, von der Straßenbeleuchtung geblendet, haben den Sternenhimmel aus den Augen verloren. Die Astronauten versuchen ihn wiederzufinden. Ich döste. Wir beschlossen, alle, außer der Wache, ins Bett zu gehen. Schwere Tage lagen hinter uns, und wir wußten nicht, was uns bevorstand. Es war kein Spaß, wenn wieder ein Unwetter aufzog. Der Achtersteven hing völlig unten, und als Wellenkaskaden vom Achterdeck den Männern, die mit dem Kopf an der Rückwand schliefen, in den Nacken stürzten, hatten wir an der hinteren Schmalwand und der Längsseite der Hütte steuerbord Segeltuch gespannt. Ich dachte mit gemischten Gefühlen an die wichtigsten Eindrücke der letzten Tage, ehe wir in friedliche Dünung gekommen waren.

Nachdem wir vor den Kapverdischen Inseln unserer beiden Steuerruder beraubt worden waren, hatten Juri und Georges in nächtlicher Dunkelheit eine provisorische Methode erfunden, bei der jeweils zwei Wachen durch einfaches Ziehen an den Schoten des Segels leidlich steuern konnten. Es kam ja nur darauf an, das Achterende im Wind zu halten, so daß das Segel gebläht wurde und nicht flatterte und gegen die Masten schlug. In den ersten Nächten nach den Kapverdischen Inseln waren wir von gewaltigen Wellen heimgesucht worden, die mit Donnergetöse gegen die hintere Hüttenwand über das Segeltuch prasselten, ehe sie zu beiden Seiten von der *Ra* stürzten. Dieser ständige Lärm am Kopfende erschwerte schon das Einschlafen, und wenn wir eingeschlafen waren, wurden wir gleich wieder geweckt, um in die Dunkelheit hinauszukriechen und uns mit dem acht Meter großen

Riesensegel herumzuschlagen, das sich drehte. Wellen und Segeltuch. Wir wurden wie Puppen auf die Krüge geworfen und taumelten wie angeschlagene Boxer von Hüttenwand und Reeps zum äußersten Dollbord. Über Rücken und Gesicht lief Salzwasser. Wieder in den Schlafsack – wieder hinaus. Auf Deck vierzehn fliegende Fische zum zweiten Frühstück. Sieben Makrelen in einer Stunde geangelt. Wahnsinn, Georges! Abdullah schafft nicht alle. Laß sie hinterherschwimmen, dann sind sie immer frisch, wenn wir sie brauchen. Zwei verschwanden in dem Teich achtern, eine schwamm unter der Brücke herum, und eine versteckte sich unter dem Gleitblock. Nach heftigem Kampf wurden sie mit den Händen gefangen. Der Fisch war ein einziges, ungemein kräftiges, schlüpfriges Muskelbündel. Eine Hand um die schmale Schwanzwurzel und eine in die Kiemen gesteckt – und dann ging der zappelnde große Fisch nicht mit den Wasserkaskaden über Bord. Da riß sich der Querbalken los, auf dem die Brückenpfähle standen. Es knackte, die ganze Brücke gab nach. Tau, Tau! Wasser über den Kopf. Phantastisch, Männer! Jetzt hält es. Fühlst du dich nun wohl, Carlo? Genau wie in den Alpen. Du kannst hier jetzt nicht schlafen, Georges. Wir werden dich ins Bett tragen. Verdammt, wie die Arme schmerzen! Habe ich geschlafen? Nicht ganz. Sind wir noch auf der *Ra*? Gewiß, der Papyrus knarrt. Aber draußen leuchten Sterne, wir sind richtig auf dem Meer.

Es war schwierig, diese ersten Tage nach Cap Vert auseinanderzuhalten, die Zeit war nicht mehr zu trennen. Aber im Tagebuch stand dann, der 20. Juni sei bisher der härteste Tag gewesen. Am 21. Juni wurde eingetragen, die Nacht sei die schwerste gewesen, die wir erlebt hatten, und der Tag war auch nicht besser. Aber ohne Segel und Steuerruder und mit einem Treibanker, der im Schlepp hing und bremste, konnten wir trotz allem eine Tagesleistung von 31 Seemeilen, 57 Kilometern, in Richtung Amerika notieren – die niedrigste der ganzen Reise. Am 22. Juni wirkte sich das Ende des hinunterhängenden Gleitklotzes so störend auf den Kurs aus, daß Georges mit Brille tauchen und den dicken Klotz unter Wasser absägen mußte. Während drei von uns in der Dämmerung halb über Bord hingen, tauchte ein Dutzend schwarzweißgefleckter Delphine auf und spielte so dicht neben uns an der Papyrusrolle, an der wir hingen, daß wir sie anfassen konnten. Sie tummelten sich dicht an den Schilfbündeln, rollten geschmeidig, fast geräuschlos umher, als wären sie Seifenblasen und nicht hundert Kilo schwere Muskelbündel. Als Georges außenbords war und die Dünung Abdullah und mir bis zu den Hüften stieg, erlebten wir den Wal in seinem Element. Er tat uns nichts, und wir ließen ihn friedlich in unserem gemeinsamen Badewasser spielen. An dem Tag entdeckten wir zum erstenmal, daß die Wellen, die gegen die Hüttenwand schlugen, über den Boden der Hütte weiter eindrangen. Der Boden der Funkkiste war klitschnaß. Allmählich fiel der Hüttenboden so schräg nach Steuerbord ab, daß einige von uns versuchten, ihre Matratzen quer zu legen.

Am 25. Juni herrschte eine merkwürdige Atmosphäre. Es wechselte mehrmals zwischen kalter und tropisch warmer Luft. Ein paarmal erlebten wir eine Hitzewelle; es roch nach trockenem Sand, wie ich es von der Sahara kannte. Man hätte glauben können, wir würden uns direkt vor einer Wüstenküste abquälen. In jener Nacht war das Meer noch schlimmer als in der vorigen. Wir mußten alles Bewegliche noch weiter nach vorn stellen. Sämtliche Kisten, auf denen wir in der Hütte schliefen, wurden vom Wasser umspült, wenn sich die *Ra* auch wie nie zuvor über das Wellenchaos stürzte. Sie ritt wie ein Zauberteppich.

Dann kamen wir endlich in ruhiges Wetter mit einer frischen Brise, rollender Dünung und Sonne. Der Passatwind blies gleichmäßig aus Ost und Nordost, und die Elemente benahmen sich etwa so, wie es in diesen Breitengraden zu erwarten war. Als das Wetter umschlug, kam uns der erste patrouillierende Hai entgegen; plötzlich strich er so dicht an Georges vorbei, daß er seine Beine an Bord ziehen mußte – aber der Hai glitt nur weiter und verschwand im Kielwasser.

Der 28. Juni war einer der herrlichsten Tage auf der *Ra*, und jeder ging friedlich seiner Beschäftigung nach. Georges saß mit Abdullah in der Türöffnung und brachte ihm Arabisch bei. Andere beschäftigten sich mit Angelrute oder Tagebuch. Dann hörten wir ein herzzerreißendes Brüllen. Das war der ruhige Norman! Er hing auf dem Vorderdeck außenbords, um seine ewige Erdleitung zu befestigen, aber jetzt hing er dort wie gelähmt, mit verzerrtem Gesicht, und kam mit dem Unterkörper nicht an Bord. Alle dachten an das Schlimmste: Haie. Wir zogen ihn an Bord. Die Beine fehlten nicht, aber dort hing das Biest. Sein Unterkörper war in die glänzenden hellroten Nesselfäden einer großen portugiesischen Nesselqualle eingewickelt. Als Norman in die Hütte gebracht wurde und Herztabletten bekam, war er im Koma.

«Ammoniak», stieß Juri hervor. «Wir brauchen Ammoniak! Nur das hilft, die ätzende Säure zu neutralisieren, die jetzt in den Körper dringt. Urin ist voll Ammoniak, Männer – das ist mein Ernst.»

Zwei Stunden lang rieb Juri Norman mit einem Lappen ein, der in eine Kokosnußschale voller Urin getaucht war, während der Patient sich in Krämpfen wand, bis er bewußtlos wurde und einschlief. Beine und Unterkörper waren von Brandflecken wie von Peitschenhieben bedeckt. Als Norman erwachte und von seinen Beinen auf die unschuldigen Schaumblasen blickte, die täglich auf der glatten Dünung schwammen, rief er wie betrunken: «Seht, jetzt ist das ganze Meer um uns herum voller kleiner Nesselquallen!» Er beruhigte sich bei einer Tasse warmer Suppe aus getrockneten Früchten. Am nächsten Tag war er immer noch verdrießlich und brüllte mit Georges herum, auf den er es plötzlich abgesehen hatte. Aber ehe es Abend wurde, hatten sich die beiden die Hand gereicht und sangen zusammen Cowboysongs.

Am 30. Juni trieben wir wieder in einem Teil des Weltmeeres, der voller Ölklumpen war. Von morgens bis abends fuhren wir mit ihnen um die Wette. Dann tauchte weit hinter uns im Kielwasser ein prachtvoller Vollmond auf. Eine unvergeßliche Nacht mit Mondschein auf gelbem Papyrus und burgunderfarbenem Segel. Allmählich verblaßten die Sterne am östlichen Horizont, wir hatten nicht mehr Mai und auch nicht Juni; jetzt begann der Juli, und wir transportierten immer noch tonnenweise Nutzlast.

Am 1. Juli tauchte am nordwestlichen Horizont ein Schiff mit vielen Masten und Ladebäumen auf und fuhr mit Kurs nach Südost ganz dicht an uns vorbei. Wir kreuzten gerade die Schiffsroute zwischen den USA und Südafrika. Alle standen auf der Brücke, dem Hüttendach und der Mastleiter, um diesen Boten des zwanzigsten Jahrhunderts zu sehen, bis die letzte Mastspitze hinter dem Horizont verschwand. Dann waren wir wieder mit den Wellen allein, einsamer als zuvor. Georges blieb auf der Brücke und summte melancholisch vor sich hin. Dann stieß er ein Gebrüll aus.

«Sie kommen zurück!»

Und tatsächlich: Am Horizont erschien das eben verschwundene Schiff wieder und steuerte nun direkt auf uns zu. Die Leute an Bord mußten darüber geredet haben, welchem merkwürdigen Ding sie da begegnet waren, und nun hatte der Kapitän beschlossen, deswegen umzukehren. Das Schiff fuhr mit mächtigem Getöse direkt auf die *Ra* zu. *African Neptune, New York*, stand am Bug, als es beidrehte, sich neben die *Ra* legte und sich alle Decks mit winkenden Menschen füllten.

«Können wir euch helfen?» brüllte Norman seinen Landsleuten in ausgelassener Lebensfreude zu.

«Nein, danke – aber vielleicht können wir euch mit irgend etwas aushelfen», erklang ein Megaphon von der Kommandobrücke.

«Obst!» riefen wir in allen Sprachen von der *Ra*.

Währenddessen fuhr die *Ra* immer weiter geradeaus und war auf dem Weg, die Papyrusspitze direkt in den Eisenrumpf zu rennen, da erschreckten unser wildes Gebrüll und unsere heftigen Gebärden den Ozeandampfer; er warf die Schraube an und dampfte eilig davon. Es war nicht leicht, einem solch unberechenbaren Wildfang etwas zu übergeben. Neptuns Namensvetter drehte eine große Runde um den kleinen Namensvetter des Sonnengottes, und als er unsere Fahrtrichtung kreuzte, wurde ein Sack an einer orangefarbenen Schwimmweste in die See geworfen. Der Sack wirbelte im schäumenden Kielwasser des Riesen davon. Georges hatte schon seinen Taucheranzug gegen die portugiesischen Nesselquallen angelegt und sprang, ein langes Tau um den Leib, ins Wasser. Als wir ihn hereinzogen, hatte er reiche Beute gemacht: 39 Apfelsinen, 37 Äpfel, 3 Zitronen, 4 Pampelmusen und eine nasse Rolle amerikanischer Illustrierter. Wir winkten und brüllten unseren Dank hinüber. Plötzlich war das Vorderdeck in einen farbenfrohen Weihnachtstisch verwandelt. Frisches Obst und Obstsalat in einer Salzwasserwüste. Die Kerngehäuse für Safî, die Kerne für Sindbad.

Diese Tage zählten zu den schönsten auf der *Ra*. Abdullahs Papyrusbollwerk und Carlos Dschungel aus Strecktauen überall an Hütte und Achtersteven hatten uns gleichsam ein wenig an den Haaren herausgezogen. Von dem schlingernden Ozeandampfer aus betrachtet, wirkten wir bestimmt ganz ansehnlich. Wir an Bord des Schilfboots waren alle gleichermaßen von der unglaublichen Stärke und Tragfähigkeit des Papyrus beeindruckt. Papierboot? Vielleicht. Aber nur die Baumstämme brachen. Der Papyrus hatte sich als vorzügliches Material erwiesen. Im Salzwasser zeigte sich, daß seine Stärke von den Theoretikern, ob sie nun Anthropologen oder Papyrusexperten waren, völlig falsch eingeschätzt wurde. Ebenso falsch war es, zu glauben – was auch wir geglaubt hatten –, die Papyrusboote des Altertums, wie sie in Ägypten an die Wände gemalt wurden, seien primitive Fahrzeuge gewesen. Das einzige, was ein ägyptisches Papyrusschiff mit einem Floß gemeinsam hatte, war, daß beide schwammen, selbst wenn man in den Boden ein Loch bohrte. Sowohl die *Ra* als auch die *Kon-Tiki* waren Floßschiffe, weil ihnen der Rumpf fehlte. Aber wenn man das Schilfboot *Ra* mit dem Holzfloß *Kon-Tiki* verglich, konnte man genausogut ein Auto mit einem Karren vergleichen. Ein Karren kann selbst von einem Pferd in Bewegung gesetzt werden, aber ein Auto erfordert Fahrlehrer und Führerschein. Wir hatten das nicht. Wir waren mit einem sinnreichen ägyptischen Fuhrwerk gestartet, ohne seine Problematik zu kennen. Das Boot bestand aus erstklassigem Material, aber wenn man nicht alle seine Geheimnisse kannte, konnte man leicht einen wichtigen Teil zerstören, ehe man durch Experimentieren entdeckte, wozu die Teile dienten und wie sie benutzt werden mußten. Wir lernten ständig aus unseren Fehlern und aus dem, was wir richtig machten.

Am 4. Juli rüttelte mich Georges mit bekümmertem Gesicht wach. Er meinte, an mehreren Stellen am Horizont Windhosen zu sehen. Schwarze Bänder zwischen Himmel und Meer sahen bei Sonnenaufgang furchterregend aus, aber es waren nur vereinzelte Regenschauer. Bald prasselte es auf Schilfdeck und Bambusdach. Der ungewohnte Trommellaut weckte die Männer, und alle wuschen sich in der Morgendämmerung das Salz aus dem Haar und vom Körper. Wir hatten noch so viel Wasser in den Krügen, daß wir nichts aufzufangen brauchten. Die Regenschauer kehrten immer wieder, den ganzen Tag, den nächsten und den übernächsten. Der Regen glättete die Wellen und machte sie flacher als je zuvor, aber das Schilfboot wurde schwer und durch und durch naß. Der Passatwind flaute ab und wehte nur gelegentlich träge, mit Drapierungen aus Regenwolken. Die *Ra* schlich wie auf Zehenspitzen, mit Mühe und Not ging es vorwärts. War es die Stille vor dem Sturm?

Wir konnten oft baden und uns aus der Fischperspektive über die schwellenden, starken und zähen Papyrusbündel freuen. Daß wir wieder an zwei aufeinanderfolgenden Tagen zwischen Hunderttausenden von kleinen schwarzen Klumpen trieben, die wie wir auf dem Weg nach Amerika waren, minderte die Freude. Wir fuhren schneller, denn sie folgten nur der Strömung. Mitten im Weltmeer des Kolumbus schwammen wir zwischen ihnen und bekamen schwarze Hände, wenn wir sie anfaßten. Auf einigen saßen kleine Muscheln. Auf dem Bauch der *Ra* hatten sich Hunderte von langhalsigen Entenmuscheln und eine kleine, schreckhafte Krabbe angesiedelt. Ab und zu sahen wir große Scharen fliegender Fische, die wie Heringe vor uns herschwammen. Sie waren ängstlich, aber unsere kleinen Lotsenfische und *Pampano*, diese gefleckt und jene gestreift, wurden so aufdringlich, daß sie uns zwickten und in den Sack mit dem Trockenfisch Löcher bissen, wenn Carlo ihn zum Weichen über Bord hing.

Am 5. Juli sah der Ägypter Georges zum erstenmal in seinem Leben einen Regenbogen. Der Sonnenuntergang an diesem Tag war mindestens ebenso farbenprächtig. Farbe, die für hundert Regenbogen ausgereicht hätte, wurde mit einem unsichtbaren Pinsel in unserer Fahrtrichtung auf das Himmelsgewölbe gemalt. Norman saß gekrümmt in der Hütte und arbeitete mit Karte und Lineal an einer Tischplatte, die an der Korbwand hing. Wir anderen lagen auf unseren trockenen Heumatratzen und warteten auf das Resultat. Durch die Ritzen der Vorderwand sahen wir das Farbenspiel des Sonnenunterganges erlöschen, und Carlo zündete die Paraffinlampe an, die dann über die Mastleiter verschwand.

«Jetzt sind wir 4009 Kilometer gefahren», kam es endlich von Norman. «Damit haben wir weit über die Hälfte geschafft. Jetzt beträgt der Abstand zu den Westindischen Inseln nämlich genau 2425 Kilometer, das heißt, er ist viel kürzer als die Strecke bis zurück nach Safî.»

«Der Stert bremst, sonst wären wir noch schneller gefahren», sagte Juri. «Gestern sind wir nur auf 77 Kilometer gekommen.»

«Der Stert bremst, aber schlimmer ist, daß wir dadurch im Zickzack fahren. Heute sind wir die ganze Zeit 30 Grad nördlich und südlich um den Hauptkurs gependelt, obwohl alle Mann nacheinander am Steuerruder gestanden haben. 60 Grad im Zickzack, das bedeutet viele Seemeilen zusätzlich. Ich rechne nur mit dem kürzesten Abstand zwischen den Mittagspositionen», sagte Norman. «Wären wir wegen dem Stert nicht so mächtig im Zickzack gefahren, dann könnten wir um diese Zeit schon am Ziel sein.»

«Die Alten, die alle Tricks des Papyrusbootes kannten, wären schon längst drüben gewesen», sagte Georges.

Es knarrte friedlich im Papyrus und plätscherte leise hinter dem Kopfende, als würde jemand hinter einem Wandschirm in die Badewanne steigen.

«Ich habe gedacht, das Meer sei schlimmer, je weiter man hinaus kommt – aber es ist ja umgekehrt», lachte Santiago. «Unter Anthropologen glaubt man gewöhnlich, die primitiven Seefahrer hätten überall hinfahren können, solange sie sich dicht an der Küste hielten; aber gerade dort ist es ja am schlimmsten!»

«An Küsten und um Inseln werden Wellen und Strömung zu allerlei Wirbeln und Rückströmungen zusammengedrängt. In Landnähe läuft die See viel leichter Amok als auf dem offenen Meer, wo sich die Wellen lang ausstrecken können. Selbst ein Sturm ist an der Küste gefährlicher.»

«Der Fehler liegt darin, daß Anthropologen und andere Wissenschaftler hin und her diskutieren, ob Schilfboote und Flöße ein Weltmeer überqueren können oder nicht; zu einer Einigung kommen sie nie. Aber wenn jemand versucht, es in der Praxis herauszufinden, sind alle entrüstet, denn da bekommt man die Antwort auf eine unwissenschaftliche Weise serviert.»

Das wußten Santiago und ich zur Genüge. Ich war frei von Verpflichtungen und konnte darüber lächeln, aber Santiago hatte es große Mühe gekostet, von der Universität Urlaub zu bekommen, um an einer so unwissenschaftlichen Unternehmung wie der Fahrt auf einem Schilfboot teilzunehmen. Papyrus läßt sich in der Badewanne testen. Wissenschaftler arbeiten in Bibliotheken, in Museen, in Laboratorien. Sie spielen nicht Wilde auf dem Atlantik.

Nun schaukelten wir auf dem Meer, bärtig und mit sonnengebräunter Nase, und bekamen eine ganz andere Antwort, als alle Lehrbücher nahelegten. Wir erzielten ein anderes Resultat als der Spezialist, der einen Papyrusstengel in ein Wassergefäß gelegt hatte. Wenn man ein Stück Balsaholz im Laboratorium testet, dann sinkt es nach ein oder zwei Wochen. Aber verwendet man, wie die Indianer, frisch geschlagene Stämme und läßt sie noch voller Saft ins Meer, dann schwimmt man allen Voraussagen zum Trotz 101 Tage auf Balsaholz und landet in Polynesien. Nun hatten die Papyrusexperten lose Papyrusstengel in stehendes Wasser gelegt, und diese verloren rasch ihre Tragfähigkeit; von dem Pflanzengewebe begannen auch Blasen aufzusteigen, es verfaulte. Zwei Wochen sind das Maximum, lautete das Fazit. Nun waren sieben Wochen vergangen. Genau dieselbe Schilfsorte, die im Laboratorium sank, trug uns jetzt zusammen mit vielen Tonnen Ladung. Warum? Weil die Spezialisten in einer Badewanne mit dem Schilf experimentierten, während die Seefahrer des Altertums mit fertigen Schilfbooten auf dem salzigen Meer kreuzten. Die Erfahrung hatte den Schilfbootbauern von Ägypten bis Peru gezeigt, daß das Schilf durch die abgeschnittene poröse Endfläche Wasser saugt und nicht durch die dichte Faserhaut um den Stengel. Deswegen verwendeten sie eine spezielle Technik beim Bau ihrer Schilfboote. Die Endstücke sämtlicher Binsen wurden zusammengepreßt, daß sie kaum Wasser einließen. Wie sich herausstellte, waren *Papyrus* und Papyrus-*Boot* zwei verschiedene Dinge.

«Solange die Taue halten», sagte Abdullah jeden Tag, «so lange schwimmen wir. Erschlaffen die Taue, saugt der Papyrus Wasser. Gehen die Taue ab, fallen wir durch das Schilf.»

Ehe zwei Monate vergangen waren, hatten wir uns schon so an unsere Umgebung gewöhnt, daß es uns oft erschien, als wären wir Zeitgenossen derer, die das Papyrusboot geschaffen und es wie wir mit Krügen und Körben und Taurollen und Fellen, Salz und getrockneter Nahrung, Nüssen und Honig beladen hatten. Unsere wechselnden Stimmungen mußten auch die Seefahrer des Altertums und des Mittelalters vor uns erlebt haben, nichts war neu, nichts wirkte fremdartig. Gemeinsame Probleme, gemeinsame Freuden – Himmel und Meer waren zeitlos. Fern der Gegenwart saßen wir auf unseren Schilfbündeln, keiner von uns war noch Wissenschaftler, wir waren alle Statisten in einem wissenschaftlichen Experiment, das, einmal in Gang gesetzt, von allein ablief. Allmählich rückten uns unsere Ahnen näher auf den Leib, fehlten der Zeit die Dimensionen, wurden die vergangenen Jahrhunderte kurz, das Zeitbild verzerrt. Die Wikinger befanden sich direkt hinter dem Horizont oben im Nordatlantik, Kolumbus stampfte im Kielwasser. Bald waren die Pyramidenbauer Georges' Großeltern geworden, jedenfalls wurde er auf seine ägyptischen Ahnen, die er früher als Erfindungen der Schulbücher betrachtet hatte, immer stolzer.

«Wenn der Achtersteven hält, fahre ich durch den Panamakanal und über den Pazifik», fabulierte Georges gewöhnlich. «Wenn es diesmal nicht klappt, baue ich ein neues und fahre noch einmal. Sicher haben meine Vorfahren als erste den Atlantik überquert, zumindest in einer Richtung.»

«Das ist gar nicht so sicher», argumentierten Santiago und ich zu Georges' großer Verwunderung. «Sicher ist, daß sie es bei einem Versuch geschafft hätten. Das Papyrusboot bietet größere Möglichkeiten für die Seeschiffahrt, als man geglaubt hatte. Aber es gab nicht nur in Ägypten Papyrusboote, es gab sie überall in dem uralten Kulturgebiet von Mesopotamien bis zur Atlantikküste Marokkos.»

«Warum haben wir dann nach ägyptischen Grabmalereien gebaut, wenn wir es nicht den Ägyptern nachmachen wollten?»

«Weil es nur in Ägypten Bilder aus dem Altertum gibt, die uns alle Details zeigen. Wir verdanken es der Religion der Pharaonen und dem Wüstenklima, daß wir so vieles über das tägliche Leben in Ägypten vor vier- und fünftausend Jahren wissen.»

Eine der sechzehn Holzkisten, auf denen wir in der Korbhütte lagen, war mit Büchern über die ältesten Zivilisationen der Welt vollgepackt. In einem Werk über das alte Mesopotamien war ein Bild einer Steinplatte aus Ninive. Sie zeigte ein prachtvolles Relief von Schilfbooten in Krieg und Frieden auf dem Meer. Die Ruinen von Ninive liegen im Landesinneren, über 800 Kilometer von der Tigrismündung und 600 Kilometer von der phönizischen Hafenstadt am Mittelländischen Meer, Byblos, entfernt. Mesopotamiens Steinmetze, Soldaten und Handelsleute standen sowohl mit dem Mittelmeer als auch mit dem Persischen Golf in Verbindung. Die Steinplatte aus Ninive zeigt, daß die Seeleute zwei Arten von Schilfbooten kannten. Drei der Boote auf der Platte waren als Schilfbündel abgebildet, die nach Art der Ägypter zusammengebunden und an Bug und Achtersteven hochgebogen waren. Sie waren voll Menschen. Die Wellen um die Boote stellten das salzige Meer dar, weil eine höchst realistische, von schwimmenden Fischen umgebene Riesenkrabbe die Mittelpartie beherrschte. Bewaffnete Krieger waren in Zweierreihen an Bord gedrungen und trieben gerade die Besatzung der zwei größten Schilfboote ins Meer. Einige sprangen ins Wasser, andere schwammen, und ein drittes Schilfboot stand im Begriff, mit bärtigen Seefahrern, die sich in demütigem Gebet zur Sonne wandten, der Seeschlacht zu entfliehen. Eine gerade Küste und zwei kleine, mit hohem Schilf bewachsene Inseln begrenzten das Meer. Im Schilf lagen noch drei Schilfboote versteckt. Auf dem Boot an der entfernteren Insel knieten Seite an Seite kampfbereite Bogenschützen, aber auf dem Festland und auf der nächsten Insel herrschte ein friedliches Idyll, Frauen und Männer saßen in Gruppen und Reihen auf den Schilfbooten und unterhielten sich mit freundlichen Gebärden.

Dieses Relief sagte uns viel. Unter anderem bemerkten wir den Unterschied zwischen den drei Booten auf dem offenen Meer und den drei im Uferschilf. An den erstgenannten waren Vorder- und Achtersteven wie bei den alten großen Booten in Ägypten und Peru hochgebogen, während sie in den Schilfsümpfen achtern quer abgeschnitten waren – ohne Schutz vor den Meereswellen, aber sehr geeignet, um an Land gezogen und täglich zum Trocknen hochkant gestellt zu werden, wie es bei kleinen Schilfbooten in der Alten und der Neuen Welt der Brauch war.

Während bis in unsere Zeit in Mesopotamien kleine Schilfboote überlebt haben, wäre kaum jemand auf die Idee gekommen, daß auch in Ägypten einmal Schilfboote existiert hätten, wären sie nicht auf den alten Grabmalereien festgehalten worden; denn die Schilfboote sind zusammen mit dem Papyrusschilf in Ägypten verschwunden. Die beiden Bootstypen, die auf der Steinplatte von Ninive abgebildet sind, haben indes in Peru bis in unsere Zeit überlebt. Die Spanier hatten beide Typen nebeneinander an der ganzen Küste des Inkareiches vorgefunden. Vereinzelte Exemplare sind immer noch im Gebrauch, und zahlreiche Bilder auf Mumiendecken, Tonkrügen und Reliefarbeiten aus der ältesten Vor-Inkazeit dokumentieren, daß sich beide Typen unverändert erhalten haben, seit sich die ersten Pyramidenbauer an der Küste niederließen und Schilfboote beim Fischen auf hoher See abbildeten.

Dank der realistischen Kunst in den Ruinen von Ninive, in den Grabkammern des Niltals und in den Mumiengräbern an der peruanischen Ostküste wissen wir, daß gleichartige Schilfboote mit voller Besatzung einst ein wichtiger gemeinsamer Kulturfaktor der ältesten Zivilisationen in Kleinasien, Nordafrika und Südamerika waren. Nachdem die mächtigen Zivilisationen des Altertums zu Grunde gegangen waren, existierten kleine Schilfboote beider Typen in einem Kreis um Ägypten weiter: in Mesopotamien, Äthiopien, Zentralafrika, auf Sardinien und in Marokko auf der einen Seite des Atlantiks, auf der anderen Seite im ganzen altamerikanischen Kulturgebiet bis hin zur Osterinsel. Wir befanden uns nun mit einem Affen und einer Ente in der amerikanischen Hälfte an Bord eines afrikanischen Fahrzeugs, und wir fragten uns, ob die Grenze so zuverlässig war, wie es nach der Karte den Anschein hatte. Verlief die Grenze längs der Mittellinie des Atlantiks, die wir schon längst hinter uns gelassen hatten, oder führte sie an einer der Küsten entlang? Es handelt sich ja um schwimmende Fahrzeuge – können wir die Grenze auf der Karte festhalten, d. h. eigentlich auf dem Meeresgrund, oder müssen wir sie auf der Oberfläche ziehen, die sich ständig von einem Kontinent zum anderen bewegt? Waren wir in so vielen Jahrtausenden die ersten, denen bei der Begegnung mit der Atlantikströmung südlich von Gibraltar der Steuermechanismus eines primitiven Fahrzeugs zerbrach?

Der Ägypter Georges, der früher nur für Judo und Froschmanntechnik Augen und Ohren hatte, interessierte sich plötzlich intensiv für die Märchenwelt des Altertums. Gab es denn keine schriftlichen Aufzeichnungen, die bewiesen, daß die alten Ägypter über Gibraltar hinausgekommen waren?

Nein, es gab sie nicht. Aber die Phönizier, die seit Jahrtausenden am Mittelländischen Meer ihre nächsten Nachbarn waren, hatten über Gibraltar hinaus, entlang der ganzen offenen marokkanischen Küste weit an Safî und Kap Jubi vorbei, regelmäßigen Verkehr aufrechterhalten. Topfscherben mit phönizischen Inschriften und andere Reste von langwährender phönizischer Kolonialtätigkeit einschließlich der Purpurproduktion tauchen ständig an der Nordwestküste Afrikas auf, weiter als wir ihr gefolgt waren. Vor wenigen Jahren noch wußte die Wissenschaft nicht, daß diese ersten bekannten Seefahrer aus der hintersten Ecke des Mittelländischen Meeres auf der flachen Insel vor es Saouîra, südlich von Safî, eine wichtige Handelskolonie besaßen. Nun werden dort und ganz unten an der Küste von Rio de Oro, südlich von Marokko, phönizische Überreste ausgegraben. Archäologen haben entdeckt, daß die Phönizier unter den Guanchen auf den Kanarischen Inseln festen Fuß gefaßt hatten und diese Inseln im Ozean als Zwischenstation benutzten, um sicher an Kap Juby und Kap Bojador vorbeizukommen. Sie besaßen vorgeschobene Handelsposten, zu denen man an diesen lebensgefährlichen Landspitzen vorbeifahren mußte, wo wir mit Müh und Not mit unserem Schilfboot klargekommen waren.

An einem öden Strand direkt südlich vor unserem Auslaufplatz führt eine winkelförmige Mole aus Zehntausenden megalithischer Steinblöcke zu den Riffen hinaus und bildet einen prächtigen Hafen. Unfaßbare Mengen gigantischer Bruchsteine sind von erfahrenen Hafenarchitekten ins Meer geschleppt und zu einem haltbaren Bollwerk gegen die Wellen des Atlantiks errichtet worden, das Jahrtausende nicht wegspülen konnten. Wer brauchte einen so großen Hafen in dieser öden Sandbucht, ehe die Araber und Portugiesen an der afrikanischen Atlantikküste entlangsegelten?

Aus dem schriftlichen Bericht des antiken Historikers Herodot, nach seinem Besuch in Ägypten verfaßt, geht hervor, daß in der Zeit des Pharao Necho (um 600 v. Chr.) die Ägypter eine phönizische Flotte mit dem Auftrag losschickten, Afrika zu umsegeln. Es ist wahrscheinlich, daß auch Ägypter, von denen ja doch die Initiative ausging, daran teilnahmen, obwohl ausdrücklich betont wird, daß Schiffe und Seeleute aus Phönizien waren. Sie segelten durch das Rote Meer und kamen drei Jahre später durch die Enge von Gibraltar wieder zurück. Zweimal unterbrachen sie ihre Fahrt und gingen an Land, um zu säen und zu ernten. Sie konnten berichten, daß sich die Sonne während ihrer Umsegelung Afrikas nach Norden verschoben hatte. Mehr als ein Jahrhundert später leitete Hanno eine der größten phönizischen Expeditionen, von denen wir wissen. Sie hatte den Auftrag, Handelskolonien außerhalb Gibraltars zu gründen. Sechzig Galeeren, jede mit Segeln und fünfzig Rudern ausgerüstet, nahmen insgesamt dreißigtausend künftige Kolonisten aller Berufsgruppen auf. So wagten sie die Fahrt in den offenen Atlantik. Die mächtige Flotte zog an der uralten Kolonie vorbei, die sich «Ewige Stadt der Sonne» nannte, und ankerte sechsmal entlang der marokkanischen Küste, um Siedler an Land zu setzen. Sie fuhr länger als wir an der gefährlichen Küste entlang, rundete Kap Juby und passierte die Kap-Verde-Inseln Senegals, um schließlich zu den Dschungelflüssen Tropisch-Westafrikas vorzustoßen.

Es ist bekannt, daß die Phönizier auch über Land Handelsverkehr mit den Urwaldstämmen Westafrikas aufrechterhielten. Sie wußten sich der numidischen Karawanen zu bedienen, die den Kontinent durchquerten, um Elfenbein und Gold zu holen. Aber auch Löwen und andere Wildtiere brachten sie mit, die man für die Zirkusspiele brauchte. In allen wichtigen Städten zwischen Syrien, Ägypten und den Mittelmeerinseln, ja bis zur atlantischen Küste dienten sie zur Unterhaltung der Zuschauer. So war viele Jahrhunderte vor Christus ganz Nordafrika in ein Netz von Erkundungs- und Handelsrouten einbezogen, für das sich die wagemutigen Phönizier leidenschaftlich engagierten. Aber genau besehen, wer waren diese Phönizier, über die wir so wenig wissen? Von wem stammten sie ab und wem verdankten sie ihre nautischen Fähigkeiten? Über die Römer haben wir ganz einfach das Wort «Phönizier» übernommen wie eine bequeme Tasche, in die wir alles hineinstecken können, was mit vorrömischer Seefahrt, ausgehend vom östlichen Mittelmeer, zusammenhängt.

Auf einer Anhöhe an der marokkanischen Nordwestküste, wo der breite Lucus-Fluß in den Atlantik mündet, liegen die gigantischen Ruinen einer der mächtigsten Städte des Altertums, deren Vergangenheit im Dunkel der Geschichte liegt. Gigantische, viele Tonnen schwere Megalithblöcke wurden auf die Anhöhe befördert und zu meterhohen Riesenmauern aufeinandergestapelt, die sogar vom Meer zu sehen sind. Die Blöcke sind mit genau derselben Technik, die für die Megalithmauern in Ägypten, auf Sardinien, in Mexiko und Peru – eben den Gebieten, in denen Schilfboote verwendet wurden – charakteristisch ist, geschnitten, poliert und millimetergenau zusammengefügt worden. Und auch gerade am Lucus-Fluß, der sich am Fuß dieser Ruine zum Meer schlängelt, und nur dort, haben die marokkanischen Schilfboote *Madia* bis in unsere Tage überlebt. Der älteste bekannte Name der Megalithstadt ist *Maquom Semes*, die «Sonnenstadt». Als die Römer sie entdeckten, berichteten sie, daß sich phantastische Sagen an die älteste Geschichte der Stadt knüpften. Sie nannten die Stadt Lixus, die Ewige Stadt, und bauten ihre Tempel auf die alten Ruinen. Ihre Bauwerke und Säulenreihen wirken im Verhältnis zu den kolossalen Blöcken der Mauern, auf denen sie ruhen, geradezu erbärmlich klein. Die römischen Geschichtsschreiber verlegten das Grab des riesigen Herkules auf eine Insel im Fluß am Fuße dieser mächtigen Ruinen, und vor dem Hintergrund des offenen Atlantiks schufen römische Künstler ein riesiges Mosaik-Porträt Neptuns, dem aus Haaren und Bart Krabbenscheren ragen. Dann verschwanden die Römer. Und die Araber, die als letzte kamen und sich nun mit der ursprünglichen Bevölkerung der Ebene vermischt haben, nennen die Ruinenstadt *Shimish*, «Sonne»; sie berichten, die letzte Königin, die dort herrschte, habe *Shimisa* geheißen, «Kleine Sonne».

Die wenigen Archäologen, die jetzt kleine Erdproben entnehmen, haben festgestellt, daß die Phönizier die «Sonnenstadt» lange vor den Römern bewohnt haben. Aber wer hat sie gegründet? Vielleicht die Phönizier. Wenn es die Phönizier waren, dann stand die Steinmetzkunst der Phönizier auf gleicher Höhe wie die besten Werke beiderseits des Atlantiks. Dies war kein Mittelmeerhafen, sondern ein Atlantikhafen. Er war dort angelegt, wo die starke Strömung beginnt, die zwischen den Kanarischen Inseln nach Westen abbiegt und in Mexiko endet. Wie alt sind die Mauern? Niemand weiß es. Sie werden von einer fünf Meter hohen Abfallschicht bedeckt, die von den Phöniziern, Römern, Berbern und Arabern stammt. Die Römer glaubten an Herkules und Neptun, aber nicht an den Sonnengott, und die römischen Ruinen obenauf sind deswegen nicht nach der Sonne ausgerichtet. Aber Probegrabungen, die unlängst bis in die tiefsten Schichten vorgetrieben wurden, zeigen, daß die unteren Riesenblöcke – die schon vor den Römern mit Abfall bedeckt waren und aus diesem Grund von ihnen nicht umgestürzt oder zu Tempeln umgebaut werden konnten – die Grundmauern von gigantischen, sorgfältig nach der Sonne ausgerichteten Bauwerken bildeten. Die Phönizier beteten die Sonne an.

Die Sonnenstadt, die Ewige Stadt, die letzte Ruhestätte des Herkules, ein megalithischer Atlantikhafen, den Römern nach älter als Karthago – warum lag sie vor Gibraltar? Die Gründer dieser Ewigen Stadt wohnten ebenso viele Seemeilen von den Phöniziern in Kleinasien entfernt wie von den Indianern in Amerika. Um den Kontakt mit Kleinasien aufrechterhalten zu können, mußten sie wahre Meister darin sein, an der gefährlichen Küste Nordafrikas entlangzusegeln, an der sie keine regelmäßige Strömung und kein Wind unterstützten. Um auf die andere Seite zu gelangen und den Indianern die phönizische Mauertechnik beizubringen, brauchten sie nur die Riemen einzuholen und sich wie wir treiben zu lassen. Hatten die Phönizier die Sonnenstadt angelegt, und wurden phönizische Seefahrer von Priestern, Architekten und anderen Repräsentanten der Elite ihrer Gesellschaft auf der Reise außerhalb des Mittelländischen Meeres begleitet? Die Phönizier sind vor allem als die Vermittler zwischen den Kulturen des Altertums bekannt. Wenn die Phönizier in der Sonnenstadt am Atlantik gewohnt haben, dann kannten sie auch alle Pyramidenformen des Altertums in der Alten Welt – sowohl die stufenförmigen als auch die abgeschrägten. Phönizisches Holz war in den Booten, die um die ägyptischen Pyramiden begraben lagen, ägyptischer Papyrus war in den Büchern der Phönizier, und Pharao Ramses II. ließ sein Abbild mit einer Inschrift in drei Stellen der phönizischen Küstenfelsen hauen. Noch besser kannten die Phönizier die terrassenförmigen Adobepyramiden in Kleinasien, die sich von den ägyptischen darin unterschieden, daß an einer oder mehreren der hohen Terrassenseiten der Pyramide in der Mitte eine schmale Treppe oder Rampe zu einem kleinen Steintempel auf der Spitze führt, genau wie es bei den Pyramidenbauern auf der amerikanischen Seite des Atlantiks der Brauch war.

«Aber die Ägypter fuhren auch zur See», pflegte Georges zu argumentieren, und als guter christlicher Kopte zitierte er die Bibel, wo

Jesaja (18.2) berichtet, daß sein Heimatland von ägyptischen Gesandten besucht wurde, die mit Schilfbooten über das Meer kamen. Er erinnerte auch daran, daß Moses (Exodus 2.3) von seiner Mutter in einer mit Erdpech bestrichenen Papyrusarche im Nil ausgesetzt wurde. Im Niltal hatte mir Georges die Tempelwände der Königin Hatschepsut bei Luxor gezeigt. Sie sind mit Bildern bedeckt, auf denen Hatschepsut eine Expedition mit mehreren großen Holzschiffen durch das Rote Meer bis Punt in Somaliland schickt, welche mit allerlei Handelswaren zurückkehrte, darunter exotischen Bäumen, die im Garten der Königin angepflanzt werden sollten.

Georges wußte nicht, daß bescheidene Papyrusboote noch weiter als die berühmten Holzschiffe der Königin gekommen sind. Eratosthenes, Oberbibliothekar der gigantischen Papyrusbibliothek in El-Iskandariya an der Nilmündung, bevor Zehntausende von unersetzlichen Papyrusmanuskripten der Bibliothek in Flammen aufgingen, berichtet, daß «Papyrusschiffe, mit gleichen Segeln und gleicher Takelung wie auf dem Nil», bis nach Ceylon und zur Mündung des Ganges in Indien gesegelt seien. Der römische Geschichtsschreiber Plinius (6. Buch, XXIII, 82) zitierte später den gelehrten Bibliothekar in seiner geographischen Beschreibung von Ceylon; während die Papyrusschiffe ganze 20 Tage brauchten – so berichtet er –, um vom Ganges zur Insel Ceylon zu segeln, schafften es «moderne» römische Schiffe in sieben Tagen. Wir erfahren somit von Eratosthenes, daß ein Papyrusboot mit ägyptischer Takelung, wie das unsere, etwa 75 Seemeilen oder fast 140 Kilometer pro Tag segelte, also über 3 Knoten.

Aber der Indische Ozean ist nicht der Atlantik. Vielleicht waren die Ägypter auch vor Gibraltar gewesen, aber keine überlieferte Aufzeichnung beweist das. Die Phönizier hatten zahlreiche Schiffe zu ihren Kolonien an der Atlantikküste Spaniens, Afrikas und auf den Kanarischen Inseln durch die Straße von Gibraltar entsandt. Entlang der Küste, an der wir unsere Fahrt angetreten hatten, kannten sie die Fahrwasser in- und auswendig. Das Geheimnis um den ältesten Verkehr auf jenem Meer, das über unser Achterdeck spülte, fliegende Fische an Bord schickte und uns pausenlos vorwärtstrieb, forderte uns noch stärker heraus, als wir unsere Nase in gelehrte Werke steckten und uns wie antike Seefahrer fühlten, die über sich und ihre eigene Zeit lesen. Dort zapfte der Mexikaner Wasser aus einem Ziegenledersack in eine Amphora, dort balancierte der Ägypter mit einem Papyrus-Rettungsgürtel über der Schulter, dort steckte ein Affe seinen Kopf herein und stahl mein Nasometer, das ich zur Messung des Polarsterns brauchte.

«Bärtige Männer treiben westwärts über den Atlantik», schrieb ich in einer Meldung an den Chef des mexikanischen Archäologischen Instituts – eine scherzhafte Anspielung auf die bärtigen Olmeken, die Begründer der ältesten Kultur Mexikos. Nur wenn Norman unseren

Funkkoffer aus der Kiste holte, auf der er lag, verschwand das Altertum wie ein Zauberspuk, und wir befanden uns einige Minuten lang in der modernen Welt. Dick Ehrhorn, ein Funkamateur in Florida, hatte das kleine Gerät gebaut, und kurz nachdem wir die Verbindung mit Marokko verloren hatten, hörten wir plötzlich eine Stimme im Mikrofon: «LI2B, LI2B, hier LA5KG Chris Bockelie aus Oslo.» Chris reiste seitdem in dem magischen Kasten mit uns über das ganze Meer, und wir hatten auch noch Platz für Just LA7RF aus Ålesund, Frank I1KFB aus Genf, Herb WB2BEE aus New York, Alex UA1KBW aus Leningrad, für den Konstrukteur des Geräts, Dick W4ETO in Florida und viele andere Stimmen, die für Menschen des Altertums Geister aus Aladins Lampe gewesen wären, welche in der kleinen Kiste zwischen Ziegenledersäcken und Krügen unsichtbar über Land und Meer segelten. Auf diese Weise erfuhren Familie und Freunde, daß wir am Leben waren. Wie wir hatten sie Atlantikkarten an der Wand hängen, in die sie in Abständen unsere Position eintrugen. Als wir die Hälfte geschafft hatten, wechselten wir mit U Thant und den Staatsoberhäuptern unserer Länder Grüße. Die Präsidenten der beiden Supermächte in Ost und West schickten uns am selben Tag freundliche Botschaften. Wenn Norman seine «Büchse der Pandora» wieder zuklappte, kehrten wir ebenso schnell ins Altertum zurück, wie wir in die Gegenwart versetzt wurden, wenn er sie öffnete und die Hütte sich mit einem Chor wirrer Metallaute füllte – Funkamateure aller Herren Länder wollten uns unterstützen. Wenn sie verschwunden waren, blubberte und platschte das Wasser, und die Reeps ächzten einsam wie zuvor. In unserer Welt gab es nur Meer und fliegende Fische und ab und zu einen grünen Rücken, der in unendlicher Tiefe vorbeiglitt.

Bärtige Männer. Das war eine unserer letzten heiteren Meldungen. Wir waren in der Hand des Schicksals. Der Stert hing unter Wasser und ließ die Wellen gegen die hintere Hüttenwand rollen, wie Brandung gegen einen Badestrand. Auf dem Achterdeck schwammen kleine Fische. Bliebe uns ein Unwetter erspart, würden wir auf diese Weise in ein paar Wochen an Land treiben, Hütte und Vorderdeck vollgepfropft mit Nahrung und anderer Ladung. Aber käme noch ein Sturm auf, würde die *Ra* ein Wrack sein. Seit wir Marokko verlassen hatten, war die *Ra* nur von der *African Neptune* mit vollen Segeln auf dem Meer verewigt worden. Um uns selbst auf Entfernung zu sehen, mußten wir mit einem Tau um den Leib hinausschwimmen. Für uns, die wir uns seit Wochen nur gegenseitig und das Fahrzeug nur immer ausschnittweise gesehen hatten, war es ein hinreißender Anblick, die *Ra* von weitem zu betrachten. Georges schwamm mit der Unterwasserkamera hinaus und knipste die *Ra* von einem Wellenkamm aus, wie sie sich vorwärtskämpfte.

Am 7. Juli sah das Papyrusschiff noch prachtvoll aus, mit seinem hohen goldenen Bug und dem burgunderroten Segel, das straffer als je zuvor stand, weil wir den Ostwind jetzt direkt im Rücken hatten. Aber käme Sturm auf, würde die *Ra* niemals so ankommen, wie sie jetzt aussah, und im Expeditionsfilm würden Bilder von dem Papyrusschiff auf hoher See aus der Entfernung fehlen. Vielleicht würde auch alles, was Carlo schon gefilmt hatte, beschädigt werden. Bei der nächsten Funkverbindung mit Italien bat ich deswegen meine Frau Yvonne, einen Kameramann zu engagieren, der uns mit einem kleinen Fahrzeug auf dem Meer vor den Westindischen Inseln entgegenkommen sollte. Wenn ich es auch mit keinem einzigen Wort gegenüber meinen Freunden an Bord erwähnte, hatte ich im stillen doch das Gefühl, dies könne auch unserer Sicherheit dienen. Letzten Endes trug ich die Verantwortung, wenn unser Leben auf dem Spiel stand.

Was sollte der Kamermann mitbringen? Alle wünschten sich etwas Obst, Santiago eine Schachtel Pralinen. Sonst nichts. Wir hatten mehr Wasser und Proviant, als wir verzehren konnten. Pökelfleisch, Schinken und Wurst, Krüge und Körbe voller Honig, voller Eier, Butter, getrockneter Früchte, voller Nüsse und ägyptischer Brotkekse. Das Deck war vorn und backbord vor der Hütte immer noch so mit Nahrungsmitteln beladen, daß kein Fußbreit Platz blieb.

Bärtige Männer. Nur Juri stand achtern bis zu den Knien im Badewasser und rasierte sich. Rote und schwarze Bärte. Abdullah wuchsen die Kopfhaare. Schwarze und weiße Hände zogen an denselben Reeps. So war es auch im Altertum gewesen – nichts Neues. Die Wandmalereien im alten Ägypten zeigen Männer mit blonden Haaren und Männer mit schwarzen Haaren, die an demselben Papyrusboot bauen. Unter dem Sand, auf dem wir die *Ra* bauten, hatte Pharao Chephren, der Sohn Cheops', am Fuße seiner Pyramide seine Königin bestattet und ihr Bildnis mit goldgelben Haaren und blauen Augen verewigen lassen. In einem Glassarg des Kairoer Museums liegt Ramses II. neben mumifizierten Verwandten mit struppigem, schwarzem Haar; Ramses dagegen hat weiches, blondes Seidenhaar auf seinem Mumienschädel mit der gebogenen Nase. Der Norden hat kein Alleinrecht auf blonde Menschen mit heller Haut, es gab sie unzweifelhaft schon in den Ländern des Mittelländischen Meeres, in Kleinasien und Nordafrika, ehe es die Wikinger im Norden gab. Wenn überhaupt eine Verwandtschaft besteht, muß sie von Süden nach Norden bestehen, denn die Wikingerzeit begann erst dreitausend Jahre, nachdem in Ägypten Pharao Chephren seine blauäugige Blondine neben den mächtigen Zedernschiffen seines Vaters begraben hatte.

Blonde Männer mit Bärten. Sie waren unter der Urbevölkerung im Atlasgebirge ebenso alltäglich wie bei den Berbern in der Ebene um die Sonnenstadt an der marokkanischen Küste, wo ihre Nachkommen immer noch zu finden sind. Sie waren mit Frauen und Schafen von der afrikanischen Küste auf den Atlantik gefahren und hatten sich als

Guanchen auf den Kanarischen Inseln niedergelassen.

Blonde Männer mit Bärten, die keine Wikinger waren; denn sie bauten Pyramiden und beteten die Sonne an. Sie kehren in allen Legenden wieder, die sich um die alten amerikanischen Kulturen von Mexiko bis Peru ranken. In dem ganzen tropischen Amerika, überall wo Pyramiden und Riesenstatuen als Ruinen einer entschwundenen Zeit liegen, bekamen die Spanier zu hören, daß sie nicht die ersten weißen Männer mit Bart waren, die über den Atlantik gesegelt kamen. Die Legenden berichten detailliert von Lehrmeistern mit dem gleichen Aussehen wie die Spanier. Diese hatten den umherstreifenden Vorfahren der Indianer beigebracht, Adobehäuser zu bauen und in Städten zu wohnen, Pyramiden zu errichten und auf Papier und Steine zu schreiben; überall schrieb man weißen und bärtigen Wanderern die Ehre zu, sich mit den Ureinwohnern des Ortes vermischt und gemeinsam mit ihnen die erste Grundlage der örtlichen Kulturen gelegt zu haben. Die Indianer hatten keinen Bartwuchs. Die Spanier benutzten die Legenden, um Mexiko und Peru zu erobern. Tausend Jahre, bevor die Spanier kamen, schufen amerikanische Künstler von Mexiko bis Peru Keramikfiguren und Steinstatuen von bärtigen Männern. Bevor die Wikinger den Atlantik befuhren, hatten die Maya weiße Männer mit goldenen Locken bei einer Seeschlacht an der Atlantikküste Mexikos gemalt. Als amerikanische Archäologen vor einigen Jahrzehnten eine farbenprächtige, säulengeschmückte Kammer in einer der größten Pyramiden Chichen Itzás öffneten, fanden sie die prachtvollen Wandmalereien und kopierten sie bis ins kleinste Detail, ehe die feuchte Tropenluft und die Touristen eindringen und alles zerstören konnten. Die Malereien stellten einen dramatischen Überfall auf nackte weiße Männer dar, die in gelben Booten mit hochgebogenem Bug und Achtersteven steuerten. Wie auf dem Relief aus dem alten Ninive schwimmt in den Wellen eine große Krabbe mit vielen Fischen und deutet an, daß die Seefahrer entweder vom Meer kommen oder auf das Meer zu fliehen versuchen. Dunkelhäutige Krieger mit Federn in den Haaren nehmen die weißen Seefahrer an Land in Empfang, binden ihnen die Hände, skalpieren ihre blonden Locken und legen einen von ihnen auf die Opferbank, während andere nackt von ihrem gekenterten Fahrzeug über Bord springen und ihre langen gelben Locken zwischen Rochen und Meeresfischen in den Wellen schwimmen. Während einige der hellhäutigen Männer hilflos an ihren blonden Haaren davongezogen werden, haben andere ihre ganze Habe zusammengepackt und gehen ruhig mit großen Bündeln auf den Rücken über den Strand.

Welche Legende oder geschichtliche Episode versuchten die Maya – Jahrhunderte bevor die Spanier an Land gingen – auf diese Weise in einer ihrer allerwichtigsten Pyramiden zu verewigen? Niemand weiß es. Die drei amerikanischen Archäologen, welche die Wandmalereien kopierten, schrieben nüchtern, daß die Tempelbildnisse hellhäutiger Männer mit blonden Haaren «zu vielen interessanten Spekulationen Anlaß geben, wenn es ihre Identität festzustellen gilt».

Wir dachten an Bord der *Ra* wohl mehr als die meisten anderen darüber nach, da uns die Elemente täglich wie auf einer automatischen Rolltreppe in Richtung des Golfs von Mexiko beförderten, ohne daß wir nachhelfen oder rudern mußten. Wir hatten nicht die Illusion, daß wir es an seemännischer Tüchtigkeit mit den erfahrenen Navigatoren des Altertums aufnehmen konnten. Norman war unser einziger Seemann, aber er hatte noch nie ein Papyrusboot gesehen. Das hatte Abdullah wohl, aber der kannte zunächst das Meer überhaupt nicht. Wir hätten es nie geschafft, ein Papyrusboot in den unsteten Fahrwassern um Ceylon zu steuern. Wir hätten es auch nicht geschafft, mit phönizischen Fahrzeugen zu segeln, die zwischen Kleinasien und Rio de Oro verkehrten. Diese Fahrt ist schon in einer Richtung viel länger als die Entfernung von Rio de Oro nach Südamerika. Aber wir konnten es den Seefahrern des Altertums gleichtun, die an der afrikanischen Küste vom Sturm überfallen worden waren und die Steuerfähigkeit verloren hatten.

Regenwolken hingen rings um uns am Horizont, und in gleichmäßigen Abständen prasselten Schauer nieder und wuschen uns und das Deck, so daß der Papyrus naß und schwer wurde und das Wasser auf dem Achterdeck langsam über den schmalen Deckstreifen auf der Windseite der Hütte noch weiter nach vorn kroch, wo wir schon längst alle Ladung entfernt hatten. Dort, wo der Steuerbord-Mastfuß eine Vertiefung in die Papyrusbündel gedrückt hatte, stand nun Meerwasser. In Lee dagegen mußten wir immer noch auf dem Bauch über die Schilfrolle hängen, um die vorbeiziehenden Wellenrücken zu erreichen.

Wir befanden uns nun so nah an der südamerikanischen Festlandküste, daß uns die ersten Seevögel von der anderen Seite besuchten. Schöne *Tropic-Birds* mit langen Schwanzfedern im Schlepp flogen über den Mast. Ein Hai holte uns wieder von hinten ein und startete einen wilden Angriff auf unsere Schwimmweste, die wir an einem Tau im Schlepp zogen. Die Männer, die noch nie einen Hai gesehen hatten, erschraken heftig, als Carlo brüllte, etwas kämpfe mit der Schwimmweste; kurz danach kam ein zwei Meter langer riesiger Kerl, die Rükkenfinne über der Wasseroberfläche, majestätisch angeschwommen. Er bewegte sich mit der Dünung auf und ab. Als er die *Ra* erreichte, wurde er wieder wild, wälzte sich mit dem hellen Bauch nach oben, schlug rasend mit dem Schwanz, sperrte den Rachen auf und ging auf die Unterseite der Papyrusrollen los. Ob er von den langen, wohlschmeckenden Entenmuscheln fraß? Was er auch fraß, die Taue waren in ernsthafter Gefahr. Durch die Erfahrung mit dem flachen *Kon-Tiki*-Floß gewarnt, lehnte ich mich über die Reling und griff nach der rauhen Schwanzflosse, die sich wie Sandpapier anfaßte. Da entdeckte ich eine offene Wunde auf seinem Rücken und zwei große Lotsenfische, die sich dicht darüber hielten. Zweimal hätte ich ihn fast gepackt, aber die Leeseite lag noch so hoch, daß ich ohne besseren Halt über Bord gegangen wäre. Da rannte der Riese Georges seine Harpune in den Haikörper. Einen Augenblick lang kämpfte die Bestie mit ihren stählernen Muskelbündeln, daß das Wasser um den Schwanz schäumte, dann stand Georges mit seiner kräftigen Harpunenleine da – die Bestie hatte sie durchgebissen. Der Hai verschwand mit Georges' letzter Harpune in der Tiefe.

Wieder schliefen wir mit friedlichen Gedanken an die ungelösten Mysterien des Altertums ein. Norman war in dem Glauben aufgewachsen, Amerika sei eine Welt für sich gewesen, bis seine Ahnen aus Europa herüberkamen und Wissen und Kultur mitgebracht hatten. Die Politiker glaubten das, und die meisten nüchternen Lehrbücher waren von Isolationisten geschrieben: Azteken, Maya und Inka haben nur primitive Wilde aus Alaska und Sibirien in ihrem Stammbaum. Europa hatte seine Kultur über Kreta und andere Inseln des schmalen Mittelländischen Meeres aus Kleinasien und Afrika bezogen, aber Amerika sollte nichts über den breiten Atlantik bekommen haben. Primitive Fahrzeuge können an Küsten und Riffen entlangfahren, hieß es, aber nicht auf dem offenen Meer. Nun wollte Norman die Argumente der Diffusionisten erfahren. War nicht die Zivilisation der Indianer in Mexiko und Peru von den Kulturen im inneren Mittelländischen Meer, welche die Grundlage für die Zivilisation Europas bildeten, total verschieden?

Im Grunde nicht so sehr, betonten Santiago und ich. Für Spezialisten, die nach Details suchen, gibt es genügend Unterschiede. Aber wenn ein Laie, der sich nicht auf die Stärke der Topfscherben oder Motive auf Baumwolltuch konzentriert, sich mit den gröberen gemeinschaftlichen Zügen vertraut zu machen versuchte, würde er wahrscheinlich eine ziemliche Überraschung erleben.

Mit einer Geschwindigkeit, welche die Alte Welt nie gesehen hat, gelang es einer Reihe von Dschungel- und Wüstenstämmen in den zentralen Teilen Amerikas innerhalb von einigen Jahrhunderten v. Chr., den Vorsprung der Alten Welt wettzumachen, während die ganze übrige amerikanische Urbevölkerung in den günstigeren Klimazonen nördlich und südlich des Tropengürtels bis zur Ankunft der Europäer in den primitiven Stammesgesellschaften ihrer Vorväter weiterlebten. Wann genau den Tropenstämmen von Mexiko bis Peru der große Sprung von ihrer primitiven Daseinsform in die Zivilisation gelang, weiß heute kein Forscher. Aber sicher ist, daß die ältesten Zivilisationen Amerikas ihren vollen Durchbruch lange vor der christlichen Zeitrechnung erlebten – und dennoch erst, nachdem die Kulturvölker Kleinasiens längst die Spitze ihrer Leistungsfähigkeit erreicht hatten und im Begriff standen, durch die Straße von Gibraltar zu fahren, um an der afrikanischen Atlantikküste bewußt wichtige Kolonie zu gründen.

Was brachte die plötzliche Wandlung mit sich, die im Dschungelgestrüpp auf der mexikanischen Seite des Atlantiks und zwischen den Sanddünen an der nächsten Küste in Peru begann? Die Sonne wurde plötzlich als Gott angebetet. Obwohl es an einem Ort zwischen Urwaldbäumen schattig und naß war, während am anderen die Sonne ungehindert auf den trockenen Sand brannte, begannen plötzlich die Indianer in beiden Gebieten ungefähr gleichzeitig, stufenförmige, sonnenorientierte Pyramiden nach den gleichen Prinzipien und unter dem Kommando ihres diktatorischen Priesterkönigs zu bauen, der behauptete, von der Sonne abzustammen und göttlichen Ursprungs zu sein. Innerhalb der Familie des Priesterkönigs war die Geschwisterehe eingeführt, um das göttliche Blut so rein wie möglich zu erhalten. Der Priesterkönig verbot den Tanz der Indianerfamilie um den Totempfahl, verbot die Opferungen für unsichtbare Götter und übernatürliche Ungeheuer; künftig sollte die Sonnenscheibe studiert und angebetet werden. Sowohl am Golf von Mexiko als auch an der peruanischen Küste hörten die Indianer auf, Familienhütten aus Zweigen und Schilf zu bauen. An beiden Orten begannen sie, Adobeziegelsteine der gleichen Sorte und nach genau dem gleichen Rezept herzustellen, nach dem seit einigen tausend Jahren im Mittelmeergebiet von Mesoptamien bis nach Marokko gearbeitet worden war. Ganz bestimmte Erde wurde mit Stroh und Wasser vermengt und in kleine rechteckige Holzkisten gepreßt, dann wurde der Inhalt gestürzt und in der Sonne zu Adobeblöcken von gleicher Form und Größe gebacken. Während die Indianer ringsum weiter in den Wigwams, Blatt- und Bretterhütten ihrer Väter wohnten, zogen die Sonnenanbeter von Mexiko bis Peru in elegante Adobehäuser, die genau wie jene in der Alten Welt gebaut waren – oft in mehreren Stockwerken, mit Terrassen und Regenrinnen am Dach. Die Häuser lagen nebeneinander und bildeten reguläre städtische Einheiten mit Straßen, Kloaken und Aquädukten.

Aber selbst wenn die Erfindung der Adobeziegelsteine den auserwählten Stämmen von Mexiko bis Peru erlaubte, der Sonne Tempel zu errichten, deren Ruinen heute wie natürliche Hügel in Urwald und Wüste liegen, machten sie sich dennoch an soliden Fels heran, schnitten und fügten Riesenblöcke mit einer Steinmetzkunst und in einer Technik zusammen, wie sie nirgendwo in der Welt zu finden sind – außer in dem kleinen begrenzten Gebiet von Mesopotamien und Ägypten bis zur Sonnenstadt in Marokko. Die Olmeken am Golf von Mexiko, die reichlich Holz und Adobe besaßen, zogen weit durch das Sumpfland, um einen soliden Berg zu suchen, der sich als Steinbruch eignete. Fast tausend Jahre vor Christus beförderten sie bis zu 25 Tonnen schwere Steinblöcke 100 Kilometer durch Dschungel und

Sumpfland zu einer Tempelstätte am Golf, wo sie bereits genug Adobeblöcke angefertigt hatten, um eine nach der Sonne ausgerichtete, stufenförmige Pyramide von 30 Metern Höhe zu bauen. Wer kam vor dreitausend Jahren in Europa auf die Idee, Bauwerke in der Höhe eines zehnstöckigen Hauses zu errichten? In Ägypten war der Drang, der Sonne stufenförmige Adobepyramiden zu errichten, längst erloschen, als die Olmeken auf diese Idee kamen. Aber in Kleinasien, dem Hinterhof der Phönizier, wurde die Sonne in Tempeln auf der Spitze von *Zikkurat*-Pyramiden immer noch angebetet, und letzten Endes teilen sie – und nicht die ägyptischen Gizeh-Pyramiden – alle fundamentalen Eigenschaften mit den olmekischen und den vor der Inkazeit gebauten Tempelpyramiden in Amerika.

Die Dschungelindianer am Golf von Mexiko erlernten ferner vor der Zeitenwende in Rekordzeit alle Geheimnisse des Kalenders und sammelten ein astronomisches Wissen, das in der Alten Welt jahrtausendlange Studien erfordert hatte. Über Ägyptern, Babyloniern und Assyrern, die auf offenen Ebenen und in Wüstenland lebten, dehnte sich in den meisten Nächten des Jahres der ganze Sternenhimmel. Die Phönizier ernteten die Früchte dieses uralten Kulturerbes, das es ihnen erlaubte, ohne Land in Sicht zu navigieren. Wieso konnten die Urwaldindianer denn alle einholen und im großen Wettlauf siegen, wenn sie zwischen regentropfenden Riesenbäumen lebten und manchmal nicht die eigene Hand vor Augen sahen? Dennoch hatten diese Urwaldindianer ein genaueres astronomisches Kalenderjahr als die Spanier, die sie «entdeckten». Noch heute ist unser Gregorianischer Kalender nicht so genau wie jener, den die Maya-Indianer vor Kolumbus am Golf von Mexiko verwendeten. Sie hatten errechnet, daß ein astronomisches Jahr aus 365,2420 Tagen bestand, und das ist in 5000 Jahren nur ein Tag zuwenig, während unser Kalender mit einem Jahr aus 365,2425 Tagen rechnet, und das sind in 5000 Jahren anderthalb Tage zuviel. So rasch und einfach war das nicht herauszufinden. Die Maya-Berechnung der Jahresdauer war folglich 8,64 Sekunden genauer als unser moderner Kalender. Ihre älteren Nachbarn, die ihren Sonnenkönig in der regentropfenden Steinpyramide von Palenque bestattet haben, hinterließen die Inschrift, 81 Monate seien 2392 Tage, was einem Monat von 29,53086 Tagen entspricht und nur um 24 Sekunden von der Wirklichkeit abweicht.

Die Maya erhielten die Grundlage ihres ganzen astronomischen Wissens von den noch älteren Olmeken an der Küste, die schon vor Christus genaue Jahreszahlen in ihre schönen Steinmonumente gehauen hatten. Damals besaß Europa keine Zeitrechnung. Der Nullpunkt der christlichen Zeitrechnung ist der 1. Januar des Jahres eins vor Christi Geburt. Der Nullpunkt der mohammedanischen Zeitrechnung ist das Jahr, in dem Mohammed von Mekka nach Medina flüchtete, nach unserem Kalender 622 n. Chr. Die buddhistische Zeitrechnung beginnt mit Buddhas Tod, etwa 544 v. Chr. Der Nullpunkt des uralten Mayakalenders fällt umgerechnet auf den 12. August 3113 v. Chr. Was begründet dieses sonderbar genaue Anfangsdatum? Niemand weiß es. Einige glauben, die Indianer hätten dieses Datum aus der Luft gegriffen, um irgendeinen Anfang für ihren Kalender zu haben, andere glauben, sie hätten zu irgendeiner astronomischen Konstellation zurückgerechnet, die lange eingetreten sein konnte, ehe die Kultur in Amerika zu blühen begann. In Ägypten entstand die erste Pharaonen-Dynastie zwischen dem Jahr 3200 und 3100 v. Chr., also in ähnlicher Zeittiefe wie der Kalender der Maya, aber soviel man weiß, existierte auf der amerikanischen Seite des Meeres so früh noch keine Zivilisation. Falls die Dschungelindianer vor mindestens 15 000 Jahren nach Mexiko kamen und bis einige Jahrhunderte vor unserer Zeitrechnung warteten, um dann plötzlich die verblüffende Zivilisation der Olmeken aufzubauen – warum begannen sie dann ihre Zeitrechnung in genau der Periode, in der die ältesten Zivilisationen der Welt in Mesopotamien, Ägypten und auf Kreta zu blühen begannen?

Warum erbten die Mayas einen Kalender, der auf die Sekunde genau war, wenn sie ihn auf gut Glück beginnen ließen, als ihre Vorväter Barbaren waren und – soviel wir wissen – nicht einmal die Olmeken ihre astronomischen Beobachtungen in Amerika begonnen hatten? Wir kennen keine Antwort. Wir wissen nur, daß die Zeitrechnung der Maya *4 Ahau 2 Cumhu* begann, das ist der 12. August 3113 v. Chr. Wir wissen auch, daß sowohl sie als auch ihre mexikanischen Verwandten, die Azteken im Hochland, schriftliche und mündliche Überlieferungen darüber besaßen, daß die höhere Kultur nach Mexiko kam, als ein weißer, bärtiger Mann, der von der Sonne abstammte, mit einem Gefolge von Schriftgelehrten, Astronomen, Architekten, Priestern und Musikanten im Golf von Mexiko an Land ging. Die Maya nannten ihn *Kukulcan*, die Azteken *Quetzalcoatl*, beides bedeutet «Geflügelte Schlange». Wer diesen sonderbaren Namen erdachte, wissen wir nicht. Eine geflügelte Schlange, oft von enormen Dimensionen, ist auch in Ägypten auf einige Pharaonengräber und auf viele Papyrusmanuskripte gemalt. Eine Mischung von Vogel und Schlange als Göttersymbol auf beiden Seiten des Atlantiks ist vielleicht nicht so merkwürdig, weil Raubvogel, Schlange und Katze die drei besonderen Symbole für die Person des Sonnenkönigs in Mesopotamien, Ägypten, Mexiko und Peru waren. Gerade in diesen Ländern waren Kopfschmuck und Embleme des Sonnenkönigs mit Köpfen und oft mit ganzen Bildern dieser drei Tiere versehen. Nicht weniger wichtig waren in Mesopotamien und Ägypten die Vogelmänner, die den Sonnenkönig und den Sonnengott in symbolischer Darstellung umgeben. Sie kehren in Mexiko und sehr häufig in Peru wieder, wo sie genau wie in Ägypten als Menschen mit krummschnäbligen Vogelköpfen abgebildet sind, die oft dem Sonnenkönig helfen, wenn er an Bord seines sichelförmigen Schilfbootes reist. Von Peru gelangten die Vogelmänner auf die Osterinsel, wo sie auch mit Schilfbooten abgebildet wurden. Aber nicht immer schreibt man es solchen symbolischen Phantasiegebilden zu, die Kultur ins tropische Amerika gebracht zu haben. Ganz normalen Menschen wird diese Ehre von den Maya, Azteken und Inka zuteil. Sie unterscheiden sich von den meisten Indianern nur dadurch, daß sie Schnurrbärte, Bärte und weiße Haut besitzen. Sie kamen nicht geflogen, sondern mit Umhang, Stab und Sandalen durch den Urwald gewandert und lehrten die Urbevölkerung schreiben, bauen, weben und die Sonne als oberste Gottheit anbeten. Die ältesten Geschichtsschreiber Amerikas folgen ihnen von ihrer ersten Landung am Golf von Mexiko bis in das Hochland der Azteken und auf die Dschungelhalbinsel der Maya, weiter durch den Tropenwald nach Süden, durch Mittelamerika. Die Indianer im ganzen Inkareich von Ecuador bis Peru und Bolivien berichten genau das gleiche: Die Kultur erreichte sie durch weiße, bärtige Männer, die sich unter der Führung des Sonnenkönigs *Kon-Tiki-Viracocha* zuerst auf der Sonneninsel im Titicacasee niederließen. Später kamen sie von dort auf einer ganzen Flottille von Schilfbooten angesegelt, um an Land zu gehen und die Sonnen-Pyramide, die megalithischen Mauern und alle Monolithe in Menschengestalt zu bauen, die noch unter den Überresten der Ruinenstadt *Tiahuanaco* zu finden sind. Zwietracht mit kriegerischen Stämmen trieb diese ersten Kulturträger schließlich nach Norden über Cusco zum Hafen Manta, bei dem der Äquator Ecuador kreuzt. Hier änderten sie den Kurs direkt nach Westen und verschwanden wie «Schaum auf dem Wasser» über dem Pazifik – daher der Beiname *Viracocha*, den man auch später den seefahrenden Spaniern und allen anderen weißen Männern gab.

Wir brauchen hinter diesen Legenden nicht unbedingt eine Wahrheit zu vermuten, aber in diesem Fall bestünde eine um so merkwürdigere Kulturparallele; bartlose Indianer mit rabenschwarzen Haaren kommen auf die Idee, Männer mit Bärten, heller Haut und blonden Haaren als Skulpturen darzustellen, zu malen und zu beschreiben, wie wir es in den ägyptischen Gräbern und auf historischen Illustrationen in Marokko und auf den Kanarischen Inseln vorfinden. Wir glauben an die unübertroffene Steinmetzkunst und das astronomische Wissen der Urwaldindianer, weil es nicht wegdiskutiert werden kann, aber wir weisen ihre vererbten Erinnerungen zurück, teils, weil sie mit einem uns fremden Götterglauben durchsetzt sind, und teils, weil wir nur an das geschriebene Wort glauben. Wir vergessen, daß die alten mexikanischen Kulturvölker eine Schrift hatten – sie schrieben auf Papier, Holz, Ton und Stein –, und wir vergessen, daß sie ihre hieroglyphischen Berichte mit realistischen Bildern illustrierten. Die Olmeken, die vor Christus Denkmäler mit eingemeißelten Jahreszahlen errichteten, leisteten fast Übermenschliches, um der Nachwelt in Riesensteinen Abbilder von zwei sehr unterschiedlichen Menschentypen zu hinterlassen. Auch wenn ihre Bildnisse bis ins kleinste Detail meisterhaft realistisch sind, geben sie doch keinen heute lebenden Indianertypus wieder. Der eine Typ ist ausgeprägt negroid, mit rundem Gesicht, wulstigen dicken Lippen und flacher, breiter, kurzer Nase; in der Umgangssprache nennt man ihn «Baby-Gesicht». Der andere Typ hat ein markantes, scharfes Profil mit hervorstehender, krummer Nase, kleinem Mund mit schmalen Lippen; oft trägt er einen Schnurr- oder Spitzbart – oder einen langen, wallenden Vollbart. Ihm haben die Archäologen scherzhaft den Namen «Onkel Sam» gegeben. Onkel Sam wird meistens mit majestätischer Kopfbedeckung, fußlangem Gewand, Gürtel und Sandalen dargestellt. Dieser stark semitisch wirkende Typ, der oft einen Wanderstab in der Hand hält, ist so weit südlich von dem Gebiet der Olmeken abgebildet, wie die Legenden vom weißen Mann verbreitet sind. Diesen Typus haben sich moderne religiöse Sekten oft für ihren Glauben an «Israels verlorenen Stamm» und das «Buch Mormon» angeeignet. Eine Statue des Kulturträgers *Kon-Tiki-Viracocha* nördlich vom Titicacasee in Peru wurde von den Spaniern mit St. Bartholomäus verwechselt, und ihm zu Ehren gründete man einen Mönchsorden, bis das Mißverständnis aufgeklärt und die Bildsäule des Kulturbringers mit seinem zwanzig Zentimeter langen Steinbart zerschmettert wurde.

Der negroide Typ der Olmeken wirkt dagegen kriegerisch und primitiv, er wird oft bei grotesken Tänzen bucklig und gekrümmt dargestellt; oder als kugelförmiger Steinkopf, der frei auf der Erde liegt und trotzdem so groß ist, daß er bis zu fünfundzwanzig Tonnen wiegen kann. Wer war «Onkel Sam» und sein Gefährte «Baby-Gesicht»? Wer von ihnen war Olmeke? Keiner. Den Namen «Olmeke» haben wir Heutigen erdacht, eben weil wir gar nicht wissen, wer sie waren.

Die Olmeken konnten schreiben. Sowohl Azteken als Maya lernten die Schreibkunst von ihnen, obwohl sie ganz andere Hieroglyphen schrieben, so daß ein mexikanisches Volk das andere nicht verstehen konnte. Schreiben lernen ist leicht, aber es ist nicht leicht, eine Schrift zu erfinden. Die entscheidende Leistung liegt in der Entdeckung, daß man Worte in lautlose Symbole umsetzen kann, die sich festhalten lassen. Wenn man diese Möglichkeit erfaßt hat, ist es einfach, neue Zeichen, Buchstaben, Runen, Keile oder Hieroglyphen zu erfinden. Im Mittelmeergebiet gab ein Volk die Erfindung der Schrift an das andere weiter. Haben die Olmeken ganz allein die Schreibkunst an der Küste des Golfs von Mexiko erfunden? Die Erfindung des Papiers ist kaum eine natürliche Folge der Erfindung der Schrift. Nichtsdestoweniger stellte die Urbevölkerung von Mexiko Papier zum Schreiben her. Nicht aus gemahlener Holzmasse wie wir, sondern nach dem gleichen Rezept, das bei den alten Ägyptern und Phöniziern zur Papyrusherstellung verwendet wurde. Sie nahmen Schilf und andere Fasergewächse, klopften sie zuerst, weichten sie ein, reinigten sie von schwimmendem Zellgewebe und hämmerten dann mit Spezialkeulen die nassen Fasern kreuz und quer in mehreren Schichten. Die Kunst, auf diese Weise richtiges Papier herzustellen, ist so kompliziert, daß das moderne Papyrusinstitut in Kairo mehrere Jahre experimentierte, ehe es kürzlich Hassan Ragab tatsächlich gelang, die Papyrus-Produkte des Altertums zu kopieren. Dagegen hatten die mexikanischen Indianer diese Kunst bis zur Perfektion erlernt, ehe die Spanier kamen, und wie die alten Phönizier produzierten sie Bücher. Ihre Bücher, von den Spaniern *Codex* genannt, hatten keine aufgeschnittenen Seiten wie in Europa, sondern waren zusammenfaltbar; das ganze Buch konnte, wie die ägyptischen Papyrusrollen, zu einem einzigen breiten Band auseinandergezogen werden. Der Text war mit Hieroglyphen geschrieben und, wie die ägyptischen Papyrusrollen, verschwenderisch mit kolorierten Strichzeichnungen illustriert. Diese Bücher berichten – unter anderem – in Wort und Bild über die bärtigen Männer.

Während im Norden und Süden Tausende von Indianerstämmen bis zur Ankunft der Europäer noch in tiefer Steinzeit lebten, begannen ihre Dschungel- und Wüstenverwandten in einem zusammenhängenden Gürtel von Mexiko bis Peru bereits mit dem erfahrenen Blick des Metallurgen nach Gruben zu suchen, um Gold, Silber, Kupfer und Zinn zu gewinnen. Kupfer und Zinn legierten sie so, daß sie wie die Kulturvölker des Altertums jenseits des Atlantiks Geräte aus Bronze herstellen konnten. In dem ganzen Gebiet zwischen Mexiko und um die Landenge von Panama bis Peru stellten Juweliere Filigranarbeiten – die oft edelsteinbesetzt waren – in Form von Broschen, Nadeln, Ringen und Schellen aus Gold und Silber her, wie sie nur von den besten Meistern in der Alten Welt geschaffen wurden. Gerade die Goldschmiedekunst sollte ihr Untergang werden. Denn die unendlichen Schätze aus edlen Metallen in Mexiko, Mittelamerika und Peru zogen die Konquistadoren, die Kolumbus im Kielwasser folgten, weit stärker an als die einfachen Stein- und Beinprodukte der Indianerstämme im übrigen Amerika, die erst von modernen Ethnographen gesammelt wurden.

Dieselben Indianer, die plötzlich begannen, Steine zu behauen, Adobe zu formen, Erze abzubauen, Papier herzustellen, die großen tiefen Geheimnisse des Kalenderjahres zu erforschen und die Erinnerungen des Geschlechtes niederzuschreiben – dieselben Indianer kamen in Mexiko und Peru darauf, zwei unbrauchbare Baumwollarten zu kreuzen, bis eine künstliche Sorte mit langer Wolle entstand, so daß sich ein Anbau in regulären Plantagen lohnte. Als die Baumwollernte anlief, begannen sie, genau wie in der Alten Welt, zu karden und zu spinnen, und als die Zwirnknäuel lang genug und in allerlei haltbare Farben eingefärbt waren, stellten sie genau die beiden Typen liegender und stehender Webstühle auf, wie sie im Altertum auch an den östlichen Küsten des Mittelländischen Meeres verwendet wurden. Darauf webten sie Bildteppiche, die mit ihren feinen Maschen und in ihrer ausgesuchten Qualität zu den besten der Welt gezählt werden dürfen.

Ehe die Keramikkunst in der Alten Welt erfunden wurde, bauten die erwachenden Kulturvölker in ganz Nordafrika Flaschenkürbisse an, höhlten sie aus und benutzten sie als Wasserbehälter, nachdem die Schale über dem Feuer getrocknet war. Diese Pflanze war so allgemein verbreitet und beliebt, daß sie heute noch den Schilfbootsbauern von Äthiopien bis zum Tschad in gleicher Weise dient. Irgendwie war dieses afrikanische Nutzgewächs zu den Kulturvölkern in Mexiko und Peru gelangt, wo es auf genau dieselbe Weise verwendet wurde und eine der wichtigsten Nutzpflanzen war, als die Spanier kamen. Man sollte glauben, daß Hai und Bohrwurm ihr ein Ende bereitet hätten, wenn sie allein über den Atlantik getrieben wäre, oder daß sie verfault wäre, ehe die Indianer sie an dem entgegengesetzten Ufer gefunden und ihre Verwendungsmöglichkeiten erkannt hätten.

Nicht nur hatten sich die Baumwollzüchter in Amerika diese nützliche Kulturpflanze zugelegt, die sie so fleißig benutzten; es gelang ihnen auch, die Keramik zu erfinden. Sie mischten, formten und färbten den Ton und brannten ihn zu Wasserbehältern. Sie stellten Krüge her, Henkel, Schüsseln, Vasen, Kannen, Spinnwirtel, Flöten und Figuren von dem gleichen allgemeinen Aussehen und mit den gleichen besonderen Details wie die alten Keramiken in Mesopotamien und Ägypten. Selbst so eigenartige Produkte wie dünnwandige Krüge in Form von vierbeinigen Tieren mit einem Ausguß auf dem Rücken – die hergestellt wurden, indem der Künstler zuerst eine aus zwei Hälften bestehende negative Gußform anfertigte – kehren bei den Töpfern auf beiden Seiten wieder; ebenso flache und zylinderförmige gravierte Keramiksiegel zum Stempeln und Verzieren von Stoffen, durch Drukken und Rollen. Das merkwürdigste ist vielleicht, daß in den Gräbern der Olmeken aus der Zeit vor Christus kleine Keramikhunde liegen, die genau wie modernes Spielzeug auf richtigen Rädern rollen; das findet man auch in den mesopotamischen Gräbern des Altertums. Das ist besonders bemerkenswert, weil es bis zu dieser Entdeckung eines der Hauptargumente isolationistischen Denkens war, daß das Rad in Amerika vor Kolumbus unbekannt gewesen sei.

Woher hatten die Maya und Inka übrigens ihre eigentümlichen Hunde, wie wir sie aus ihrer Kunst und von zahlreichen sorgfältig mumifizierten Exemplaren kennen, die mit ihren Besitzern im Peru der Vor-Inkazeit begraben liegen? Niemand weiß es. Man hielt zwei Hunderassen unbekannten Ursprungs, sehr verschieden von der zottigen, ringelschwänzigen Eskimo-Variante, die andere Indianer aus Sibirien mitgebracht hatten. Diese beiden Hunderassen weisen auffallende Ähnlichkeit mit den mumifizierten Hunden im alten Ägypten auf. Der Brauch, Hunde und Vögel zu mumifizieren, wurde sowohl in Peru als auch in Ägypten gepflegt.

Keine Mumie von Tier oder Mensch wird das Urwaldklima ertragen, aber wir wissen, daß bei den Kulturvölkern Amerikas hochgestellte Personen einbalsamiert wurden, um das ewige Leben zu erlangen, weil in den peruanischen Wüstengräbern Hunderte von sorgfältig einbalsamierten Mumien erhalten sind. Ihre Grabbeigaben verraten ihren hohen Rang. Während einzelne peruanische Mumien schwarzes, struppiges Haar haben, besitzen andere rötliches oder sogar blondes, gewelltes und weiches Haar, und zwischen ihren großen Körpern und den heutigen Indianern Perus, die zu den kleinsten Völkern der Welt gehören, besteht ein auffallender Unterschied. Ohne Eingeweide, mit Baumwolle gefüllt, mit speziellen Präparaten eingerieben, zusammengenäht, in Mumientücher eingerollt und schließlich mit einer Maske versehen, entsprechen die Mumien der Vor-Inkazeit einer traditionellen Vorschrift, die in allen wesentlichen Punkten aus Ägypten wohlbekannt ist. Der große Sonnenpriester, der mit seinem Schmuck unter dem fünf Tonnen schweren Deckel desSteinsarkophags in der Palenquepyramide ausgestreckt lag, trug auch eine Maske vorm Gesicht, und sein großer Körper war einst mit roten Bandagen umwickelt, die noch als kleine Reste an den Knochen hafteten. Aber keine Balsamierungskunst konnte seine sterblichen Überreste vor dem Regenwaldklima retten.

Es war natürlich, daß ein mexikanischer Priesterkönig in rotes Tuch eingehüllt und der Sarkophag auch innen rot gestrichen wurde. Rot war in Mexiko eine symbolische und heilige Farbe, und in Peru wurden eigens Expeditionen auf großen Balsaflößen und Schilfbooten an der Küste nach Norden geschickt, um besondere rote Muscheln zu sammeln und nach Hause zu bringen. Ebenso war es der Zweck der phönizischen Kolonien an der afrikanischen Atlantikküste, das starke Verlangen der Phönizier nach der roten Farbe der Purpurschnecke zu befriedigen.

In Mexiko und Peru kultivierten die Indianer zahlreiche Sitten, die anderen Indianern unbekannt waren. Einzelne Sitten waren ebenso eigentümlich wie augenfällig. Sie begannen, die Jungen zu beschneiden, wie es auch bei manchen alten Kulturvölkern in Westasien der Brauch war. Sie ließen ihre Sonnenpriester, die keinen eigenen Bart hatten, falsche Bärte tragen, genau wie in Ägypten. Sie warteten, bis das auserwählte Sternbild der Plejaden über dem Horizont auftauchte, ehe sie mit der jährlichen Feldbestellung begannen, wie es bei einigen Völkern an den östlichen Küsten des Mittelländischen Meeres der Brauch war. Und ihre Ärzte in Mexiko, und in Peru noch ausgeprägter, begannen die Schädel ihrer Patienten zu trepanieren, teils nur nach magischen Riten, teils, um Brüche zu heilen. Als die Spanier nach

Amerika kamen, war die ungeheuer schwierige Trepanationskunst in der übrigen Welt kaum verbreitet. Sie war ausschließlich in dem schmalen Gürtel von Mesopotamien bis Marokko und außerdem bei den Guanchen auf den Kanarischen Inseln zu finden.

Die kleinen Dinge des täglichen Lebens waren trotz der Entfernung zwischen dem Mittelmeer und dem Golf von Mexiko auch nicht sehr verschieden. Familienleben und Gesellschaftsordnung folgten in diesen Priester-Diktaturen im großen und ganzen dem gleichen Muster, und die Gebrauchsgegenstände variierten meist nur in Details. Die Ackerbauern in Mexiko und Peru besaßen eine Terrassenkultur mit Aquädukten, künstlicher Bewässerung und Düngung mit Tierexkrementen, genau wie im Gebiet des Mittelländischen Meeres, und sogar die Isolationisten haben auf merkwürdige, detaillierte Übereinstimmungen bei Hacken, Körben, Sicheln und Äxten hingewiesen. Die Fischer an beiden Orten fertigten nach den gleichen Prinzipien Netze mit Senkern und Schwimmern, ähnliche Reusen und Angelhaken mit Köder und Schnur. Die Musikanten hatten in beiden Gebieten Trommeln, die auf beiden Seiten bespannt waren, Posaunen, Trompeten mit Mundstück, viele verschiedene Flöten, ja sogar Pansflöten, Klarinetten und allerlei Schellen. Sogar die Isolationisten haben Ähnlichkeit beim Aufbau und der Organisation des Heeres gefunden, bei der Verwendung von Stoffzelten im Feld, bei dem Brauch, den Soldaten Schilde mit gemalten Mustern ihrer Kampfverbände zu geben, und in der Tatsache, daß die Schleuder – welche den Indianern, die über die Beringstraße kamen, unbekannt war, aber charakteristisch für das Kriegswesen Vorderasiens ist – plötzlich als eine der wichtigsten Waffen im ganzen Kulturgebiet vor der Inkazeit auftauchte. Sowohl Diffusionisten als Isolationisten haben behauptet, daß eine auffallende Ähnlichkeit besteht, was Lendenschurze und Männergewänder betrifft, Frauenkleider mit Gürtel um den Leib und Nadeln auf den Schultern, Sandalen aus Leder und Tauwerk, die nach genau demselben Prinzip hergestellt wurden. Ähnlichkeiten bei Schmuck, Metallspiegeln, Pinzetten, Kämmen und der Kunst des Tätowierens, bei Fächern, Sonnenschirmen und Sänften für hochgestellte Personen; Kopfschemel aus Holz; die Verwendung der gleichen Schnellwaagen und der gleichen Schalenwaagen; Brettspiele und Würfel; Stelzen und Kreisel und zahllose Parallelen bei Mustern und Motiven. Alles in allem besteht gar kein so tiefgehender Unterschied zwischen dem, was die Völker Kleinasiens und Ägyptens bereits geschaffen hatten, als Europa noch in der Barbarei lebte, und dem, was die Spanier fanden, als sie ein paar Jahrtausende später nach Amerika kamen. Sie kamen im Zeichen des Kreuzes, um den Indianern am anderen Ende des Meeresstroms eine neue Götterlehre aus Vorderasien zu bringen.

Darüber diskutierten wir und grübelten wir nach, während der stete Strom unser Schilfboot immer näher auf das tropische Amerika zutrieb. Vielleicht zeigte das Boot, in dem wir saßen, trotz allem eine der merkwürdigsten Parallelen. Das Achterschiff sank immer tiefer. Das war unsere Archillesferse. Unsere Bootsbauer aus Zentralafrika wollten uns zuerst überhaupt kein Achterschiff machen. Sie waren es nicht gewohnt, eins zu bauen, hatten es nie gelernt. Die Indianer in Peru dagegen kannten das, sie hatten die Kunst unverändert von dem Vater auf den Sohn vererbt, seit die ersten mondsichelförmigen Schilfboote von den ältesten Töpfern des Landes abgebildet wurden. Der Titicacasee in Südamerika ist die einzige Stelle der Welt, an der immer noch Segel auf Schilfbooten gehißt werden und merkwürdigerweise an genau denselben eigenartigen, doppelbeinigen Schrägmasten wie im alten Ägypten. Am Titicacasee werden heute überhaupt die einzig wirklich robusten Schilfboote gebaut. Unsere Freunde aus dem Tschad hatten schmale Schilfbündel in mehreren Lagen verbunden und mit einer Menge kurzer Taue kettenförmig zusammengehakt, und obwohl wir sie schließlich dazu brachten, einen hochgebogenen Stert anzustückeln, deckte sich nur die äußere Kontur mit der der Malereien in Ägypten. Die großen Zivilisationen des Altertums waren nie durch den Kontinent bis in den Tschad gedrungen, so wie sie sich durch Boote an den Küsten des Mittelmeers bis Marokko verbreitet hatten. Nun dachte ich zum erstenmal darüber nach, ob mich die Weltkarte zum besten gehalten hatte. Ich hatte meine Schilfbootbauer aus dem Tschad geholt, weil es in der Alten Welt keine besseren gab. Aber wenn die Kulturen auf beiden Seiten des Atlantiks einen gemeinsamen Ursprung hatten? Dann hatten die Indianer vom Titicacasee, dem wichtigsten und ältesten Kulturzentrum der Vor-Inkazeit, ihre Bootsbauerkunst unmittelbarer ererbt als die entlegen wohnenden Buduma-Neger im Innern Afrikas. Ich erinnerte mich an die Behauptung der Isolationisten, daß zwischen den inneren Mittelmeerküsten und Peru ein unüberbrückbarer Zwischenraum läge. Hatte auch ich mich von dieser Behauptung bluffen lassen? Hatten wir alle vergessen, daß der Spanier Francisco Pizarro, der weder Flügel, Wege noch Eisenbahnschienen besaß, mit seinen Männern direkt vom Mittelländischen Meer nach Peru zog, ebenso schnell wie Fernando Cortez in das Hochland von Mexiko? Die Spanier kolonisierten das ganze Gebiet von Mexiko bis Peru im Laufe einer einzigen Generation, die noch erlebt hatte, wie Kolumbus den Atlantik dreimal in beiden Richtungen überquerte. Da saßen wir sieben Männer aus sieben Nationen zusammen an Bord eines Schilfbootes, um zu demonstrieren, welche Gemeinsamkeiten die Menschen in Norden und Süden, Osten und Westen doch haben. Und trotzdem fiel es uns so schwer, zu begreifen, daß dieselbe Ähnlichkeit uns auch durch die Zeiten verfolgt, seit die alten Ägypter ihre Liebeslieder dichteten, die Assyrer ihre Streitwagen verbesserten oder die Phönizier die Grundlagen unserer Schreibkunst schufen und sich mit Segeln und Takelung bemühten, an die Schätze

Westafrikas heranzukommen.

Als wir die erste Juliwoche hinter uns hatten, ergriff mich eine innere Unruhe. Ich hoffte, daß das Filmboot rechtzeitig ausgeschickt wurde, bevor sich die ewigen Regenschauer, die uns seit mehreren Tagen verfolgten, zu einem richtigen Unwetter zusammenballten. Wir waren jetzt in das Gebiet geraten, in dem die Orkanzeit begann. Die Männer nahmen das alles mit Gelassenheit hin.

Am 8. Juli frischte der Wind auf, und die See ging höher, als ob wirklich ein Unwetter hinter dem Horizont vorbeigezogen wäre. Riesige Wellen warfen sich über unser armseliges Achterteil und spülten zum erstenmal richtig über die Brücke, die hinter der Hütte auf hohen Pfählen stand. In dieser Nacht hatten wir ein schweres Stück Arbeit zu verrichten. In der pechschwarzen Dunkelheit heulte der Wind, und überall dröhnte, gurgelte, platschte, brauste und donnerte das Wasser. Die Kisten, auf denen wir lagen, begannen in der Hütte zu rumoren und schwammen mit uns hin und her. Wer ganz hinten steuerbord auf dem Boden lag, mußte seine Habseligkeiten aus den halb vollgelaufenen Kisten retten und in unsere Bettkisten legen, in die das Wasser nur hineinsickerte und um einige Zentimeter stieg und sank, wenn die Kistenfugen auseinanderklafften. In Abständen von wenigen Sekunden peitschten die Wellen gegen die Rückwand der Hütte, die nun mit Segeltuch bedeckt war; dann erbebten die Bambuswände, und überall sickerte Salzwasser herein, wenn wir nicht gerade eine ganze Kaskade über den Kopf bekamen. An dieses endlose, rhythmische Donnergetöse am Kopfende gewöhnten sich die meisten von uns, obwohl Santiago Schlaftabletten brauchte. Aber manchmal donnerte es heftiger, boshafter, und wir fuhren alle aus den Schlafsäcken: Im Kampf mit dem Mast war das Segel umgeschlagen, und dann kämpften wir wieder gemeinsam mit dem Riesensegel, das wir im Lampenschein gerade über uns erkennen konnten, während wir uns die Zehen verstauchten und über Santiagos Krüge und Carlos bald undurchdringliches Netzwerk aus Pardunen stolperten. Am nächsten Morgen gegen sechs Uhr stand ich auf der Brücke und nahm den heftigen Wind achtern dwars von Steuerbord mit Hilfe eines festgebundenen Steuerruders und eines zweiten, das ich unter fester Kontrolle hatte, als das Meer ganz unerwartet um mich herum stieg und alles verschlang. Der Wasserspiegel hob sich langsam bis über meine Hüften, und ohne Rauschen oder Krachen versank das Hüttendach vor meiner Brust im Wasser. Kurz darauf begann die *Ra* heftig zu beben und sich gleichzeitig gefährlich in die Windrichtung zu legen, so gefährlich, daß ich mich am Steurruder festhalten mußte, um nicht mit dem Wasser über die schiefe Ebene über Bord zu rutschen, während ich jeden Augenblick erwartete, daß der schwere Schrägmast die Papyrusbündel unter sich zerreißen und in die See stürzen würde. Aber die *Ra* legte sich nur bebend auf die Seite, um das Wasser ablaufen zu lassen, dann richtete sie sich wieder auf, doch nie mehr so weit wie vorher. Wenn man sich danach auf der schiefen Brücke aufrecht halten wollte, mußte man das linke Knie beugen.

Weil der Achtersteven wie ein Badestrand ins Wasser hing, mußten wir uns am nächsten Morgen beim Baden an Bord festbinden, um nicht ins Meer gespült zu werden. Die Wellen brausten zu beiden Seiten der Hütte weiter nach vorn, und wir bauten in Lee achtern der Hüttentür einen Damm aus leeren Körben und Tauwerk und deckten ihn mit dem Reservesegel der *Ra* ab, das wir bis jetzt noch nicht gebraucht hatten. Überall lagen tote fliegende Fische. Obwohl das Achterschiff mächtig bremste und obwohl wir ständig Zickzack fuhren, ohne richtig steuern zu können, brachte uns der kräftige Wind an diesem Tag 63 Seemeilen oder 116 Kilometer näher an Amerika heran. Das waren nur 30 bis 40 Kilometer weniger als die tägliche Durchschnittsstrecke, die der Bibliothekar Eratosthenes für die Papyrusschiffe des Altertums angegeben hatte. Wieder besuchten uns weißschwänzige *Tropic-birds* aus Brasilien oder Guayana, jetzt südlich und südwestlich von uns. Alle Männer waren bester Laune. Norman hatte mit Chris in Oslo Funkkontakt, und Chris bestätigte, daß er versuchte, Yvonne in New York beim Engagieren eines Kameramannes behilflich zu sein. Er hoffte auch, der Kameramann könnte uns mit einem Boot von den Westindischen Inseln entgegenkommen.

Am 9. Juli entdeckten wir, daß das Wasser, das über das Hüttendach gespült war, auch durch einen Deckel gedrungen war und daß die Tonne mit fast hundert Kilo Pökelfleisch – das später verfaulte – voll Wasser stand. Da kam Georges plötzlich außer sich angerannt und meldete weit Schlimmeres. Sämtliche Haupttaue, welche die äußere Papyrusrolle an der *Ra* festhielten, waren durchgescheuert, weil der Hüttenboden mit dem Wellenschlag hin und her geschoben wurde. Georges war bleich und fast sprachlos. Mit einem Satz waren Abdullah und ich auf der anderen Seite der Hütte. Uns bot sich ein Anblick, den ich nie vergessen werde. Das Boot war der Länge nach vollkommen gespalten. Die Seitenrolle auf Steuerbord, die den einen Mast hielt, bewegte sich in ihrer ganzen Länge von dem Rest des Bootes weg und wieder heran. Nur an Bug und Achtersteven saß die Rolle noch fest an der *Ra*. Jedesmal, wenn die Wellen die große Papyrusrolle von dem Rest des Bootes wegdrängten, starrten wir in das klare Blau. Nie hatte ich den Atlantik so klar und so tief gesehen wie in dieser Spalte in unserer kleinen Papyruswelt. Hätte Abdullah bleich werden können – er wäre es geworden. Mit stoischer Ruhe und fester Stimme sagte er kalt, jetzt sei alles aus. Die Taue waren durchgescheuert. Die Kette war gebrochen. Die Tauketten würden sich allmählich lösen, und in ein paar Stunden würden die Papyrusbinsen in alle Richtungen auseinanderschwimmen.

Abdullah. Abdullah hatte aufgegeben. Georges und ich standen eine

Weile wie gelähmt und sahen von dem Meeresspalt, der sich zu unseren Füßen rhythmisch öffnete und schloß, auf die zusammengebundene Spitze des Schrägmastes. Ein Bein auf jeder Seite, hielt der Schrägmast faktisch die beiden Teile des Bootes zusammen, sonst wären die Taue vorn und achtern auch schon längst durchgescheuert gewesen. Plötzlich stand Norman neben uns und blickte unverwandt, wie ein Tiger auf dem Sprung:

«Männer, wir geben nicht auf!» sagte er verbissen.

Im nächsten Augenblick hasteten wir alle durcheinander. Carlo und Santiago holten Taurollen und vermaßen und kappten Enden von unserem dicksten Tau. Georges sprang in die Wellen und schwamm mit einem dicken Tauende quer unter die *Ra*. Norman und ich krochen überall umher und untersuchten durchgescheuerte Zurrungen, um festzustellen, wie weit das Boot sich spalten würde. Papyrusbinsen schwammen einzeln und in Büscheln im Kielwasser. Abdullah schlug mit einem Schmiedehammer auf die riesengroße Nähnadel der *Ra*, eine dünne Eisenstange mit einem Nadelöhr am unteren Ende, das ein acht Millimeter starkes Tau halten konnte. Mit der Nadel wollten wir versuchen, das «Papierboot» zusammenzunähen. Juri übernahm allein das schwere Stück Arbeit am Steuerruder, Stunde um Stunde. Zuerst schwamm Georges viermal mit unserem dicksten Reep unter der *Ra* durch, und wir zurrten es an Deck wie vier große Faßreifen zusammen – in der Hoffnung, es würde die Bündel zusammenhalten, damit sich der Schrägmast nicht an der Spitze spaltete. Danach tauchte er genau an den Stellen unter die Papyrusbündel, an denen Abdullahs große «Nähnadel» durchgestochen wurde. In der Tiefe gelang es Georges, das dünne Tau aus dem Nadelöhr zu ziehen, um es wieder einzufädeln, wenn Abdullah die leere Nadel an einer anderen Stelle durchsteckte. Auf diese Weise schafften wir es, die verhängnisvolle Spalte wieder einigermaßen «zusammenzunähen», aber wir hatten viel Papyrus verloren und neigten uns deswegen mehr denn je auf die Windseite. Der Schrägmast stand schief, und trotzdem fuhr die *Ra* so schnell, daß Georges mit einem Reep festgehalten werden mußte. Wir waren glücklich, als wir ihn schließlich an Bord zogen, ohne daß ihn die spitze Riesennadel getroffen hatte. Carlo entschuldigte sich für das Essen, denn die Gischt spülte ständig in die Küchenkiste und löschte das Feuer. Ein großer Korb von der *Ra* mit unbekanntem Inhalt wurde bei Sonnenuntergang beobachtet, wie er hinter uns auf den Wellenkämmen auf und ab tanzte. Ehe die Nacht hereinbrach, inspizierten wir die angenähte Papyrusrolle, die steuerbord von der Hütte fast die ganze Breite der *Ra* einnahm. Sie schwankte bedrohlich an den dünnen Tauen, mit denen wir sie festgenäht hatten, und war so dünn geworden und durchweicht, daß wir bis zur Hüfte im Wasser waten mußten, um auf dieser Seite an der Hütte vorbeizukommen. Dann brach wieder die Nacht herein. Als letztes sah ich Abdullahs weiße

Augen in der Ecke neben der Türöffnung, sie wanderten im Gebet zu Allah auf und ab, während es scheuerte und ächzte und überall Wasser strömte. Norman hatte über Funk erfahren, daß uns vielleicht in vier bis fünf Tagen das Boot erreichen würde, das meine Frau Yvonne chartern wollte.

Am 10. Juli erwachten wir bei Sonnenaufgang recht müde, weil die beiden Kisten, auf denen jeder von uns schlief, die ganze Nacht wild und ungleichmäßig geschaukelt hatten und umhergerollt waren. Norman konnte auf seinen schwankenden Kisten nicht die Balance halten und hatte deswegen quer über unseren Beinen gelegen. Unser erster Gedanke war, die vier dicken Taue anzuziehen, die wir gestern um das ganze Boot herum befestigt hatten; an den Fußpunkten der Masten wurde noch ein Reep angebracht, damit sie zusammenblieben. Den ganzen Tag nähten wir uns mit der langen Ahle, die von oben nach unten durch das Papyrus gesteckt wurde, selbst zusammen.

An diesem Tag erhielt Norman die Meldung, man erwarte zwei Fotografen auf Martinique, und eine kleine Motorjacht namens *Shanandoah* sei unterwegs, um sie dort abzuholen. Das italienische Fernsehen hatte indessen gemeldet, wir hätten einen Seeschaden erlitten und wären ins Rettungsboot umgestiegen. Mit Galgenhumor dachten wir daran, wie wir das Rettungsboot zersägt hatten. Keiner vermißte es. Keiner wollte umsteigen. Wir hatten noch reichlich Papyrus, um darauf zu schwimmen. Während die schlimmsten Wellen über uns hereinbrachen und Carlos Gebrüll verkündete, daß seine besten Kasserollen über Bord gingen, tauchte Georges plötzlich mit einem triefenden roten Gegenstand auf, den er aus den Wellen gefischt hatte.

«Brauchen wir das, oder kann ich es wegwerfen?»

Es war ein kleiner Feuerlöscher aus der Zeit, da das Rauchen auf Steuerbord verboten war. Lachsalven folgten dem Gerät, selbst Safi hing im Maststag und starrte auf den Feuerlöscher, der in die Tiefe verschwand; sie fletschte die Zähne und stieß Kehllaute aus, um zu zeigen, daß sie den Spaß auch verstand.

Am 11. Juli beruhigte sich das Meer allmählich, aber sogar die gemächliche Dünung spülte von achtern weit nach vorn und über Steuerbord. Auf meiner Abendwache sah ich zum erstenmal seit langer Zeit wieder mehrere Sterne, darunter den Polarstern, und ich stellte mit dem Nasometer rasch fest, daß wir uns 15° N befanden.

Mitten in der Nacht brachen einige gewaltige Wellen über Steuerbord und schlugen so heftig direkt durch das Flechtwerk der Hütte, daß die eine Kiste, auf der Norman bis jetzt geschlafen hatte, zu Kleinholz zersplitterte. Die Kiste war längst leer, und in dem brodelnden Seewasser der Hütte schwammen nur noch gebrochene Kistenbretter umher. Die *Ra* gab auf der Seite, an der die Papyrusrolle festgenäht war, einige neue, unheimliche Laute von sich, und keiner hörte Safis Notschreie, als ihr Schlafkoffer von der nächsten Welle von der Wand gespült wurde. Sie war eingeschlossen und schwamm mit zersplitterten Kistenbrettern um die Wette, bis sie sich auf unerklärliche Weise selbst rettete; es gelang ihr, den Deckel aufzumachen. Santiago erwachte, als sie pudelnaß an seiner Wange saß und laut keifend forderte, in den warmen Schlafsack gelassen zu werden.

Am 12. Juli besuchten uns erneut Vögel von der Küste. Über Funk erfuhren wir, daß die Jacht, die uns entgegenkommen sollte, Verspätung habe, weil zwei Männer der Besatzung abgesprungen waren, als man in Martinique die Fotografen abholen wollte. Die Überraschung des Tages war ein wahrhaftiges Wrack, das im Süden am Horizont auftauchte und uns im Zickzack entgegenkam. Zuerst glaubten wir an Abenteurer auf einem selbstgebauten Boot, aber dann sahen wir, daß es ein uraltes geflicktes Fischerboot voll chinesischer Zeichen war. Überall hingen getrocknete Fische, und die Mannschaft stand schweigend an der Reling und starrte herüber, als die *Noi Young You* in 200 Metern Entfernung an uns vorbeischlingerte. Wir standen alle auf unseren Booten, starrten einander voll Mitleid und Entsetzen an und fotografierten uns gegenseitig. Die Chinesen winkten gleichgültig und freundlich herablassend. Sie glaubten zweifellos, die *Ra* sei ein Eingeborenen-*Jangada* oder ein primitives Balsafloß, das vor der brasilianischen Küste fischte, und sie waren sichtlich erschüttert darüber, daß heutzutage noch solche Ungetüme im Gebrauch waren. Die Wellen des vorwärtsschlingernden Fischerbootes spülten über das Achterdeck der *Ra*, und dann waren wir wieder allein auf dem Meer. Es begann wieder zu regnen. Der Wind nahm zu, die Wellen wurden höher.

Als die Nacht langsam über bleiche, nasse Schlechtwetterwolken kroch, sahen wir am Horizont im Osten richtige Sturmwolken wie zornige schwarze Ochsenköpfe heranrollen; sie schickten Donnerschläge hinter uns her. Wir bereiteten uns auf den schweren Sturm vor, der mit Blitzen und in immer heftigeren Stößen angejagt kam. Das Segel konnte nicht unbegrenzt halten, aber wir holten es trotzdem nicht ein. Wir hatten nur noch wenige Tage vor uns und mußten uns beeilen. Die *Ra* erbebte in den Sturmböen. Das Meer hob sich. Das ägyptische Segel blähte sich wie nie zuvor, und wieder ritten wir wie ein wildes Tier auf den Seen. Es war ein Erlebnis von wilder, barbarischer Schönheit. Die schwarzen Wellen wurden immer weißer, brodelten, zeigten Streifen, das Wasser des Meeres prasselte stärker gegen uns als der Regen vom Himmel. Die Wellenkämme wurden flachgedrückt, und die *Ra* ritt so schnell, daß die Wassermassen, die uns von hinten einholten, weniger gewaltig waren als sonst. Aber was über uns hereinbrach, war doch so heftig, daß man zwischen den Stößen nur einige Sekunden schlummern konnte. Überall lauerten Gefahren, wenn wir nicht ordentlich an Hüttenwand oder Papyrusbündeln festgebunden waren. Schwere Wassermassen donnerten auf das Hüttendach, das sich sattelförmig immer mehr zu unseren Nasen herunterbog. Santiago wurde mit dem Reep in der Hand über Bord gespült, konnte sich aber noch an einer Ecke des Segels festhalten. Ab und zu holte die *Ra* so gewaltig über, daß alle in die Pardunen griffen und sich als Gegengewicht außenbords hängten. Eine Küchenkiste wurde zersplittert, und Carlo watete umher, um die andere zu bergen, die zwischen den Masten schwamm. Die Antenne wurde weggerissen, so daß unser Funkgerät tot war. Die angeleinte Ente wurde immer wieder über Bord gespült und brach sich im schlimmsten Chaos ein Bein, und Juri mußte sie verarzten. Safî war in der Hütte in Topform. In den großen Wellentälern wimmelte es von Schwärmen fliegender Fische; noch nie hatte ich so viele gesehen. Kurz vor Wachablösung hörte ich, wie Abdullah im Dunkeln auf der Brücke zu singen begann. Eine Riesenwelle stürzte von hinten über das Hüttendach, und dann war ich an der Reihe. Abdullah stand festgebunden auf der Brücke, und sein Haar glänzte im Lampenschein naß vom Salzwasser.

«Wie ist denn das Wetter?» fragte ich scherzhaft.

«Nicht schlecht», sagte Abdullah unbesorgt.

Der Sturm raste mit wechselnder Stärke volle drei Tage. Das gesetzte Segel schien uns in eine schwierige Lage zu bringen, aber die ersten zwei Tage schafften wir es, während die *Ra* auf den Sturmwellen ritt. Der Steuerbordmast tanzte einsam auf der provisorisch festgenähten Seite, die halb allein pendelte und so viel Papyrus verloren hatte, daß der Rest unter die Oberfläche gedrückt wurde. Dadurch lehnte sich der Schrägmast immer mehr in den Wind, und das half uns, die Sturmböen besser zu nehmen – wenn auch der Klotz, in dem der Steuerbordmast stand, immer tiefer in das recht lose Papyrusbündel sank. Georges und Abdullah nähten aus allen Kräften unter diesem Mastfuß, der sich auf dem Weg durch das Bündel zu befinden schien. Die Masten hüpften in ihren Holzschuhen auf und ab, und nur ihr eigenes Gewicht und die Reeps zogen sie nach jedem Stoß wieder auf ihren Platz. Weil die Taue auf Steuerbord durchgescheuert waren und sich gelockert hatten, konnten die Papyrusrohre dort unbegrenzt Wasser aufsaugen, und außerdem wurde das ganze Bündel so biegsam und lose, daß wir nie wußten, wie kräftig wir die Pardunen anziehen konnten. Wenn der Schrägmast nach hinten ging, waren sämtliche parallelen Reihen Pardunen zu beiden Seiten der Hütte so schlaff wie Springseile. Und im nächsten Augenblick wurden sie wie Bogensaiten straff gespannt, weil der Mast so kräftig ruckte, daß nur das riesige Tau, das nach altägyptischer Sitte als Dollbord um das ganze Boot lag, die Papyrushalme davor rettete, auseinandergerissen zu werden. Einzeln waren die Binsen genauso zäh und stark wie nach einem einzigen Tag im Wasser, und wenn wir sie verloren, schwammen sie. Die lose angenähten Reste der Bündel auf Steuerbord wurden immer tiefer ins Wasser geschoben, da sie sich jetzt mit Wasser vollsaugen konnten und der schiefe Schrägmast sein ganzes Gewicht auf die beschädigte Seite legte. Der biegsame, geflochtene Boden der Bambushütte gab im elastischen Bogen nach, ohne zu brechen. Wir versuchten die Lücke von Normans zersplitterter Kiste auszufüllen, aber ehe das getan war, brach eine neue Welle durch die Bambusstäbe und zertrümmerte die nächste. Eine Kiste nach der anderen wurde in der Hütte unter uns zu Brennholz zerschmettert. Mit jeder verschwundenen Kiste wurde es schwieriger, die restlichen zu bändigen, denn nun hatten sie wie Boote im Hafen reichlich Platz, paarweise umherzuschwimmen, eine kreisende Heumatratze obenauf. Strümpfe und Unterwäsche verschwanden mit dem Sog in der Hütte und tauchten an ganz anderen Stellen wieder auf. Norman und Carlo zogen um und legten sich auf die Proviantkörbe unter der Dachtraufe an der Vorderwand der Hütte. Juris Kisten wurden unter ihm zerschmettert, ehe er seine medizinische Ausrüstung herausnehmen konnte, und dadurch entstand ein Chaos aus Glasscherben und dem Geruch von flachgedrückten Tuben, Schachteln und Reagenzgläsern. Es wurde gefährlich, von den Kisten hinunterzurollen, und wir füllten die Lücke mit Matratzen, Schlafsäcken und allem Entbehrlichen, damit wir trotz der Wellen, die durch die Wand schlugen, wieder sicher auf den restlichen Kisten liegen konnten. Juri zog aus. In der Mitte sank das Dach immer weiter auf unsere Nasen zu, so daß wir die tanzende Paraffinlampe in eine höhere Ecke hängen mußten. Scherze und schallendes Gelächter der drei Männer, die auf die andere Seite der dünnen Bambuswand gezogen waren, waren der Beweis dafür, daß die Laune draußen und drinnen bestens war.

Draußen wütete der Sturm, es blitzte, aber bei dem entsetzlichen Getöse des Wassers, das von Steuerbord eindrang und um uns gurgelte, bis es in einem Wirbel durch die Bambuswand auf Steuerbord wieder verschwand, hörten wir kaum die Donnerschläge. Für die Wache achtern war es ein schweres Stück Arbeit, und wir versuchten, uns so oft wie möglich abzulösen. Die Brückenpfähle steuerbord waren mit den Papyrusrollen abgesackt, und die Plattform, auf der die Ruderwache stand, hing jetzt schief wie ein Hausdach. Wir konnten den Rudergriff an Steuerbord nicht mehr erreichen. Wir mußten uns an die Backbordecke klammern, wo die Brücke am höchsten stand, und hatten deswegen ein System ersonnen, das genauso umständlich wie anstrengend war. Ein Tau um den Fuß und ein anderes in der Hand, schwenkten wir das Steuerbordruder, aber nur, wenn wir den Kurs mit dem Backbordruder allein nicht halten konnten. Jedesmal banden wir in Sekunden so viele Reeps fest, wie wir konnten. Es kam darauf an, das Segel gebläht zu halten, und von jeder Ecke des Segels war auch eine Brasse an dem Brückengeländer befestigt, so daß die Ruderwache die stark beanspruchte Rah schwenken konnte, wenn die Steuerruder allein die Situation nicht meisterten. Die ganze Brücke war voller Reeps, dagegen stellte der abgesackte Achtersteven hinter uns ein völlig unberechenbares Riesenruder dar, das uns das Steuern sehr erschwerte. Wenn wir uns im Sturm hilflos drehten, würde die Gefahr bestehen, daß der Mast über Bord ging oder sich durch den Papyrus drückte, denn das vollgesogene Floßschiff würde kaum kentern.

Am 14. Juli hatten wir Funkkontakt mit der *Shanandoah*, die nun von Barbados ostwärts steuerte. Sie berichtete, der Sturm habe auch sie mit Wellen erreicht, die über dem sechs Meter hohen Ruderhaus der Jacht gebrochen wären. Ihr Funker habe bereits gemeldet, daß sie in Gefahr seien und sie ihre Umkehr erwogen, weil die Jacht nicht für einen Orkan geeignet wäre. Nur mit dem Gedanken, daß wir unter denselben Verhältnissen noch weiter draußen lagen, fuhren sie noch immer nach Osten, dem Unwetter entgegen. Der Kapitän gab als höchste zu verantwortende Geschwindigkeit 8 Knoten an. Das war drei- bis viermal soviel, wie die *Ra* schaffte, aber mit dem Sturm von vorn würde die Jacht wesentlich langsamer fahren; im günstigsten Fall konnte sie uns in ein paar Tagen erreichen, wenn wir auf demselben Breitengrad direkt aufeinander zusteuerten. Ein Funkamateur hatte eine Meldung aufgefangen, nach der sich ein Handelsschiff etwa 30 Seemeilen von unserer Position befinden sollte, falls wir Hilfe brauchten. Aber an Bord bestand einstimmig der Wunsch, allein nach Westen weiterzufahren.

Um ein Uhr nachts brüllte Juri, daß die Rah am Mast krachend gebrochen sei. Alle stürzten hinaus, aber keiner begriff etwas, denn das Segel stand voll gebläht wie nie zuvor, an einer soliden Rahe. Aber eben jetzt wurde plötzlich das Steuern gewaltig erschwert. Als wir uns im Laufe der Nacht ablösten, waren sich alle darin einig, noch nie eine schlimmere Ruderwache erlebt zu haben. Erst bei Sonnenaufgang erkannten wir, was geschehen war. Carlo entdeckte, daß er mit einem leeren Schaft ohne Ruderblatt steuerte. Das dicke, doppelte Steuerruder war abermals wie durch den Schlag eines Schmiedehammers abgebrochen, und das große Ruderblatt war für immer in der nächtlichen Dunkelheit im Meer verschwunden. Dieses Krachen hatte Juri gehört, und wir hatten uns alle mit zwei runden Stöcken fast zu Tode geschuftet, während die *Ra* mit ihrem abgesackten Achtersteven als einzigem Ruder allein den Kurs gehalten hatte.

Am 15. Juli erreichte der Sturm seinen Höhepunkt. Das Segel duldete die Brassen nicht mehr, und in Sturmböen, die uns so sehr auf die Seite drückten, daß ein normales Boot gekentert wäre, strichen wir das Segel mit Donnergetöse. Es blitzte und regnete. Als das Segel eingezogen war, blieben die Masten mit der gitterähnlichen Leiter stehen und schwankten vor den zuckenden Blitzen im Hintergrund wie ein nacktes Gerüst. Ohne Segel wirkte alles leer und leblos. Als die Geschwindigkeit abnahm, schienen die Wellen den Mut zum Angriff zu fassen. Der Rest der Küche verschwand im Meer. Eine Weile wirbelten Eierpunsch und Kalkpulver um Carlos Beine, als ein Krug zerschmettert wurde. Jedoch waren Vorderdeck und Backbord noch voll von Nahrungsmitteln in festgebundenen Krügen mit dichten Deckeln, und an der Mastleiter hingen Würste und geräucherte Schinken. Schlimmer als der Eidotter waren mehrere portugiesische Nesselquallen, die plötzlich mit ihren Nesselfäden auf Deck herumschwammen und sich um alles wickelten. Ich trat auf einen Blasenkörper, verbrannte mich aber nicht. Nesselfäden wickelten sich um Georges' und Abdullahs Beine, als sie bis zur Hüfte im Wasser standen und neue Reepe anstelle der durchgescheuerten festnähten. Beide wurden sofort mit Juris improvisierter Naturmedizin gründlich gewaschen. Abdullah behauptete, daß es nicht brannte. Aber er hatte auch runde Brandmale von glühenden Zigaretten, die er sich selbst auf den Arm gedrückt hatte, um zu beweisen, daß ein Mann aus dem Tschad den Schmerz geringachtet.

Als der Sturm am schlimmsten wütete, konnten wir nur vor der Hüttenöffnung, backbord von der Hütte, sicher und einigermaßen trocken zusammenkommen. Hier waren auch alle Filme und die ganze wertvolle Ausrüstung verstaut, so daß es für uns kaum Platz gab. Die Ente und der Affe wohnten in eigenen Körben übereinander, auf unseren ganzen Privatsachen. In der Hütte setzten die Wellen durch die Wand hindurch ihre Verheerung fort. Kiste um Kiste zersplitterte. Als der Abend kam, lagen nur noch Abdullah und ich unter dem Dach, alle anderen waren ausgezogen und schliefen auf den Küchenkörben, im Mast und auf dem Hüttendach, welches sich so kräftig gebogen hatte, daß es gerade noch das Gewicht von zwei bis drei Männern tragen konnte. Von den sechzehn Kisten, die einst unsere Betten bildeten, waren nur noch ganze drei übrig. Zwei gehörten Abdullah, eine mir. Da unsere Kojen backbord ganz hinten lagen, hatten unsere Kisten am längsten standgehalten, aber nun kamen auch wir an die Reihe. Die Kiste unter meinen Beinen war schon zerschmettert; Kleider und Bücher mischten sich wie Papiermasse in dem umherschwappenden Brei. Ich balancierte mit den Füßen einen Kistendeckel hochkant, um meine Beine oben zu halten, und hielt mich an Dach und Wand fest, damit die Kiste unter meinem Rücken nicht kenterte, wenn der Wasserbrei auf unsere Seite schwappte. Es war grotesk. Abdullah kniete nieder und betete zum letztenmal in der Türöffnung. Dann kroch er in den Schlafsack auf zwei ganzen Kisten und schlief ein. Die Gurgellaute um uns herum schienen aus dem Hades zu kommen. Da fiel das Kopfkissen in den Malstrom, der von einer Wand zur anderen rotierte und nichts wieder freigab; es war, als läge man im Bauch eines Walfisches, und die geflochtene Wand bildete die Barten, die das Essen herausfilterten und nur das salzige Wasser hinausließen. Ich griff nach dem Kopfkissen und berührte etwas Weiches – eine Hand. Eine Gummihand oder ein aufgequollener, wassergefüllter Handschuh von Juris Operationsausrüstung. Ein schauderhaftes Gefühl! Ich richtete mich auf und löschte die Lampe, aber dann stürzte mir eine Regenpfütze, die sich in dem Segeltuch auf dem Dach angesammelt hatte, in den Nacken, und der Kistendeckel, den ich mit den Füßen balancierte, kippte um und verschwand. Ich kroch zu den anderen hinaus. Im Regen auf Lee waren wir sicherer. Abdullah schlief allein in unserem einst so gemütlichen Heim.

Am 16. Juli, lange vor Sonnenaufgang, hatten wir erneut mit der *Shanandoah* Funkkontakt. Wir kurbelten und kurbelten und lauschten und lauschten, bis wir die Metallstimme des Funkers hörten. Der Kapitän bat uns, Leuchtraketen in die Dunkelheit zu schießen. Der Sturm war abgeflaut. Das Unwetter war weiter nach Westen gezogen und hatte nun die Inseln erreicht. Abgesehen davon, daß sich die Ente Sindbad ein Bein gebrochen hatte, waren alle unversehrt. Norman holte die Leuchtraketen hervor, die wir damals von dem Rettungsfloß aufbewahrt hatten, als wir es zersägten. Sie waren vom Wasser so aufgeweicht, daß wir das Pulver nicht einmal mit einem Streichholz anzünden konnten. Auf einem Fetzen des Etiketts lasen wir: «Trokken aufbewahren». Wir baten die *Shanandoah*, ihre Raketen hochzuschießen. Etwas später antwortete der Kapitän, daß ihre Raketen auch nicht zündeten. Nach dem Unwetter hatte keiner von uns die exakte Position, aber soweit wir das beurteilen konnten, fuhren wir auf demselben Breitengrad in entgegengesetzter Richtung. Der Funker bat uns, den Handgenerator fast ständig in Betrieb zu halten und die ganze Zeit Rufzeichen zu senden, damit sie versuchen konnten, nach dem Peilton zu steuern. Denn obwohl der Wind jäh abgeflaut war und der Sturzregen die Wellen geglättet hatte, war doch keines der Fahrzeuge groß genug, um über große Entfernungen gesehen werden zu können. Wir erfuhren, daß die Jacht 80 Tonnen wog und 22 Meter lang war.

Während wir kurbelten, stellten wir fest, daß das Meer erneut voll schwimmender, asphaltähnlicher Klumpen war; das hatten wir gestern auch schon gesehen. Sie wurden auf den Papyrus gespült, während das Wasser durchlief. Ich entnahm einige Proben, um sie mit einem kurzen Bericht der norwegischen Delegation bei den Vereinten Nationen zu schicken. In diesem Unrat waren wir auf beiden Seiten des Atlantiks und auch in der Mitte gefahren.

Während sich Norman mit Knöpfen und Kopfhörern abmühte und wir anderen der Reihe nach kurbelten, servierte Carlo die leckersten kalten Gerichte. Er bedauerte, daß die Küchenabteilung nicht wie früher funktionierte – teils, weil alle Kasserollen nach achtern weggeschwommen waren, und teils, weil er den Primuskocher nicht anzünden konnte; der ruhte auf dem Meeresgrund. Aber das Messer war noch zu gebrauchen, wenn wir geräucherten Schinken und ägyptischen Rogen haben wollten. Und das «Mumienbrot», das mit Berberbutter und Honig bestrichen besser als je zuvor schmeckte, war nicht rationiert; auch gepfefferten Schafskäse in Öl ließen wir uns schmekken. Der Sturm war mit den Proviantkrügen zwischen dem weichen Papyrusschilf behutsam umgegangen. Die Holzkisten hatten herhalten müssen. Papyrus und Taue, Krüge und Leder, Körbe und Bambus waren gut miteinander ausgekommen. Nur das steife Holz hatte überall die Schlacht gegen die Wellen verloren.

Am Nachmittag des 16. Juli hatten wir wieder ruhiges Wetter, und wir hielten von Hüttendach und Mastspitze nach allen Richtungen Ausschau. Juri kurbelte, und Norman rief mit monotoner Stimme unsere Rufzeichen in das Mikrophon, als plötzlich etwas Unverständliches geschah. Norman, der unbeweglich in der Hüttenöffnung saß und mit beiden Händen an den Knöpfen drehte, starrte plötzlich direkt nach vorn, ohne jemanden von uns anzusehen, und sagte mit merkwürdiger Stimme:

«Ich sehe euch, ich sehe euch, seht ihr uns nicht?!»

Für uns, die sprachlos um ihn herumstanden, verging ein dramatischer Augenblick, ehe wir begriffen, daß er mit dem Funker der *Shanandoah* sprach. *Shanandoah!* Alle Mann fuhren herum, Georges, der auf dem Dach lag und in die entgegengesetzte Richtung spähte, und Carlo, der in der schiefen Mastspitze hing, die baumelnde Kamera vor dem Bauch.

Und da war sie! In gleichmäßigen Abständen erschien sie wie ein weißes Sandkorn auf der Spitze der fernen Wellenkämme. Als sie näher kam, sahen wir, daß sie wild schlingerte. Was von der *Ra* übriggeblieben war, nahm die Seen mit stoischer Ruhe. Wie wir uns gefunden hatten, war uns ein unerklärliches Geheimnis, aber wir lagen hier auf dem Meer vor den Westindischen Inseln und tanzten um die Wette, hoch und nieder. Ein großer schwarzer Vogel umkreiste uns. Haifinnen tauchten auf und schnitten um die *Ra* durch das Wasser. Sie mußten der Jacht von den Inseln gefolgt sein. Auf beiden Seiten wurde gefilmt und fotografiert. Aber es war um einen Tag zu spät. Das Großsegel der *Ra* war für immer gefiert, der Mast würde nur ein winziges Segel aushalten können, wenn er nicht auf Steuerbord durch die schwache Unterlage gedrückt werden sollte. Von der Jacht wurde ein Gummidingi zu Wasser gelassen, und Abdullah jubelte, als er einen Mann seiner Hautfarbe herüberrudern sah. Er brüllte zuerst einen Gruß auf tschad-arabisch und dann auf französisch und gaffte stumm, als der Schwarze auf englisch antwortete. Afrika begegnete Abdullah in Amerika.

Zuerst luden wir alle Expeditionsfilme in das tanzende Dingi. Wir ruderten mehrmals hinüber und begrüßten die Männer an Bord der Jacht – freundliche, gemütliche Männer. Mit seinem hohen Aufbau und dem schmalen Kiel schlingerte das feine Fahrzeug derart, daß wir nach immerhin acht Wochen auf der *Ra* Schwierigkeiten hatten, auf dem blankgescheuerten Deck das Gleichgewicht zu halten. Carlo und

Jim, die sich gegenseitig von ihren Booten filmen wollten, waren sich darüber einig, daß die Jacht viel einfacher von dem Schilfboot aus zu filmen war als umgekehrt.

Die Mannschaft samt dem Kapitän bestand aus jungen Männern; die meisten waren für diese Fahrt angeheuert, und alle drängten uns, an Bord zu kommen, damit sie sofort die Heimfahrt antreten konnten. Das war beim Chartern nicht abgesprochen, und wir hielten die *Ra* weiter bemannt. Die *Shanandoah* brachte jedem von uns vier Apfelsinen und eine Schachtel Pralinen für Santiago. Aber die improvisierte Besatzung war auf Fahrt gegangen, ohne zu merken, daß der Bordproviant im wesentlichen aus Bier und Mineralwasser bestand; deswegen beharrte der Kapitän auf der Rückkehr, bevor uns alles Essen ausging und ehe ein neuer Sturm kam. Wir borgten uns das Dingi der *Shanandoah* und kehrten mit mehreren ganzen Schinken, Hammelkeulen, Würsten und Krügen mit Nahrungsmitteln und Wasser von der *Ra* zurück; das würde lange vorhalten.

Die *Shanandoah* wartete. Die *Ra* schwamm mit unversehrter Backbordseite, aber die Steuerbordseite hatte so viel Papyrus verloren, daß wir uns nicht mehr auf unseren neun Meter hohen und zentnerschweren Schrägmast verlassen konnten. Wir beschlossen, ihn zu kappen. Norman richtete einen leichten Schrägmast auf, der aus zwei fünf Meter langen, oben zusammengebundenen Riemen bestand und mit einem kleinen improvisierten Rahsegel versehen war. Die *Ra* fuhr weiter. Am 17. und 18. Juli brachten wir alle überflüssige Ladung auf die *Shanandoah* und nähten die Bündel so sicher wie möglich zusammen. Während Carlo mit dem Schrägmast angeschwommen kam, Georges unter der *Ra* arbeitete, Juri allein in dem Dingi zwischen den beiden Booten in unregelmäßigem Linienverkehr über das Meer fuhr und wir anderen auf den Papyrusbündeln mit Tauwerk und triefendnassen Habseligkeiten umherwateten, entdeckten wir immer mehr Haifinnen, die ringsum wie Spielzeugsegel durch die Wasserfläche schnitten. Wenn wir uns zu den Wellen hinunterbeugten, sahen wir tief unten im klaren Blau langsamschwimmende, große Fischkörper. Die Mannschaft der *Shanandoah* begann Haie zu angeln. Ein zwei Meter langer Hai mit weißen Finnen und ein etwas kleinerer wurden an Bord gezogen, und wir bekamen unseren eigenen gekochten Reis mit wohlschmeckender Haileber serviert. Ein vier Meter langer Blauhai war zu schlau für die Angler; er patrouillierte rastlos hin und her.

Trotz aller Anweisungen, mit größter Vorsicht vorzugehen, lehnte sich Georges zu unserem Schrecken über den tiefhängenden Rand der *Ra*, einen kolossalen Kerl von einem Hai dicht auf den Fersen. Georges hatte an der einen Wade alte Haibisse. Ich verbot ihm, zu schwimmen, solange uns Haie umgaben; da antwortete er, daß wir wohl lange warten müßten, denn er hätte zwischen 25 und 30 Haie gezählt, die in der Tiefe kreisten.

Die Wetterberichte auf der *Shanandoah* lauteten ungünstig, und der Kapitän hatte allen Grund, auf die Rückkehr zum Hafen zu drängen. Auf der *Ra* herrschte einstimmig die Auffassung, es würde auf unserem Wrack am sichersten sein, wenn uns das Unwetter erreichte. Zwar war das Papyrusboot nicht mehr navigationsfähig – die Steuerruder waren gebrochen, und auf der Brücke konnte man kaum stehen –, aber die Rollen schwammen und würden wie eine riesengroße Rettungsboje weiter nach Westen treiben, bis sie an Land gespült würden. Die *Shanandoah* war navigationsfähig, wenn auch die Pumpen und einer der beiden Dieselmotoren nach dem Unwetter ausgefallen waren. Aber Kapitän und Mannschaft waren sich darüber im klaren, daß sie sogar in einem kleinen Orkan leckschlagen oder kentern würden und der hohle Rumpf unterginge.

Ich rief alle Männer der *Ra* zur ersten wirklich ernsthaften Lagebesprechung zusammen, seit wir vor der afrikanischen Küste das Rettungsfloß zersägt hatten. Ich erklärte, daß ich es jetzt für richtig hielt, das Experiment zu beenden. Seit zwei Monaten lebten wir auf den Papyrusrollen, sie schwammen immer noch, und wenn wir das Zickzackfahren nicht mitrechneten, hatten wir ziemlich genau 5 000 Kilometer zurückgelegt; diese Strecke entsprach die Entfernung von Afrika nach Kanada über den Nordatlantik. Damit hatten wir bewiesen, daß ein Papyrusboot seetüchtig war. Es war sinnlos, jetzt noch Menschenleben aufs Spiel zu setzen.

Tiefernst lauschten alle Männer, bärtig und wettergebräunt, mit Schwielen an den Händen. Ich bat jeden, seine Meinung zu sagen.

«Ich finde, daß wir auf der *Ra* bleiben sollten», sagte Norman. «Wir haben reichlich Essen und Wasser. Wir können eine Plattform aus Bambuskörben und zerbrochenen Kistenbrettern anfertigen und darauf schlafen. Das wird ein hartes Stück Arbeit, aber etwa in einer Woche sind wir an den Inseln, selbst mit dem kleinen Segelfetzen, den wir jetzt gehißt haben.»

«Ich stimme Norman zu», sagte Santiago. «Wenn wir jetzt aufgeben, wird niemand begreifen, daß erfahrene Papyrusfahrer Amerika erreicht haben können. Sogar viele Anthropologen werden sagen, daß nicht die große Strecke hinter uns zählt, sondern das kleine Stück, das uns noch fehlt. Und wenn es nur noch eine Tagesreise wäre! Wir müssen von einer Küste bis zur anderen.»

«Santiago», sagte ich, «die wenigen Anthropologen, die nicht begreifen, daß die Erfinder des Papyrusbootes auch besser damit umgehen konnten als wir, die kann man nicht überzeugen, selbst wenn wir den ganzen Amazonas hochfahren.»

«Wir müssen weiterfahren», sagte Georges. «Selbst wenn ihr aufgebt, fahren Abdullah und ich weiter. Nicht wahr, Abdullah?»

Abdullah nickte schweigend.

«Das ist ein ägyptisches Boot. Ich vertrete Ägypten. Ich muß weiterfahren, solange mir eine Papyrusrolle noch den Kopf über Wasser hält», schloß Georges mit Nachdruck. Carlos sah mich fragend an.

«Wenn du findest, daß wir weiterfahren sollen, mache ich mit», sagte Carlo und strich sich über den Bart. «Du mußt die Situation beurteilen.»

Juri starrte schon lange vor sich hin.

«Wir sind sieben Kameraden, die alles geteilt haben», sagte er schließlich. «Entweder müssen wir alle weiterfahren, oder wir müssen alle aufhören. Ich bin sehr dagegen, daß wir uns trennen.»

Ich mußte eine schwere Entscheidung treffen. Alle anderen wollten weiterfahren. Vielleicht würde es gutgehen – vielleicht würde ein Orkan einen von uns über Bord spülen. Das war die Sache nicht wert. Ich hatte das Experiment begonnen, weil ich die Antwort auf eine Frage suchte; die Antwort hatten wir bekommen. Ein Papyrusboot war mit Landratten in See gestochen, die keine Lehrmeister besaßen und unerfahren herumexperimentierten, und dieses Boot hatte nach acht Wochen auf dem Weltmeer einen Orkan überstanden, ohne daß dabei Menschen, Tiere oder wesentliche Teile der Ladung zu Schaden gekommen wären. Wenn wir um den alten phönizischen Hafen Safî, dem Ausgangspunkt unserer Reise, einen Kreis mit einem Radius von der Länge der von uns zurückgelegten Strecke schlugen, würde der Kreis Moskau und die nördlichste Spitze von Norwegen einschließen, er würde Grönland in der Mitte schneiden, über Neufundland, Quebec und Neuschottland und Nordamerika gehen und Brasilien in Südamerika berühren. Wenn wir nicht von Safî ausgelaufen wären, sondern bei Sénégal an der afrikanischen Westküste, würde sich die Strekke in der Luftlinie über den ganzen Atlantik und wohl 2000 Kilometer den Amazonas aufwärts, fast bis zu seinen Quellen, erstreckt haben. Denn der Atlantik ist an seiner schmalsten Stelle knapp 3000 Kilometer breit, während wir 5000 Kilometer zurückgelegt hatten. Es war besser, rechtzeitig aufzuhören. Hier lagen zwei Boote, beide mit großen Schäden, und trieben zusammen westwärts in einen Meeresteil, in dem Orkane geboren werden. Damals ahnten wir nicht, daß der erste Orkan des Jahres, Anna, gerade dort hinter uns auf dem Meer entstanden war, wo wir eben vorbeigefahren waren, und sich jetzt mit wachsender Kraft auf dem Weg zu den nördlichsten der Inseln vor uns befand. Wir steuerten direkt auf Barbados im südlichen Westindien zu. Wir ahnten auch nicht, daß Forschungsflugzeuge des amerikanischen BOMEX-Projektes (Barbados Oceanographic and Meteorological Experiment) – die den Orkan bei seinem Entstehen entdeckten – die obersten Luftschichten über Barbados mit feinen Sandkörnern aus der Sahara gesättigt gefunden hatten. Saharasand regnete auf den Dschungel Mittelamerikas. Und vor uns und hinter uns trieben Asphaltklumpen von der Küste Afrikas nach den Stränden Mittelamerikas. Es wurde das Schicksal der *Ra*, vor uns und allein den Elementen auf ihrer Reise in die Tropen zu folgen. Ich mußte den Entschluß allein fassen.

11

Ra II
Sechstausend Kilometer mit einem Papyrusboot von Afrika nach Amerika

Merkwürdiger Verdacht. Ungewissheit. Ich erwache voll Unruhe. Greife nach der Unterlage. Sie rollt. Sie rollt und tanzt und braust im Wasser. Es ist Nacht. Träume ich? War die Fahrt mit der *Ra* doch nicht beendet? War es vielleicht nur ein böser Traum gewesen, daß der Achtersteven absackte und wir den Mast kappten? Oder hatte ich jetzt einen Alptraum und träumte, wir hätten das unsichere Wrack noch nicht verlassen? Einen Augenblick lang war ich verwirrt; ich versuchte, zwischen Traum und Wirklichkeit zu unterscheiden. Die Fahrt mit der *Ra* war überstanden. Ich hatte mir geschworen, nie mehr ein solches Experiment zu unternehmen. Und ich war immer noch hier. Dieselbe geflochtene Korbhütte um mich herum. Dieselbe niedrige breite Öffnung führte hinaus in Wind und das leere Weltall mit wilden, schwarzen und weißen Wellen, die sich gegen den Nachthimmel türmten. Vorn war dasselbe große ägyptische Segel unverändert an dem Schrägmast gebläht, den wir gekappt hatten, und hinter uns krümmte sich himmelhoch in einem eleganten Bogen der schlanke Achtersteven des Papyrusboots, den wir schlaff in die brodelnden Wellen hatten sinken sehen. Ich war todmüde. Meine Arme kraftlos. Ich setzte mich auf, als Norman leibhaftig hereinkroch und mit der Taschenlampe zuerst mich und dann einen Borstenkopf mit rotem Bart anleuchtete, der dicht bei mir aus dem Schlafsack herausragte.

«Thor und Carlo, Wachablösung, ihr seid an der Reihe.»

Ich griff nach meiner Taschenlampe und leuchtete um mich herum. Dort lagen die anderen dicht beieinander wie früher, ja sogar noch dichter, während Norman versuchte, sich gegenüber einen bescheidenen Schlafplatz in der Ecke zu verschaffen, so daß sich alle im Takt auf die andere Seite drehten, Carlo, Santiago, Juri, Georges. Aber zwischen ihnen lag ein fremder Kopf mit asiatischen Gesichtszügen und struppigem, rabenschwarzem Haar. Das war Kei, Kei Ohara aus Japan. Wie war er denn an Bord der *Ra* gekommen? Ja, richtig. Ich legte mich entspannt auf den Rücken und zog meine Hosen an. Unter dem Korbdach konnte man nicht stehen, nur gerade sitzen. Es war noch niedriger als auf der *Ra I*. Ja, richtig. Jetzt war alles klar. Dies war die *Ra II*. Ich hatte ja mit allem wieder von vorn angefangen. Wir waren wieder bei Afrika. Wir hatten noch nicht einmal Kap Juby passiert. Doch wartete nicht Abdullah im Dunkeln auf der Brücke auf Wachablösung, sondern ein anderer Afrikaner, den ich kaum kannte, ein braungebrannter echter Berber, der sich Madani Ait Ouhanni nannte.

«Rutsch zur Seite, Carlo, du hast halb auf meiner Matratze gelegen, und nun sitzt du auf meinem Hemdsärmel.»

Auf der Brücke war es verteufelt kalt, aber ruhig. Madani zog seine Berberkapuze herunter und zeigte mir, wie weit man das Steuerruder sicher unter Land drehen konnte, ohne zu riskieren, daß der Seewind das Riesensegel drehte. Carlo übernahm den Ausguck nach Lichtern von Land und Schiffen. Wir fühlten uns jetzt von allen Seiten bedroht, bis wir wieder einmal von der gefährlichen Klippenküste der Sahara und dem endlosen Verkehr in dem Fahrwasser um Afrika wegkamen.

Aber all das hatten wir ja schon einmal hinter uns gebracht. Es war ja nur eine unsichere Wiederholung. Wir waren ja schon heil an Kap Juby vorbeigekommen, und nun trieben wir wieder hier im Seewind in der offenkundigen Gefahr, alles zu zerstören, was wir geschafft hatten. Warum waren wir dieses Mal nicht wenigstens unterhalb von Kap Juby gestartet? Warum überhaupt die *Ra II*? Warum fing ich das dicke Tagebuch wieder mit Seite eins an? Warum?

«Diesmal müssen wir es schaffen», murmelte Carlo vom Hüttendach. «Wir müssen die paar Seemeilen schaffen, die bis Barbados noch übriggeblieben sind.»

Hatten er und die anderen mich dazu überredet, alle Räder wieder in Gang zu setzen? Nur weil uns einige Meilen fehlten, um die Skeptiker zufriedenzustellen? Oder war es immer noch die Neugierde? War es der Wunsch, bestätigt zu sehen, daß wir das Weltmeer mit einem stärkeren Papyrusboot überqueren konnten, jetzt, wo wir praktische Erfahrungen aus einem einzigen tastenden Versuch besaßen, ein Schiff zu bauen und zu navigieren, dessen Umrisse nur aus tausendjährigen Grabwänden bekannt waren? Vielleicht beides. So unglaublich viel war in einem knappen Jahr zwischen dem Stapellauf der *Ra I* und der *Ra II* geschehen. Ich war noch mehr Schilfbooten begegnet. Sie lebten dort weiter, wo die Kulturvölker des Altertums auf ihrem Vorstoß aus dem inneren Mittelländischen Meer in den Atlantik tiefe Spuren hinterlassen hatten.

Carlo Mauri und ich waren in das reiche archäologische Gebiet bei den großen Oristano-Sümpfen an der Westküste Sardiniens mit den Fischern auf ihren geräumigen Schilfbooten hinausgerudert und hatten Fische gespießt, während die massig emporragenden, altertümlichen Nuraghi-Türme ihre fünftausendjährigen Profile auf den umliegenden Hügelrücken abzeichneten. Die Archäologen datierten die ältesten dieser prachtvollen Bauwerke auf fast 3000 vor Christus, entstanden durch Impulse aus dem tiefsten Becken des Mittelländischen Meeres. Aber Bauwerke von demselben Typus wurden noch Tausende von Jahren auf Sardinien errichtet. Die Fischer hatten uns in den am besten erhaltenen dieser kompakten, zylinderförmigen Kolosse geführt, dessen Mauern aus moosbewachsenen Riesensteinen nach Tausenden von Jahren mit Krieg und Erdbeben unversehrt dastanden. Kaum hatte ich mich durch die Öffnung gezwängt und die Taschenlampe angeknipst, als ich mich wieder auskannte. Die ganze komplizierte Form mit engen, gewundenen Korridoren – all das hatte ich schon genauso gesehen: Die Riesensteine des hohen schmalen Daches treffen auf falsche Spitzbogen, während die Korridore in zwei Ringen mit niedrigen Quergängen umeinanderlaufen, die den äußeren mit dem inneren Rundgang verbinden und in den massiven Kern bis zu einer Wendeltreppe zum Aussichtsdach des Turms weiterführen. Eben diese sonderbare Form, die so ungeheuer speziell und eigenartig war, hatten Architekten in Mexiko lange vor Kolumbus wiederholt. Dieses Prinzip mit allen seinen Eigentümlichkeiten wurde angewandt, als die Maya auf der Yucatan-Halbinsel ihr berühmtes astronomisches Observatorium in Chichen Itza bauten. Gab es ein fehlendes Zwischenglied? Hatten die unbekannten Lehrmeister der Maya, die älteren Olmeken, auch so gebaut?

Nachdem ich gesehen hatte, daß die alten Schilfboote Sardiniens, *Fassoni*, immer noch verwendet wurden, begann der Lucus-Fluß in Marokko aufs neue in meinem Gehirn herumzuspuken. Bei meinem ersten Besuch war der Distriktchef etwas zu kategorisch gewesen, als er behauptete, die Leute am Fluß würden nur noch Boote aus Holz und Kunststoff kennen. Deswegen hatte ich meinen guten Freund, den Pascha von Safî, aufgesucht, als ich gekommen war, um die *Ra II* zu bauen. Er hatte uns Auto und Dolmetscher geborgt. Im Hafen von el Arâich am Lucus-Fluß fanden wir zwei alte Fischer, die am Kai saßen und Netze reparierten. Mit dem einen als Führer waren wir bald auf der Spur. Zwei Tage versuchten wir, eine Radspur in dem lichten Korkwald zu finden, die zu einem abgelegenen Jolot-Dorf dicht am Meer führte. Wir erreichten es schließlich zu Fuß: malerische, schilfgedeckte Zweighütten, Storchennester auf den Dächern, Ziegen, Kinder und Alte, ganze Familien, blond, mit blauen Augen, während andere negroid aussahen. Keine Araber. Dies war die gemischte Urbevölkerung Marokkos. Schwarz und Weiß. Riesige Kaktuszäune versperrten ihrem kleinen sonnendurchglühten Königreich die Aussicht auf Meer und Fluß und die lichte Weidelandschaft mit gekrümmten Korkeichen. *Madia?* Natürlich. Die Alten, gebeugte Greise und zahnlose Weiblein, hatten sowohl *Shafat* als *Madia* gekannt, jene beiden Schilfboottypen, die bis vor einigen Jahrzehnten an der Mündung des Lucus-Flusses in Gebrauch gewesen waren. Zwei Greise beeilten sich, jeder ein Modell zu machen, ein *Shafat* mit flach abgeschnittenem Achterteil, um Ladung über den Fluß zu befördern, und ein *Madia*, den Bug und Achtersteven wie im alten Ägypten hochgebogen. Ein *Madia* war draußen in der Brandung tauglich, man konnte es so groß machen, wie man wollte, und *Khah*, das dünne, flache Schilf, das sie verwendeten, schwamm monatelang. Die Alten bauten ein kleines Exemplar des schönen klassischen Typs, auf dem fünf Mann hinauspaddelten, um uns die schier unglaubliche Tragfähigkeit zu zeigen.

Dank der Jagd auf Schilfboote hatte ich Lixus erlebt. Die Ruinenstadt war der marokkanischen Bevölkerung ebenso unbekannt wie den meisten Archäologen. Spezialisten für Ägypten, Sumer oder das alte Mexiko können schwerlich über die afrikanische Atlantikküste orientiert sein, und die kleine Handvoll Marokko-Experten hat nur Zeit und Mittel gefunden, um hier und dort an den tausendjährigen Mauern einige Versuchsgräben zu ziehen. Ich stolperte über diesen Ruinenberg, weil er an der Autostraße von el Arâich zum Korkwald liegt, wo der Jolot-Stamm Schilfboote baute. Es waren nur wenige Kilometer von einem Ort zum anderen. Vor einigen Jahren wurden solche Schilfboote auf dem Fluß verwendet, der sich am Fuße der Ruinen windet, bei denen man Reihen alter römischer Hafengebäude ausgegraben hat.

Schilfboote hatten mich nach Lixus gelockt. Nur wenige Anblicke haben mich mehr überrascht. Vor mir der Atlantik, hinter mir das endlose afrikanische Festland, bis zu den Küsten der Ägypter und Phönizier, Mesopotamien im Rücken. Daher waren sie gekommen, aus dem ganzen Mittelländischen Meer, durch Gibraltar und an der afrikanischen Westküste entlang, mit Frauen und Kindern, mit Astronomen und Architekten, mit Töpfern und Webern, die Kolonisten aus Vorderasien, die seit dem Morgen der Zeiten hier gewohnt hatten, als die Römer durch die Straße von Gibraltar segelten. Das war in der Tat historischer Boden. Hier draußen am Atlantik lag jene Stadt, welche die Römer die Ewige Stadt nannten und wo der Riese, der den Erdball trug – der Gott Herkules, aus der ältesten Mythologie der Griechen und Römer – das Zeitliche segnete. Die ältesten Mauern, jetzt ganz oder teilweise mit kompaktem Abfall von Arabern, Berbern, Römern und Phöniziern bedeckt, waren noch imposant genug, um die Phantasie anzuregen. Gigantische Blöcke waren zugehauen und in enormen Mengen auf die Spitze dieses Berges befördert worden, in verschiedener Größe und Form zugeschnitten, aber immer mit vertikalen und horizontalen Seiten und Ecken, die genau ineinander paßten, wie die

Steine eines gigantischen Puzzlespiels, selbst wenn die Blöcke so viele rechtwinklige Unregelmäßigkeiten aufwiesen, daß die Umrisse manchmal zehn- und zwölfeckig statt rechteckig hätten sein können. Diese spezielle, in der Welt sonst unbekannte und unnachahmliche Technik begann ich nun als eine Art Signatur zu betrachten, die dort in Stein gemeißelt war, wo einst Schilfboote benutzt wurden, von der Osterinsel, Peru und Mexiko, zurück zu den großen Zivilisationen im östlichen Mittelländischen Meer. Olmeken und Vor-Inkas beherrschten diese Technik bis zur Vollendung, ebenso wie die alten Ägypter und Phönizier, während Wikinger und Chinesen, Beduinen und Prärieindiander alle ebenso ratlos wie eine Versammlung moderner Gelehrter wären, wenn man ihnen eine Felswand zeigte und sie bäte, nach diesem Prinzip eine Mauer zusammenzufügen – selbst wenn man ihnen Werkzeug aus Stahl zur Verfügung stellte und sie nach dem Vorbild arbeiten könnten. Als ich zwischen den eingestürzten, halbbegrabenen Riesenblöcken der Sonnenstadt umherschlenderte und diese eigenartige Technik wiedererkannte, erschien es mir, als ob Amerika und das innere Mittelländische Meer einander näher auf den Leib rückten. Lixus band sie gleichsam zusammen und halbierte den Weg. Bis hierher waren viele Jahrhunderte vor Christus die Ausläufer des östlichen Mittelländischen Meeres gekommen. Hier fuhren gut ausgerüstete und wohlvorbereitete Kolonisten und Handelsleute in sicherem Abstand von den drohenden afrikanischen Klippen hin und zurück und weiter am gefährlichen Kap Juby vorbei, als bärtige Olmeken am entgegengesetzten Ufer des Atlantiks auftauchten und begannen, im Urwald Lichtungen zu roden, um Steinmetzkunst und Zivilisation bei den in der Wildnis umherstreifenden Indianerfamilien einzuführen. Hier an der Flußmündung hatte das Schilfboot in der klassischen Form überlebt – obwohl am Ufer verschiedene Hölzer zur Verfügung stehen. Der Meeresstrom saugt vor der Küste; derselbe, der uns nun zum zweitenmal innerhalb eines Jahres gefangen hatte.

Ich gab dem schweren Steuerruder einen zusätzlichen Stoß seewärts, um mit größtmöglicher Wahrscheinlichkeit von den Klippen um Kap Juby wegzukommen. Wie viele Fahrzeuge hatten wohl in der ältesten Periode von Lixus wie wir gekämpft, um dort die gefährlichen Bänke zu umschiffen, wo Afrika zu den entferntesten phönizischen Kolonien unterhalb von Kap Bajador schwingt?

«Diesmal müssen die Steuerruder auf jeden Fall halten», sagte ich lächelnd zu Carlo und streichelte den dicken Balken, mit dem ich backbord steuerte. Der andere, auf Steuerbord, war mit dicken Reeps festgebunden. Die dünnen Schäfte waren voriges Mal bei der ersten Begegnung mit den Meereswellen gebrochen und hatten die ganze Fahrt mit der *Ra I* zu einer reinen Driftfahrt werden lassen.

Der Papyrusrumpf war diesmal auch wesentlich stärker. Der Papyrus war wieder von den Quellen des Nil geholt worden, denn die spärlichen Vorkommen in Marokko, wo *Ra II* gebaut wurde, konnten unseren Bedarf nicht decken. Weder Abdullah noch ich konnten nach Bol am Tschadsee kommen, um Mussa und Omar zu holen; die Aufständischen hatten wieder in der Wüste zugeschlagen, und das ganze Gebiet war von französischen Fallschirmjägern abgesperrt. Die Technik aus dem Inneren Afrikas hatte sich über längere Zeit auf dem Meer auch nicht als stark genug erwiesen. Nach zwei Monaten war uns auf einer Seite das Schiff weggeschwommen, weil ein schwacher angestükkelter Stert schon lange hinunterhing und die Wellen die Bambushütte wie eine Säge bewegten, bis die Tauketten wie Strickzeug aufgegangen waren. Ich hatte beschlossen, Schilfbootsbauer zu nehmen, die noch immer täglich solide Fahrzeuge in der altertümlichen Art bauen, das Heck ebenso hoch in die Luft gebogen wie der Bug. So bauten die Aymara- und die Quechua-Indianer in Bolivien und Peru immer noch ihre Schilfboote. Sie folgten auch den Bildern aus dem alten Ninive und Ägypten in einem bemerkenswerten Detail. Ihre Taue sind aus einem Stück und laufen vom Deck unter den Boden des Schilfbootes. Das Fahrzeug besteht also, von der Seite betrachtet, aus einem einzigen massiven Bündel, während die Boote auf dem Tschadsee, ohne Heck, aus vielen kleinen Papyrusrollen bestehen, die aufeinander und nebeneinander mit Hilfe von kurzen, aneinandergeketteten Tauschlingen zusammengehalten werden.

Sonderbarerweise verwenden die Indianer in Südamerika eine Methode, die weit eher der Bautechnik des Altertums in den Ländern des Mittelländischen Meeres entspricht als jene, die im Inneren Afrikas überlebt hat. Vielleicht ist es so zu erklären, daß das Buduma-Volk am Tschadsee mit den Altertumszivilisationen nie engen Kontakt pflegte, den dagegen die Quechua- und Aymara-Indianer im Titicacasee hatten. Die Vorfahren der Aymaras hatten die Akapanapyramide und die übrigen Megalithmauern in Tiahuanaco miterbaut, einst das wichtigste Kulturzentrum Südamerikas, das in der Vor-Inkazeit am Ufer des Titicacasees lag. Sie hatten die Riesenblöcke auf Schilfbooten über den See befördert. Sie hatten den Spaniern erzählt, weiße Männer mit Bärten hätten diese Arbeit geleitet, und dieses verschwundene Kulturvolk hätte sich auch zuerst mit Schilfbooten dieses Typs gezeigt. Die Aymara-Indianer selbst hatten nie gelernt, Stein zu bearbeiten. Aber sie vermochten bis in unsere Tage in vollendeter Perfektion Schilfboote zum Fischfang auf dem See zu kopieren.

Sämtliche Teilnehmer der *Ra-I*-Expedition erklärten sich bereit, bei einem neuen Experiment dabeizusein, und Santiago verließ erneut seinen Posten in der Universität von Mexiko, um nach Schilfbootsbauern am Titicacasee zu suchen. In aller Stille baten wir den Italiener Mario Buschi, seine äthiopischen Helfer auf den Tanasee zu schicken, um noch einmal zwölf Tonnen Papyrus zu ernten. Das Schilf aus Äthiopien und die Bootsbauer aus Bolivien sollten unbemerkt nach

Marokko befördert werden, wo der Bau in aller Heimlichkeit vor sich gehen sollte, damit ich in Ruhe die Kapitel über *Ra I* schreiben konnte, was unbedingt sein mußte, um die weiteren Mittel für das Experiment zu beschaffen. Unter dem Decknamen «Bambus» wurden zwölf Tonnen äthiopischer Papyrus im Hafen von Safî entladen und verschwanden. Vier echte Aymara-Indianer und ihr bolivianischer Dolmetscher landeten zusammen mit Santiago auf dem Flugplatz von Casablanca und verschwanden. Segeltuch aus Ägypten, eine fertig geflochtene Korbhütte aus Italien, Holz für Masten und Ruder, Taue in Mengen, alles erreichte Marokko unbemerkt und von den verschiedensten Ecken. Und verschwand.

Am 6. Mai stürzte ein Teil der hohen Mauer um die städtische Baumschule von Safî ein, und zwischen Blumenbeeten und Palmen brach ein großer Bulldozer hervor, gefolgt von einem kleinen, leichten Schiff aus Blumenstengeln, das aussah, als wäre es ganz natürlich aus üppigem Grün gewachsen.

Die *Ra II* war geboren.

Langsam und würdig kam sie wie ein großer Papiervogel, der aus dem Ei schlüpft, durch die Maueröffnung heraus. Mit majestätischer Würde rollte sie auf Rädern langsam durch enge Straßen, in denen Araber und Berber in Kaftan und mit Umhang und Schleier dicht nebeneinander standen, um etwas zu sehen. Die Polizei paradierte, und barfüßige Kinder tanzten in der Prozession mit. Eifrige Gärtner und Elektriker hingen an Bäumen und Pfählen und auf der Spitze eines roten Leiterwagens, um zu verhindern, daß Äste und Leitungen die trockenen Papyrusspitzen zerrissen oder anzündeten, die sich vorn und hinten an dem goldenen Paradeboot nach oben bogen, und die Behördenvertreter atmeten erleichtert auf, als das merkwürdige Bauwerk über die Eisenbahnstrecke holperte und zwischen Reihen frisch gestrichener Fischerboote anhielt, die darauf warteten, zum ersten Sardinenfang des Frühlings vom Stapel zu laufen.

«Ich taufe dich *Ra II*», sagte Aicha, die Frau Pascha Taieb Amaras, und spritzte zum zweitenmal innerhalb eines Jahres Ziegenmilch auf ein knochentrockenes Papyrusboot, ehe es auf den Wasserspiegel glitt.

«Hurra!» brüllte das Menschenmeer, das auf dem Kai wogte und klatschte, als sich das sonderbare Fahrzeug wie ein Spielzeugboot aus Papier auf dem Wasserspiegel drehte. Die Mannschaft auf dem Schlepper stand unbeweglich und starrte. Wir, die wir das Ding benutzen sollten, fühlten eine ungeheure Erleichterung. Es war alles nur nach Augenmaß gemacht, und viele waren davon überzeugt, daß es kentern oder sich auf die Seite legen würde. «Hurra!!»

Aber was war das? «Stopp! Hilfe! *Ai-ai-ai!*» Ein verzweifelter Schrei des Menschenmeeres. Panik auf dem Schlepper. Eine gewaltige Sturmbö jagte unerwartet über den Berg, wirbelte das Papierboot herum und trieb es in atemberaubender Geschwindigkeit vom Schlepper weg, direkt auf die vier Meter hohe Mole aus massivem Stein zu. Schreie und Gejammer, auf französisch und arabisch gebrüllte Befehle, Gesichter hinter vorgehaltenen Händen – Presseleute sprangen mit Kameras hinaus, teils um zu knipsen, teils um es abzustoßen, und dann drehte sich das eben getaufte Boot herum und rannte seinen aufgerichteten Schwanz mit voller Wucht direkt gegen die Mauer. Der stattlich gekrümmte neue Papyrusstert bekam den Stoß voll ab und bog sich wie eine Feder. Es tat in der Seele weh. Das Heck! Gerade das Heck mußte dieses Mal unverwundbar und vollkommen sein. Der Rumpf tanzte rücksichtslos auf den Wellenkämmen bis dicht an die Steinmole. Keiner konnte das Boot in den Windstößen stoppen. Das Experiment war sichtlich beendet, ehe es begonnen hatte. Aber nein! Der harfenförmige Stert gab wie eine Stahlfeder nach, und das Schilfboot schnellte wie ein Gummiball von der Mauer zurück. Einmal. Zweimal. Ein Holzboot wäre zersplittert und untergegangen. Die *Ra* war unversehrt. Nur eine graue Schramme an der Außenhaut einiger goldener Stränge. Dann gelang es dem Schlepper, die Leine zu packen. Es gab nichts zu reparieren. Die *Ra II* folgte dem Schlepper unverdrossen am Tau zum Kai, wo der Schrägmast aufgerichtet werden sollte, während sie in den Windstößen nach links und rechts tanzte. Sie benahm sich wie ein Papierdrachen, der aufzusteigen versucht.

Mir schauderte am Steuerruder, wenn ich an den Stapellauf zurückdachte. Aber gleichzeitig dachte ich daran, daß wir, würden wir jetzt im Dunst gegen Riffe und Klippen gespült, gute Aussichten hätten, unser Leben zu retten, ehe dieser Heuhaufen unterging. Er war so kompakt und solide, daß er sich in den Wellen nicht einen Zoll durchbog. Die *Ra I* hatte sich wie eine Seeschlange gewunden. Die *Ra II* war steif wie ein Baseball. An Bord waren alle von dem genialen Konstruktionsprinzip der Indianer beeindruckt. Die vollendeten Linien und die ausgeklügelte Weise, in der die Bauprobleme gelöst waren, standen in keinem Verhältnis zur übrigen irdischen Habe der Aymara-Indianer. Wenn auch ihre uralte Technik anscheinend unbemerkt an Laien und Gelehrten, die ihre fertigen Schilfboote gesehen haben, vorübergegangen ist, zeigten alle unsere Versuche, daß diese Methode als einzige ein Fahrzeug mit Zurrungen wie auf den Reliefs der alten Mittelmeerkulturen hervorbringen kann. Alle anderen Arten, den Papyrus in Bootsform zusammenzubinden, führten unweigerlich zu katastrophalen Folgen für die Reeps.

Die vier schweigsamen Indianer, Demetrio, José, Juan und Paulino, und ihr ebenso ruhiger bolivianischer Dolmetscher, Señor Zeballos, Assistent am Museum von La Paz, organisierten mit einer Handvoll marokkanischer Helfer meisterhaft den Bau der *Ra II.* Alle waren so schweigsam, daß ich ständig das Manuskript beiseite legen und aus dem Zelt schauen mußte, um festzustellen, daß der Bau zwischen den Palmstämmen tatsächlich zügig voranging, mit Handzeichen und leisem Grunzen auf Aymara, spanisch und arabisch.

Zuerst schichteten die Indianer lose Halme zu zwei unordentlichen Riesenrollen übereinander, die elegant in eine dünne Papyrusmatte eingewickelt wurden. Die Matte war so geflochten, daß sich sämtliche Endstücke nach innen bogen und flachgedrückt wurden. Ehe man die Taue anzog, waren die beiden zehn Meter langen Schilfzylinder so dick, daß man sie nur mit einem Gerüst besteigen konnte. In dem offenen Durchgang zwischen diesen beiden großen Rollen wurde nun eine viel dünnere, gleichlange Rolle angefertigt, an der die beiden großen festgebunden werden sollten. Dies geschah, indem man ein mehrere hundert Meter langes Tau zu einer kontinuierlichen Spirale wickelte, die zur gleichen Zeit die dünne Mittelrolle als auch eine der dicken äußeren Schilfrollen einschloß; und danach ein zweites Tau, das, ohne das erste zu berühren, in einer entsprechenden Spirale um dieselbe dünne Mittelrolle und die zweite dicke äußere Rolle führte. Wenn dann diese beiden unabhängigen Spiraltaue unter Aufbietung der vereinten Kräfte der Indianer angezogen wurden, kamen die großen Rollen immer näher an die kleine Mittelrolle heran, bis diese schließlich zwischen ihnen eingeklemmt und am Ende wie ein völlig unsichtbarer Kern in sie hineingezogen wurde, indem man die beiden großen Rollen an der Mittellinie dicht zusammenpreßte. Dadurch war ein unverrückbarer, kompakter, doppelzylindriger Schiffskörper ohne sich kreuzende Knoten oder Taue geschaffen, und man brauchte das Produkt nur noch nach demselben Prinzip zu verlängern, damit Bug und Achtersteven elegant zugespitzt in die Luft ragten. Schließlich wurde an jeder Seite des Decks ein wurstförmiges Bündel angebunden, um ihm Breite zu geben und die Wellen zu brechen. Dann banden wir zehn Querbalken zur Befestigung der leichten Korbhütte, die Pfähle für die Brücke und Fußklötze für den schweren Schrägmast fest. Die *Ra II* war fertig: zwölf Meter lang, fünf Meter breit, zwei Meter dick. Die vier Meter lange und 2,8 Meter breite Hütte war für acht Personen maßgeschneidert, wenn wir zu viert, in Mumienstellung ausgestreckt, Fuß an Fuß lagen. Die *Ra II* war nicht nur drei Meter kürzer als die *Ra I*, auch ihr Querschnitt war runder und schlanker. Ich dachte besorgt daran, daß fast ein Drittel des Papyrus ungenutzt auf dem Bauplatz zurückblieb. Aber weder Geld noch gute Worte waren imstande gewesen, unsere Aymara-Freunde dazu zu bewegen, noch ein einziges Schilf, ein einziges Tagewerk für das Boot zu verwenden. Dies war das absolute Maximum, das sie bewältigen konnten, und sie wollten spornstreichs heim zu ihren Frauen auf den Titicacasee.

«Gute Fahrt und Willkommen auf der Suriqui-Insel», sagte Demetrio freundlich und griff zur Zipfelmütze, als die Mauer einbrach und ihr Bauwerk verschwand.

«Auf der Suriqui-Insel?» fragten wir.

«Ja, wenn ihr auch nicht zu unserer kleinen Insel kommen werdet, dann heiße ich euch zumindest am Titicacasee willkommen.»

Geographie war sichtlich nicht die starke Seite der Aymara-Indianer. Sie waren sich nicht im klaren, daß sie die *Ra II* auf der anderen Seite des Atlantiks gebaut hatten und von einem See heruntergekommen waren, der viertausend Meter über dem Meeresspiegel liegt. Aber sie konnten ein Schilfboot so vollendet bauen, daß kein Ingenieur, kein Modellbauer, kein Archäologe unserer modernen Welt es ihnen nachmachen konnte.

«Steif wie ein kompakter Holzklotz», sagte Carlo. Wir atmeten beide erleichtert auf, nachdem ein hellerleuchteter Frachter direkt an uns vorbeigedampft war, ohne uns in den Grund zu bohren. «Steif wie ein Holzklotz, aber wir sinken», fügte er hinzu.

«Das gibt sich sicher, wir haben im Verhältnis zu der Papyrusmenge unter Wasser zu viel geladen.»

«Norman meint, wir hätten den ganzen Papyrus mit Erdpech anstreichen sollen, wie es in der Bibel steht.»

«Nicht notwendig, nur das abgeschnittene Ende saugt Wasser. Deswegen haben wir diesmal die Enden der meisten Rohre zwei Zentimeter tief in Erdpech getaucht.»

Aber in der Tat begann auch ich zu überlegen, ob wir nicht doch das ganze Fahrzeug mit einer dicken Schicht Erdpech hätten anstreichen sollen. Dann wären wir keinen Zentimeter gesunken. Vielleicht hatten die alten Ägypter die Innenseiten der sichtbaren Schilfmatten bestrichen, denn sonst wären wohl die Schilfboote auf den Wandmalereien schwarz wiedergegeben worden, nicht grün und gelb.

Mehrere Pfarrer hatten mir nach der Fahrt mit der *Ra I* geschrieben und darauf hingewiesen, daß nach der Bibel die Arche Noah mit Erdpech getränkt worden wäre. Und die Mutter von Moses hatte für den Papyruskorb, in dem sie ihren Sohn auf dem Nil aussetzte, ebenfalls Erdpech benutzt. Die Idee war kaum aus der Luft gegriffen. Erdpech lag offen zutage und war im alten Ägypten und in Kleinasien eine alltägliche Gebrauchsware. Nichtsdestoweniger hatten wir bei der *Ra I* gesehen, daß Papyrus auch ohne Erdpech schwimmt, solange die Taue halten. Die Taue. Für die *Ra I* hatten wir viel dickere Reeps verwendet, und Mussa und Omar hatten Hunderte von kurzen, nicht zusammenhängenden Schlingen geknüpft, die auch hielten, wenn andere durchgescheuert wurden. Auf den ersten Blick wirkte die Tauzurrung der Indianer völlig absurd. Sie hatten nur ein einziges zusammenhängendes dünnes Tau spiralenförmig von Bug bis Achtersteven benutzt. Obendrein hatten sie es glatt abgelehnt, ein Tau zu benutzen, das dicker als 14 mm war. Sie sagten, auf diese Weise würde das Tau gleichmäßiger gespannt werden, und selbst wenn es riß, würde die Zurrung doch nicht aufgehen, weil nasser Papyrus das Tau festklemmt. Konnten wir uns darauf verlassen? Auf wen sollten wir uns sonst verlassen? Alle an Bord waren sich im klaren, daß dies ein neues Experiment war. Wir hätten noch einmal die Tschad-Methode mit den notwendigen Verbesserungen verwenden können; dann wären wir nicht dieser neuen Ungewißheit ausgesetzt gewesen. Der verhängnisvolle Bogenstrang vom Schwanzkringel bis auf das Deck hinter der Hütte war angebracht, und wir hatten die Ladung in Lee konzentriert, aber sonst war die *Ra II* voller Unwägbarkeiten. Wir fürchteten nicht nur, daß das dünne Tau, das uns als einziges zusammenhielt, in den gewaltigen Wellen brechen könnte. Denn während die *Ra I* bequem wie eine Matratze auf dem Wasser lag, rollte die *Ra II* dermaßen, daß wir weder sitzen noch stehen konnten, ohne uns krampfhaft festzuhalten. Schon am ersten Tag hatten wir Reeps zum Festhalten spannen müssen, denn auf der Außenseite konnte uns nichts auffangen, wenn wir stürzten. Und während der Papyrus noch hoch auf dem Wasser lag, sprangen wir über die Wellenkämme, so daß es vor dem Bug brauste und wir in den ersten 24 Stunden 95 Seemeilen oder 177 Kilometer zurücklegten. Wir konnten das große Segel nur mit Mühe und Not halten. Einmal wurden die Schoten aus unseren Händen geweht, ein anderes Mal zerriß sie der Wind, so daß unser Rahsegel – acht Meter hoch, oben an der Rahe sieben Meter breit und am Deck fünf Meter – wie eine gigantische Flagge hing und zerrte und schlug und wir damit rechneten, daß das ganze Fahrzeug zerstört würde. Schon in der ersten Nacht waren wir vor Es Saouîra an der kleinen Insel vorbeigebraust, wo sich die alte Purpurfabrik der Phönizier befand, so nahe, daß wir die Lichter in jedem Haus auf dem dahinterliegenden Festland sahen. Am zweiten Tag waren die Sturmböen vor der Saharaküste so heftig, daß wir auf die Gefahr hin, den hohen schlanken Bug während des Manövers zu zerreißen, das ganze Segel reffen mußten. Am dritten Tag legte sich der Wind. Er legte sich so vollständig, daß das Segeln ein Ende hatte, und schließlich trieben wir hilflos im Zickzack. Nun war die Küste hinter einer Nebelwand verschwunden, wir wriggten und zerrten und zogen an dem schweren Steuerruder und an den Leinen des schweren, schlaffen Segels, um nicht zu havarieren, da wir bei jedem kleinen Hauch Seewind wußten, daß wir nur ein paar Stunden Fahrt von den Klippen entfernt waren, während uns ebenso schwache Stöße Landwind, meist nachts, wieder vom Ufer wegführten.

Der Wind kam nicht wieder. Am vierten Tag herrschte völlige Windstille.

«Wir sinken», sagten die Männer, einer nach dem anderen. Im stillen Wasser konnte man es ohne Schwierigkeiten sehen. Die ganze Schute sank pro Tag mindestens zehn Zentimeter. Das war für uns ganz neu; so etwas war auf der *Ra I* nicht passiert. Hatte das Spiraltau der Indianer etwa den Papyrus nicht hart genug zusammenpressen können?

Santiago ging schweigsam mit Block und Bleistift herum und nahm eine anonyme Umfrage vor, ob wir glaubten, lebend über den Atlantik zu kommen. Zwei glaubten, wir müßten es schaffen, sechs glaubten, es würde schiefgehen. Wer der andere Optimist war, weiß ich nicht. Vielleicht war es Norman; er sagte immer, wenn wir nur wieder heil an Kap Juby vorbeikämen, könnten wir das Boot sich selbst überlassen, Amerika versperrte sowieso den Weg nach vorn in alle Richtungen. Oder vielleicht war es Carlo, der eine unglückliche Liebe zur *Ra I* hegte, weil der meinte, die *Ra II* sei ein allzu perfektes Segelboot.

Wir sanken erschreckend weiter, und hätte die Strömung das sinkende Fahrzeug nicht festgehalten, hätten wir uns kaum von der Stelle bewegt. Schon am vierten Tag erschien Georges mit ungewöhnlich ernster Miene und sagte, der Proviantmeister Santiago und der Chefkoch Carlo meinten, wir hätten viel zuviel Proviant und Wasser, wir müßten alles irgendwie Entbehrliche in die See werfen. Er ergriff einen Ziegenlederbehälter und fingerte an der Schnur, um den Inhalt über Bord zu schütten.

«Aber doch nicht das Trinkwasser!»

«Besser das Trinkwasser rationieren als sinken, ehe wir die Kanarischen Inseln passiert haben. Diesmal müssen wir es schaffen!»

«Fangen wir mit dem Ballast an, es macht verdammt viel Spaß», versuchte Santiago mit ungewöhnlich dünner Stimme zu scherzen.

«Wir müssen alles Essen, das lange kocht, über Bord werfen», kam es fast lustig von Carlo. «Diesmal sind es blöde Primuskocher. Einer ist durchgebrannt, der andere wird nicht heiß genug.»

Juri steckte mit todernster Miene den Kopf aus der Hüttenöffnung, hinter ihm sah ich Madanis schweigsames Gesicht mit ängstlich fragenden Augen. Kei stand wie eine unergründliche Porzellanfigur auf der Brücke und verriet keinerlei Gefühlsregung. Norman stellte gerade die Position fest.

«Wir sinken», sagte Juri langsam, «und wir wissen noch vom vorigen Mal, daß das, was sinkt, nie wieder hochkommt. Wir müssen alles Überflüssige über Bord gehen lassen, augenblicklich!»

Norman verfolgte stumm und nachdenklich die Diskussion. Eine seelische Explosion lag in der Luft. Kein Wind, ungenügende Schwimmfähigkeit. Warum war das nicht voriges Mal geschehen? Behielten die Experten zu Hause diesmal recht, die uns vierzehn Tage Schwimmfähigkeit zubilligten? Wir hatten tatsächlich zehn Tage lang freiwillig im Hafen von Safî am Kai gelegen, nur damit der Rumpf sich mit Wasser vollsog und wir mit dem leichten, ranken Fahrzeug, das ein so riesengroßes Segel trug, nicht kenterten. Heute waren vierzehn Tage vergangen. Die Hälfte der Papyrusrollen war bereits unter Wasser.

«Werfen wir doch die beiden Schilfboote auf dem Vorderdeck über

Bord», schlug Norman vor. «Wir brauchen sie nicht als Rettungsboote, und diesmal führen wir ja ein aufblasbares Drei-Mann-Boot für die Filmaufnahmen mit.»

Wir konnten gerade eine Flaschenpost an dem größeren Schilfboot anbringen, bevor eifrige Hände es in die See warfen. Das zweite verschwand so schnell über Bord, daß wir an ihm keine Flaschenpost mehr befestigen konnten. Lebt wohl! Sie schwammen wie Ballons seitwärts gen Land. Wir ahnten nicht, daß ein einsamer Wachtposten am öden Strand der Sahara einige Tage später die Flaschenpost öffnen würde. Wir lagen tief und ließen uns von der Strömung parallel zum Land treiben.

Ein großer Kartoffelsack ging über Bord. Kartoffeln kochen lange. Dann folgten zwei ganze Krüge mit Reis. Mehl. Mais. Zwei Säcke unbekannten Inhalts. Ein Spankorb. Besser hungern als sinken. Dann das meiste Korn für die Hühner. Ein großer Balken, Planken und Bretter zum Schienen und Reparieren. Noch mehr volle Krüge. Madani sah mich verzweifelt an. Kei fletschte die Zähne und starrte auf das Segel. Eine schwere Taurolle huschte über Bord. Ein Wetzstein. Ein Hammer. Georges' schwerer Eisenspeer, mit dem er das Boot reparieren sollte, verschwand in der Tiefe. Bücher und Illustrierte schwammen um uns herum. Bei einigen wurde nur der Buchdeckel abgerissen. Jedes Gramm zählte. Ich war halbwegs einverstanden, halbwegs verzweifelt dagegen. Wir hatten Tausende von Kilometern vor uns, waren gerade in See gestochen; für diese Fahrt brauchten wir Essen für Monate und Ersatzmaterial. Aber sie hatten recht. Wir sanken. Warum? Wie tief? Erst versuchte ich mir und dann den anderen einzureden, das Sinken würde aufhören, sobald genügend Papyrus unter Wasser war, damit der Auftrieb der schweren Ladung entsprach, die wir in aller Eile am letzten Tag vor der Abreise am 17. Mai an Bord gestapelt hatten. Heute war der 20. Mai. Wir sanken ebenso schnell weiter.

Juri machte sich entschlossen daran, ein kleines Plankendeck, das wir auf dem Papyrus vor den Masten festgebunden hatten, aufzureißen. Es war so angenehm gewesen. Gestern hatten Santiago und Georges es als Bühne für einen lustigen Auftritt mit Clownerien und Sketchen benutzt; sie hatten uns damit köstlich unterhalten, als wir auf dem fast spiegelblanken Meer umhertrieben. Ich konnte ihn dazu überreden, einige der Planken an Bord zu lassen, damit wir darauf balancieren konnten, um nicht zwischen den beiden großen Papyrusrollen zu stolpern, wenn wir bei hohem Seegang wieder zu schlingern anfingen.

Aber hinter der Hütte versteckt saßen andere und warfen unseren ganzen delikaten und fast gewichtslosen ägyptischen *Karkadé*-Tee in die See. Und den Keramikofen mit unserer ganzen Holzkohle. Und kleine Päckchen mit Toilettenpapier und Gewürzen. Alles hilft.

Es war beklemmend. Einige lachten freudlos. Andere blickten mit einer Mischung von Scham und Betrübnis drein. Es war besser, der Verheerung innerhalb kontrollierbarer Grenzen ihren Lauf zu lassen, als daß jemand das gefährliche Gefühl nicht loswurde, wir hätten nicht alles Mögliche getan, falls wir weiterhin sanken. Am gefährlichsten war es, wenn unser psychisches Gleichgewicht verlorenging. Aber dann flatterten die Hühner über Bord. Zwei Mann griffen zu Axt und Messer und wollten den ganzen Hühnerkäfig losschneiden und ihn ins Meer werfen. Ohne ordentlichen Primuskocher konnten wir das Federvieh nicht zubereiten. Nun war es an der Zeit, dem Wahnsinn ein Ende zu machen. Die Hühner segneten das Zeitliche, aber Georges setzte sich für eine Ente ein, die zu Safîs großem Ärger frei auf Deck umherspazieren und sie in das schwanzlose Hinterteil zwicken durfte, genau wie es Sindbad I voriges Jahr getan hatte. Safî war um einige Zoll gewachsen, war aber sonst derselbe sorglose Schelm wie damals, als wir sie auf der *Ra I* als Maskottchen für die Reise an Bord bekommen hatten. Aus dem leeren Hühnerkäfig auf dem Vorderdeck zimmerte ich einen leichten Eßtisch, einige wollten ihn mit den Bänken in die See werfen und mit Teller und Tasse in der Hand essen, aber da kam einstimmiger Protest von uns beiden, die wir die Mahlzeit als Höhepunkt des Tages betrachteten.

«Außerdem verkommt die Moral an Bord, wenn wir wie die Schweine leben sollen», kam es von Norman, dem erfahrenen Marineoffizier.

Die Gemüter beruhigten sich. Die Luft war wie durch ein Gewitter gereinigt, und jetzt war endlich einmal richtig Platz, um sich an Bord zu bewegen, ohne klettern zu müssen. Aber der Wind war nicht zurückgekehrt.

Am nächsten Tag war es genauso windstill und am nächsten auch. Und am übernächsten. Wir lagen nur da. Vorläufig schien das Boot nicht weiter zu sinken, aber wir kamen nicht von der Stelle.

«Laut Statistik gibt es hier im Mai ein Prozent Windstille», sagte Norman und zeigte mit dem Finger auf die Seekarte. Wir hatten in einer Woche 100 Prozent.

Wir versuchten, mit den langen schweren Rudern zu wriggen. Es half nichts. Aber wir waren momentan außer Gefahr. Wir sprangen ins Meer und genossen das Leben. Über uns brannte die Sonne, und die Kanarischen Inseln und Afrika lagen zu beiden Seiten im Nebeldunst verborgen. Kaltes und frisches Wasser. Norman schwamm mit der Ente an der Leine, Safî hing an den Hinterbeinen und griff nach dem Wasser. Herrliches Wasser. Aber, zum Teufel, schwammen nicht hier und da über und unter dem Wasserspiegel kleine schwarze Ölklumpen? Madani hatte seit unserer Abreise jeden Tag Meerwasserproben entnommen. Diesmal wollten wir eine systematische Untersuchung durchführen, Tag für Tag. Voriges Mal hatten wir die Verschmutzung immer nur festgestellt, wenn das Wasser unübersehbar dreckig war. Aber der Bericht und die Proben, die wir der norwegischen UN-Delegation geschickt hatten, erregten derartige Aufmerksamkeit, daß es sichtlich einer gründlicheren Beobachtung bedurfte, jetzt wo wir sowieso die Nase dicht über der Oberfläche hatten. Von früh bis spät benutzten wir das Meer als Zahnglas, Waschschüssel, Bidet und Badewanne. Glücklicherweise war zwischen den Klumpen ein so großer Abstand, daß wir nicht zu ihnen fahren mußten. Wir tauchten unter die Papyrusbündel. Kristallklar. Haufenweise Fische. Gestreifte Lotsenfische und gefleckte Pampano schwänzelten im Schatten der *Ra* umher oder standen unbeweglich dicht unter dem Papyrus. Der Papyrus war glatt, fest und stark. Noch schönere Walfischbauch-Form als die *Ra I.* Da, ein Riesenkerl von einem Garoupa, einen halben Meter lang, dick und fett und schwer. Wir konnten nicht weit von den Kanarischen Inseln sein, denn diese Fische schwimmen nicht weit aufs Meer. Der Kerl kam ganz nah und schnupperte an Georges' Tauchermaske. Ein zwanzig Zentimeter langer, zebragestreifter Lotsenfisch glitt wie ein kleiner Zeppelin auf meine Finger zu. Santiago hatte recht, die Fische schwammen nur, wenn sie an der Oberfläche waren. Unten in ihrem nassen Element fliegen sie frei wie die Vögel. Zwei merkwürdige Geschöpfe, die wie beinlose Strümpfe aussahen, und eine quallenähnliche Scheibe schlängelten sich an meiner Nase vorbei. Die portugiesischen Nesselquallen noch in frischer Erinnerung, hielten wir uns von derlei unbekannten Weichtieren fern.

«Ein Hai, ein großer Hai!»

Er war weit weg. Rücken- und Schwanzfinne durchschnitten in unheimlich großem Abstand die Wasserfläche, er mußte riesig sein, aber er beachtete die *Ra* nicht. Unbeirrt setzte er seinen Kurs fort.

Nachdem wir gesehen hatten, wie vollkommen die *Ra II* unter Wasser aussah, waren alle bester Laune. Der Stert genauso kräftig. Keine Neigung nach Luv. Nicht ein Halm lose. Juri und Georges meinten sogar, vorn seien die Papyrusbündel wieder etwas aus dem Wasser gekommen, vielleicht ließ die Tropensonne die Feuchtigkeit von dem Rollen am ersten Tag verdampfen. Am Tag zuvor hatten die anderen gemeint, es sollten sich nicht mehr als zwei bis drei Mann auf einmal vor dem Mast aufhalten, damit der Bug nicht unterging, nun waren sie damit einverstanden, daß wir aus dem wenigen übriggebliebenen Material Bänke zimmerten, um uns einen gemütlichen Eßplatz auf dem Vorderdeck einzurichten.

So trieben wir eine Woche lang im Zickzack nach Südwesten. Schwache Windstöße aus Ost und West vermochten Rah und Segel nicht vom Schrägmast frei zu machen. Unter uns das ganze Meer in langsamer Drift. Das Meer zog. Wir konnten es nur nicht sehen, denn Meer und Boot trieben mit derselben Geschwindigkeit. Dann begann uns der Wind zu folgen, erst langsam. Wir konnten auf Steuerwind hoffen. Wenn wir badeten oder tauchten, um uns mit den zahmen Fischen zu vergnügen, trugen wir immer ein langes Tau um den Leib geknotet. So wurden wir hinterhergezogen, falls sich das Boot in den wechselnden Brisen bewegen sollte. Wir brauchten nicht zu befürchten, das Boot zu verlieren. Am letzten windstillen Tag schwammen Norman, Santiago und die Ente Sindbad an ihren Tauen, als ich mit meinem Tau hinaussprang und quer unter das Boot schwamm, ehe ich an die gekräuselte Oberfläche kam und mich auf den Rücken legte, um mich zu sonnen. Reines Urlaubsidyll. Es war ungewohnt, eine Ente von der Unterseite schwimmen zu sehen. Ich drehte mich um, so daß ich den Anblick des sonderbaren Fahrzeugs neben uns genießen konnte. Die Arche Noah. Schilf und gelber Bambus. Der Affe am Stag, die Taube auf dem Dach und zwei nackte Beine, die aus der Hüttenöffnung ragten. Welch sonderbare Stimmung! Das Segel stand in einem schwachen Bogen. Feines Wellengekräusel am Steuerruder. Merkwürdig, daß ich nicht den Zug des Taus spürte. Mein Tau war erstaunlich lang. Das Tau? Wo war es? Nirgends. Fort. Ich war aus der Schlinge geschwommen, ich lag allein und sonnte mich auf dem Atlantik, die *Ra* entfernte sich – panischer Schrecken erfaßte mich. Nur ruhig – die *Ra* lag ja noch ganz nahe; ich war zwar bei weitem kein Meisterschwimmer wie Georges oder Norman, aber das würde ich bequem schaffen. Ich schaffte es. Es gelang mir, die Finger an den straffen, dünnen Reeps um den glatten Papyrus festzukrallen, und hievte mich an Bord. Welch ein Gefühl der Geborgenheit auf den kompakten Schilfbündeln! Ich sagte nichts, machte aber das Badenetz achtern auf Lee bereit; ich hatte ein sackförmiges Netz ausgeklügelt, in dem wir während der Fahrt außenbords baden konnten. Denn es war ungewiß, welche Wirkung Seifenschaum haben würde, wenn wir an Bord duschten; die Seife würde im Schilf haftenbleiben, denn hier gab es kein Plankendeck zu scheuern wie auf einem gewöhnlichen Schiff.

Wir bekamen Segelwind. Der Nordostpassat kam von Steuerbord, und wir legten die Steuerruder so weit wie möglich um und sausten ohne jegliche Landsicht davon. Am 26. Mai kam Norman mit Sextant, Bleistift und Papier vom Hüttendach herunter und atmete erleichtert auf. Wir mußten Kap Juby passiert haben. Hurra, die Klippen an der Küste, die gefährlichsten Widersacher der *Ra*, hatten wir hinter uns gelassen! Jetzt lag das Meer zum zweitenmal frei und offen vor uns, und diesmal war der Schwanz der *Ra* in den Himmel gebogen, und die ungebrochenen Steuerruder waren dick wie Telegrafenmaste. Alle, die vor dem Start diese übertrieben kompakten Holzstämme sahen, hatten gelacht, wir würden auch mit viel schlankeren und leichteren auskommen; die dünnen Papyrusstengel würden hundertmal durchgescheuert sein, ehe ein solcher Riesenstamm brach.

Von den unsichtbaren Küsten, die zu beiden Seiten gelegen hatten, kam eine farbenfrohe Menagerie zu Besuch, die erschöpft vom Himmel herabflatterte. Einer nach dem anderen hatte sich auf die Rah, auf das Hüttendach, auf den Schaft des Steuerruders, vorn und hinten auf die hochgebogenen Papyrusenden niedergelassen. Carlos Fabulieren, daß wir auf einem schwimmenden Vogelnest wohnten, war in Erfüllung gegangen. Alte Bekannte, wie Meisen, Schwalben, Goldammern und Spatzen, eine etwas größere papageienfarbene Schönheit südländischen Ursprungs, die mit ihren blendenden grünen und blauen Federn das Kommando übernahm; eine ruhige Brieftaube mit einem Ring um den Fuß, die über uns kreiste, machte auf dem Mast eine Zwischenlandung und segelte auf die Brücke zur Steuerwache unter die blaue Flagge der Vereinten Nationen. Die Friedenstaube, dachten alle. Sie und die UN-Flagge, unter der wir fuhren, bildeten eine Einheit. *«27773–68 A-España»* stand auf dem Kupferring. Unser Boot war ein schwimmender zoologischer Garten geworden. Vielerlei schweigsame, schwänzelnde Fische folgten uns treu, und überall an Bord saßen zwitschernde Vögel in schönen Farben und nippten von Wassertassen und pickten Korn, das ursprünglich dem Federvieh zugedacht war. Aber als wir uns immer weiter von den Kanarischen Inseln entfernten, ohne Land zu erreichen, bedankte sich ein ausgeruhter Vogel nach dem anderen und verschwand. Nur die Schönheitskönigin konnte nicht mehr und entschlummerte langsam. Sie war ein Insektenfresser, und wir konnten ihr nicht eine einzige Fliege anbieten. Aber die Taube faßte eine Vorliebe für die Kornrationen der Ente Sindbad, sie wurde wunderbar fett und zahm und stellte sich deutlich darauf ein, mit nach Amerika zu kommen.

Mit dem zurückkehrenden Wind schien sich die *Ra II* noch mehr aus dem Wasser zu erheben, und es sah aus, als würde das riesige, windgeblähte Rahsegel das Vorderdeck hochheben. Und als die *Ra II* in der frischen Brise zum Leben erwachte, begann sie sofort, das Versäumte aufzuholen. Mit einer Geschwindigkeit von 60, 70 und 80 Seemeilen, von 110, 130, 150 Kilometern pro Tag, trug sie uns über den offenen Atlantik.

Bald wurde der Tagesablauf zur Routine. Wir ließen uns Zeit, sangen und lachten. Nichts zu reparieren. Angenehme Steuerwachen. Gutes Essen aus Tonkrügen. Keine Rationierung. Vier hervorragende Köche. Jeder Pharao hätte uns um Georges' gewürzte ägyptische Gerichte beneidet, keine Geisha konnte Kei in der Kochkunst schlagen. Madanis pikantes Rezept «Pökelfleisch mit Zwiebeln und Öl à la Berber» und Carlos unermüdliche Bereitschaft, etwas Gutes aufzutischen, wenn die anderen sich nicht freiwillig meldeten, das alles trug dazu bei, uns den Eindruck zu vermitteln, wir würden mit einer Fahrkarte für die Erste Papyrusklasse über die Wellen jagen.

Wenn das Segel das Boot am Abend mit Schatten füllte, saßen sieben Mann braun, bärtig und froh auf der Bank um den leeren Hühnerkäfig und aßen, und der achte Mann stand auf der Brücke und drehte, die sinkende Sonne als Wegweiser, an dem dicken Ruderschaft. Der Kompaß zeigte nach Westen. Die Sonne schickte ihre allerletzten Strahlen wie einen Pfauenschwanz aus dem Meer vor den Nacken unseres goldenen Papierschwanes, der vorwärts stampfte, dem unsterblichen Sonnengott *Ra* des Altertums und der Gegenwart dicht auf den Fersen. Und dann trat der Große Bär mit dem Polarstern genau auf Steuerbord hervor. Gute Freunde. Ein Teil unserer kleinen Welt; wir kannten alles sehr gut vom vorigen Jahr. Frische Abendbrise. Wir mußten lange Hosen und Pullover anziehen. Madani ähnelte mit seinem marokkanischen *Kaftan* mit spitzer Kapuze einem mittelalterlichen Mönch, wenn er sich als Silhouette gegen den Tropenhimmel auf das Dach legte und sich im Gebet zu Allah tief verbeugte. Ein ungewöhnlich freundlicher und gutmütiger Reisegefährte. Er war anstelle von Abdullah als farbiger Vertreter Afrikas mitgekommen. Er war nicht ganz so rabenschwarz wie Abdullah, aber er gehörte zu dem dunkelsten Typus der Berber. Abdullah hatten wir als einzigen des *Ra-I*-Teams unglücklicherweise an der Startlinie in Safî drei Tage vor dem Start verloren. Seit einem Jahr war er Flüchtling aus dem Tschad, wo jetzt blutige Auseinandersetzungen zwischen seinen mohammedanischen Glaubensgenossen im Norden und einer christlichen Negerregierung, unterstützt von der französischen Fremdenlegion, im Gange waren. Abdullah wurde immer unruhiger; eine Frau hier und eine Frau dort und geographische Hindernisse standen einem geordneten Familienleben im Weg. In einer Hand ein Foto von drei herrlichen Negerkindern im Tschad, in der anderen ein Telegramm, daß seine neueste Lieblingsfrau jetzt, genau jetzt, in Kairo einer Tochter das Leben geschenkt hatte. Wer sollte in diese Schar Ordnung bringen, wenn Abdullah wieder mit einem Papyrusschiff in See stach? Leb wohl, Abdullah, wir werden dich alle vermissen. Kaum war Abdullah zur Tür hinaus, als Madani Ait Ouhanni bescheiden lächelnd hinter dem Schalter unseres Hotels hervorkam. Ob er mitfahren dürfe? Er war neuernannter Geschäftsführer einer großen chemischen Fabrik in Safî, die eben den Hotelbetrieb übernehmen sollte. Nun wurde er von sieben reisefertigen Gästen, die für die Ozeanüberquerung als Ersatz für Abdullah einen echten Afrikaner brauchten, aus dem Hotel entführt.

Madani kannten wir seit drei Tagen. Kei hatte niemand von uns zuvor gesehen. Einer meiner schwedischen Freunde fuhr gerade nach Tokio, um über einen Austausch von Fernsehprogrammen zu verhandeln. Ich hatte ihn gebeten, mir einen japanischen Kameramann mit freundlichem Gemüt und guter Gesundheit zu empfehlen. Kurz darauf trollte der kleine, stämmige Kei Ohara durch den Hoteleingang in Safî, vollbeladen mit seiner Kameraausrüstung, und strotzte vor Lebensfreude, Musik und Judomuskeln. Erfahrungen auf See? Eine Motorbootfahrt in der Bucht von Tokio. Und dann hatte er für einen Filmauftrag Indianer mit ihren Schilfbooten am Titicacasee verewigt.

«Und du, Madani?» fragte Norman leicht besorgt.

«Ich habe mal an einer Angeltour vor der Mole teilgenommen, als ich zum erstenmal von Marrâkech nach Safî hinunterkam, bin aber seekrank geworden und wieder an Land gegangen.»

«Wieder nur Landratten», sagte Norman leicht verzweifelt und sah mich an.

«Dann werden sie das Papyrusboot nicht so beladen, wie Seeleute ein gewöhnliches Holzschiff beladen würden», sagte ich. «Mit denen, die einsehen, daß sie nichts können, ist es am sichersten. Ein sicherer Skispringer wird selten so geschmeidig, daß er mit dem Fallschirm abspringen kann.»

Die beiden Männer, die zum erstenmal zur See fuhren, litten an den ersten beiden Tagen an den verzweifelten Qualen der Seekrankheit, während das schlanke Papyrusboot wie eine leere Flasche auf rauher See rollte und stampfte. Dann schienen Allah und Buddha trotz aller Statistik und Wetterkarten ihre Gebete um Windstille zu erhören, und als der Wind endlich wieder auffrischte, gehörten die Vertreter Japans und Marokkos ganz natürlich zu dem Unternehmen. Es war wie auf der *Ra I*: Wir teilten dieselben Mühen und dieselben Freuden; wer bleich war, wurde braun, und wer noch brauner war, vergrößerte den Vorsprung, ohne daß jemand an Stammbaum, Taufschein, Mitgliedskarte oder Paß dachte. Auf dem Vorderdeck war der Platz knapp, noch knapper als auf dem Achterdeck, und zu beiden Seiten der durchsichtigen Hüttenwände gab es nur einen ein Meter breiten Streifen. Die Korbhütte bestand aus einem einzigen Raum und war viel zu niedrig, um darin stehen zu können, außer man stand auf dem Dach, und viel zu eng, um sich in der Koje krümmen zu können, ohne dem Nachbarn ein Knie in den Bauch oder einen Ellbogen gegen den Schädel zu rammen. Wir kannten die Flüche, Schnarchlaute, Tischsitten und Witze der anderen, wenn es auch durch das Schreien und Knarren der Pardunen und der zusammengebundenen Brücke in der Dunkelheit oft schwierig war, zu unterscheiden, von wem die sonderbarsten Geräusche stammten. Nachdem ich persönlich die orientalischen Flötentöne und Streichinstrumente angepeilt hatte, die in der Nase des musikalischen Madani hausten, und eine wahrhaftige Werkstatt mit Säge, Fräsbohrer und Hobel, die bei offener Tür im Gaumen des praktischer gestimmten Carlo rumorten, schlief ich trotz aller Beschuldigungen, daß ich selbst wie ein Löwe röchelte, mit gutem Gewissen. Nur Santiago und Georges baten Juri gelegentlich um Schlaftabletten. Wir lebten wie bei einem ununterbrochenen Gastmahl, es gab keinen Platz für Geheimnisse, zu jeder Tageszeit und in jeder Situation waren wir alle da, dicht beieinander.

Wenn sich auch ein Amerikaner und ein Russe selten gut kennenlernen, dann lernten sich zwei von ihnen jetzt gründlich kennen; wären Araber und Juden natürliche Feinde, wäre einer von ihnen in den Wellen verschwunden. Hätte sich der Herr nicht unter vielen Namen anbeten lassen, hätten wir an Bord Glaubenskriege gehabt. Wir stellten eine babylonische Verwirrung von acht verschiedenen Sprachen dar, aber täglich wurde in wachem Zustand englisch, italienisch und französisch gesprochen. Wir diskutierten, erzählten lustige Geschichten und sangen im Chor, sobald wir ein paar freie Augenblicke hatten, am liebsten nach dem Abendbrot, wenn zwei, drei Männer unten auf der Mastleiter und die übrigen um den Hühnerkäfig saßen, denn in der Hütte wollte immer jemand schlafen. Wir diskutierten über Politik und nahmen niemals ein Blatt vor den Mund. Denn hier waren die Argumente aus Ost und West unzensiert, ohne daß jemand mit geladenen Pistolen bereitsaß. Handharpunen, Axt und Angelhaken waren die einzigen waffenähnlichen Gegenstände an Bord. Sie wurden zum Wohle aller benutzt, denn wir saßen alle in einem Boot. Wie die meisten Leute grübelten wir zusammen über die Palästina-Frage, die Stammesfehden in Afrika, die Einmischung der Amerikaner in die Politik Asiens und die der Russen in der Tschechoslowakei nach. Keiner erhitzte sich, keiner war beleidigt, keiner erhob die Stimme. Wir diskutierten über Religion, und keiner verspürte heilige Wut. Kopte und Katholik, Protestant und Mohammedaner, Buddhist Atheist, Freidenker und halbchristlicher Jude, eine größere Mischung erlaubte der Platz auf unserer kleinen Arche nicht, auf der ein Affe Noah war und wir die Rolle der Tiere spielten. Doch bei uns gab es keine Glaubensfehde an Bord. Aber als wir über das Eigentumsrecht an einer verlorenen und wiedergefundenen Zahnbürste diskutierten, hörten wir Wutgeschrei und leidenschaftliche Flüche in diversen Zungen. Im Innern gleichen sich die Menschen aller Erdteile. Eine Zahnbürste, die dicht vor der Nase gehalten wird, ist größer als eine entfernte Kanone. Es ist leicht, den Unterschied zwischen Mann und Mann festzustellen, aber noch leichter ist es, die Gemeinsamkeiten der Menschen zu entdecken. Aber ob wir versuchten, einander zu verstehen oder nicht, so saßen wir doch auf unserer Papyrusarche dicht genug zusammengedrängt, um uns wie Scheiben eines Laibes zu betrachten. Wir freuten und ärgerten uns über dieselben Sachen, wir halfen einander, wo wir nur konnten – Hilfe war auch Selbsthilfe. Der eine steuerte, damit der andere schlafen konnte; kochte damit der andere essen konnte; nähte Segel und zog an Reeps, damit alle schnell genug vorwärts kamen. Es galt, einander in Topform zu halten, damit wir in der Lage waren, die schweren Anstrengungen gemeinsam zu unternehmen, wenn es vonnöten war, um der Drohung von außen zu widerstehen.

Tage und Nächte vergingen. Wochen vergingen. Ein Monat verging.

«Es wird langsam langweilig», klagte Carlo munter und nahm die

Angelrute. «Nichts zu reparieren wie auf der *Ra I*, kein zerbrochenes Holz, keine Taue zu spleißen.»

Er setzte sich auf den Bug, die Beine außenbords, und hakte einen kleinen fliegenden Fisch als Köder fest. Sie segelten zahlreich an Bord. Pampano schwammen zwischen den Lotsenfischen unter uns, sie waren brauchbar und bissen fast auf Wunsch an. Aber die begehrte Makrele, die Goldmakrele, die sicherste Beute der Floßfahrer, war diesmal ein seltener Gast, und der Thunfisch tanzte nur in sicherer Entfernung lustig umher, ohne sich von der Angel locken zu lassen. Eines Tages schwamm Georges durch einen endlosen Schwarm von Silberzigarren: Bonitos. Bei Afrika begrüßten uns lebhafte große Walfische, vielleicht war es die Familie vom vorigen Jahr. Ein flacher Rochen, so groß wie die Brücke der *Ra*, schnellte in einem riesigen Sprung über die Wellen und ließ sich wie ein flacher Eierkuchen mit einem mächtigen Knall hinunterfallen. Emsige, geschmeidige Delphine rollten wie beim letztenmal kreuz und quer an uns vorbei, und ein fetter, fauler Aal, so lang wie ein Mensch und so dick wie ein Oberschenkel, wand sich gemächlich im Kielwasser davon. Eines Nachmittags kam auch ein rosaroter Kerl von einem Tintenfisch unter der *Ra* hervor und hangelte sich an den Papyrusbündeln zum Steuerruder, ehe er losließ und seine zwölf Fangarme über dem Kopf ausstreckte, um sich mit seinem eingebauten Düsentriebwerk in die Tiefe zu schießen.

Im Weltmeer herrschte noch ein wenig Leben, aber es gab weit mehr Ölklumpen als Fische. Während des ersten Monats hatte Madani im ganzen nur an drei Tagen keine dieser treibenden schwarzen Klumpen erblickt, aber dann war die See für eine richtige Untersuchung zu aufgewühlt. Am 16. Juni, einen Monat nach dem Start, war das Meer so verseucht, daß man sich nicht gerne darin wusch. Große und kleine Klumpen, von Kartoffelgröße bis zu Erbsen- oder Reiskorngröße, dicht gedrängt. Schlimmer war es nach unserer Feststellung diesmal nur noch in der Strömung zwischen Marokko und den Kanarischen Inseln, aber dort hatte Windstille geherrscht, und alles Schwimmende war leicht zu sehen. Am 21. Mai hatte ich in das Logbuch eingetragen: «Die Verunreinigung ist schockierend. Madani fischt dunkle, pflaumengroße Klumpen aus dem Meer, die mit kleinen Entenmuscheln bewachsen sind. Auf einigen leben kleine Krabben und vielbeinige Schalentiere. Am späten Nachmittag war die stille Meeresoberfläche von riesigen Mengen brauner und schwarzer Asphaltklumpen bedeckt, die in einer Art Seifenschaum schwammen, und hier und da glänzte die Oberfläche in allen Farben, als sei sie mit Benzin übergossen worden.»

In demselben Gebiet schwammen ganz wenige von den strumpfähnlichen Quallen, wie wurstförmige Ballons orange und grün gefärbt, doch Abertausende trieben tot zwischen den Ölklumpen umher, zusammengefallen und flach wie geplatzte Luftballons. Zwei Tage lang trieben wir in diesem Unrat, ehe wir davonsegelten. Der Unrat hielt denselben Kurs, schwamm nur etwas langsamer in Richtung Amerika. Später kam es auf der Fahrt vor, daß bei aufgepeitschter See faustgroße Klumpen an Bord gespült wurden und zurückblieben, wenn das Meerwasser durch die Papyrusstengel wie durch die Barten eines Wals sickerte. Und die Ölpest war nicht die einzige Gabe des modernen Menschen an das Meer. Wenn wir Ausguck hielten, verging kaum ein Tag, ohne daß wir irgendeinen Plastikbehälter, eine Ölkanne, eine Flasche oder vergänglicheres Material wie Kistenbretter, Kork und anderen Abfall dicht an den Bündeln der *Ra* vorbeitreiben sahen.

Wir waren 1725 Seemeilen vom Start entfernt und hatten noch 1525 Meilen vor uns, als wir zum zweitenmal eine wirklich riesige Öllache erreichten. Am nächsten Tag kam starker Wind auf. Am übernächsten Tag, am 18. Juni, erhob sich das Meer zu den mächtigsten Wellen, die wir auf den *Ra*-Fahrten je erlebt hatten. Der Wind kam mit wilden Stößen, die volle Sturmstärke erreichten, während sich die Dünung wie parallele Hügelketten erhob, immer höher, ohne Verhältnis zur Windstärke. Vielleicht hatte im Nordosten, von wo sie kamen, ein heftiger Sturm gewütet. Zuerst war es spannend, dann verspürte wohl mancher ein wenig unterdrückte Angst, dann Erstaunen und dann eine unsichere Erleichterung darüber, wie gut wir es schafften; und zum Schluß Entspannung und Bewunderung für die meisterhafte Art, mit der unsere winzige Nußschale die turmhohen Wasserwände nahm. Ich stand allein auf der Brücke hinter der Hütte, hielt die Ohren steif und drehte das riesige Backbordruder, um die Seen direkt von hinten zu nehmen, während das Steuerbordruder solide festgezurrt war und als Schwert wirkte. Es war unglaublich, wie gut es ging, die sich brechenden Wellenreihen unterschieden sich deutlich von der Brandung in seichtem Wasser. Die tastenden Wellen holten uns genau von hinten ein, rollten unter den sichelförmigen Achtersteven und hoben uns hoch in die Luft, und dann brach gewöhnlich der Wellenkamm, und wir balancierten auf der Spitze, so daß wir mit Wind und Wasser nach vorn geschleudert wurden und in wilder Fahrt ritten, den Stert hoch und die Nase unten in dem tiefen, blaugrünen Wellental. Jetzt kam es darauf an, nicht beizudrehen.

«Sechs Meter, acht Meter.»

Die Männer schätzten in einer Mischung von Begeisterung und Grauen die Höhe der Wellenkämme.

«Zehn Meter, eben ragten die Wellenkämme über die Mastspitze.»

Zehn Meter. Madani kämpfte mit der Seekrankheit. Dichte Gewitterwolken, prasselnder Regen. Alles verlief routinemäßig und glatt. Es war unglaublich, wie spielend leicht die *Ra II* die wahnsinnigen Wellenreihen nahm. Nur ab und zu einen kleinen Spritzer auf Deck, nicht der Rede wert. Glücklicherweise kamen die Wellen gleichmäßig und mit genügend Abstand, genau ausreichend für die Länge und Form der *Ra*, und die Wellenrichtung blieb immer gleich, eins, zwei, drei, in Reih und Glied, nacheinander. Es war besser, sich nicht umzudrehen. Hinter uns sah es aus, als stürzte eine Glaswand hinter uns her, um uns zu begraben, während wir flüchteten, ohne entkommen zu können. Die anderen krochen der Reihe nach in die Hütte. Dort konnten sie auf das Korbdach starren und sich damit begnügen, den ohrenbetäubenden Lärm des aufgewühlten Meeres anzuhören. Nur Carlo, der Bergsteiger, blieb auf seinem Lieblingsplatz, dem hohen Papyrusbug, zurück und ließ die Beine wie von einem Pferderücken herunterbaumeln.

Ich fühlte erneut, daß wir himmelhoch gehoben wurden, noch höher als gewöhnlich, und mit der Wasserwand nach vorn hinunter rasten. Dann erhob sich derselbe Wellenrücken wieder glatt und weißgestreift vor uns, als er vorbeisauste.

«Das war höher als die Mastspitze», brüllte Carlo begeistert und fletschte die weißen Zähne in seinem roten Vollbart.

Kurz danach hakte er sich vom Bug los und balancierte nach achtern, die Rettungsleine hinter sich herschleppend, um zu den anderen hineinzukrauchen. Später erzählte er uns, daß sich unter dem Bug so tiefe Schluchten von Wellentälern aufgetan hatten, daß wir kopfüber in einem bodenlosen Wassergrab zu landen schienen, wenn sich die *Ra* neigte und hinunterraste. Es war besser, nicht hinzusehen.

Bald mußte Wachablösung sein. Ich wagte nicht eine Sekunde lang, den Blick vom Kurs abzuwenden; das Boot durfte in den Wellen nicht beidrehen, aber es mußte bald 16 Uhr sein. Da erklang hinter uns das Getöse von dem nächsten schäumenden Wasserkamm, höher denn je; nun galt es, alle Muskeln anzuspannen, damit das Steuerruder nicht umschlagen konnte. Ich fühlte, wie eine ungeheure Wasserwand den Achtersteven erfaßte und uns in die Höhe hob, immer höher – ich hielt die Nase direkt über den Kompaß, um nicht vom Kurs abzukommen. Die *Ra* mußte genau quer zu den Wellen liegen. Wie hoch mußten wir denn diesmal noch, ehe der schäumende Riese unter uns wegglitt? Da brauste der Kamm zu beiden Seiten, er schien vorbeizudröhnen, brodelnde, schäumende Wellen; wir schaukelten heftig und waren im Begriff, wie auf einem Wellenbrett mit einem Riesensegel wieder in wilder Fahrt nach vorn hinunter zu reiten. Da geschah es. Ein gewaltiger Knall. Ein brutales Krachen von dickem, brechendem Holz. Ein Ruck in Ruderschaft und Rumpf, und die *Ra II* raste unkontrollierbar, mit der Backbordseite voran, in ein Wellental.

Es war wie ein Keulenschlag auf den Kopf. Ich klammerte mich einen Augenblick an die Ungewißheit, ehe ich mich zwang, den Kopf zu drehen und dem Elend ins Auge zu blicken. Das Steuerruder! Der dicke Schaft des Ruders, den ich festhielt, war quer abgeschlagen, und das breite Blatt hing lose im Schlepp an der Sorgleine. Ich sah es nur flüchtig, ehe die Wassermassen über uns hereinstürzten, sie kamen jetzt ungehemmt auf der ganzen Steuerbordseite, wo das hochgebogene Heck sie nicht aufnehmen konnte und sie uns hochhoben.

«Alle Mann an Deck! Backbordruder gebrochen! Bring den Treibanker aus, Juri!»

Die Schute und damit die Brücke holten unter dem Wasserdruck gewaltig über, und ich ließ mich seitwärts zu dem festgebundenen Steuerbordruder hinunterrutschen, um dort die Taue zu lockern. Das Dröhnen der Wassermassen, die gegen die Hüttenwand stürzten, und die Donnerschläge des Großsegels, das umschlug und gegen den Schrägmast hämmerte, sagten den sieben Männern in der Hütte mehr als jeder Ruf von der Brücke, und schweigsam und verbissen stürzten sie heraus, mit losen Sicherheitsleinen, die sie um den Leib banden.

«Welchen Treibanker?»

«Den größeren.»

Ich hatte die Zurrings des unbeschädigten Steuerruders aufbekommen, aber die beiden Bäume aus Hartholz, in denen es oben und unten ruhte, waren verrückt, so daß sich der Ruderschaft nicht bewegen ließ. Eine neue Sturzsee brach über uns herein – und noch eine. Es krachte gefährlich im Mast, und Wind und Wasser zerrten Segel und Papyrusboot in verschiedene Richtungen.

«Fier weg das Großsegel!»

Um die Geschwindigkeit zu erhöhen, hatte Norman neulich ein kleines Toppsegel auf einer Bambusspiere gehißt. Sie war schon zersplittert, und das Toppsegel flatterte und peitschte wie ein geplatzter Ballon gegen das Großsegel.

«Holt das Großsegel nieder, ehe es zerreißt!»

Norman übernahm das Kommando auf dem Vorderdeck, kletterte selbst in die Mastspitze und kappte das Toppsegel. Fünf Mann ergriffen das dicke Großfall, um das Großsegel niederzuholen, und allmählich senkte sich die sieben Meter lange Rahe von der Mastspitze. Aber anstatt sich herunterfieren zu lassen, wurde die schwere Stange von dem großen windgeblähten Segel nach vorn hochgehoben, und alle Mann auf dem Vorderdeck hatten mit zehn hochgereckten Armen und ihrem Körpergewicht genug zu tun, damit das Großsegel sich nicht wie ein Drachen über den Wellen ausbreitete. Ein neuer Brecher begrub uns.

«Den Treibanker raus, zum Teufel!»

«Die Wellen haben das Reep verheddert!»

«Dann wirf inzwischen den kleinen aus, ehe uns die Seen in Stücke schlagen!»

Noch eine See über das ganze Boot – und noch eine größere. Zum Glück hatten wir uns so gedreht, daß wir mit der Steuerbordseite der Hütte quer zu den Kaskaden lagen. Dort war keine Türöffnung, und wir hatten die Längswand mit Segeltuch abgedeckt, gegen die das Meer nun bis zum Dach hämmerte.

«Der kleine Treibanker ist draußen», kam es triumphierend von Carlo.

Aber die Bremskraft war zu gering; der kleine Sack, der nun im Schlepp hing, bremste nicht genug, um das Heck des wasserschweren Papyrusbootes herumdrehen zu können. Huri und Carlo standen achtern auf dem Papyrus bis zur Hüfte im Wasser und verschwanden immer wieder ganz in den Schaumwirbeln, während sie fieberhaft arbeiteten, um das Schlepptau des größeren Segeltuchsacks in Ordnung zu bringen, das die Wellen ständig auf Deck vertüderten.

«Kontrolliert die Sicherheitsleinen – alle müssen eingepickt sein!»

Dann konnte ich das festgeklemmte Steuerbordruder einige Zoll drehen, noch etwas und noch einige Zoll. Aber es half nichts. Die Sturmböen jagten das untere Liek des gewaltigen Segels mit schweren Schlägen gegen die Spitze des hochgebogenen Papyrusbugs. Wilde, ungehemmte Boxhiebe von rechts und links, dann hakte sich das Segel vor der dünnen Spitze fest und drehte den Papyrusbug nach Backbord um. Wasserkaskaden und Sturmböen krachten und brüllten, man verstand sein eigenes Wort nicht mehr.

«Holt das Segel ein, ehe die ganze Schute auseinanderbricht», rief ich.

Jetzt kam es herunter, ruckweise.

«Stopp! Heißt das Segel wieder, ehe eine Welle es packt», schrie Norman.

«Wenn es ins Wasser fällt, kriegen wir es nie wieder an Bord», brüllte Georges.

Er hatte zweifelsohne recht. Unten war das ägyptische Segel nur fünf Meter breit, genau wie das Deck, aber oben maß es sieben Meter, wie die schwere Rahe, an der es hing; deswegen konnten wir das Segel unmöglich herunternehmen, ohne daß es bei diesem Wind und Seegang auf beiden Seiten von den Wellen erfaßt wurde.

Die Lösung bot sich von selbst an. Das Segel wurde jeweils einige Zoll heruntergefiert, erreichte aber nie das Deck, weil unten fünf Mann festgebunden über die ganze Breite verteilt standen und es von unten aufrollten. Die ganze Zeit kämpften die fünf, um in den Windböen, beim Rollen und in den saugenden Wasserkaskaden nicht den Halt zu verlieren. Rucken und Schlagen an der Ruderpinne, mit der ich am Steuerbordruder kämpfte, ließen sie allmählich in ungleichmäßigen Sprüngen schwenken, aber auf den Kurs hatte es nicht den geringsten Einfluß. Die Männer am Segel hatten allmählich ein Drittel aufrollen können, und sie banden die Rolle sorgfältig mit einigen Tauenden zusammen, die nebeneinander am Segel hingen und zum Reffen bestimmt waren. Es war Zeit, das große lose Steuerblatt zu bergen, das noch wild im Schlepp tanzte und ständig von den Wellen mit voller Wucht gegen das Heck geschleudert wurde.

Das Sicherungstau am Blatt war eine Kopie der ägyptischen Grabmalereien und half uns, das lose Blatt einzuholen. Der Schaft war genau am unteren Baum quer durchgebrochen. Auf der ganzen Länge 16 cm dick, wie ein normaler Telegrafenmast, und aus der kräftigsten Kiefer, war der von uns allen unbesiegbar gehaltene Baumstamm wie ein Streichholz geknickt, ohne daß sich im Holz ein Fehler zeigte. Nicht ein einziger Papyrushalm war geknickt, gelöst oder beschädigt. Die Papyrusbündel hatten mehr nachgegeben als der Baumstamm; deswegen hatte Goliaths Stärke wieder einmal vor Davids Geschmeidigkeit kapitulieren müssen. Das Unglück lehrte uns, daß wir das Steuerruder oben und unten mit viel zu dicken Tauen befestigt hatten. Wir hätten dünnere verwenden sollen, dann wäre das Tau wie eine Sicherung vor dem Steuerschaft gerissen.

Georges holte das schwere, völlig mit Entenmuscheln bewachsene Steuerblatt ein. Er schnitt ein Polster aus kurzen abgeschnittenen Papyrusenden ab, das Norman am Blatt befestigt hatte, um es an der Seite, an der wir den Schaft festgebunden hatten, strömungsgünstiger zu machen. Die mißhandelten Papyrusstückchen warf er in die Wellen und beobachtete erwartungsvoll, was geschehen würde. Sie sanken. Er erwähnte es den anderen gegenüber mit keinem Wort und ahnte immer noch nicht, daß noch jemand es von der Brücke beobachtete und ebenso perplex war und dasselbe Ziehen in der Magengrube bekam. Was war mit diesem Papyrus los? War die Luft vollständig aus ihm herausgepreßt? Juri und Carlo standen abgewandt daneben, sie waren vollauf damit beschäftigt, die Leine für den großen Treibanker zu ordnen. Schließlich ging er über Bord, und der kleine wurde eingeholt; nun drehte der Schleppsack das Heck langsam nach hinten. Aber nicht ganz. Wir blieben halbschräg liegen, und das Meer krachte in riesigen Brechern achtern quer gegen die Steuerbordseite, genau wie damals bei der *Ra I*.

Das Unwetter tobte. Es war 10 Minuten vor 9 Uhr, und die Nacht brach über uns herein, ehe die Männer auf dem Vorderdeck das Großsegel zur Hälfte gerefft hatten. Das orangefarbene Sonnensymbol blieb halb aufgerollt wie ein Gespenst des Sonnenunterganges stehen, den wir wegen der Sturmwolken nicht sehen konnten. Wenn wir ihn gesehen hätten, dann nicht vor uns – da wir heute halb seitwärts trieben –, sondern ziemlich weit backbord vom schiefen Bug.

Tragödie. Elend. Wir hatten keinen Reservestamm, der für einen neuen Ruderschaft ausreichte. Die besten Hartholzstücke zum Laschen hatten wir bei den Kanarischen Inseln über Bord geworfen. Wenn wir hier lange genug vor Treibanker lägen, würden sie uns vielleicht erreichen. Ein schlechter Scherz, eine hoffnungslose Lage. Keine Lösung. Gute Nacht allerseits! Wir müssen jetzt schlafen und an morgen denken. Es war sinnlos, mit einem halben Schaft ohne Blatt und einem anderen, das nicht funktioniert, weiterzusteuern. Das Meer konnte an Bord donnern und wieder hinaus, der Treibanker hielt den Kurs, so daß es nicht in die Hütte strömen konnte. Zwei Stunden Nachtwache, damit wir nicht von einem anderen Schiff in den Grund gefahren wurden.

Es war hoffnungslos, in jener Nacht zu schlafen. Wir waren wieder auf der *Ra I*, wir erlebten wieder die letzten Nächte, als das Meer über uns die Oberhand gewann. Tonnenschwere Wassermassen donnerten auf Steuerbord gegen die Rückwand, es schäumte, brodelte, gluckste, gurgelte und gluckerte überall um uns herum, ein wahrer Strom wälzte sich über Bord, floß unter dem geflochtenen Hüttenboden, in dem breiten, tiefen Spalt zwischen den beiden Papyrusrollen, die uns über Wasser hielten. Das Wasser strömte in wilder Jagd über den Papyrus, um Ritzen zwischen den Halmen zu finden, durch die es wieder hinausfließen konnte, aber das Schilf quoll immer mehr auf, verschloß alle Ritzen und ließ das Wasser nicht abfließen, ehe neue Kaskaden über Bord brachen und die Badewanne bis zum Rand füllten.

Ich bekam kein Auge zu, bis ich zur Wachablösung hinauskrauchen mußte; dann schlief ich sofort auf der Bambusbank vor der Hüttentür in festgebundener Sitzstellung ein. Ich erwachte mit einem Ruck und sah eine Fledermaus, nein, eine Nachteule, die *Ra* umflattern, bis sie zwischen Reihen von Pardunen direkt auf mich zutaumelte, als wollte sie mich angreifen. Der nächtliche Besucher flog schlecht, schlug mit dem Flügel an ein Reep, und noch ehe er auf der Bank dicht neben mir richtig aufsetzen konnte, machte er eine Bauchlandung. Armer Kerl. Das war ja eine Taube! Unsere beringte Reisegefährtin! Sie war durch das wahnsinnige Krachen von Segel und Sturzseen verscheucht worden, hatte vergeblich nach einem anderen Wohnsitz gesucht, hatte die Brücke öde und verlassen wiedergefunden; erschrocken über die Einsamkeit in ihrem Korbnest auf dem Dach, hatte sie sich bei der schlafenden Nachtwache niedergelassen. Bis Tagesgrauen saß sie dicht bei den sich ablösenden Nachtwachen, während der Atlantik ungehindert hinter der Ecke an Bord krachte und vor und hinter der Hütte wieder über Bord stürzte, so daß in Lee nur Bäche zu unseren Füßen zusammenliefen, ehe auch sie ins Meer mündeten.

Ein merkwürdiges Fahrzeug. Der Fehler war, daß es langsam wie ein gewöhnliches Boot wasserdicht wurde, so daß das Wasser nicht mehr schnell genug durch den Schiffsrumpf sickerte.

Auch am nächsten Tag war die Hölle los. Wir waren todmüde; wir wateten in strömendem Wasser, trugen Krüge, die auf der Sturmseite geborgen werden mußten, warfen Scherben über Bord, banden Ladung fest, die sich gelockert hatte, holten Pardunen dicht und nähten Segel – und grübelten mit rauchenden Köpfen darüber nach, wie wir die Steuerung wieder in unsere Gewalt bekommen könnten. So, wie wir unter Wasser standen und den Seen fast ausgeliefert waren, konnte es nur eine Frage der Zeit sein, wann das Meer auf der ganzen Linie siegen würde; Holzwerk und Schilf wurden ja von Reeps zusammengehalten, und diese konnten jeden Augenblick unter der Beanspruchung reißen. Das Spiraltau, das den Papyrus zusammenhielt, war 14 mm stark, und Hütte, Mastfüße und Steuerbrücke wurden von einem 8-mm-Tau gehalten, das wie ein Zopf dreifach geflochten war. Die Indianer wollten kein dickeres Tau durch die Schilfbündel führen lassen. Wenn nicht alle Verbindungen vollkommen geschmeidig und elastisch gewesen wären, hätte uns das Meer mit derselben Kraft zerrissen, mit der es Holz zersplittert und Stahl verbiegt. Am ersten Tag konnte das Meer den Schilfballen nichts antun, sie tanzten einfach unter den Schlägen weg. Aber das Meer kannte noch einen anderen Trick. Es wälzte sich an Bord, blieb dort und drückte uns nach unten. Wir begannen in erschreckender Weise zu sinken; teils, weil sich tonnenschweres, überschwappendes Meerwasser in dem langen tiefen Graben zwischen den beiden Papyrusrollen als unnützer Ballast aufstaute, teils, weil das von oben eingesaugte Wasser nun in die obere Hälfte der Schilfrollen eindrang, die sich bis jetzt trocken und leicht gehalten hatten. Der ganze Papyrus saugte sich allmählich von oben und von unten voll. Wir sanken mit unheimlicher Geschwindigkeit, das war allen klar. Niemand schien wirklich Angst zu haben, alle waren verbissen darauf versessen, es zu schaffen. Jeder von uns kam mit einem Vorschlag, der zuerst durchdacht und später einstimmig verworfen wurde. Madani, der das Meer nicht auf der *Ra I* erlebt hatte, nahm mich zur Seite und fragte vorsichtig, ob es jetzt gefährlich wäre. Als er erfuhr, dies wäre vorläufig nicht der Fall, lachte er wieder über das ganze Gesicht. Kei schüttelte das Meerwasser aus seinem blanken schwarzen Haar und sagte mit breitem Lächeln, er hätte nicht gewußt, daß es solche Wellen gäbe.

Durch den Treibanker war das Heck wenigstens schräg gegen die Wellenreihen gestellt. Wenn wir ihn einholten, würden wir erneut die Breitseite darbieten, und das Meer würde über unsere volle Breite hereinbrechen. Aber mit ausgeworfenem Treibanker lagen wir dafür auf der Stelle und kamen nicht vom Fleck. Wir lagen mitten im Atlantik fest und sanken, 1900 Seemeilen vom Start und 1300 Seemeilen vom Ziel entfernt.

Zwei Tage lang konnten wir kämpfen, um uns selbst und die Ladung zu bergen. Aus mehreren Gründen erwies es sich als unmöglich, das Steuerruder zu laschen. Die Seen waren immer noch 6–7 Meter hoch, zwischendurch einzelne 10-Meter-Riesen. In der Hütte zerschnitt ich den Rücken eines Schreibblocks und machte ein Modell des losen Ruderblattes, der beiden gebrochenen Teilen des Schaftes und der Brücke mit dem eingezeichneten Abstand zwischen den beiden Holzstämmen, die den schräggestellten Ruderschaft oben und unten auf dem Platz hielten. Das Modell zeigte, daß das Ende des Schaftes gerade bis zum Boden der Brücke reichte, wenn wir das längere obere Bruchstück des Schaftes an der oberen Hälfte des Blattes festbinden würden. So banden wir es fest, indem wir mit vereinten Anstrengungen ein System ausklügelten, bei dem die Ruderwache auf der entgegengesetzten Seite der Brücke stehen und das Steuerbordruder mit der rechten Hand drehen konnte, während sie den abgebrochenen Schaft auf Backbord mit Hilfe eines Taues um den Fuß in eine Richtung drehte und mit Hilfe einer langen Bambusstange in der linken Hand in die andere. Dies war fast Akrobatik, und das Manövrieren wurde noch schlimmer, weil die Ruderwache ständig auch an den Schoten des Segels ziehen mußte, die an der Brückenreling festgebunden waren. Denn jetzt lag das Schilfboot so tief, daß die gesamte Wirkung von zwei Steuerrudern nicht immer ausreichte. Wenn das Boot den beiden Rudern nicht gehorchte, mußte man auch mit dem Segel zu steuern versuchen, damit uns Wind und Wellen nicht seitwärts drehten.

Die *Ra II* lag unheimlich tief im Wasser, als wir am späten Abend des nächsten Tages soweit waren, das neue System erproben zu können. Alle waren sich darüber im klaren, daß uns ein hartes Stück Arbeit bevorstand, wenn wir die zweite Hälfte der Reise schaffen wollten. Als wir das angeschlagene Ruder befestigt hatten, ging es plötzlich etwas besser. Wir schafften es, das Heck gegen die Wellen zu drehen, holten den Treibanker ein und steuerten mit gerefftem Segel westwärts. Am nächsten Tag wagten wir es, das ganze Großsegel auszureffen, voll zu setzen. Das große Segel schien uns erneut höher aus dem Wasser zu heben, indem es uns mit einer Fahrt von fast drei Knoten, über 100 Kilometer in 24 Stunden, davonbrausen ließ. Aber jetzt lag nur noch das Deck über Wasser. Achtern spülten die Wellen weiterhin zur einen Seite herein und zur anderen hinaus, und vorn warfen sich die Sturzseen in regelmäßigen Abständen über uns, wenn wir uns wie früher um den Hühnertisch niederlassen wollten; deswegen mußten wir zusammenrücken und wie die Vögel auf einem Ast unten auf der Mastleiter essen.

«Wir müssen die schlimmsten Brecher dämmen. Das Wasser braucht Zeit, um über Bord zu laufen, sonst sinken wir», sagte Juri und machte sich daran, etwas Segeltuch aufzuhängen, das er von den Pardunen auf Steuerbord nach vorn zog und oben und unten mit einer dicken Leine festband.

«Gib es auf, Juri.» Alle lachten. Die erste Welle würde das Tuch zerreißen. Aber Juri machte verbissen und voller Unternehmungsgeist weiter.

Die nächste Welle strömte langsam an der Steuerbord-Hüttenwand entlang, drückte bedächtig Juris Segeltuchwand ein wenig ein und stürzte über Bord. Nur wenig Wasser rieselte auf das Vorderdeck, das Tuch hatte den Rest über Bord geleitet. Juri setzte sich triumphierend an den Hühnertisch und lachte. Wir anderen kamen mit großen Augen, unsere Teller in der Hand, von der Mastleiter herunter, als wir sahen, daß sich die nächste Welle ebenso benahm und die dritte auch. Dort saßen wir am Tisch und betrachteten den Zauberer Juri, dem es gelungen war, das Meer aufzuhalten, indem er einen Lappen aufhängte. Das Geheimnis war, daß der Papyrusstert achtern den Wellendruck milderte und die Welle teilte, und der Segeltuchschirm brauchte nur noch das Profil der Wasserwand, das zu beiden Seiten des Bootes entlangstürzte, über Bord zu leiten.

«Mehr Segeltuch!»

Mit dem Dolchmesser schnitten wir das ganze Segeltuch ab, das die Vorderwand der Hütte bedeckte; danach blickten wir durch das Korbgeflecht direkt auf den Hühnerkäfig, die Maste und das Meer. Als nächstes zerschnitten wir das ganze große Reservesegel, Juri hängte die Stücke auf, und bald lebten wir hinter einem wahrhaftigen Wandschirm, burgunderfarben, orange, grün und gelb. Die Wellen fuhren an dem Wandschirm entlang und drückten freundlich dagegen, und die Pardunen bewegten sich im Wind. Nur ein Bruchteil der Wasserkaskaden kam an Bord.

«Hippies! Zigeuner!» riefen uns Carlos und Georges nach und lachten aus vollem Hals, als sie das nächste Mal das kleine Drei-Mann-Schlauchboot aussetzten, um uns von draußen zu filmen. Wir reckten die Hälse über Juris bunten Wandschirm und hielten nach den beiden Ausschau, die immer wieder völlig hinter den Wellenkämmen verschwanden.

«Kommt zurück!» brüllte ich. «Seht zu, daß ihr auf ein anständiges Fahrzeug kommt, ehe ihr kentert.»

Wir hatten schon öfter das kleine Floß bei Windstille und später bei leichtem Seegang aufgeblasen, um zu filmen, aber nun hatten wir uns so sehr an Wellen und Salzwasser gewöhnt, daß einige allmählich recht tollkühn wurden.

Tage und Wochen rollten mit den Wellen um die Wette. Innerhalb eines guten Jahres hatten wir sechs von der *Ra I* vier Monate lang zusammen auf den Schilfgarben gesessen. Nach dem Unglückstag mußten wir das Wasser rationieren; ein halber Liter am Tag pro Mann, außerdem neun Liter für unsere Küche. Mehrere Krüge waren zerbrochen, in einigen war der Inhalt mit Salzwasser vermischt. Daß wir damals selbst den Inhalt der meisten Ziegenlederbehälter in die See geschüttet hatten, war ein heikles Thema und wurde am besten nicht berührt. Das war verteufelt vorschnell gewesen. Carlo litt an Salzwasserwunden in der Leistengegend, und Juri verschrieb ihm Waschungen mit Süßwasser, mehrere täglich. Der arme Carlo wusch sich mit dem Inhalt einer Tasse, mehr gestattete er sich nicht. Die Ente, die Taube und der Affe tranken täglich zusammen soviel wie ein Mann. Georges protestierte kräftig dagegen, daß unschuldige Tiere genau wie wir auf Ration leben sollten. Santiago war auch nicht hundertprozentig auf der Höhe, vor dem Start hatte man ihm einen Nierenstein entfernt, er durfte weder gesalzenes Essen, Nüsse, getrocknetes Gemüse, Eier noch die meisten Gerichte essen, die normalerweise auf unserem Küchenzettel standen. Er war erschöpft, übernahm seine Arbeit ohne Murren, aber wenn er nichts versäumte, ging es ihm auf dem Rücken in der tiefsten Ecke der Hütte am besten, wo ihn Juri beobachtete.

Eines Abends kam er mit verdrossenem Gesicht aus der Hüttenöffnung und ließ sich zwischen uns anderen am Hühnerkäfig nieder. Er blickte abwechselnd Carlo und Georges an:

«Ich habe durch die Hüttenwand schmutzige Anschuldigungen gehört!»

Carlo wurde wütend: «Hör mit deinem Professorengehabe auf.»

«Pack lieber etwas mehr zu wie wir», warf Georges ein. «Wenn du einem müden Rudergänger freiwillig Ablösung versprichst, erscheinst du erst zehn Minuten vor Wachablösung.»

Die Anschuldigungen kamen ins Rollen. Der schuftende Carlo und der lebensfrohe Georges hatten auf der vorigen Fahrt Verständigungsschwierigkeiten gehabt, jetzt waren sie Busenfreunde; und im Augenblick waren beide wütend auf den schweigsamen Anthropologie-Professor. Er erfuhr nun, daß er in der Ecke lag und uns psychoanalytisch untersuchte, während andere sich abrackerten. Außerdem sei es seine verdammte Idee gewesen, auch diesmal Essen und Wasser in Krügen aufzubewahren, statt leichte Konserven und Wasser in Kanistern mitzunehmen. Auf der *Ra I* hatten wir bewiesen, daß man ohne moderne Kost leben konnte, warum, zum Teufel, sollten wir es noch einmal beweisen? Und wenn er es schon durchgedrückt hatte, daß wir auch dieses Mal über hundert schwere Krüge mitnahmen, dann hätte er als Quartiermeister sie so gut festbinden müssen, daß keiner zerdrückt wurde und uns dazu zwang, das Wasser zu rationieren.

«Die Krüge sind ebenso leicht wie Kanister – und wer hat alles Wasser aus den Ziegenledersäcken ins Meer geschüttet!»

Ein wildes Wortgefecht entstand; hitzige Schimpfwörter fielen, aufgestauter Ärger entlud sich. Uns allen um den Hühnerkäfig wurde der Appetit kräftig verdorben. Santiago schlug von seinem Katheder an der Mastleiter zurück, aber zum Schluß saß er dort stark angeschlagen, während die anderen ihn gemeinsam angriffen. «Carlo», sagte ich. «Du bist von Beruf Bergsteiger, ein erfahrener Expeditionsteilnehmer. Du kannst von einem Universitätslehrer nicht verlangen, daß er genauso gut wie du Knoten bindet und Anstrengungen aushält. Du bist wie ein Pfarrer, so perfekt, daß du von anderen verlangst, sie müßten alles ebenso gut machen wie du.»

Das war wohl das Schlimmste, was ich hätte sagen können. Carlo erhob sich langsam, sein Gesicht wurde röter als sein Bart. Er faßte sich mit einer Hand in die Haare.

«Ich, ein Pfarrer!»

Eine Weile stand er sprachlos und schluckte. Dann wandte er sich von mir ab und streckte Santiago seine offene schwielenbedeckte Hand entgegen:

«All right. Vergessen wir das Ganze, Männer!»

Alle beugten sich über den Hühnerkäfig und schüttelten sich die Hand. Norman holte für sich und Kei eine Mundharmonika, Madani zog seine flache marokkanische Trommel hervor, und als ich zwei Stunden später ins Bett ging, hörte ich ein Festkonzert mit Chorgesang auf dem Vorderdeck; mit einem Repertoire aus allen Himmelsrichtungen.

Die Fahrt mit der *Ra I* war vom ersten Tag an, als uns beide Steuerruder brachen, eine reine Driftfahrt gewesen. Als wir das Experiment abbrachen, trieben wir direkt auf Barbados zu, die südlichste der Westindischen Inseln. Dieses Mal waren wir immer noch vollkommen seetüchtig und beschlossen, direkt auf diese Insel zuzusteuern. Die Entfernung bis nach Barbados wurde deswegen täglich in Seemeilen gemessen. Einen günstigeren Kurs hätten wir nicht wählen können, um Wind und See direkt von hinten zu haben. Für die Steuerwache war es nur verdammt schwierig zu verhindern, daß sich das durchnäßte Schilfboot drehte und seitwärts in Richtung Barbados trieb. Nach der Nachtwache waren wir zum Umfallen müde. Schlug das Boot herum, so daß sich das Segel verfing und das Meer an Bord raste, wurde Juris Segeltuch zerfetzt; und die arme Steuerwache mußte sich die heftigen Vorwürfe der anderen gefallen lassen, wenn sieben nackte Männer den Rettungsgürtel anlegen und hinaus in die Dunkelheit mußten, bis zur Hüfte im brausenden Wasser, um am Segel zu ziehen und zu schieben, zu rudern, gegenzurudern und Ladung zu bergen. Einige Männer baten vorsichtig darum, die Verantwortung auf der Brücke nicht allein tragen zu müssen. Wir verlängerten die harte Nachtwache von zwei auf drei Stunden – aber jetzt standen zwei Männer gleichzeitig auf der Brücke.

Wir mußten irgend etwas unternehmen, damit wir durch die schwerfällige Steuervorrichtung nicht zu Schaden kamen.

«Stell dir vor, wir könnten die Masten weiter nach vorn vorsetzen», fabulierte ich eines Nachts, als Norman und ich gemeinsam auf der Brücke Wache hielten. «Wenn das Segel ganz weit vorn an den Bug käme, würde sich das Boot ganz allein steuern.»

«Das läßt sich machen», sagte Norman begeistert. Und noch ehe am nächsten Morgen jemand richtig ein Wort davon wußte, begannen wir eine äußerst schwierige Operation. Die Spitze des schweren Schrägmastes sollte versetzt werden, damit das Segel nach vorn kam.

Norman schlug mit einer Axt gegen die Unterseite der Mastfüße, so daß die Fußfläche nach vorn kam. Dann lösten wir vorsichtig alle zwölf parallelen Leinen, die vom Schrägmast achtern an beide Seiten des Schilfbootes führten. Damit konnten wir den zehn Meter hohen und mindestens dreihundert Kilo schweren Doppelmast kanten. Wenn wir die Mastspitze nach vorn zogen, folgte die Rahe mit, und als wir die Stage wieder befestigten, hing das windgefüllte Großsegel im Bogen vor dem hohen Papyrusbug herunter. Sofort steuerte es sich leichter. Die *Ra II* fuhr mit hoher Geschwindigkeit weiter nach Westen. Wir hörten bald auf zu sinken, als genug Papyrus unter Wasser war, um die neue Ladung zu tragen, die wir in Form von unerwünschtem Meerwasser an Deck gespült bekamen. Als fünf Wochen nach dem Start vergangen waren, sanken wir nicht mehr; aber wir lagen auch so tief, daß unser Deck in ruhigem Wasser kaum über die Wasserfläche ragte, und von jetzt ab wuchsen Entenmuscheln auf dem Papyrusdeck, außen an der Rückwand der Hütte. Madani fischte weiter täglich Ölklumpen.

An einem Tag mit Regen und wilden Windstößen hakte sich das Segel am Bug fest und drehte ihn schräg; gleichzeitig ging der Segeltuchsaum an der Unterkante auf. Jetzt war nach dem Boden des Bootes das Segel für uns am wichtigsten, und nachdem wir uns beratschlagt hatten, beschlossen wir, den stattlichen, hocherhobenen Bug zu opfern. Carlo ließ sich vorn im Schneidersitz nieder und begann, an unserem Fahrzeug zu sägen, bis ihm der Schweiß herunterlief. Sicherheitshalber banden wir einen Stropp um den Bug, damit nicht das ganze Schilfboot auseinanderging, wenn die beiden Spiraltaue zusammen mit dem Endstück des Bootes gekappt wurden. Aber die Indianer behielten recht: Das Tau war in den Schlingen um das kleine Mittelbündel festgeklemmt, und wir konnten es auch mit Gewalt nicht losziehen. Die Papyrusbinsen waren fest eingeklemmt und angeschwollen, so daß die Schnittfläche wie eine durchgeschnittene Riesenzwiebel aussah, als unser Steven fiel. Die *Ra II* erhielt sogleich eine weniger moderne Linie; durch die Hüttenwand konnten wir plötzlich vorn unter dem Segel den ganzen Horizont sehen, die Arche hatte plötzlich die Glieder gestreckt, damit wir vorn besser nach Land ausspähen konnten.

Wenige Tage darauf beschlossen wir, auch den Achtersteven abzusägen. Nachdem der Bug gefallen war, wirkte er allein wie ein Segel, das sich dicht vorm Wind hält, und machte den Kurs unsicher; überdies mußten wir unnötiges Gewicht abwerfen. Mit gemischten Gefühlen entfernten wir den Bogenstrang von der oberen Spitze des Schwanzkringels und versetzten ihn nach unten an den übriggebliebenen flachen, breiten Hühnerbürzel. Aber kein Eingriff schien die unübertroffene Stabilität dieses Fahrzeuges verändern zu können. Einer nach dem anderen ließ sich am Tau über Bord, um beruhigt wieder aufzutauchen und begeistert zu berichten, daß die *Ra* unter Wasser unverändert war, ebenso fest, ebenso unversehrt. Nicht eine Binse und kein einziges Tau hatten ihre Lage verändert, die Unterseite war nur mit lebenden Muscheln wie mit kleinen schwarzen und weißen Pilzen mit wehenden gelben Kiemenfäden bedeckt.

Die kleine Amateurfunkstation wurde diesmal seltener aus der Kiste geholt als auf der vorigen Fahrt. Wir nahmen an, daß die Familien zu Hause jetzt ruhiger waren, und wollten sie nicht beunruhigen. Aber in der letzten Hälfte des zweiten Monats waren wir so weit gekommen, daß wir ungefähr Zeit und Ort der Landung bestimmen konnten. Yvonne packte unverzüglich die Koffer und flog mit den Kindern nach Barbados.

Nicht lange darauf bekam Norman mit einem Amateurfunker auf Barbados Verbindung, und wir hörten Yvonnes Stimme. Sie stellte sechs verblüffende technische Fragen über die Fauna, die unter den Schilfbündeln mitreiste, und erklärte, die Fragen interessierten den Leiter eines marinebiologischen Projekts, das die Entwicklungshilfe der Vereinten Nationen gegenwärtig auf Barbados stationiert hatte. Wir konnten über unser treues Gefolge kleiner Freunde berichten, das mit uns unter dem Schilfboden schwamm: ein paar Makrelen, die rings um uns die fliegenden Fische jagten, große Scharen Seevögel aus Südamerika, die wie treibende Wolken in Süden und Westen über dem Horizont kreisten, glitzernde Thunfische, die wie Silberraketen aus dem blauen Meer schossen. Am nächsten Tag berichtete der Funkamateur, wir könnten den Besuch eines Forschungsschiffs der UN erwarten.

Am 25. Juni kam eine braune Libelle mit vier Flügeln an Bord geflogen. Waren wir dem Land so nahe? Oder war das große Insekt mit einem Boot hergekommen, das hinten am Horizont vorbeigefahren war? Seit uns einige Schiffe in dem Verkehr von Afrika beinahe in den Grund gefahren hatten, waren wir erstaunlich wenig Fahrzeugen begegnet.

Wir befanden uns nun in voller Fahrt in das Gebiet hinein, wo wir im vorigen Jahr die *Ra I* nach den letzten dramatischen vierundzwanzig Stunden verlassen hatten. Jedem von uns schauderte, als Rufe von der Brücke uns auf einen rasenden Hai aufmerksam machten, der mit gereizten Bissen versuchte, die rote Schwimmweste zu zerstören, die wir für den Fall im Schlepp zogen, daß ein Mann über Bord ging. Eben hier waren wir im letzten Jahr auf die vielen Haie gestoßen. Aber der einsame Herumstreicher dieses Jahres gab die rote Weste bald auf und verschwand nach Norden. Der Hai schien an einem Fahrzeug, das nicht wie die *Ra II* unter Wasser repariert werden mußte, uninteressiert.

Am 26. Juni wurde das Meer wieder wild; die Wellen jagten uns mit weißen Kämmen nach, die wie Schnee eines Pfluges an Lokomotivrädern stoben. Dichte Wolken spieen Regen auf uns herab. Wir ließen das Salz vom Körper abspülen und leckten uns die Arme. Wir hätten Regenwasser sammeln können, aber bei unserem Tempo würden die Rationen ausreichen. Die Ente watschelte auf dem Dach herum und schlürfte aus den Wasserpfützen. Safî wollte in die Hütte. Das Ruder auf Steuerbord verhakte sich in den Bäumen; wir waren darauf gefaßt, daß es brechen würde, aber Kei meißelte es unter Wasser frei. Am nächsten Tag blieb die Taube weg. Sie hatte eine Zeitlang rastlos gewirkt und die *Ra* ständig in großen Kreisen umflogen, war aber immer wieder zu der Kornschale auf dem Dach heruntergeflattert. Am 27. Juni erhob sie sich und blieb für immer weg. Rings um uns näherte sich die Sintflut ihrem Ende. Die Arche hatte ihre Taube verloren. Nach ihrem Verschwinden wurde es leer. Hatte sie Land gewittert? Die nächste Küste war Französisch-Guayana. Die reiselustige Taube trug jetzt zwei Ringe, einen mit einer spanischen Nummer und einen mit der Markierung *«Ra»*.

Am 28. Juni stieg die Wassertemperatur plötzlich um zwei Grad, und danach sahen wir keine Ölklumpen mehr. Waren wir in einen anderen Strömungsteil geraten? Es war merkwürdig, denn als wir die *Ra I* im vorigen Jahr hier verließen, backsten wir gerade in Ölklumpen; das ganze Meer treibt unaufhörlich im Kreis zwischen den Kontinenten.

Am 29. Juni fanden wir Safîs festgebundene Kette schlaff in den Wellen hängen. Sie war leer. Chaos an Bord. Safî saß vergnügt in einem Masttau und sah auf uns herunter. Weder Kokosnuß noch Honig lockten sie herunter; aber als Juri ihr Lieblingsspielzeug holte, einen quietschenden grünen, häßlichen Gummifrosch mit riesigen roten Augen, da war Safî wie ein Blitz unten und packte den Frosch, während Juri den Affen packte. Unmittelbar darauf ließ Norman im Inneren der Hütte ein Gebrüll los: Er hatte direkte Verbindung mit einem Funkamateur bekommen, der das UN-Forschungsschiff *Calamar* begleitete. Es befand sich in unserer Nähe und bat uns, bei Einbruch der Dunkelheit Raketen hochzuschicken, damit es uns zwischen den Wellen im aufgewühlten Ozean finden konnte.

In dieser Nacht bekamen wir einen unerwarteten Schrecken. Norman weckte mich am 30. Juni um 0.30 Uhr mit gedämpfter Stimme zur Wachablösung, und ich setzte mich im Schlafsack auf und begann, mir die Strümpfe anzuziehen; es war kalt auf der Brücke. Da rief er wieder, diesmal erregt:

«Komm, schnell, schnell! Sieh dort!»

Ich stürzte aus der Öffnung in der Korbwand, Santiago dicht auf den Fersen, und wir zogen uns auf das Hüttendach hinauf, wo Norman auf etwas deutete.

Weltuntergangsstimmung. Auf der Backbordseite, im Nordwesten, stieg über den ganzen Horizont eine runde bleiche Scheibe auf, die nie ganz aus dem Wasser kam, aber wie ein gespenstischer, aluminiumfarbener Riesenmond, der halb verborgen vom Küstenrand aufsteigt, immer weiter wuchs. Wie ein kompakter Sternennebel, heller als die Milchstraße und kreisrund, nahm es die Ausmaße eines stiellosen Pilzes an; es schien direkt auf uns zuzukommen, indem es sich ständig weiter über den Himmel ausbreitete. Der Mond stand auf der anderen Seite, es war sternenklar, keine einzige Wolke bedeckte den Himmel. Mein erster Gedanke: Reflex am feuchten Nachthimmel eines mächtigen Scheinwerfers hinter dem Horizont. Mein zweiter Gedanke: ein Atompilz, durch menschliches Versagen verursacht – oder ein Nordlicht-Phänomen. Aber das Gefühl, es sei ein leuchtender Regen von fremden Objekten, die aus dem Universum zu uns gekommen sind, gewann die Oberhand, bis die Lichtscheibe ungefähr dreißig Grad des Himmels bedeckte. Da wuchs sie plötzlich nicht weiter, löste sich beinahe unmerklich auf und verschwand. Wir blieben ohne Erklärung zurück.

Jetzt begannen wir selbst, rote Signalfackeln anzuzünden und Raketen mit Sternenregen hochzuschicken, um der *Calamar* unsere Position anzuzeigen. Es war eine seltsame Nacht. Wir bekamen die Stimme der *Calamar* wieder in das kleine Gerät, aber sie konnten die Raketen nicht sehen und waren nicht an Deck gewesen, als die Lichtscheibe sich zeigte. Am nächsten Morgen hörten wir von dem Funkamateur auf Barbados, daß dasselbe Phänomen von mehreren Westindischen Inseln aus beobachtet worden war – aber im Nordosten. War es ein Raketenteil von Cape Kennedy, das explodierte und verglühte, als es in die Atmosphäre eintrat? Wir bekamen niemals eine Antwort. Aber UFO-Begeisterte, die nach Beweisen für fliegende Untertassen suchten, brachten die Erscheinung mit zwei anderen Beobachtungen in Zusammenhang, die wir zwei Nächte hintereinander weiter draußen auf dem Meer gemacht hatten. Dort hatten wir am nordwestlichen Horizont zweimal ein kleines, orangefarbenes Licht gesehen; das erste wie ein kurzes Aufflackern, ohne daß sich ein Schiff in der Nähe befand, das andere war tropfenförmig und wurde gerade in dem Augenblick beobachtet, als es schräg heruntersegelte und im Meer verschwand. Wir warnten Funkamateure an Land, falls es Notraketen von einem Schiff in Seenot sein sollten; aber niemand hatte SOS gefunkt, so daß alles auf Signale zwischen Marinefahrzeugen bei einer Übung hindeutete, vielleicht hatte ein aufgetauchtes U-Boot seine Position angezeigt.

Während wir mit vollen Segeln genau nach Westen geblasen wurden, fuhr die *Calamar* kreuz und quer um uns herum und suchte uns. Wir besaßen nur wenige Raketen, hielten aber ständig von der Mastspitze Ausschau. Die Sonne ging auf, es wurde Tag. Norman, der die Hände mit dem Sextanten, dem Rechenbrett und den Kurbeln des kleinen handbetriebenen Notrufsenders voll hatte, erzählte uns dauernd, die *Calamar* müsse ganz nahe sein, bald nördlich, bald südlich, immer hinter endlosen Reihen hoher Wellen verborgen. Wir aßen zu Mittag. Und Abendbrot. Wir gaben den Gedanken auf, daß uns jemand finden würde. Die Sonne war dabei, wieder zu verschwinden.

Es war 6 Uhr früh Ortszeit; aber unsere Uhren zeigten 9 Uhr, denn wir hatten sie nur einmal gestellt, nachdem wir Afrika verlassen hatten. Da erblickten sich die Wachen auf beiden Booten gleichzeitig. Der Funker auf der *Calamar* berichtete, er sähe ein Segel, und wir sahen einen beinahe unsichtbaren grauen Flecken am Horizont – hinter uns. Die Dunkelheit senkte sich auf uns herab, als ein stolzes kleines Schiff uns einholte. Es war ein großer Augenblick.

Der schnelle Trawler fuhr hart an unsere Seite und grüßte durch Heben und Senken der blauen UN-Flagge, die an der Mastspitze wehte. Norman eilte an den Schrägmast und antwortete mit unserer UN-Flagge, von ihr waren nur noch zwei Drittel übrig, der Rest war im Sturm weggeflogen. Wir waren in Hochstimmung; alle kletterten auf die Brücke, das Dach, in den Mast, pfiffen, brüllten hallo und bliesen ein schmetterndes Jagdhorn. Die Mannschaft des UN-Bootes stand vollzählig an der Reling und winkte und schrie zurück; Braune, Weiße und Schwarze. Auf der Brücke der Kapitän. Ein Chinese. Neben ihm stand ein Bursche mit einem Sprachrohr und brüllte auf schwedisch:

«Willkommen auf dieser Seite des Meeres!»

Als Kei den Chinesen auf der Brücke erblickte, geriet er völlig aus dem Häuschen. Er kroch zu mir aufs Dach und streckte die Hand aus:

«Vielen Dank, daß ich mitfahren durfte.»

Über dem ganzen Zusammentreffen lag etwas Unwirkliches. Daß gerade ein UN-Boot uns als erstes auf der anderen Seite traf! Ich hatte außer der *Ra* nie zuvor ein Schiff mit einer UN-Flagge gesehen. Die Dunkelheit senkte sich auf das Meer; das hell erleuchtete Boot umkreiste uns mehrere Male, dann stellte es den Motor ab, um in die Nacht zu treiben. Die Lichter verschwanden schnell hinter uns, bis wir wieder mit den Wellen und unserem schwachen Paraffinlicht allein waren. Gemütlich, aber einsam.

Spät in der Nacht wurden wir daran erinnert, daß die Fahrt noch nicht zu Ende war. Plötzlich kam ein gewaltiger Windstoß aus Norden und zerrte das Segel quer, ehe die Ruderwache sich versah. Der Winddruck auf das große Segel war so kräftig, daß die ganze *Ra* nach Backbord krängte und unser Deck unter Wasser gepreßt wurde. Für uns in der Hütte war es ein ungewohntes Gefühl, auf Lee hinauszugehen, um bis zum Schritt im Wasser zu stehen – in Wasser, das zu keiner anschwellenden Sturzsee auf dem Wege über Bord gehörte, sondern das der Wasserspiegel war, der dort stand, als wollte er bleiben. Zum erstenmal hatte ich auf einem Floß das Gefühl, die ganze Unterlage bewege sich nach unten, auf den Meeresgrund zu. Brüllen, Rufen, blinkende Taschenlampen. Madani, ohne am Tau festgebunden zu sein, bis zu den Hüften im Wasser. Juris Wandschirm auf der Leeseite in Fetzen gerissen. Dann drehte sich der Wind in die Richtung zurück, aus der wir ihn gewohnt waren, Kurs von Osten nach

Westen; und schließlich schafften es acht erfahrene Papyrusfahrer, das Segel auf seinen Platz zu drehen. Die *Ra II* richtete sich ruhig wieder auf, und das Wasser strömte von Bord, das Deck kam wieder in dieselbe Höhe wie in den letzten Tagen. Aber drei der vielen Krüge, die bisher auf Lee auf der Backbordseite sicher gestanden hatten, waren von den Wassermassen zermalmt worden, und ich zerschnitt mir die Zehen, als ich barfuß in Topfscherben trat; Juri mußte mir den Fuß verbinden. Auf der Backbordseite war außerdem ein Spinnennetz aus dünnen, leichtenden Brennfäden von zwei portugiesischen Nesselquallen zurückgeblieben; Georges verbrannte sich, als er austreten ging, und mußte mit Ammoniak gewaschen werden.

Am nächsten Morgen dauerte es einige Zeit, ehe uns die *Calamar* fand, die ihre Maschine abgestellt hatte. Keiner an Bord des Trawlers hatte einem primitiven Schilfboot eine nennenswerte Fahrtleistung zugetraut. Aber den Widerwärtigkeiten zum Trotz waren wir in den letzten vierundzwanzig Stunden 75 Seemeilen gesegelt, 140 Kilometer.

Die *Calamar* brachte uns Post, Salbe, um Carlos Plagen zu lindern, einige Tüten mit leckeren Barbadosfrüchten und ein großes Paket Eis, das zu Vanillemilch geschmolzen war, ehe wir es mit dem tanzenden Gummiboot zu uns herübertransportiert hatten. Die *Calamar* hielt sich zwei Tage lang in unserer Nachbarschaft auf, dann vergrößerte sie die Geschwindigkeit und fuhr nach Barbados. Wir waren nun wieder einmal im Gewässer vor den Westindischen Inseln, wo die Orkane des Atlantiks herkommen. Das Wetter war unsicher, jetzt, wo es auf Juli zuging. Überall standen dunkle Regenwände, die beinahe jeden Tag heftige Böen, oft richtige Sturmstöße, über uns hereinwehten. Ständig mußten wir den Treibanker auswerfen und uns herumschlagen, um das Segel zu bergen. Aber meist waren Wind und Strom uns wohlgesinnt, und in den letzten Tagen hatten wir mit 81 Meilen, 151 Kilometern in vierundzwanzig Stunden, den besten Durchschnitt auf unserer Reise erzielt. Jetzt sahen wir ständig Schiffe im Verkehr zwischen Nord- und Südamerika.

Am 8. Juli waren wir nur 200 Seemeilen von Barbados entfernt, und die Regierung der Insel schickte uns einen kleinen, schnellen Regierungskutter, die *Culpepper*, entgegen, um uns in diesem kleinen unabhängigen Teil des britischen Empires willkommen zu heißen. Yvonne und unsere älteste Tochter Anette waren die einzigen Passagiere an Bord, und wenn sie uns nach unserer angegebenen Position fanden, mußten wir spät in der Nacht zusammentreffen.

Die Nacht und der folgende Tag vergingen, die *Culpepper* rollte über und zwischen den Wellen, ohne uns zu finden. Das Wetter war sehr schlecht; wir fingen Meldungen des Regierungskutters an die Landstation auf, welche die Wellen beschrieben und verrieten, daß die Frau des Floßfahrers an Seekrankheit litt, aber tapfer auf einer weiteren Suche bestand. Sie suchten weiter, die nächste Nacht, den darauffolgenden Tag, zwei Tage lang. Am zweiten Tag waren wir kurz vor Einbruch der Dunkelheit darauf vorbereitet, vor dem Regierungskutter auf Land zu treffen; es waren noch knapp hundert Seemeilen zurückzulegen, als die *Culpepper* am anderen Horizont auftauchte. Auch sie holte uns von hinten ein. Flach und breit und seetüchtig, ein richtiges Boot für Männer, schob sie sich an unsere Seite heran; zwei weiße Damen klammerten sich inmitten einer winkenden schwarzen Besatzung an der Reling. Während es den beiden Damen sichtlich schwerfiel, einen sonnenverbrannten Borstenkopf mit Vollbart von den anderen zu unterscheiden, die wild vom Dach der Bambushütte winkten, richtete die Mannschaft der *Culpepper* ihre Aufmerksamkeit auf Madani, in dem sie einen Seemann von Barbados vermuteten. Madani, die Landratte aus Marrâkech, imponierte den Zuschauern, indem er einen Angelhaken mit gesalzener Wurst als Köder auswarf, worauf er fünf Pampano und einen unbekannten silbergrünen Fisch der gleichen gewöhnlichen Art herausholte. Der Froschmann Georges war zu der *Culpepper* geschwommen, um einen ehrlichen Tauschhandel vorzunehmen: frischen Fisch, ägyptisches Brot und immer wohlschmeckendes marokkanisches *Sello* gegen unnötige, aber verlockende Apfelsinen. Die Sonne ging schnell unter. Er stand gerade auf dem Achterdeck und wollte abspringen, um zur *Ra II* zurückzuschwimmen, und der Scheinwerfer der *Culpepper* spielte auf den Wellen, um ihm den Weg zu leuchten, als ihn ein schwarzer Mann anhielt und fragte, ob wir auf der *Ra* keine Angst vor Haien hätten.

«Nein», sagte Georges flott, nahm aber das vorschnelle Wort gleich zurück, als der Mann ruhig auf einen großen Menschenhai zeigte, der langsam vom Kiel in den Lichtstrahl glitt. Unser Schlauchboot war vom Reiben gegen die Tonkrüge an Bord so mitgenommen, daß wir es nicht wagten, es zu Wasser zu lassen. Georges mußte die Nacht auf der *Culpepper* verbringen und kam am nächsten Morgen in einem kleinen Metalldingi ohne Ruder zurück, das mit Georges an Bord von der *Culpepper* an einem Tau weggefiert und leer zurückgezogen wurde.

Die *Culpepper* hielt sich den ganzen nächsten Tag hinter uns an der Backbordseite. Tags darauf, am 12. Juli, sagten uns große Schwärme Seevögel, die von Westen herüberkamen, daß das erste Land gleich hinter dem Horizont liegen mußte. Es war Sonntag. Norman und ich hatten von 5 Uhr bis 8 Uhr Wache; wir standen auf der Brücke und freuten uns auf die Ablösung. Bald würden Carlo und Kei herauskrauchen, unsere letzten Eier aus der Kalkgrütze hervorholen und zum Sonntagsfrühstück braten. Wir besaßen immer noch reichlich Proviant, besonders Säcke voll ägyptischem «Mumienbrot» in den Kisten, auf denen wir schliefen; gesalzene Würste und Schinken hingen unter dem Bambusdeck, und Krüge mit *Sello*, der honigsüßen Mandelmischung, die alles enthielt, was ein Wüstenwanderer in Marokko brauchte. Wir hatten nie hungern müssen und waren in guter Verfassung. Da fiel mir etwas auf, und ich packte Norman am Arm.

«Kennst du das?» fragte ich und schnupperte in der salzigen Meeresluft. «Phantastisch, ein deutlicher Duft von frischem, grünem Heu!»

Wir schnupperten beide. Wir waren 57 Tage auf See gewesen. Santiago, Carlo und die anderen kamen heraus und schnupperten mit uns. Wir Nichtraucher spürten es am deutlichsten. Du lieber Himmel, es duftete auch nach Kuhmist! Es war stockfinster, und wir sahen nichts. Aber die Wellen bewegten sich merkwürdig, gleichsam in anderem Rhythmus; es mußte ein Reflex vom Lande sein. Wir legten beide Steuerruder hart nach Steuerbord über – von dort kam der Wind – und hielten Kurs so dicht an Nord wie möglich. Unglaublich, wie gut das Schilfboot hart am Wind segeln konnte.

Norman, Carlo und Santiago kletterten abwechselnd den ganzen Vormittag in die Mastspitze, und um 12.15 Uhr unserer Zeit hörten wir ein wildes Gebrüll über unseren Köpfen.

«Hurra!»

Norman hatte Land gesehen. Safî schrie, und die Ente watschelte flügelschlagend über Deck. Wie Fliegen klammerten wir uns alle an den Stufen des schwankenden Schrägmastes fest. Jetzt, wo der größte Teil des Papyrus unter Wasser lag, war die *Ra* fester. Die *Culpepper* ließ das Horn aufheulen. Dort sahen wir das Land, niedrig und flach am Horizont im Nordwesten. Wir hatten den letzten Tag zu weit nach Süden gesteuert; wir hatten versucht, dem Strom entgegenzuwirken, der genau vor der Insel einen Bogen nach Norden beschrieb. Da hatten wir offensichtlich zu viel des Guten getan. Dafür mußten wir jetzt das Großsegel shiften und alle Steuerruder hart in die entgegengesetzte Richtung drehen, sonst wären wir an Barbados vorbeigesegelt und irgendwo in der dichten Inselkette dahinter gelandet. Verwandte und Freunde erwarteten uns auf Barbados. Die *Ra II* gehorchte den Manövern wie eine Jacht mit Kiel. Die gerade, tiefe Furche zwischen beiden Schilfrollen wirkte wahrscheinlich wie ein negativer Kiel. Der Wind kam fast von der Seite, und die rote Rettungsboje hing gerade im Schlepp und sagte uns, daß wir uns ohne Seitendrift in die Richtung bewegten, in die der Bug zeigte, direkt auf die flache Küste zu.

Als wir uns zum Mittagessen um den Hühnerkäfig niederließen, wußten wir, daß es unsere letzte Mahlzeit an Bord sein würde. Am späten Nachmittag hörten wir Flugzeuglärm. Ein kleines Privatflugzeug umkreiste uns und winkte mit den Tragflächen. Kurz darauf kam von der Insel ein größeres zweimotoriges Flugzeug mit dem Ministerpräsidenten von Bardados, und bald drehten vier Flugzeuge ihre Runden über unserer Mastspitze, eins zog so tief herunter, daß der Luftdruck das Großsegel zu drehen drohte. Die Landmasse wuchs, und die Sonne blitzte in fernen Fensterscheiben. Wir entdeckten Häuser, immer mehr. Boote kamen aus dem Landdunst hervor, scharenweise. Ein Rennboot mit Normans Frau Mary und meinen beiden kleinsten Töchtern Marian und Bettina an Bord schoß über die Wellen. Boote aller Typen. Seekranke Gesichter, jubelnde Gesichter, gaffende Gesichter. Einige lachten sich halbtot und riefen und fragten, ob wir mit «dem da» aus Marokko gekommen wären. Von außen gesehen bestanden wir nur aus einer Korbhütte, die hinter einem stattlichen ägyptischen Segel auf dem Wasser schwamm, während vor und hinter uns zwei abgeschnittene Büschel aus dem Wasser ragten. Juris bunter, zerfetzter Vorhang verstärkte nicht gerade den Eindruck eines Ozeanfahrzeugs. Über fünfzig Fahrzeuge aller Typen und Dimensionen eskortierten schließlich die Zielstrecke der *Ra II*. Wir steuerten auf die Hauptstadt Bridgetown zu. Segelboote, Rennboote, Fischerbarken, viele verschiedene Jachten, ein Katamaran, ein Trimaran, ein Polizeikutter, ein grüner Volltakler, als Piratenschiff dekoriert und mit Touristen beladen, und unsere alte Bekannte, die *Culpepper*, umkreisten uns. Es herrschte ein solches Chaos, daß sich der friedliebende Carlo zurück in die Einsamkeit des Meeres sehnte. Georges dagegen fühlte sich ganz zu Hause, zündete unsere letzte rote Fackel an und stellte sich wie eine Freiheitsstatue auf das Hüttendach.

So endete die Reise mit der *Ra*. Vor dem Hafen von Bridgetown fierten wir das verblaßte Großsegel mit der runden Sonnenscheibe zum letztenmal und rollten es ein, während die Mannschaft auf der *Culpepper* uns ein Tau zuwarf.

Im Hafengebiet wimmelte es wie in einem Ameisenhaufen. In allen Straßen dichtgedrängte Menschen. Unsere Uhren zeigten fünf Minuten vor 7 Uhr, wir mußten sie nach Barbados-Zeit stellen; uns erwartete ein langer Tag, nachdem wir 3270 Seemeilen, 6100 Kilometer, seit unseren letzten Schritten an Land zurückgelegt hatten.

Ehe wir am Kai anlegten, fanden wir acht Gelegenheit, uns gegenseitig die Hand zu drücken. Nicht einer war unter uns, der nicht verstand, daß wir es der friedlichen Zusammenarbeit verdankten, wohlbehalten übers Meer gekommen zu sein.

Wir warfen einen letzten Blick zurück auf das bezwungene Meer. Es lag in scheinbarer Unendlichkeit da, wie zu den Tagen des Kolumbus, wie zu den großen Tagen der Phönizier und Olmeken. Wie lange würden sich da draußen noch Wale und Fische tummeln? Werden die Menschen in letzter Stunde endlich lernen, ihren Abfall zu begraben, ihre Streitaxt gegen die Natur? Werden zukünftige Generationen wieder lernen, Meer und Erde zu schätzen, die von den Inka *Mama-Cocha* und *Mama-Alpa* – Mutter-Meer und Mutter-Erde – genannt wurden? Wir sitzen alle in einem Boot. Wir sprangen barfuß an Land.

Draußen rollte der Meeresstrom weiter. 57 Tage. 5700 Jahre. Haben die Menschen sich verändert? Die Natur nicht. Und die Menschen sind ein Teil von ihr.